Deutschlands schönste Radfernwege

Berchtesgaden liegt malerisch zu Füßen
des 2713 Meter hohen Watzmannmassivs.

Thorsten Brönner

Deutschlands schönste

RADFERNWEGE

50 traumhafte Touren zwischen Küste und Alpen

 BRUCKMANN

Tour 5
Von der Binnenalster er-
öffnen sich prächtige Blicke
auf das Hamburger Rathaus.

Radlerparadies Deutschland			11
Das richtige Fahrrad			13
Elektrorad, E-Bikes, Pedelec			13
An- und Abreise			13
Navigation mit GPS			14
Die EuroVelo-Routen			15

Tour 8
Die Aller beschert Radlern
an ihrem Unterlauf herrliche
Panoramen.

DIE 50 SCHÖNSTEN RADFERNWEGE

NORDWESTEN 16

1	Nordseeküstenradweg	●	902 km	18
	Im Bann der Gezeiten			
2	Emsradweg	●	381 km	24
	Genussradeln durch Nordwest-deutschland			
3	Weserradweg	●	497 km	28
	Der Fluss der Märchen und Sagen			
4	EuroVelo EV3 – Pilgerweg-Route	●	1069 km	34
	Der Weg ist das Ziel			

5 Leine-Heide-Radweg ● 412 km **40**
Einmal quer durch Niedersachsen

6 100-Schlösser-Route ● ab 207 km **46**
Königin der deutschen Radfernwege

7 Weser-Harz-Heide-Radfernweg ● 407 km **52**
Radelspaß zwischen Weser und Heide

8 Allerradweg ● ab 247 km **56**
Malerische Fahrt durch das Norddeutsche
Tiefland

9 Europa-Radweg R1 ● 953 km **60**
Herausforderung für Langstreckenradler

10 Drei-Flüsse-Tour ● 304 km **66**
Ahr, Erft und Rhein, na fein!

Tour 3
In der reizvollen Fachwerkstadt Hann. Münden treffen
gleich vier Radfernwege
aufeinander.

11 Ruhrtalradweg   ●   232 km   **72**
Fahrradtour durchs »Revier«

12 Hessischer Radfernweg R4   ●   403 km   **76**
Märchen- und Sagenroute – Von der
Weser zum Neckar

NORDOSTEN   **80**

13 Ostseeküstenradweg   ●   1023 km   **82**
Deutschlands Sonnenseite

14 Radweg Berlin – Kopenhagen ●   635 km   **88**
Von Hauptstadt zu Hauptstadt

15 Radweg Hamburg – Rügen   ●   517 km   **94**
Unterwegs zur großen Urlaubsinsel

16 Elberadweg   ●   782 km **100**
Der Klassiker

17 Mecklenburgischer Seen-Radweg ●   640 km **106**
Wasseransichten – Von Lüneburg
an die Ostsee

Tour 14
Das Schloss Güstrow dien-
te ab dem 16. Jahrhundert
als Wohnsitz der Herzöge
von Mecklenburg.

18 Radweg Berlin – Usedom ● 336 km **110**
Von der Landeshauptstadt zur
Sonneninsel

19 Oder-Neiße-Radweg ● 631 km **114**
Naturparadies am Ostrand
Deutschlands

20 Europa-Radweg Eiserner Vorhang ● 1131 km **120**
Grenzgang zwischen West und Ost

21 Spreeradweg ● 394 km **126**
Spreewaldromantik und
Großstadtdschungel

22 Fürst-Pückler-Weg ● 503 km **132**
Eine Landschaft im Wandel

23 Saaleradweg ● 415 km **138**
Naturidylle am blauen Band

24 Rennsteigradweg ● 197 km **144**
Berg- und Talfahrt durch das grüne
Herz Deutschlands

25 Mulderadweg ● ab 241 km **148**
Naturerlebnis und Burgenromantik

SÜDWESTEN **152**

26 Rheinradweg ● 954 km **154**
Grenzenloses Tourenerlebnis

27 Saarlandradweg ● 350 km **160**
Wir umrunden ein ganzes Bundesland!

28 Lahntalradweg ● 248 km **164**
Unbeschwerter Radgenuss

29 Deutscher Limes-Radweg ● 812 km **168**
Geschichte »erfahren«

30 Moselradweg ● 252 km **174**
Sehnsuchtstour für Genießer

Tour 22
Die Rakotzbrücke ist das
Schmuckstück des Rhodo-
dendronparks in Kromlau.

31 Südschwarzwaldradweg ●● 270 km **178**
Eine Wohlfühlrunde

32 Neckartalradweg ● 357 km **182**
Beschauliche Flussfahrt mit Burgblicken

33 Burgenstraßen-Radweg ● 960 km **186**
Burgen, Schlösser und Klöster

34 Schwäbische-Alb-Radweg ● 304 km **192**
Auf und ab mit Aussicht

35 Oberschwaben-Allgäu-Weg ● 357 km **196**
Radtour durch das Himmelreich des
Barock

36 Bodenseeradweg ● 261 km **200**
Einmal um die große Badewanne

37 Radweg Liebliches Taubertal ● 100 km **204**
Alles so romantisch hier!

SÜDOSTEN 208

Tour 33
Der Burgenstraßen-
Radweg führt oft durch
ruhige Wälder.

38 Mainradweg ● ab 553 km **210**
Bier, Wein, Ebbelwoi

39 BahnRadweg Hessen ● ab 242 km **216**
Mit »Volldampf« durch Deutschlands Mitte

40 Fuldaradweg ● 208 km **222**
Von der Rhön ins Märchenland

41 Radrundweg Main zur Rhön ● 266 km **226**
Ach, wie schön!

42 Werratalradweg ● 305 km **230**
Vom Rennsteig bis zum Weser-Kuss

43 Romantische Straße ● 437 km **234**
Zauberhafte Städtepracht

44 Fünf-Flüsse-Radweg ● 306 km **238**
Hier wird was geboten!

45 Altmühltalradweg   ●   243 km   **242**
Reise in die Jurazeit

46 Donauradweg   ●   587 km   **246**
Pflichttour für Flussliebhaber

47 Isarradweg   ●   290 km   **252**
Unterm weiß-blauen Himmel

48 Mozart-Radweg   ●   377 km   **256**
Da ist Musik drin!

49 Innradweg   ●   308 km   **262**
Auf leichten Wegen durch die Berge

50 Bodensee-Königssee-Radweg   ●   430 km   **268**
Wer ist der Schönste im ganzen Land?

TOURENLISTE   274

260 weitere Radfernwege im Überblick   276

Register   283

Impressum   288

Tour 50
Der Säuling spiegelt sich im Schwansee und ist mit einer Höhe von 2047 Metern der Hausberg von Füssen.

Vorwort

Radlerparadies Deutschland

Reiseradler teilen sich in zwei Gruppen auf. Die einen zieht es in die weite Welt hinaus, dorthin, wo das Abenteuer lockt. Deutschland, sagen sie, sei zu voll, habe kaum schöne Landschaften. Die anderen schätzen die kurze Anreise, das Vertraute, die guten Radwege. In der Tat: Die Bundesrepublik bietet einiges, auch großartige Natur! Die Küsten von Nord- und Ostsee zum Beispiel oder die Mittelgebirge. Sogar ein Stückchen der Alpen haben wir abbekommen. Wer einmal den Schwarzwald der Länge nach durchquert hat, der weiß, wie ruhig es abseits der Städte sein kann. Noch mehr taucht man an der innerdeutschen Grenze in Fauna und Flora ein; das Grüne Band trägt seinen Namen zu Recht. Apropos Grenze: Vor allem die neuen Bundesländer sind eine vielfältige Spielwiese für einen unbeschwerten Naturaurlaub. Dort schuf man mit der Wende gleich 14 Großschutzgebiete, darunter fünf Nationalparks.

Radler, die in Deutschland auf Tour gehen wollen, können aus rund 570 Routen ihren nächsten Fahrradurlaub auswählen. Über 100 000 Kilometer beschilderte Radwege durchziehen das Land. Auch bei einem Ausflug an einem Fluss kommt man der heimischen Tierwelt näher. Ganz oben auf der Wunschliste stehen Elbe, Weser, Main und Donau. Doch kennen Sie auch Geheimtipps wie Ahr, Naab oder Werra? Ihnen ist nach mehr Abwechslung? Hier und da mal einen Hügel bezwingen? Kein Problem, dazu bietet jede Region interessante Strecken. Nicht zu vergessen sind Fahrten an Seen. Die Schlagworte lauten: Bodensee, Chiemsee, Fünfseenland und Mecklenburger Seenplatte. Ja, die Mitte Europas ist spannend! Überall gibt es Burgen, Schlösser, Kirchen, Klöster. Dazu Theater und Museen. Wir haben weltberühmte Feste, feiern gerne in Tracht und genießen die heimische Küche. So viele berühmte Musiker und Geistesgrößen gibt es außerdem ...

Radler müssen sich nur entscheiden, wohin sie sich wenden. Möchten Sie mehr über die Hanse erfahren? Gut, dann ist der Ostseeküstenradweg genau das Passende. Wer sich für die Vergangenheit interessiert, kann zwischen dem Deutschen Limes-Radweg und dem Radweg Eiserner Vorhang wählen. 2018 wurde der Radweg Deutsche Einheit eingeweiht. Er verbindet Bonn mit Berlin auf knapp 1100 Kilometern. Es ist eine Wonne, einem Fluss zu folgen oder die Mittelgebirge zu durchqueren. Ebenso macht es Freude, von Stadt zu Stadt zu springen. Dieses Buch hilft bei der Entscheidung, wohin und welche Route. Urlaub planen, buchen, in den Sattel klettern – und den Alltag hinter sich lassen!

Thorsten Brönner

Der historische Ortskern von Stade erstreckt sich um den Alten Hafen.

Einleitung

Das richtige Fahrrad

Wer mehrtägige Ausfahrten unternehmen möchte, ist mit einem Reise- oder Trekkingrad bestens beraten. Die robusten Gefährte lassen sich mit mehreren Packtaschen beladen. Mit breit bereiften Fahrrädern kommt man auch auf grob geschotterten Kieswegen gut voran. Sogar bei Flussrouten gibt es Anstiege zu bezwingen, sodass man auf eine bergtaugliche Übersetzung von 27 bis 30 Gängen achten sollte. Fahrräder sind simpel aufgebaut und doch wie ein Wunder, egal, ob Sie mit dem Zweirad die Heimat erkunden oder es als Türöffner zu fremden Kulturen nutzen. Jedoch fährt oft die Angst vor Defekten mit, denn wehe, es geht etwas kaputt! Meist ist es nur ein platter Reifen. Also zwei Reifenheber, eine kleine Luftpumpe und Ersatzschlauch einpacken. Bei längeren Ausfahrten sind zudem ein Kettennieter und Kettenöl hilfreich. Dabei zwei Paar Plastikhandschuhe und einen kleinen Lappen nicht vergessen! Ebenfalls in die Packtasche gehört ein Faltschloss, das spart Platz.

Elektrorad, E-Bikes, Pedelec

Seit Jahren erleichtern uns Elektroräder das Reisen. Man sieht sie in den Städten, auf den Flussradwegen und vor allem in den Bergen. Dort spielen sie ihre Trümpfe aus. Als Radler schaltet man am Beginn der Steigung die Trittunterstützung zu und strampelt wie gewohnt voran. Je nach Fitness wählt man die entsprechende Stufe. So können unterschiedlich starke Radler gemeinsam ihre Ausfahrt genießen. Bei Pedelecs (Pedal Electric Cycle) hilft ein Elektromotor dem Fahrer mit bis zu 250 Watt Leistung. Ab einer Geschwindigkeit von 25 km/h ist eine Sperre eingebaut, sodass man nur per Muskelkraft weiterstrampelt. Unter dem Fachbegriff E-Bike versteht man ein Elektromofa, bei dem man nicht in die Pedale tritt. Für längere Reisen empfiehlt es sich, mit einem Pedelec mit herausnehmbarem Akku auf die Tour zu gehen. Diesen kann man leicht an einer Steckdose laden, z. B. im Hotelzimmer oder unterwegs bei einer Rast in einem Café. Beachten sollte man das hohe Gewicht der Elektroräder. Dies spürt man vor allem bei der Anreise per Bahn. Oft bieten Reiseveranstalter Räder mit Trittunterstützung vor Ort an.

An- und Abreise

Die umweltfreundlichste Art der Anreise erfolgt mit der Bahn. Zahlreiche Städte Deutschlands erreicht man bequem über Nacht in der CityNightLine. Wer sein Fahrrad anmeldet, bekommt in einem speziellen Abteil einen Abstellplatz. Leider wird nicht bei allen City-

Linke Seite: Rund um Schneverdingen erblüht Anfang Herbst die Heide.

Picknickpause am Isarufer

In Cuxhaven hat man die Wahl zwischen grünen Grasstränden und weißen Sandstränden.

NightLine-Strecken ein Radtransport angeboten. Infos: ÖBB-Nightjet, Tel.+43/51717, www.nightjet.com und DB-Fernverkehr, Tel. 0180/699 66 33, www.citynightline.de. Man kann nur in den ICE-Zügen der Baureihe 4 Fahrräder mitnehmen. Es besteht jedoch die Möglichkeit, das Fahrrad an eine feste Adresse, z. B. die Hoteladresse oder einen Bahnhof liefern zu lassen. Den Dienst können Sie in DB-Reisezentren unter der Service-Hotline 0180/599 66 33 oder online auf www.bahn.de buchen. Für die Zweiradmitnahme in den Fernverkehrszügen IC und EC benötigen Sie eine Stellplatzreservierung. Im Nahverkehr braucht man diese nicht. Da die Fahrradabteile der meisten Züge an sonnigen Wochenenden oft überfüllt sind, empfiehlt es sich, die An- und Abreise auf einen Werktag zu verlegen. Weitere Informationen zur Fahrradmitnahme mit der Bahn findet man unter www.bahn.de/bahnundbike und www.fa-oeffentlicher-verkehr.adfc.de. Eine günstige Alternative bieten Fernbusse, die häufig Fahrräder befördern. Auf der Webseite www.fernbusse.de kann man aus verschiedenen Fernbuslinien das passende Angebot auswählen.

Navigation mit GPS

Verfahren hat sich wohl schon jeder. Zum Glück wird einem nun das Navigieren leicht gemacht. Denn GPS-Geräte und Smartphones zeigen zuverlässig den Weg an. Bei den Recherchen für den vorliegenden Radführer hat der Autor alle 50 Routen abgefahren und die Wegverläufe erfasst. Aus den Daten erstellte er für jede der Radrouten einen GPS-Track. Auf der Webseite http://gps.bruckmann.de können Interessierte die Touren herunterladen. Nach dem Aufspielen der Datei auf das GPS-Gerät oder Smartphone zeigt dieses die Strecke als farbige Linie an, der man einfach hinterhersteuert. Erstklassige Dienste leisten die handlichen Geräte auch bei der Suche von Hotels, Pensionen, Campingplätzen, Restaurants, Sehenswürdigkeiten und Supermärkten. Kostenfreie Fahrradkarten kann man von der Webseite www.velomap.org herunterladen, auf dem PC installieren und zum Outdoorgerät übertragen. Streckenverläufe verschiedener Radwege weltweit gibt es auf cycling.waymarkedtrails.org. Für Smartphones ist die App OsmAnd die erste Wahl, denn die Karten decken ganz Europa ab. Besonders zu empfehlen sind die Points of Interest des ADFC. Aktuell beinhalten sie über 5800 Bett & Bike-Gastbetriebe. Diese lädt man auf mobile GPS-Geräte (www.bettundbike.de).

Die EuroVelo-Routen

EuroVelo ist ein Projekt des Europäischen Radfahrer-Verbands (ECF). Das länderübergreifende Netz (42 Staaten) besteht derzeit aus 17 Strecken. Die Gesamtlänge des Netzwerks umfasst rund 90.000 Kilometer oder rund 80.500 Kilometer, wenn wir die Abschnitte herausrechnen, auf denen sich die Routen überschneiden. Infos gibt es bei ECF, Rue Franklin 28, B-1000 Brüssel, Tel. +32/2/8809274, www.ecf.com und www.eurovelo. com.

EV1: Atlantikküsten-Route: Nordkap – Sagres (NO, GB, IE, FR, ES, PT)

EV2: Hauptstadt-Route: Galway – Moskau (IE, GB, NL, DE, PL, BY, RU)

EV3: Pilger-Route: Trondheim – Santiago de Compostela (NO, SE, DK, DE, BE, FR, ES)

EV4: Mitteleuropa-Route: Roscoff – Kiew (FR, BE, DE, CZ, PL, UA)

EV5: Via Romea Francigena: London – Brindisi (GB, FR, BE, LU, DE, CH, IT)

EV6: Fluss-Route: Nantes – Constanta (FR, CH, DE, AT, SK, HU, RS, RO), www.eurovelo6.org

EV7: Sonnen-Route: Nordkap – Malta (NO, SE, DK, DE, CZ, AT, IT, MT)

EV8: Mittelmeer-Route: Cádiz – Nikosia (ES, FR, MC, IT, SI, HR, ME, AL, GR, CY)

EV9: Bernstein-Route: Danzig – Pula (PL, CZ, AT, SI, IT, HR)

EV10: Ostseeküsten-Route: Rundkurs (NO, FI, SE, DK, DE, PL, LT, LV, EE)

EV11: Osteuropa-Route: Nordkap – Athen (NO, FI, EE, LV, LT, PL, SK, HU, RS, MK, GR)

EV12: Nordseeküsten-Route: Rundkurs (DE, DK, SE, NO, GB, NL), www.northsea-cycle.com

EV13: Eiserner-Vorhang-Route: (NO, RU, FI, EE, LV, LT, PL, DE, CZ, AT, SK, HU, SI, HR, RO, RS, BG, MK, GR, TR), www.ironcurtaintrail.eu

EV14: Gewässer von Mitteleuropa: Zell am See – Velence (AT, HU), de. eurovelo.com/ev14

EV15: Rheinradweg: Andermatt – Rotterdam (CH, LI, AT, DE, FR, NL), www.rheinradweg.eu

EV 17: Rhôneradweg: Andermatt – Montpellier (CH, FR), www.veloland.ch/de/routen/route-01.html, ww.viarhona.com

EV 19: Maasradweg: Langres – Hoek van Holland (FR, BE, NL)

Das Märchenschloss Neuschwanstein verzaubert Besucher aus der ganzen Welt.

Das Felsenlabyrinth des Elbsandsteingebirges breitet sich auf sächsischem und nordböhmischem Boden aus.

Nordwesten

Bei Haltern am See lohnt ein Abstecher ins Naturschutzgebiet Westruper Heide (o.l.). Der Nordseeküstenradweg ist die längste Fahrradroute der Welt (o.r.). Das LWL-Freilichtmuseum Detmold präsentiert mehr als 100 historische Gebäude (u.r.). Das Leinebergland wird durch lieblich anmutende Waldhügel geprägt (u.l.).

1 Nordseeküstenradweg

Im Bann der Gezeiten

leicht   902 km

CHARAKTER
Der für Kinder gut geeignete
Radweg nutzt die asphaltierten
Wege entlang der Deiche und
schwenkt teilweise ins Hinterland
ab.

AUSGANGSORT
Leer Bhf.

ENDPUNKT
Niebüll; zurück 5 bis 6 Std. mit
dem Zug.

WEGMARKIERUNG
Logo mit dem Schriftzug »North
Sea Cycle Route« und einem blau
umrahmten Fahrrad.

E-BIKE
Infos zum Thema E-Biken über
www.friesland-touristik.de und
www.cuxland.de sowie
www.nordseetourismus.de.

INFORMATION
de.eurovelo.com/ev12; Die Nordsee,
Börsenstraße 7, 26382 Wilhelmshaven, Tel. 04421/ 956 09 91,
www.die-nordsee.de; Nordseetouris-
mus, Zingel 5, 25813 Husum,
04841/897 50,
www.nordseetourismus.de

Acht Länder, gut 7000 Kilometer, eine Route: Wer wird
da nicht neugierig? Auf dem deutschen Abschnitt
schmiegen sich idyllische Städtchen ans Wattenmeer,
über dem sich ein weiter Himmel spannt. Eine Reise
von der niederländischen Grenze bis nach Dänemark
– via Emden, Bremerhaven, Hamburg und St. Peter-Ording. Und das Beste? Es geht immer am Wasser entlang!

Von Leer nach Wilhelmshaven – 253 km Erzählt man Bekannten, dass
man dem Lauf der Küste folgen möchte, schwingt sofort Begeisterung mit.
»Die Nordsee!«, sagen sie, »oh, wie schön!« Die Radtour beginnt in **Leer**,
das auch das Tor Ostfrieslands genannt wird. Es ist eine Stadt, die einem
schnell ans Herz wächst. Hier überrascht die historisch gewachsene Altstadt mit ihren roten Bürgerhäusern; dort das Bünting Teemuseum. Mitte
des 17. Jahrhunderts brachten Handelsschiffe der Niederländischen Ostin-
dien-Kompanie den Tee aus Fernost an die Nordsee. Rund 290 Liter Tee
trinkt der Ostfriese im Durchschnitt pro Jahr; das Zwölffache des bundes-
weiten Verbrauchs. Am Ende der Museumsbesichtigung leert man die
kräftige Mischung der verschiedenen Schwarztees mit dem original Klunt-

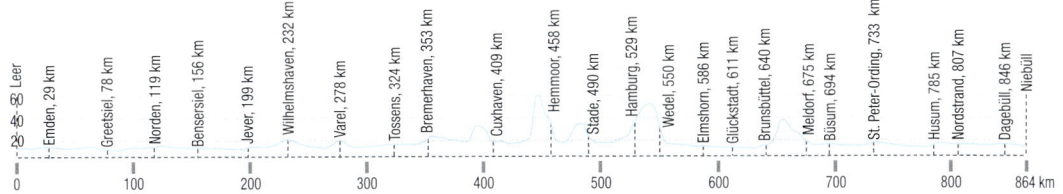

60
40
20
Leer
Emden, 29 km
Greetsiel, 78 km
Norden, 119 km
Bensersiel, 156 km
Jever, 199 km
Wilhelmshaven, 232 km
Varel, 278 km
Tossens, 324 km
Bremerhaven, 353 km
Cuxhaven, 409 km
Hemmoor, 458 km
Stade, 490 km
Hamburg, 529 km
Wedel, 550 km
Elmshorn, 586 km
Glückstadt, 611 km
Brunsbüttel, 640 km
Meldorf, 675 km
Büsum, 694 km
St. Peter-Ording, 733 km
Husum, 785 km
Nordstrand, 807 km
Dagebüll, 846 km
Niebüll
0
100
200
300
400
500
600
700
800
864 km

je und dem wolkigen Sahneaufguss und steigt dann in den Fahrradsattel. Bis Dänemark sind es 900 Kilometer. Also gemächlich losstrampeln. Ohnehin steckt die ostfriesische Gemütlichkeit an. Ab und zu unterbrechen Weidegatter die genüssliche Fahrt entlang der Ems. Man bahnt sich einen Weg zwischen blökenden Schafsherden hindurch. An der Stelle, wo der Fluss in den Dollart mündet und zum Meer wird, liegt

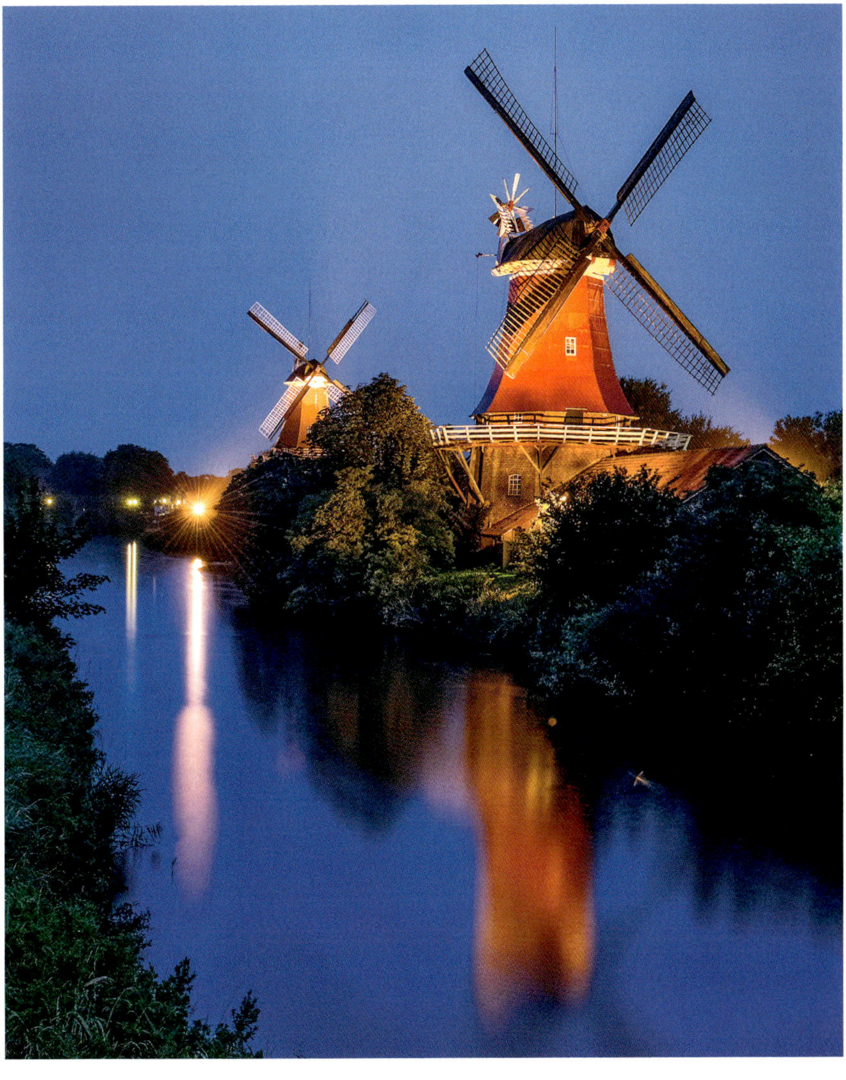

Die Greetsieler Zwillingsmühlen geben am östlichen Ortsausgang ein schönes Fotomotiv ab.

Emden, die westlichste Seehafenstadt Deutschlands. Hier schlägt man jährlich mehr als eine Million Autos, Forstprodukte sowie Windkraftanlagen um. Die Handelsstadt verfügt mit der 1986 eröffneten Kunsthalle Emden über eine Attraktion ersten Ranges. Auf einer Ausstellungsfläche von 1800 Quadratmetern erfreuen sich Kunstliebhaber an Bildern der Neuen Sachlichkeit und des deutschen Expressionismus.

Der Geburtsort des Komikers Otto Waalkes bleibt zurück. Vor uns dominiert das weite Wattenmeer die Szenerie. Mit einer feinen Brise im Rücken geht es gen Osten. Die Räder rollen leicht auf den asphaltierten Dammkronenwegen der Halbinsel Krummhörn dahin. Die Schilder schicken uns zielsicher durch die für die Region bekannten Warftendörfer. Warften? Eine Warft ist eine künstlich aufgeschüttete Anhöhe. Darauf sitzt ein Gehöft oder eine ganze Gemeinde. Ihre Häuser gruppieren sich um eine Backsteinkirche. Dieses Bild zeigt sich auch in Rysum, dem Schmuckstück unter all den Warftendörfern, wo man eine der ältesten bespielbaren Orgeln Europas findet. Sie stammt aus dem Jahr 1457. Stunden später trotzen Deutschlands größter und kleinster Leuchtturm Wind und Wetter. Schwindelfreien Radlern erschließt sich, gute Witterung vorausgesetzt, vom 65 Meter hohen Campener Leuchtturm eine traumhafte Rundsicht. Schier endlos schweift der Blick über die Ems nach Holland und zur Insel Borkum.

Das nächste Ziel versteckt sich im Schatten eines grünen Schutzdeichs. Es ist das idyllische Fischer- und Künstlerdorf Greetsiel mit seinen Zwillingsmühlen. Der Hafen beheimatet mit 25 Krabbenkuttern die größte Kutterflotte Ostfrieslands. Giebelhäuser aus dem 17. Jahrhundert rahmen die malerische Szenerie ein. Der Nordseeküstenradweg schlängelt sich durch das ruhige Hinterland mit seinen ausgedehnten Feldern, die von unzähligen Gräben und Kanälen durchzogen sind. **Norden** ist die nächste Stadt am Wegesrand. 2005 stießen die Einwohner auf den 750. Jahrestag an. Im Ortsteil Norddeich lohnt der Be-

VOGELPARADIES NORDSEE

Die USA haben ihren Grand Canyon, Australien das Great Barrier Reef. Und Deutschland? Wir haben das einzigartige Wattenmeer! Allein die Zahlen sind beeindruckend: Das Weltnaturerbe ist 400 Kilometer lang und bringt es auf eine Fläche von 9685 Quadratkilometern. In dem Geflecht aus fünf Wattenmeerschutzgebieten leben rund 10 000 verschiedene Pflanzen- und Tierarten. Der ostatlantische Vogelzug hat hier seine Drehscheibe. Somit gehört die durch den Rhythmus der Gezeiten geprägte Nordseeküste zu den vogelreichsten Gebieten der Erde. Jährlich nutzen zwischen 7 und 12 Millionen Zugvögel das Wattenmeer zur Rast und als »Tischlein deck dich«, zur Mauser und einige zur Überwinterung.

such des Waloseums. Von hier aus spaziert man nur wenige Schritte zur Seehundstation. Die Betreuer ziehen pro Jahr 30 bis 90 junge Heuler auf, um sie in die Freiheit zu entlassen. Wir radeln weiter entlang der Deutschen Bucht. Die reizvolle Uferstrecke wird durch eine Inlandpassage unterbrochen, die uns nach **Jever** entführt. Die Perle des Historienstädtchens ist das Schloss. Seine Anfänge als Wehrburg reichen bis ins 14. Jahrhundert zurück. Unter der Regentschaft von Maria von Jever entwickelte sich der Bau zu einer prächtigen Residenz. Reisende zieht vor allem das Schlossmuseum an. Von der Bierbrauerstadt bis Wilhelmshaven sind es zwei Stunden im Fahrradsattel.

Von Wilhelmshaven nach Hamburg – 297 km Der Hafen mit den Wasserbecken und Piers geht auf das Jahr 1869 zurück. Damals legte König Wilhelm I. den Grundstein zu Deutschlands größtem Marinestützpunkt. Dass **Wilhelmshaven** durch die nahe Nordsee geprägt ist, sieht man in drei Ausstellungen. Zur Auswahl stehen das Küstenmuseum, das Wattenmeerhaus und das Marinemuseum. Letzteres lockt jährlich über 100 000 Besucher an. Im Zickzackkurs steuern wir um den Jadebusen. Mal bahnt man sich den Weg durch Schafherden, mal erblickt man eine der weithin sichtbaren Windmühlen. Die nächste Landmarke ist der ein Kilometer breite Weserstrom. Am Ostufer ragt die Silhouette von **Bremerhaven** auf. Vom Anleger der Fähre rollen wir zum Schaufenster Fischereihafen. Hier landeten schon vor 100 Jahren die ersten Fischdampfer ihr kostbares Gut an. Heute flaniert man durch die einstige Fischpackhalle IV, die zu einem maritimen Gastronomietempel umfunktioniert wurde. Tür an Tür reihen sich gehobene Restaurants, Bistros und Kneipen aneinander. Die Köche bereiten den Fisch fangfrisch in vielen Variationen zu. Eine weitere Attraktion bildet der Museumshafen. Hier ankern Schmuckstücke wie der hölzerne Handelsgroßsegler Seute Deern, der Walfangdampfer Rau IX. sowie das U-Boot Wilhelm Bauer. Daneben zieht das futuristische Klimahaus Bremerhaven 8° Ost die Blicke an. Es ist wie das Deutsche Auswandererhaus einer der Besuchermagneten. Nördlich schließt sich das größte zusammenhängende Containerterminal der Welt an. Auf fünf Kilometer Länge verteilen sich 14 Liegeplätze. Für interessierte Besucher hat man einen rund um die Uhr geöffneten Containeraussichtsturm errichtet. Von oben kann man das emsige Treiben der Transportfahrzeuge und der riesigen Kranbrücken beobachten. Nach wenigen Pedalumdrehungen vollzieht die Umgebung einen abrupten Wandel: Aus den bunten Containern werden rote Backsteinhäuser, aus den zugebauten Flächen grünes Deichland mit Schafen und Kühen. Mittendrin liegt der Weserfluss, der sich gen Norden trichterförmig zu seinem Ästuar öffnet. Stunden später stehen wir erneut am Ufer der Nordsee und machen es uns auf einer Parkbank unweit der Kugelbake in **Cuxhaven** bequem. In der Ferne scheinen die Ozeanriesen einer Fata Morgana gleich durch das Wattenmeer zu gleiten – lautlos und anmutig. Die Elbe prägt das mittlere Teilstück. Sie nimmt uns mit ins Landesinnere in Richtung Hamburg. Unterwegs reißen die Höhepunkte nicht ab: Den Anfang macht die Samtgemeinde Hemmoor. Dort fahren wir mit der nostalgischen Schwebefähre über den Fluss Oste. Es folgt das Freilichtmuseum in **Stade**, das sich sein historisches Ortsbild einer Hansestadt bewahrt hat. Ringsum von breiten Wassergräben und Festungswällen geschützt, schiebt man sein Fahrrad durch verschachtelte Gassen, vorbei an Fachwerkbauten und Kirchen. Ein lohnendes Fotomotiv ist der Alte Hafen. Die Lage in der Nähe der Unterelbe begünstigte den Aufstieg Stades zu einem florierenden Handelszentrum. Prägend für die Stadt und das heutige Aussehen waren die Schweden (1645–1712). Sie regierten von hier aus ihre eroberten Herzogtümer Bremen und Verden. Im Alten Land wechseln Reihen von Obstbäumen mit gepflegten Fachwerkhäusern. Die Dörfer weichen Vorstädten und die Vorstädte wachsen zu Hamburg zusammen.

Von Hamburg nach Niebüll – 352 km   Hafen, Alster und Michel – diese drei Sehenswürdigkeiten sind Klassiker und ein absolutes Muss in der Hansestadt **Hamburg**. Doch es gibt weitaus mehr zu entdecken, wie z. B. die größte Modelleisenbahn der Welt im Miniatur-Wunderland in der Speicherstadt. Ein weiterer Publikumsliebling ist der Hamburger Fischmarkt, der jeden Sonntag 70 000 Besucher an die Elbe lockt. Neben den Obstsorten aus dem Umland bieten die Marktschreier die Schätze der Nordsee an. So wandern hier Unmengen an Garnelen, Aalen, Schollen, Makrelen und Heringen über die Ladentheken und bereichern die norddeutsche Küche. Wir verabschieden uns auf dem zweiten Reiseabschnitt von der maritimen Metropole. Zunächst rollen die Räder das Elbufer entlang in Richtung Blankenese. Unterwegs lösen sich charmante Fischerhäuschen mit Kapitänsvillen ab. In Wedel zieht ein Schild mit der Aufschrift »Willkomm-Höft« die Blicke an. Alle ein- und auslaufenden Schiffe mit einer Bruttoraumzahl höher als 1000 werden mit der jeweiligen Nationalhymne begrüßt oder verabschiedet. Über die Lautsprecher erzählt der Begrüßungskapitän Wissenswertes zu den einzelnen Meeresriesen.

Vorbei an Elmshorn und seinem Industriemuseum ist es nicht weit bis **Glückstadt**. 1617 ließ der Dänenkönig und Herzog von Schleswig-Holstein Christian IV.

IM WECHSEL ZWISCHEN EBBE UND FLUT

Das Ökosystem Wattenmeer beherbergt eine Vielzahl von Lebewesen. Während sich im Watt die Wattwürmer tummeln, finden zahlreiche Vogelarten in den Dünen und Salzwiesen ideale Brutmöglichkeiten. Über den Köpfen der großen Säugetiere Seehund, Robbe und Schweinswal kreisen majestätisch die Seeadler. Die Gezeiten prägen das Bild der Küste und geben alle sechs Stunden die faszinierende Welt des Meeresgrundes frei. Wo nur wenige Stunden zuvor das Nordseewasser meterhoch wogte, breitet sich jetzt auf einer Schlickfläche das Reich der Meeresbewohner aus. Die erfahrenen Wattführer geleiten einen mittendurch.

den Grundstein der Hafenstadt mit dem sechseckigen Grundriss legen. Er sprach: »Dat schall glücken und dat mutt glücken, un dann schall se ok Glückstadt heten.« Wer durch die verträumten Gassen schlendert, kann sich leicht ausmalen, wie die Seeleute früher an dieser Stelle eifrig mit Heringen handelten. Die kleinen Silberlinge begründeten den Reichtum von Glückstadt. Heute erfreuen sie sich als Matjes großer Beliebtheit. Die Küste gibt den Weg in Richtung St. Michaelisdonn und der Nationalparkgemeinde Büsum vor. Dahinter kommen die vor 100 Jahren errichteten Pfahlbauten von **St. Peter-Ording** in Sicht. Was man hier macht? Entspannen! Und zwar in einem der Strandkörbe mit Blick auf die Surfer und Strandsegler. Der Weg verläuft anschließend im Landesinneren durch eine weite Wiesen-, Weiden- und Felderlandschaft. Sie ist von Gräben und langen Wallhecken durchzogen. An deren Ende erwartet uns **Husum** – die Geburtsstadt Theodor Storms. In einem Gedicht beschrieb er seine Heimatstadt als »die graue Stadt am Meer«. Alte Giebelhäuser im farbigen Gewand schmücken die engen Straßen und kopfsteingepflasterten Gassen. Nach einem Besuch des Renaissanceschlosses vor Husum fegt uns der Westwind auf die Halbinsel Nordstrand. Auf einem Siel sausen wir zwischen der See und dem Naturschutzgebiet Beltringharder Koog vorwärts. In der Ferne blitzen die Halligen im Wattenmeer auf, die sich um die Insel Pellworm drängen. Theodor Storm nannte die zehn Eilande einst »schwimmende Träume«. Fünf davon sind ganzjährig bewirtschaftet. Das Schimmelreiterland liegt hinter uns. In **Niebüll** steht eine Entscheidung an: Weiterhin dem Küstenradweg folgen? Via Dänemark, Schweden bis hinauf zu den Fjorden Norwegens radeln? Oder doch besser die Füße auf Sylt – Deutschlands nördlichster Insel – hochlegen? Klingt alles verlockend!

Links: Der Pilsumer Leuchtturm wurde am 1. Oktober 1891 in Dienst gestellt und ist heute für Trauungen sehr gefragt.

Rechts: Das Klimahaus Bremerhaven 8° Ost schickt seine Besucher auf eine ungewöhnliche Reise um die Welt.

2 Emsradweg

Genussradeln durch Nordwestdeutschland

● ☺🚲

leicht   381 km

CHARAKTER
Der sehr gut ausgebaute Flussradweg auf befestigten oder asphaltierten Radwegen und auf verkehrs-
beruhigten Straßen hat keine
Steigungen.

AUSGANGSORT
Hövelhof Bhf.

ENDPUNKT
Emden; zurück 4:30 Std. mit dem
Zug.

WEGMARKIERUNG
Ein doppeltes »E« mit Flusslauf.

E-BIKE
E-Bikes sind nicht nötig,
Fahrradverleih über www.
emsradweg.de.

INFORMATION
Interessengemeinschaft Emsradweg,
Schloßstr. 11, 33161 Hövelhof,
Tel. 05257/500 98 66,
www.emsradweg.de mit EmsRad-
weg-App; Emsland Touristik,
Ordeniederung 2, 49716 Meppen,
Tel. 05931/44 22 66,
www.emsland.com; Tourismus
Marketing Niedersachsen,
Essener Str. 1, 30173 Hannover,
Tel. 0511/27 04 88 40,
www.reiseland-niedersachsen.de
und www.niedersachsen-radrouten-
planer.de; Nordrhein-Westfalen-
Tourismus, Völklinger Str. 4, 40219
Düsseldorf, Tel. 0211/91 32 05 00,
www.nrw-tourismus.de und
www.radroutenplaner.nrw.de

Radler, die der Ems folgen, erleben Norddeutschland von seiner lieblichen Seite: Vor dem Lenker ziehen Auwälder vorüber, dahinter breiten sich Wiesen und Felder aus. Der Radweg führt in sehenswerte Städte wie Rheine, Papenburg, Leer und Emden. Am Schluss weitet sich der Horizont, die Nordsee ist nah.

Von der Emsquelle nach Greven – 140 km Nördlich von Paderborn geht der Teutoburger Wald gen Westen in die Senne über. Es ist eine beschauliche Landschaft: Auf den Sanddünen wachsen duftende Kiefernwälder. Man bewahrt das Idyll im **Naturschutzgebiet Moosheide**. Dort sprudeln aus dem Untergrund mehrere Wasserläufe an die Oberfläche und vereinen sich zur Ems. Wer ihrem Lauf nachgeht, steht nach sieben Kilometern vor dem Heimathaus in Hövelhof. Auf rund 1100 Quadratmetern Ausstellungsfläche gibt es traditionelles Handwerk wie Seilerei, Korbflech-

Der Emsradweg ist gut ausgebaut und meist sehr ruhig.

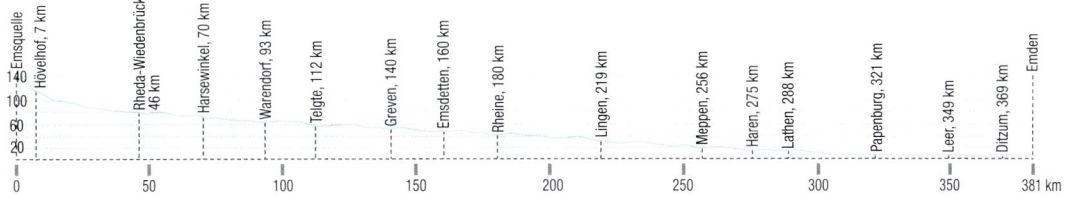

terei, Spinnen und Weben zu sehen. Es rollt leicht durch das nun flacher werdende Land. Der Zickzackkurs durch die Felder und Baumgruppen lädt zum Bummeln ein. Die Räder stoppen im Naturschutzgebiet Steinhorster Becken, einem Brut- und Rückzugsgebiet für Watt- und Wasservögel. Von hier aus nimmt einen der Fluss mit nach **Rietberg**. Die »Stadt der schönen Giebel« empfängt Gäste mit über 60 liebevoll restaurierten Fachwerkhäusern. Sie umschließen den prächtigsten Bau, das Rathaus aus dem Jahr 1805. Wie sehr sich die Region dem Gartenbau verschrieben hat, sieht man am Ufer der Ems im 40 Hektar großen NRW-Gartenschaupark. Auch im Nach-barort **Rheda-Wiedenbrück** wandert der Blick über Grünflächen. Dort zieht sich das bunt bepflanzte Band der Flora Westfalica durch den Doppelort.

Zu den Höhepunkten der ersten Etappe gehört das zwischen 1185 und 1222 gegrün-dete Zisterzienserkloster Marienfeld. Bis zur Säkularisierung im Jahr 1803 lebten und beteten hier Mönche. Sie erwarben im Laufe der Jahrhunderte einen reichen Landbesitz, der sich in den herausra-genden Bauwerken widerspiegelt. Die Abteikirche vereint spätromani-sche, gotische und barocke Bauele-mente miteinander und zählt zu den bedeutendsten Klöstern des Müns-terlandes. Wir erreichen **Warendorf**. Die Stadt hat sich einen Namen als Zentrum der deutschen Springrei-terei gemacht. Pferdefreunde zieht es zum NRW-Landgestüt, das 1826 unter dem Preußenkönig Friedrich Wilhelm III. entstand. Man kann die Anlage bei einer Führung besichti-gen. Nachdem wir uns in der Alt-stadt umgesehen haben, radeln wir gen Westen. Der erstklassig markier-te Weg führt durch den Wallfahrtsort Telgte in die Stadt **Greven**. Hier queren wir die 170 Kilometer lange Friedensroute. Die Radtour verbin-det Münster mit Osnabrück und er-innert an den Westfälischen Frieden aus dem Jahr 1648.

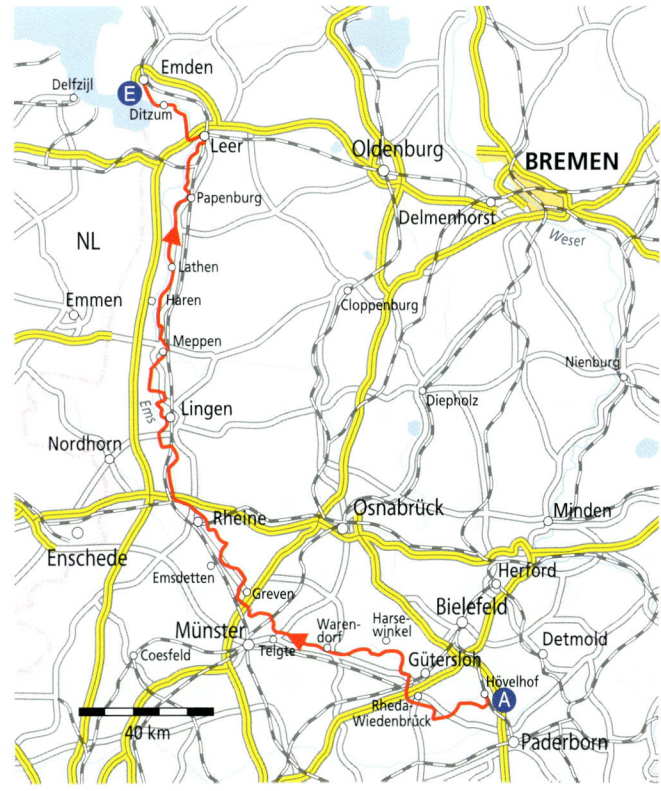

Von Greven nach Meppen – 116 km Auf dem Weg zum rekonstruierten Sachsenhof Pentrup zwingen uns die bis zu 61 Meter hohen Wentruper Berge kurz aus dem Sattel. Die reetgedeckten Bauten des Freilichtmuseums geben Einblick in das mühsame Leben der Menschen vor über 1200 Jahren. Besucher spazieren durch das Wohnhaus, inspizieren die Scheune und den Heuberg. Der Garten überrascht durch Ackerwildkräuter und alte Kulturpflanzen. Die Ems wirft in ihren Auwäldern sanfte Schleifen. Dahinter dehnen sich Felder aus. Sie gehören zu Emsdetten. Eine Radstunde entfernt rücken die Kirchtürme von **Rheine** ins Bild. Der Turm der Basilika St. Antonius bringt es auf 102,5 Meter und ist seit 1904 eine Landmarke. Am Westufer gelangt man in die Altstadt mit ihren reich dekorierten Giebelhäusern. Wer von hier aus am NaturZoo vorbeispaziert, steht wenig später im 2004 eröffneten Salinenpark. Die Saline Gottesgabe bildet das Herz der mit bunten Blumenbeeten geschmückten Grünanlage. Sie erinnert an die Salzproduktion, die im Mittelalter begann.

Direkt am Ufer der Ems liegt die nächste Perle – das 1437 geweihte Kloster Bentlage. Es vereint barocke und klassizistische Elemente. Heute nutzt man das 1803 aufgelöste Kreuzherrenkloster als kulturelle Begegnungsstätte mit Museen und Gemäldegalerien. Anschließend heißt es Abschied nehmen von Nordrhein-Westfalen. Die Beschilderung bleibt in Niedersachsen vorbildlich. Sie leitet uns zielsicher durch das flache, von Gräben und Kanälen durchwobene Emsland nach **Lingen**. Die ehemalige Festungsstadt wird 975 erstmals in einer Urkunde erwähnt. Repräsentative Gebäude umschließen den breit angelegten Marktplatz. In der Reihe der Giebelhäuser fällt die alte Posthalterei auf, ein zweigeschossiger Fachwerkbau.

Von Meppen nach Emden – 125 km Der Stadtname Meppen bedeutet »An den Mündungen«, denn im Mittelalter zog die Hase mit drei Flussarmen der Ems entgegen. Ausgedehnte Parks wechseln mit Backsteinbauten ab. Mittendrin steht das turmgekrönte Rathaus. Das mit Findlingen erbaute Untergeschoss stammt aus dem Jahr 1408. Bis ins 18. Jahrhundert bewachte ein sternförmiger Wall die Stadt. Heute dient er als baumbestandener Hochwasserdamm und lädt zum Spazieren ein. Span-

nende Ziele bieten das Zeughaus, das Stadthaus und die barocke Gymnasialkirche. Wem nach einer Pause ist, stellt sich die Frage: An einem der Restauranttische am Meppener Marktplatz hinsetzen? Oder im Café der Höltingmühle einkehren? Lohnend ist beides!

Stromabwärts erreichen wir das Naturschutzgebiet Borkener Paradies. Es schützt auf 30 Hektar die Gewässer der Alten Ems und der benachbarten Hutelandschaft. Im reizvollen Wechsel pendelt die Radroute zwischen dem Fluss und dem Dortmund-Ems-Kanal hin und her. Bei **Papenburg** treffen sie aufeinander. Die Gründer erbauten die Siedlung im 17. Jahrhundert auf Moorgrund. Dies erkennen Urlauber an dem rund 40 Kilometer langen Kanalnetz, das die romantische Fehnkolonie durchzieht. Klappbrücken verbinden die Straßen miteinander. Dazwischen ankern Segelschiffe. Die Backsteinhäuser ringsum komplettieren das historische Ortsbild. Wer dem Hauptkanal nachgeht, sieht am Ortsrand zwei überdachte Baudockhallen. Sie gehören zur Meyer Werft. Hier lohnt es sich, an einer Besichtigung teilzunehmen, bei der man Einblick in den Bau von über 300 Meter langen Kreuzfahrtschiffen bekommt.

Ostfriesland empfängt Gäste mit einer platten Landschaft. Rechts und links Weiden, auf denen Schafe und Rinder grasen. Am Ostufer der Ems erreicht man die Hafenstadt **Leer**. Beim Schlendern durch die rot gepflasterten Gassen sind die bunten Giebelhäuser allgegenwärtig. Folgt man der Fahrradroute, kommt man zum hoch aufragenden Rathaus. Es wurde nach Entwürfen von Professor Henrici im deutsch-niederländischen Renaissancestil erbaut. Auf dem Weg zum Reiseziel wechseln wir noch zweimal über die Ems. Gen Westen öffnet sich der Dollart. Die 90 Quadratkilometer große Meeresbucht ist der Mündungstrichter der Ems. Mit **Emden** erwartet uns nochmals eine sehenswerte Hafenstadt. Besuchen Sie die Kunsthalle oder das ostfriesische Landesmuseum. Oder suchen Sie etwas Heiteres? Wie wäre es mit dem Otto Huus? Dort erhält man Einblick in die Stationen der Karriere des Komikers Otto Waalkes. Wer einfach nur durch die Stadt spazieren möchte, der kommt an den Museumsschiffen vorbei. Sie sind die Vorboten der nahen Nordsee. Warum also nicht gleich weiterstrampeln?

Links: Das Dreigiebelhaus steht im Salinenpark der Stadt Rheine und beherbergt ein Besucherzentrum.

Mitte: Der leicht abschüssige Emsradweg steht für genussvolles Radwandern.

Rechts: Das zum Museum umfunktionierte Feuerschiff Amrumbank wurde 1915 erbaut und liegt in Emden vor Anker.

3 Weserradweg

Der Fluss der Märchen und Sagen

leicht   497 km

CHARAKTER
Die Topografie ist meist flach und familienfreundlich. Dabei rollt man meist über asphaltierte Radwege.

AUSGANGSORT
Hann. Münden Bhf.

ENDPUNKT
Cuxhaven; zurück 5 Std. mit dem Zug.

WEGMARKIERUNG
Schilder mit der Aufschrift »Weser-Radweg«.

E-BIKE
Die Webseite www.weserradweg-info.de listet Radverleihe und Reparaturstätten auf.

INFORMATION
www.weserradweg-info.de mit Weserradweg-App; Weserbergland Tourismus, Deisterallee 1, 31785 Hameln, Tel. 05151/930 00, www.weserbergland-tourismus.de; WeserKontor, Teerhof 34, 28199 Bremen, Tel. 0421/598 08 00, www.weser-radweg.info; Tourismus-Marketing Niedersachsen, Essener Str. 1, 30173 Hannover, Tel. 0511/27 04 88 40, www.reiseland-niedersachsen.de und www.niedersachsen-radrouten-planer.de; Bremer Touristik-Zentrale, Findorffstr. 105, 28215 Bremen, Tel. 0421/308 00 10, www.bremen-tourismus.de

Der Weserradweg zählt seit Jahren zu den beliebtesten Routen Deutschlands. Wer von Hann. Münden bis zur Nordsee radelt, erlebt historische Zentren und ist froh über das ebene Terrain. Die 500 Kilometer entführen einen in Kindertage, denn immer wieder trifft man auf Märchen- und Sagengestalten. Dazu sorgen Schlösser, Klöster und Aussichtspunkte für Abwechslung.

Von Hann. Münden nach Hameln – 136 km Radler, die genussvoll dahinrollen möchten, zieht es auf die Flussradwege. Sie sind meist sehr gut ausgebaut und flach. Eine der beliebtesten Touren führt an der Seite der Weser an die Nordseeküste. Sie ist ein besonderer Fluss, der durch die Vereinigung der Werra (300 Kilometer Fließstrecke) und der Fulda (220 Kilometer Fließstrecke) entsteht. Ihr Einzugsgebiet umfasst 46 000 Quadratkilometer, also rund 13 % der Fläche Deutschlands. Im Herzen der von Fachwerkhäusern gesäumten Gassen von **Hann. Münden** zieht das im Stil der Weserrenaissance errichtete Rathaus die Blicke magisch an. Unter der Uhr hat man ein Glockenspiel installiert. Es erklingt dreimal täglich mit dem Spottlied Doktor Eisenbarths. 500 Meter entfernt schickt uns der Weserstein auf die Reise gen Norden. Auf ihm steht: »Wo Werra sich und Fulda küssen / Sie ihre Namen büßen müssen / Und hier entsteht durch diesen Kuss / Deutsch bis zum Meer der Weser Fluss. – Hann. Münden, d. 31. Juli 1899.« Als Landschaftsgestalter liefert die Weser zu Beginn ihr Meisterstück ab: Im Lauf der Jahrtausende schnitt sich das Wasser in die Buntsandsteinschichten ein. Der Fluss schuf so ein romantisches Tal, das heute ein prächtiger Laubwald einfasst.

In **Bad Karlshafen**, im Weserbergland gelegen, lohnt ein Spaziergang. Die blütenweißen Häuserkarrees und die symmetrisch angelegten Straßenzüge sind typisch für diese Barockstadt. Sie wurde im Jahr 1699 unter dem Landgrafen Carl zu Hessen errichtet. Er siedelte in der Planstadt Flüchtlinge aus Frankreich (Hugenotten) an. Beachtung verdient das in einer ehemaligen Zigarrenfabrik untergebrachte Deutsche Hugenotten-Museum. Es dokumentiert die Flucht und Vertreibung der Hugenotten aus Frankreich. Wir kehren nun der nördlichsten Stadt Hessens den Rücken zu und fahren nach Nordrhein-Westfalen hinein. Hinter **Höxter** künden zwei Spitztürme einen weiteren Glanzpunkt an – das ehemalige Kloster Corvey. Die Geschichte der Reichsabtei lässt sich bis ins 9. Jahrhundert zurückverfolgen. Eindrucksvoll ist der ge-

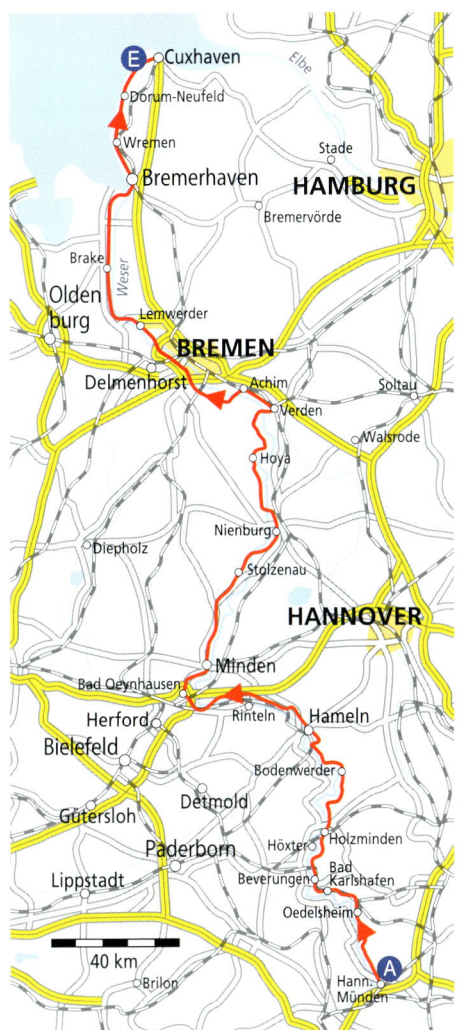

samte Gebäudekomplex mit den Innenhöfen und der Klosterkirche. Als Symbol der karolingischen Architektur ernannte die UNESCO Corvey 2014 zum Weltkulturerbe. Im Inneren lohnt ein Besuch der fürstbischöflichen Bibliothek. Das Museum dokumentiert das Leben des Dichters Hoffmann von Fallersleben, der einst die deutsche Nationalhymne niederschrieb. Anschließend wirft die Weser ihre nächsten Schleifen an Holzminden, Bodenwerder und **Hameln** vorbei.

Im Schnoorviertel zeigt sich Bremen von seiner historischen Seite.

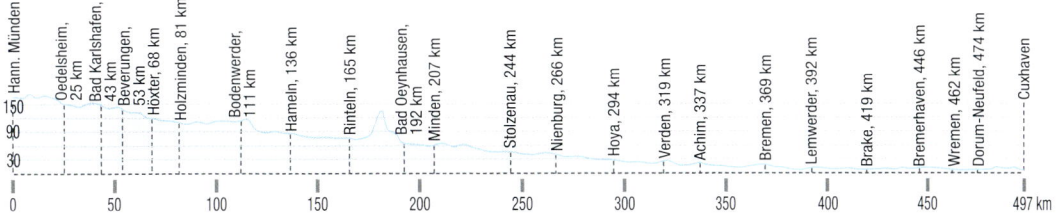

Von Hameln nach Nienburg – 130 km Wer kennt sie nicht, die Sage über den Rattenfänger von Hameln? Bei einer Führung durch die Weserrenaissancebauten wird sie lebendig. Egal ob Sie dem Rattenfänger, dem Verführer oder dem Türmer lauschen – hier erleben Sie eine Zeitreise ins Mittelalter. Man dreht den Kopf und staunt: Das Auge erfreut sich an reich verzierten Giebeln, Erkern und Schmuckleisten. Wir rollen wieder den Fluss entlang. Zwei entspannte Radstunden entfernt wachsen die Kirchtürme von **Rinteln** aus der Landschaft empor. Vor der St.-Nikolai-Kirche erstreckt sich die gute Stube des historischen Stadtkerns – der Marktplatz. Ringsum stehen Renaissancebauten. Im Mittelalter überspannte in Rinteln eine Holzbrücke die Weser. So kam die Siedlung zu Privilegien wie dem Wegezollrecht und einem Gericht. Begünstigt durch die Lage am Fluss florierte neben dem Handwerk der Handel mit Bremen und den Niederlanden.

Freie Hansestadt Bremen

In der »guten Stube«, wie die Bremer ihren Marktplatz liebevoll nennen, empfängt uns der lächelnde Roland. Seit 1404 symbolisiert er Freiheit und Stadtrechte. Sein Blick schweift in Richtung des Doms St. Petri mit den zwei Türmen und einer Geschichte von über 1200 Jahren. Lüder von Bentheim renovierte die Fassade Anfang des 17. Jahrhunderts im Stil der Weserrenaissance. »Das Rathaus und der Roland auf dem Bremer Marktplatz sind einzigartige Zeugnisse für die Entwicklung von Autonomie und Marktrechten des europäischen Bürgertums speziell im Heiligen Römischen Reich Deutscher Nation«, erklärte die UNESCO bei der Aufnahme in die Welterbeliste im Juli 2004.

Der Radweg kehrt der Weser von Zeit zu Zeit den Rücken und durchläuft im reizvollen Wechsel Waldstücke und Felder. Vorbei an Vlotho führt die Reise nach **Bad Oeynhausen**. Das Staatsbad liegt idyllisch zwischen dem Wiehengebirge und dem Lipper Bergland. Sein Herz schlägt im Kurpark, den man 1853 nach Entwürfen von Peter Joseph Lenné anlegte. Die grüne Lunge der Stadt ist mit ihren alten Bäumen ein beliebter Treffpunkt. Hier bewundert man das Kaiserpalais, flaniert zur eleganten Wandelhalle hinüber und relaxt in den adretten Badehäusern. In einer der prächtigsten Gründerzeitvillen ist das Deutsche Märchen- und Wesersagenmuseum untergebracht. Bekannt ist es für die Bibliothek, seine Märchenerzählstunden und Ausstellungen. Auf der Weiterfahrt rücken die Talflanken zusammen. Hoch oben auf einer Waldanhöhe erkennen wir das 88 Meter hohe Kaiser-Wilhelm-Denkmal. Es wurde zwischen 1892 und 1896 errichtet und markiert die Porta Westfalica. Hier grub sich die Weser durch die Barriere, die man im Westen Wiehengebirge und im Osten Wesergebirge nennt.

Die Höhenzüge weichen zurück. Voraus dehnt sich das Norddeutsche Tiefland aus. Im Jahr 798 hielt Karl der Große an einem Weserübergang eine Reichsversammlung ab. An dieser Stelle liegt **Minden**. In der Stadt ist man stolz auf den Dom St. Gorgonius und Petrus. Die Hallenkirche vereint die Stilrichtungen der Romanik mit der Gotik und blickt auf eine 1000-jährige Geschichte zurück. Zwei Kilometer nördlich passieren wir das Wasserstraßenkreuz Minden. Zwischen 1911 und 1914 errichteten Arbeiter eine 370 Meter lange Kanalbrücke zur Überführung des Mittellandkanals über die Weser. Ihr folgte 1998 ein zweiter Brückenbau mit einer Wasserspiegelbreite von 42 Metern. Der Mittellandkanal ist 325 Kilometer lang und die bedeutendste künstliche Wasserstraße in Deutschland. Er gehört zu einem Wasserstraßennetz, das den Rhein mit dem Oderstrom verbindet. Neben der Kanalbrücke überwindet eine riesige Schachtschleuse die 13 Meter Höhenunterschied zwischen Mittellandkanal

und Weser. Der Fluss durchzieht dann eine idyllische Geestlandschaft mit Uferwiesen, Holländerwindmühlen und langen Baumreihen. **Nienburg** markiert den nächsten Stopp.

Von Nienburg nach Bremen – 103 km Zahlreiche Fachwerkbauten machen Nienburg zu einer sehenswerten Station der Deutschen Fachwerkstraße. Besonders schön anzusehen sind das 1541 erbaute Patrizierhaus in der Langen Straße 41 und der Fresenhof. Die Pfarrkirche St. Martin mit ihrem 72 Meter hohen Turm und das mehrgeschossige Rathaus mitsamt dem verspielten Stufengiebel komplettieren das Ensemble. Mittlerweile ist mehr als die Hälfte des Weserradwegs bis zur Nordsee zurückgelegt und man durchläuft im platten Flusshinterland ruhige Dörfer und Gehöfte. Dort, wo sich die Aller mit der Weser vereint, liegt **Verden**. Zwei Begriffe sind untrennbar mit der hoch über dem Fluss errichteten Siedlung verbunden: der Pferdesport und der markante Dom St. Maria und Cäcilia. Während man den Reittieren im

Links: Das Klimahaus Bremerhaven 8° Ost ist eine der Attraktionen der Stadt.

Rechts: Die Bremer Wallanlagen wurden zu einer blühenden Parkanlage umgestaltet, aus der die turmhohe Herdentorsmühle herausragt.

Pferdemuseum auf einer Fläche von 1400 Quadratmetern huldigt, beeindruckt der 700 Jahre alte, aus Backsteinen erbaute Dom durch sein riesiges Langhaus mit einer Firsthöhe von 38 Metern. Die unverfälschte gotische Pracht diente als bauliches Musterbeispiel für verschiedene Kirchen in Lüneburg, Lübeck und Stendal.

Der Radweg knickt gen Nordwesten ab und folgt dem Schleusenkanal in das grüne Land. Hinter Achim rollen wir in das kleinste Bundesland Deutschlands hinein – nach **Bremen**. Durch den florierenden Handel der Hanse erlebte die Stadt zwischen dem 13. und 17. Jahrhundert einen Bauboom, der heutige Touristen auf Schritt und Tritt zum Fotoapparat greifen lässt. Besonders malerisch ist es auf dem kopfsteingepflasterten Marktplatz mit dem Rathaus, der Rolandstatue und der Ratskirche. Hier endet die Deutsche Märchenstraße. Diese 600 Kilometer lange Themenroute beginnt in Hanau und führt große und kleine Kinder zum heimlichen Wahrzeichen der Stadt – den Bremer Stadtmusikanten. Sie lachen an der Westseite des spätmittelalterlichen Rathauses als Bronzestatue von ihrem Sockel. Hund steht auf Esel, Katze steht auf Hund, Hahn steht auf Katze. Man schmunzelt still und spaziert weiter zum romantischen Schnoorviertel. Mit seinen Bürgerhäusern aus dem 15. und 16. Jahrhundert ist es wie dafür geschaffen, um das Rad der Zeit zurückzudrehen.

Von Bremen nach Cuxhaven – 128 km   Die Bremer Weserpromenade bleibt zurück. 20 Kilometer westlich der Innenstadt zieht ein »Weißer Schwan« die Blicke auf sich. Er liegt stolz im Wasser und ist aus Holz – das »Schulschiff Deutschland«. Der Dreimaster lief 1927 in Bremerhaven vom Stapel und unternahm mehrere Hochseefahrten nach Südamerika, Südafrika, in die Karibik und die USA. 1995 erfolgte der verdiente Ruhestand. Heute können Radler auf der »Deutschland« übernachten. Wir befinden uns an der maritimen Meile des Stadtteils Vegesack, wo die Seefahrer- und Schiffsbaugeschichte der Hansestadt lebendig wird: Draußen fließt der Weserstrom auf seinem letzten Abschnitt entgegen und mit der Wümme und der Hunte münden zwei weitere Flüsse in den Strom. Er zieht nun breit und gemächlich durch die Marsch- und Moorlandschaften. Wer das Ufer betrachtet, dem fällt der Tidenhub auf. Hier überwinden die Gezeiten

In Hann. Münden vereinigen sich die Flüsse Fulda und Werra zur Weser.

der hereindrückenden Nordsee rund vier Meter. Der Wind frischt auf und man fragt sich, warum man die Tour nicht von der Küste ins Landesinnere geplant hat.

Vom asphaltierten Deichkronenradweg lassen sich gut die vorbeiziehenden Schiffe beobachten. Sie künden das nächste Ziel an – **Bremerhaven**. In der 1827 gegründeten Seestadt dreht sich vieles um das Meer. Deshalb besuchen Touristen gerne das Deutsche Schifffahrtsmuseum. Das Prunkstück der Ausstellung ist eine nahezu vollständig erhaltene Hansekogge. Man entdeckte sie 1962 bei Ausbaggerungsarbeiten in der Weser. Ihr Alter beträgt mehr als 600 Jahre. In den Vitrinen veranschaulichen über 500 Schiffsmodelle die Entwicklung der Seefahrt. Weitere Themen widmet man der Polar- und Meeresforschung, der Navigation, der Marine und dem Bootsbau. Doch viele Besucher zieht es zum Museumshafen, der die Sammlung komplettiert. Vor Anker liegen Schmuckstücke wie der hölzerne Handels-Großsegler Seute Deern (1919), der Walfangdampfer Rau IX. und das U-Boot Wilhelm Bauer. Wir überqueren die alte Kaiserschleuse, werfen einen Blick in die riesigen Kaianlagen und die Becken der Docks. Das Panorama des zwei Millionen Quadratmeter umfassenden Containerterminals mit seinen modernen Kranbrücken wird kleiner.

Voraus liegt der finale Abschnitt der Radtour. An der Kugelbake in **Cuxhaven** steigen wir zufrieden aus dem Sattel, mieten uns einen Strandkorb. Hinsetzen, genießen, den Meeresriesen nachschauen. Hier, an einem Platz, wo sich das Fernweh der Seeleute mit dem Heimweh mischt, lassen Radler ihre Tour Revue passieren. Das Fazit: Der abwechslungsreiche Weserradweg bietet alles für eine rundum gelungene Mehrtagesradreise – idyllische Landpartien, historische Städte und eine bunt gemischte Palette an Sehenswürdigkeiten.

Aufbruch in die Ferne

Fällt der Name Bremerhaven, denkt man an das Deutsche Auswandererhaus. Es erhielt 2007 den Titel »Europäisches Museum des Jahres«. Darin schreitet man wie ein Auswanderer durch die detailgenauen Rekonstruktionen und staunt – über die Kaianlage, über die Decks eines Seglers und über das nachgebaute Grand Central Terminal von New York. Zur nächsten Attraktion sind es nur wenige Schritte, denn gegenüber zieht das Klimahaus 8° Ost die Blicke auf sich. In der Ausstellung reisen Besucher entlang des achten östlichen Längengrades um die Welt. So bekommen sie Einblick in die Lebensbedingungen der Menschen und die Klimazonen der Erde.

4

EuroVelo EV3 – Pilgerweg-Route

Der Weg ist das Ziel

mittel   1069 km

CHARAKTER
Streckenlänge wie auch die teils wellige Landschaft verlangen eine gute Kondition.

AUSGANGSORT
Flensburg Bhf.

ENDPUNKT
Aachen; zurück 8 Std. mit dem Zug.

WEGMARKIERUNG
Die Fahrradstrecke folgt den Routen Ochsenweg, Radfernweg Hamburg – Bremen, Brückenradweg, Friedensroute, 100-Schlösser-Route, Römerroute und Wasserburgen-Route. Man erkennt sie an den Schildern der D-Route 7.

E-BIKE
Ein E-Bike ist hilfreich; Infos über die Tourismuswebseiten.

INFORMATION
www.sh-tourismus.de und www.sh-radroutenplaner.de; www.reiseland-niedersachsen.de und www.niedersachsen-radrouten-planer.de; www.nrw-tourismus.de und www.radroutenplaner.nrw.de

Was verbindet Jakobus den Älteren mit dem heiligen Martin von Tours und Olav II. Haraldsson? Die Pilgerroute! Sie führt vom norwegischen Trondheim durch sieben Länder bis ins spanische Santiago de Compostela und ist 5100 Kilometer lang. Hierzulande orientiert sich die Pilgerweg-Route an bestehenden Radtouren und steuert bedeutende Kirchenbauten des Mittelalters an.

Von Flensburg nach Hamburg – 253 km Die EuroVelo Route EV3 gehört zum Jakobspilger-Wegenetz. Auf dem finalen Teilstück sind viele Reisende unterwegs. Warum also nicht den deutschen Abschnitt entlangradeln? Im Vergleich zu den Mühen einstiger Wallfahrer haben es heutige Radler leicht. Von Dänemark aus steuert die Route als Erstes **Flensburg** an. Die weltoffene Hafen- und Handelsstadt kennt man vor allem wegen der Verkehrssünderdatei. Doch dass Flensburg durch den Rum groß geworden ist, wissen die wenigsten. Im 18. Jahrhundert gehörte der Hafen zu Dänemark, als die Schiffe der dänischen Westindienflotte in die Karibik segelten. Von ihren Fahrten brachten sie Roh-Rum, Killdevil genannt, nach Flensburg. Dort verschnitten und veredelten die Rumfabrikanten das Getränk. Heute halten vor Ort zwei Rumhäuser die Tradition aufrecht.

Wie die Pilger, Kaufleute und Heere des Mittelalters ziehen Radler auf dem sogenannten Ochsenweg in Richtung Süden. Die Strecke durch das ländliche Schleswig-Holstein verknüpft historische Zentren in Dänemark und Deutschland miteinander, von denen **Schleswig** den nächsten Stopp bildet. Mehrere Epochen prägen architektonisch die reizvoll am Ostseefjord Schlei gelegene Stadt. Im gotischen Stil errichtete man den Dom St. Petri. Sein Turm ist 112 Meter hoch. Drinnen steht man vor dem Marmorgrabmal des Dänenkönigs Friedrich I. und dem filigran geschnitzten Brüggemann-Altar mit 392 Eichenholzfiguren. In **Rendsburg** überqueren wir den Nord-Ostsee-Kanal. Südlich davon führt der historische Landweg durch ausgedehnte Marschflächen, Wälder und typisch norddeutsche Wiesen- und Heidelandschaften. Die nächsten Stationen sind das Kloster in Itzehoe und die Kirche St. Nikolai in Elmshorn.

Dem Ochsenweg, der in **Wedel** endet, schließt sich der Nordseeküstenradweg an. Er geleitet uns ins Herz von Hamburg. Pilger zieht es in die Hauptkirche St. Jacobi mit ihrem Schutzpatron, dem heiligen Jacobus. Im

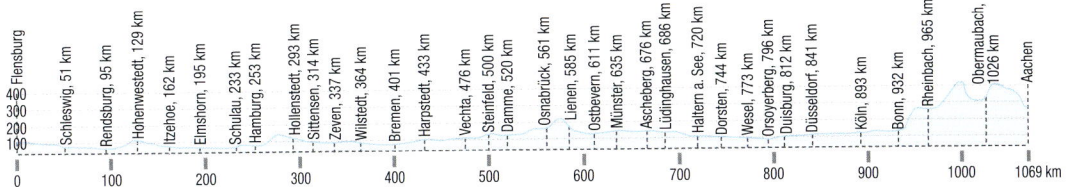

400
300
200
100

Flensburg
Schleswig, 51 km
Rendsburg, 95 km
Hohenwestedt, 129 km
Itzehoe, 162 km
Elmshorn, 195 km
Schulau, 233 km
Hamburg, 253 km
Hollenstedt, 293 km
Sittensen, 314 km
Zeven, 337 km
Wilstedt, 364 km
Bremen, 401 km
Harpstedt, 433 km
Vechta, 476 km
Steinfeld, 500 km
Damme, 520 km
Osnabrück, 561 km
Lienen, 585 km
Ostbevern, 611 km
Münster, 635 km
Ascheberg, 676 km
Lüdinghausen, 686 km
Haltern a. See, 720 km
Dorsten, 744 km
Wesel, 773 km
Orsoyerberg, 796 km
Duisburg, 812 km
Düsseldorf, 841 km
Köln, 893 km
Bonn, 932 km
Rheinbach, 965 km
Obermaubach, 1026 km
Aachen

0   100   200   300   400   500   600   700   800   900   1000   1069 km

13. Jahrhundert war die Kapelle ein bedeutender Wegpunkt für Kaufleute und Wall-fahrer. Seit 2008 gibt es in der Gemeinde einen Pilgerpastor, der auf Nachfrage den Reisesegen spricht. Wer vor der Weiterfahrt Ruhe sucht, der findet diese in den idyl-lischen Parkanlagen und stilvoll angelegten Gärten. Bekannt sind der Park Planten un Blomen mit dem größten japanischen Garten Europas und der Alsterpark mit sei-nen gepflegten Wiesen.

Von Hamburg nach Osnabrück – 308 km Wir verlassen die Hansestadt über die 1899 eröffnete alte Harburger Elbbrücke und schwenken auf den Radfernweg Ham-burg–Bremen ein. Das Großstadttreiben bleibt zurück. Nun prägen erneut ausge-dehnte Wälder und Felder das Landschaftsbild, darin eingebettet ansehnliche Dörfer mit roten Backsteinbauten. Wir treffen bei Tostedt auf den 153 Kilometer langen Fluss Oste. Er fällt auf dem gesamten Weg nur 55 Meter. Kein Wunder, dass es der

Der Marktplatz von Osnabrück wird von historischen Bauwer-ken wie dem Rathaus flankiert.

Die Wasserarme
des Hamburger Hafens
sind ein begehrtes
Wohnviertel.

Wiesenbach gemächlich angehen lässt. Radler rollen durch die Zevener Geest, ein dünn besiedeltes Grünland; eine Art Zwischenregion, fast Lüneburger Heide, fast Marschland. Baumalleen und Kieswege führen zu Feldern und Wiesen. Mit Glück sieht man Fischotter oder Eisvögel. Die Jäger stellen den zahlreichen Kleinfischarten nach, die sich in dem sauberen Wasserlauf der Oste tummeln.

Dann erreicht man eine Überraschung – das **Tister Bauernmoor**. Wiederkehrende Überschwemmungen machen es zu einer Brut- und Raststätte für Vögel. Besonders wohl fühlen sich Kraniche in der 570 Hektar großen Schutzzone. Im Spätherbst rasten bis zu 20 000 »Vögel des Glücks«, wie man die stolzen Tiere noch nennt, im Tister Bauernmoor. Außerdem leben hier Sumpfohreule, Löffelente, Schwarzstorch, Bekassine, Kiebitz und Neuntöter. Insgesamt 40 Arten. Ein markierter Lehrpfad führt in das Landschaftsschutzgebiet hinein. Am Ende des Wegs ragt ein Aussichtsturm auf. Darunter wiegt sich Wollgras im Wind, sprießen Sonnentau und Glockenheide. Die ausgedehnten Wasserflächen des Feuchtgebiets entstanden infolge des Torfabbaus. Ein Relikt aus jenen Tagen ist die Moorbahn, die an Sonn- und Feiertagen durch die Landschaft zuckelt.

Auf halbem Weg nach **Bremen** erreicht man den Ort Zeven. Das 1141 errichtete Kloster steht heute als Museum für Besucher offen. Beachtung verdienen das romanische Kreuzgratgewölbe und der hier gefundene Heeslinger Münzschatz. Als Nächstes folgen wir dem Brückenradweg, der uns durch die drei Naturparks Terra.vita Osnabrücker Land, Dümmer und Wildeshauser Geest führt. Unterwegs wechseln sich Moorgebiete mit bewaldeten Flusslandschaften ab. Wir überqueren den Stichkanal am Osnabrücker Hafen und folgen dem Fluss Hase in das Zentrum der Friedensstadt

Osnabrück hinein. Auf den Treppen des Rathauses am Markt verkündete man 1648 den Westfälischen Frieden und damit das Ende des Dreißigjährigen Krieges. Den Friedensgedanken fördert man heute als zentrales Thema der Stadt.

Von Osnabrück nach Duisburg – 251 km Der Pilgerweg hat Niedersachsen hinter sich gelassen und setzt seine Reise auf der Friedensroute durch Nordrhein-Westfalen fort. Wo heute Radler entspannt in Richtung **Münster** rollen, übermittelten früher Postreiter ihre Nachrichten. Sie pendelten am Ende des Dreißigjährigen Krieges zwischen Osnabrück und Münster hin und her. Als Nächstes geleitet einen die 100-Schlösser-Route durch das südliche Münsterland, in dem wir der Römer-Lippe-Route nachfahren. Die Lippe war am Anfang der christlichen Zeitrechnung eine Hauptvormarschlinie der römischen Truppen in Germanien und gespickt mit mehreren militärischen Stützpunkten. Im Jahre 9 nach Christi schlug der Cheruskerfürst Arminius drei römische Legionen vernichtend. Auch wenn die Fachwelt noch über den genauen Ort der Varusschlacht debattiert, gleicht die Fahrt einer Zeitreise. Kaiser Augustus soll angeblich nach der Niederlage bestürzt ausgerufen haben: »Quinctilius Varus, gib die Legionen zurück!«

Die historische Altstadt von Bremen ist einer der zahlreichen Höhepunkte des Weserradwegs.

Wir radeln durch den Naturpark Hohe Mark-Westmünsterland und machen Station in **Haltern am See**. Hier lohnt es sich, das LWL-Römermuseum anzusehen. Auf dem Boden der heutigen 38 000-Einwohner-Stadt stand vor 2000 Jahren eines der größten

Täglich durchpflügen Ozeanriesen die Unterelbe.

Römerlager jener Zeit. Nachdem Roms Kaiser mit dem Versuch scheiterten, ganz Germanien ins römische Imperium einzugliedern, befestigte man die Grenzen. Mit dem Obergermanisch-Rätischen Limes entstand ein 550 Kilometer langes Bollwerk, das den Rhein mit dem Ufer der Donau verband. In dem 1993 eingeweihten Römermuseum dokumentieren Fundstücke beider Völker deren Lebensweisen.

Bevor wir hinter **Wesel** über den Rhein setzen, lohnt es sich, der Hansestadt einen Besuch abzustatten. Sie liegt am nordwestlichen Rand des Ruhrgebiets. Die Zitadelle, das alte Wasserwerk, dazu der Willibrordi-Dom: Die verstrichenen Epochen von Wesel sind noch sichtbar. Nun schwenken wir den Lenker auf Kurs Süd und folgen dem Rheinradweg stromaufwärts.

Von Duisburg nach Aachen – 257 km Auf den Spuren mittelalterlicher Wanderpilger führt die Fahrt durch die heute dicht besiedelte Metropolregion Rhein-Ruhr. Wir radeln im Schatten der großen Industrieanlagen der Städte **Duisburg**, Düsseldorf und Leverkusen weiter. Anschließend rücken auf der linken Rheinseite die hoch aufragenden Türme des Kölner Doms ins Bild. In einem goldenen Schrein beherbergt er seit dem 12. Jahrhundert die Gebeine der Heiligen Drei Könige als Reliquien. Seitdem ziehen Pilger ans Rheinufer. Jahrhundertelang schuftete man an der hochgotischen Kathedrale, bis sie in ihrer Vollkommenheit erstrahlte. Der Dom zählt zu den bedeutendsten Bauten der Christenheit und gehört seit 1996 zum Welterbe der UNESCO. Neben dieser meistbesuchten Sehenswürdigkeit des Landes mit jährlich rund 6,5 Millionen Gästen gibt sich die Karnevalshochburg facettenreich: Man kann 42 Museen besichtigen, etwa das Museum Ludwig, das die größte Pop-Art-Sammlung außerhalb der USA beheimatet.

Das Tister Bauernmoor lädt zum Spazieren ein.

Der Universitätsstadt Köln folgen grüne Uferwiesen, Ackerflächen und die ehemalige Bundeshauptstadt **Bonn**. Wenn von der Kulturstadt Bonn die Rede ist, kommt vielen die Musik in den Sinn. Das Erbe Ludwig van Beethovens, der 1770 hier zur Welt kam, verpflichtet. So ist das Beethoven-Orchester einer der wichtigsten Botschafter der Kulturstadt und wirbt auch im Ausland erfolgreich für die Musikstadt am Rhein. Die Museumsmeile zieht Kunst- und Kulturinteressierte an. Einen Namen in der deutschen und europäischen Museumslandschaft gemacht haben sich das Haus der Geschichte der Bundesrepublik Deutschland, die Kunst- und Ausstellungshalle der Bundesrepublik Deutschland und das Kunstmuseum Bonn.

Am südlichen Stadtrand verabschiedet sich unsere Route von dem breiten Niederrhein. Auf dem letzten Reiseabschnitt nimmt die Besiedelung ab und sorgt mit einem landschaftlich reizvollen Landstrich für besinnliche Kilometer. Nun gilt es, noch ein paar Hügel zu bezwingen, bevor wir **Aachen** entgegenfahren. Am Dom, dem Krönungsort der deutschen Könige und der Grabstätte Karls des Großen, endet der mittlere Teil des Jakobswegs, der uns reich mit Kultur- und Naturerlebnissen belohnt hat.

WAS BEDEUTET PILGERN?

Das Wort Pilgern stammt von dem lateinischen Wort »peregrinus« ab. Es bedeutet »in der Fremde sein«. In fast allen Religionen und Kulturen suchen Pilger die speziellen Orte der Heiligen auf. Die Gründe hierfür sind vielschichtig und nicht nur die Heiligenverehrung steht an erster Stelle. Im Mittelalter trat man eine Pilgerreise zur Buße, für seinen König oder als Strafe an. Heute suchen viele ihr Seelenheil, wie der Benediktinermönch Anselm Grün treffend beschreibt: »Der Pilger bekennt, dass er die Antwort auf die tiefsten Fragen seines Lebens nicht weiß. Er geht auf Wanderschaft, um die Antwort auf seine Fragen zu finden.«

5 Leine-Heide-Radweg

Einmal quer durch Niedersachsen

leicht   412 km

CHARAKTER

Die zweigeteilte Radroute führt im ersten Teil bergab. Lediglich das letzte Drittel verlangt mehr Kondition. Auf wechselndem Untergrund genießt man Radwege und meist ruhige Nebenstraßen.

AUSGANGSORT

Leinefelde Bhf.

ENDPUNKT

Hansestadt Hamburg; zurück 2:30 bis 3:30 Std. mit dem Zug.

WEGMARKIERUNG

Schilder »Leine-Fernradweg« und später »Leine-Heide-Radweg«.

E-BIKE

Radverleihe und Servicestätten stehen im Handbuch der Route auf www.leineheideradweg.de. Eine Trittunterstützung benötigt man aber erst im letzten, hügeligen Teil.

INFORMATION

www.leineheideradweg.de; www.reiseland-niedersachsen.de; www.niedersachsen-radroutenplaner. de; www.thueringen-tourismus.de; www.radroutenplaner.thueringen.de; www.hamburg-tourism.de

»Leine-Heide« – da denkt man an bewaldete Hügel, stille Flusswiesen und lila blühende Landschaften. Die rund 410 Kilometer lange Strecke erschließt den Norden Deutschlands für Radler und macht Station in gemütlichen Fachwerkstädtchen und belebten Zentren wie Göttingen, Hannover und Hamburg.

Von Leinefelde nach Einbeck – 91 km   Die Leine entspringt in der Mitte Deutschlands im Ort **Leinefelde**. Wir sind im Eichsfeld, einer plateauähnlichen Landschaft im Grenzland zwischen Niedersachsen, Thüringen

Im Leinebergland folgt der Radweg meist dem Flusslauf.

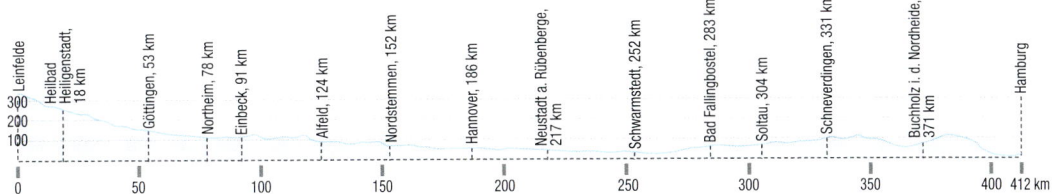

Leinefelde — Heilbad Heiligenstadt, 18 km — Göttingen, 53 km — Northeim, 78 km — Einbeck, 91 km — Alfeld, 124 km — Nordstemmen, 152 km — Hannover, 186 km — Neustadt a. Rübenberge, 217 km — Schwarmstedt, 252 km — Bad Fallingbostel, 283 km — Soltau, 304 km — Schneverdingen, 331 km — Buchholz i. d. Nordheide, 371 km — Hamburg

300 200 100

0   50   100   150   200   250   300   350   400   412 km

und Hessen. Während man gen Norden rollt, schweift der Blick über weitläufige Felder, Wiesen und Wälder, die das Ohmgebirge emporklettern. Die Gegend verzückte bereits Theodor Storm. Er schrieb: »Ich weiß nicht, dass ich jemals von der zauberhaften Schönheit eines Erdenfleckens so innerlichst berührt worden wäre.« Im Heilbad **Heiligenstadt**, in dem der Dichter zwischen 1856 und 1864 als Amtsrichter diente, lohnt es sich, für die drei gotischen Kirchenbauten St. Aegidien, St. Marien und St. Martin einen Stopp einzulegen. Wer dem Flusslauf in das Leinebergland folgt, überschreitet wie selbstverständlich die thüringisch-niedersächsische Grenze. Hier trennte der Eiserne Vorhang fast 40 Jahre Ost und West. Dahinter erreichen wir die traditionsreiche Universitätsstadt **Göttingen**. 25 000 Studenten bringen Leben in die 120 000-Einwohner-Stadt. Wahrzeichen und beliebtester Treffpunkt ist die Statue der Gänseliesel auf dem Marktbrunnen vor dem historischen Rathaus. Nach einem alten Brauch erklettert jeder frischgebackene Doktor das Liesel, küsst und schmückt es mit Blumen.

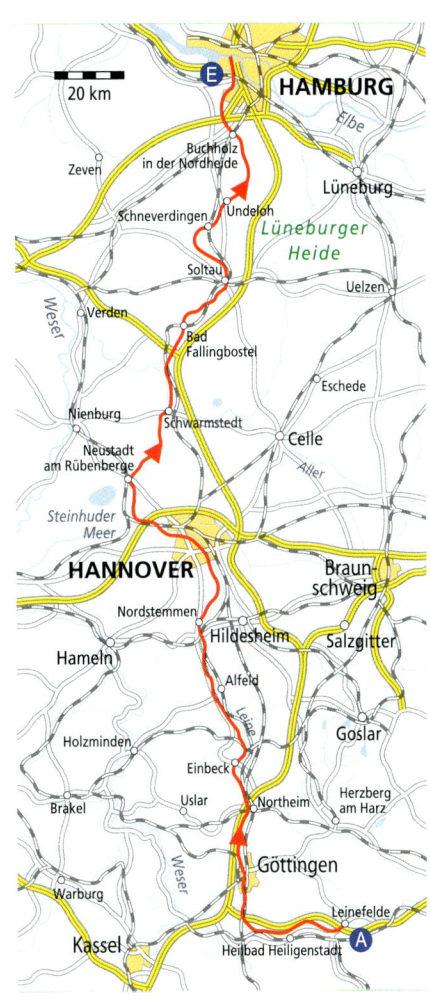

Weiter geht es durch das von wehrhaften Burgen gesäumte Tal, in dem sich die Northeimer Seenplatte ausbreitet. Dahinter erreicht man **Einbeck**. Die ehemalige Hansestadt liegt am Fluss Ilme. In dem Stadtkern bilden mehrere Straßenzüge mit spätmittelalterlichen Fachwerkhäusern eine architektonische Einheit. Garant für den Wohlstand war das »Ainpöckisch Bier«. Man exportierte das Bier nach Amsterdam, München, Dänemark und sogar nach Riga. Martin Luther soll im Jahr 1521 auf dem Reichstag zu Worms gesagt haben: »Der beste Trank, den einer kennt, der wird Einbecker Bier genennt.«

Von Einbeck nach Hannover – 95 km Zwei Radstunden entfernt liegt das im 13. Jahrhundert gegründete Fachwerkstädtchen **Alfeld**. Neugierig rollt man über den von Fachwerkbauten eingefassten Marktplatz. Der nächste Wegweiser schickt einen hinüber ans Westufer des träge dahinströmenden Flusses. Dort fällt die geometrische Stahlbetonkonstruktion des Fagus-Werkes mit seinen gläsernen Vorhangfassaden auf. Hier verewigte sich Anfang des 20. Jahrhunderts der junge Architekt Walter Gropius. Er gestaltete im Auftrag des

Firmengründers Carl Benscheidt eine Schuhleistenfabrik, die als Ursprungswerk der modernen Industriearchitektur gilt. Dass der damalige Bauherr Mut bewiesen hatte, sah man am 25. Juni 2011 zum 100-jährigen Jubiläum des Fagus-Werkes, als die UNESCO das komplette Areal zum Weltkulturerbe erhob.

Bei der Weiterfahrt staffeln sich im Osten abgerundete Waldhügel auf. Zwei Stunden entfernt rückt das Schloss Marienburg ins Bild und bewacht majestätisch den Eingang des Leinetals. Der neugotische Prunkbau war ein Geburtstagsgeschenk des hannoverschen Königs Georg V. an seine Frau, Königin Marie, und diente als Sommerresidenz der Welfen. Die bewaldeten Höhenzüge weichen zurück. Voraus liegt die Norddeutsche Tiefebene. Auf dem nächsten Teilstück nutzen wir das rund 1 000 Kilometer umspannende Wegenetz der Fahrradregion **Hannover**, das uns zielsicher in die Landeshauptstadt geleitet. Dort passiert man im beschaulichen Maschpark das neue Rathaus und schiebt das Fahrrad zum belebten Ballhofplatz.

Der Maschpark in Hannover wird vom Neuen Rathaus überstrahlt, das 1913 im Prunkstil der Wilhelminischen Epoche erbaut wurde.

Die grüne Großstadt Hannover

Im Herzen der Stadt liegt der 78 Hektar große Maschsee. Durch den gleichnamigen Park gelangt man zu einem wilhelminischen Prachtbau aus dem Jahr 1913, dem Neuen Rathaus. Beliebt ist eine Fahrt mit dem Bogenaufzug hinauf in die knapp 100 Meter hohe Kuppel. Von oben schweift der Blick über Hannover und seine Parks. Die Herrenhäuser Gärten gehören zu den prächtigsten Barockgärten Europas. Zu entdecken gibt es u. a. eine der größten Orchideensammlungen der Welt, zahlreiche heimische und exotische Pflanzenarten und eine mit Ornamenten verzierte Gartenarchitektur. Höhepunkt sind die fünfmal im Jahr veranstalteten Internationalen Feuerwerkswettbewerbe im Großen Garten.

Von Hannover nach Soltau – 118 km Durch den grünen Naturstreifen, der die mittlerweile schiffbare Leine beiderseits einfasst, steuern wir aus der Landeshauptstadt Niedersachsens hinaus. Erneut verändert die Umgebung ihr Gesicht. Aus Stadtgebäuden werden rote Backsteinhäuser, aus Landschaftsparks flaches Wald- und Wiesenland. Mittendrin strömt der Fluss in engen Schleifen der Aller zu. Wir lassen die Leine bei Hodenhagen ziehen und folgen der vorbildlich markierten Radstrecke ins Hinterland. Unterwegs gibt es lohnende Ausflugsziele: etwa den 220 Hektar großen Serengeti-Park mit seinen 1500 exotischen Tieren, die man bei einer Busfahrt hautnah beobachten kann, den Weltvogelpark in Walsrode oder den reizvoll gelegenen Luftkurort **Bad Fallingbostel**. Der weitere Weg beschert uns schöne Waldpassagen, die geradewegs nach Soltau führen. Soltau bezeichnet sich gerne

als »Herz der Heide«. Die über 1000 Jahre alte Mittelstadt ist bekannt durch den Heide Park, die Soltau-Therme und das Norddeutsche Spielzeugmuseum.

Von Soltau nach Hamburg – 108 km Zwischen Kiefern und Birken nähert man sich dem Schäferhof Neuenkirchen. Täglich kann man ab 17 Uhr zusehen, wie die bis zu 1000 Köpfe zählende Heidschnuckenherde in die reetgedeckten Schafställe eingetrieben wird. Die abwechslungsreiche Natur- und Kulturlandschaft der Lüneburger Heide ist aus der jahrhundertealten Tradition der Heidebauernwirtschaft hervorgegangen. Die sonnenliebende Besenheide kommt gut mit den unfruchtbaren, sandigen Böden der Region zurecht und war zu Beginn des 19. Jahrhunderts in Norddeutschland weit verbreitet. Wir radeln durch beschauliche Dörfer und treffen auf das über 8000 Jahre alte Pietzmoor. Wer das Hochmoor erkunden möchte, muss das Fahrrad abstellen. Es ist eine bizarre Szenerie: Überall wuchern Torfmoose und ragen Baumskelette aus dem sauren, nährstoffarmen Wasser. Holzstege führen ins Gelände, Infotafeln erklären Fauna wie Flora. So erfährt man, dass im Pietzmoor Kraniche ihren Nachwuchs aufziehen und die Torfschicht an der mächtigsten Stelle 7,5 Meter misst.

In **Schneverdingen**, unserer nächsten Reisestation, weihte man 1990 den farbenfrohen Heidegarten ein. Die frei zugängliche Parkanlage präsentiert circa 150 000 Pflanzen und 150 Heidearten. Nun steigt die Radroute an. Sie führt uns durch eine reizvolle Wald- und Heidelandschaft zum Fuß des Wilseder Berges. Er ist mit 169 Metern die höchste Erhebung in der Region. Entstanden ist der Hügel im Verlauf der Saaleeiszeit. Vor ca. 200 000 Jahren wälzten sich Gletscher mit Geröll und Sand über das

Links: Der kreisförmig angelegte Heidegarten in Schneverdingen ist frei zugänglich und vermittelt einen Überblick zu den verschiedenen Heidearten.

Rechts: Fahrt durch die Heide bei Schneverdingen

Land und lagerten hier ihre Fracht ab. Übrig blieb diese Endmoräne. Das Herzstück der Heide wurde 1921 zum ersten Naturschutzgebiet in Deutschland erklärt. Die 107 000 Hektar große Schutzzone reicht im Süden von Soltau bis nach Buchholz in der Nordheide. Östlich stößt sie an die Ausläufer von Lüneburg. Im Westen bildet der Heideort Schneverdingen die Grenze.

Vor uns liegt eine von der Saaleeiszeit modellierte Urlandschaft, über die sich violette Heideteppiche und romantische Kiefernwälder gelegt haben. Die Landschaft inspirierte mit ihren Stimmungen ab der Mitte des 19. Jahrhunderts Maler und Schriftsteller. Das Dorf **Undeloh** ist Ausgangspunkt für viele Exkursionen. Urlaubsgäste kommen in die Heide, um in Ruhe zu wandern, Radtouren zu unternehmen oder an einer Kutschfahrt teilzunehmen. Alle verbindet die Freude an der Natur, die hier zusammen mit dem Wirken des Menschen eines der harmonischsten Erholungsgebiete Norddeutschlands schuf. Besonders schön ist das Idyll ab Ende August, wenn das violette Heidekraut in voller Blüte steht.

Durch die dicht bewaldete Nordheide rollen wir schließlich ins Elbetal hinunter und erreichen die **Hansestadt Hamburg**. Dort bietet sich eine Rundtour mit dem Fahrrad an. Wir starten am Jungfernstieg. Die beliebte Flaniermeile an der Binnenalster verdankt ihren Namen den unverheirateten Töchtern aus feinen Hamburger Familien, die früher hier ihren Sonntagsspaziergang machten. Die Alster, ein Nebenfluss der Elbe, staut sich im Herzen der Stadt zu einem großen von Grünflächen umgebenen See. In Richtung Innenstadt durchqueren wir den Alsterpark mit seinen gepflegten Wiesen. Anschließend kehren wir der Alster den Rücken zu und folgen der Milchstraße durch den noblen Stadtteil Pöseldorf. Vorbei an der Kirche St. Johannis geht es zum Hamburger Museum für Völkerkunde. Das Leitmotto der Ausstellung lautet: »Ein Dach für alle Kulturen«. Eindrucksvoll dokumentiert das Museum anhand von 700 000 Objekten die Kunst- und Kulturgeschichte der Völker.

Über das Universitätsgelände gelangen wir zu einem der berühmtesten Parks Hamburgs: Planten un Blomen. Pflanzen und Blumen, aber auch verschiedenste Freizeiteinrichtungen entdeckt man beim Durchstreifen der 47 Hektar großen Grünanlage. Highlights sind die Wasserlichtspiele im Parksee, der Japanische Garten mit origina-

lem Teehaus, der Rosengarten mit über 300 verschiedenen Rosensorten und das unter Denkmalschutz stehende Tropenhaus. Auf Höhe der Laeiszhalle biegen wir links in den Johannes-Brahms-Platz ein. Das 1908 eröffnete neobarocke Konzerthaus zieht seit jeher zahlreiche Musikliebhaber an. Nach dem Gänsemarkt treffen wir wieder auf den Jungfernstieg mit dem Alsterpavillon. Vorbei an exklusiven Boutiquen und den nach venezianischem Vorbild erbauten Alsterarkaden gelangen wir zum Rathaus. Führungen durch den gewaltigen Neorenaissancebau zeigen das Tafelsilber der Stadt, ihr Goldenes Buch, den Bürgerschaftssaal und viele historische Kostbarkeiten. An der Rückseite des Rathauses steht das spätklassizistische Gebäude der Hamburger Börse. Die Gründung der ältesten Börse Deutschlands geht auf das Jahr 1558 zurück. Besucher können von einer Galerie das Geschehen auf dem Börsenparkett verfolgen.

Im Kontorhausviertel sticht das Chilehaus heraus. An der Spitze des Prachtbaus, die an einen Schiffsbug erinnert, folgen wir der Einbahnstraße zum Mahnmal St. Nikolai. Die ehemalige Hauptkirche wurde im Zweiten Weltkrieg 1943 zerstört. Das Dokumentationszentrum in der Ruine erzählt die Geschichte des Gotteshauses und berichtet über die Tragödien des Luftkrieges in Europa. Ein gläserner Panoramalift fährt zu einer Aussichtsplattform in 76 Meter Höhe hinauf. Von oben genießt man einen herrlichen Ausblick über die Stadt. Die Deichstraße, eine alte Kaufmannsstraße mit Wohn- und Kontorhäusern aus dem 17. bis 19. Jahrhundert, bringt uns zur historischen Speicherstadt, wo man vor Museen, Restaurants und ankernden Schiffen die Reise ausklingen lassen kann.

UNESCO-Welterbe Speicherstadt

13 000 Seeschiffe laufen jährlich den Hamburger Hafen an. Er wurde vor mehr als 800 Jahren gegründet. Um diesen Umschlagplatz im und am Wasser kennenzulernen, bietet sich eine Hafenrundfahrt an. Die Kapitäne fahren an den Landungsbrücken los und lenken ihre Boote durch die Wasserläufe der über 120 Jahre alten Speicherstadt. In dem weltweit größten auf Eichenpfählen errichteten Lagerhauskomplex haben u. a. das Internationale Maritime Museum, das Miniatur Wunderland sowie das Deutsche Zollmuseum eine stilvolle Bleibe. Im Kontorhausviertel sticht das eindrucksvolle, aus 4,8 Millionen Backsteinen erbaute zehnstöckige Chilehaus von 1922 heraus.

6

100-Schlösser-Route

Königin der deutschen Radfernwege

leicht   N 298 km, W 314 km,
          O 241 km, S 207 km

CHARAKTER
Das meist flache, gelegentlich
sanft-hügelige Münsterland ist
familiengeeignet. Die Wegequalität
ist fast überall gut, nur kurze
Teilabschnitte führen über
Kieswege.

AUSGANGSORT
Münster, Coesfeld oder Ostbevern
Bhf.

ENDPUNKT
Münster, Coesfeld oder Ostbevern
Bhf.

WEGMARKIERUNG
Ein grünes Torsymbol mit drei
Zinnen.

E-BIKE
Im Münsterland gibt es ein dichtes
Netz an E-Bike-Vermiet- und
-Ladestationen, Infos dazu auf
www.muensterland-tourismus.de.

INFORMATION
Münsterland e. V., Airportallee 1,
48252 Greven, Tel. 025 71 94 93
92, www.100-schloesser-route.de,
www.muensterland-tourismus.de;
Tourismus NRW e. V., Völklinger Str.
4, 40219 Düsseldorf, Tel. 0211/91
32 05 00, www.nrw-tourismus.de
und www.radroutenplaner.nrw.de

Ordnet man Deutschlands Fahrrad-Destinationen in einer Rangliste, so ist das Münsterland ganz vorne mit dabei. Glanzstück des vorbildlichen Radwegenetzes ist die in vier Rundkurse unterteilte 100-Schlösser-Route, an der sich stilvolle Herrschaftssitze aus verschiedenen Epochen aneinanderreihen.

Nordkurs: Von Münster nach Münster – 298 km   Startpunkt für die Fahrt durch das wellige nördliche **Münsterland** ist das im 18. Jahrhundert erbaute Schloss Münster. Die fürstbischöfliche Residenz wurde im Zweiten Weltkrieg vollständig zerstört und nach alten Plänen wiederaufgebaut. Nach wenigen Kilometern liegen die letzten Häuser der Großstadt hinter uns. Von nun an prägt eine weite Feld- und Wiesenlandschaft mit kleinen Waldteppichen das Landschaftsbild. Wir fahren vorbei am barocken Herrensitz Rüschhaus mit seiner gepflegten Gartenanlage und erreichen die vor den Toren von **Havixbeck** gelegene Burg Hülshoff. Die Renaissanceanlage wurde erstmals im 11. Jahrhundert urkundlich erwähnt und ist seit 1417 Stammsitz der Freiherren Droste zu Hülshoff. Hier erblickte die berühmte deutsche Dichterin Annette von

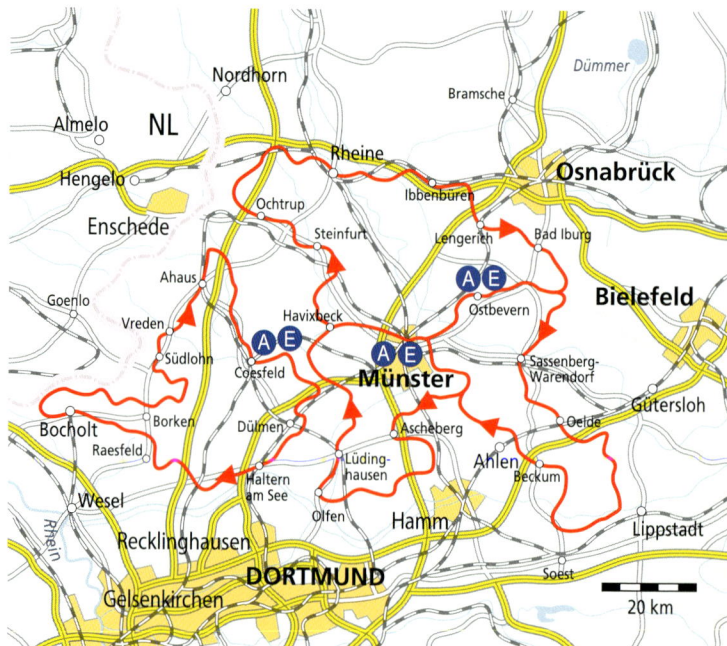

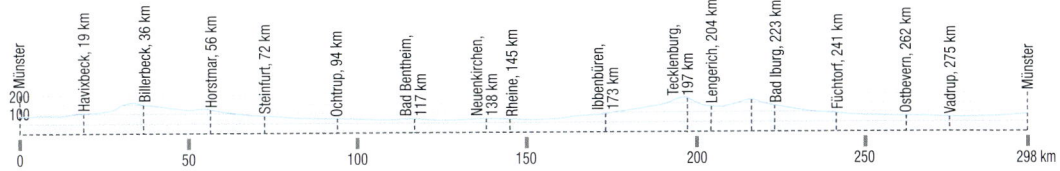

Münster — Havixbeck, 19 km — Billerbeck, 36 km — Horstmar, 56 km — Steinfurt, 72 km — Ochtrup, 94 km — Bad Bentheim, 117 km — Neuenkirchen, 138 km — Rheine, 145 km — Ibbenbüren, 173 km — Tecklenburg, 197 km — Lengerich, 204 km — Bad Iburg, 223 km — Füchtorf, 241 km — Ostbevern, 262 km — Vadrup, 275 km — Münster

Droste-Hülshoff 1797 das Licht der Welt. Das Herrenhaus beherbergt ein Museum, das Einblicke in die Geschichte des Baus und in das Leben der Dichterin gewährt. Das Sandsteinmuseum in Havixbeck informiert über den begehrten »Marmor des Münsterlandes«.

Der Weg führt nun in die Baumbergregion, in der die ebene Landschaft von Hügeln durchzogen wird. Eine kurze Abfahrt geleitet uns nach Billerbeck mit seinem historischen Stadtkern. Anschließend verläuft die Route vorbei am Wasserschloss Darfeld in den quadratisch angelegten Ort Horstmar. Im Zickzackkurs radeln wir über Steinfurt nach Ochtrup und erblicken schon bald die Burg Bentheim, die gemütlich auf einer niedrigen Kuppe über der weiten Landschaft sitzt. Die größte Höhenburg Nordwestdeutschlands wird von einer Wehrmauer und massigen Türmen geschützt und befindet sich seit fünf Jahrhunderten im Besitz der Grafen und Fürsten zu Bentheim und Steinfurt. Nach einem kurzen Stück auf dem Rad lockt das an der Ems gelegene **Rheine** mit einem sehenswerten Altstadtkern, dem Naturzoo und einem reizvollen Salinenpark. Die mit prächtigen Schlössern und alten Klöstern gespickte Reststrecke des Nordkurses überquert den Höhenzug des **Teutoburger Waldes** und verläuft anschließend auf ebenen Wegen zurück nach Münster.

In der Wasserburg Anholt haben die Fürsten zu Salm-Salm eine umfangreiche Gemäldesammlung zusammengetragen.

Links: Der Bergfried der Burg Gemen geht auf das Jahr 1280 zurück.

Rechts: Die Lamberti-kirche dominiert den Marktplatz der Kreis-stadt Coesfeld.

Westkurs: Von Coesfeld nach Coesfeld – 314 km Die abwechslungsreiche Runde durch das Westmünsterland schlängelt sich auf ruhigen Wegen die niederländische Grenze entlang und beginnt in **Coesfeld**. Die Stadt blickt auf eine über 800-jährige Geschichte zurück und liegt am Fuße der bis zu 188 Meter hohen Baumberge. Wir verlassen den zentralen Marktplatz mit seinen roten Backsteingebäuden und der eindrucksvollen Lambertikirche und erklimmen mit dem Coesfelder Berg die einzig nennenswerte Steigung der Reise. Die 100-Schlösser-Route führt durch Felder, die die weite Landschaft mit einem wohltuenden Grün überziehen. Wir folgen den guten Naturwegen durch kleine Birken- und Kiefernwäldchen und erreichen das reizvoll gelegene **Haltern am See**. Auf dem Boden der 38 000-Einwohner-Stadt stand vor 2000 Jahren eines der größten Römerlager jener Zeit. Nachdem Roms Kaiser mit dem Versuch scheiterten, von den Stützpunkten entlang der Lippe ganz Germanien ins römische Imperium einzugliedern, befestigte man die Grenzen. Mit dem Obergermanisch-Raetischen Limes entstand ein 550 Kilometer langes Bollwerk, das den Rhein mit der Donau verband. In dem 1993 eingeweihten Römermuseum werden Fundstücke beider Völker gegenübergestellt und deren verschiedene Lebensweisen dokumentiert.

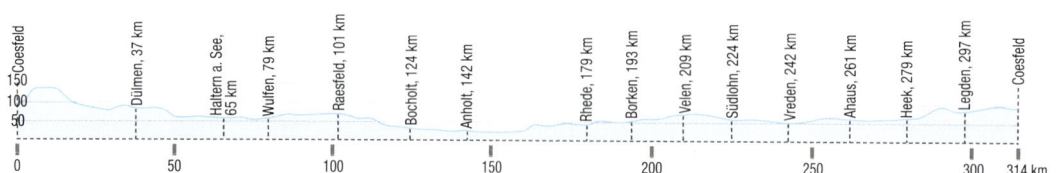

Zielsicher leiten uns die Routenschilder mit dem grünen Burgsymbol zum Schloss Lembeck und von dort aus nach **Raesfeld**. Einem Märchenschloss gleich spiegelt sich das zwischen 1643 und 1658 errichtete Schloss Raesfeld in einem vorgelagerten Wassergraben. Zum Anwesen gehört ein historischer Tiergarten, der sich durch weitläufige Wiesen- und Heideflächen auszeichnet. Nicht minder imposant zeigt sich die Wasserburg Anholt. Die im Stil des niederländischen Barocks erbaute Anlage erstreckt sich über zwei Inseln und kann im Rahmen einer Führung besichtigt werden. Überregionale Bedeutung erlangt der Komplex durch die rund 700 Werke umfassende Anholter Gemäldesammlung, deren kostbarster Schatz die »Diana mit Aktäon und Kallisto« von Rembrandt ist.

Die Streckenführung lotst uns danach in einem weiten Bogen zur deutsch-niederländischen Grenze. Der Radweg bildet die Trennungslinie beider Staaten. Auf der Straße markiert eine gelbe Linie den Grenzverlauf: Die Häuser rechts gehören zum deutschen Suderwick, die gegenüber zum niederländischen Dinxperlo. Der Westkurs durchquert Rhede mit seiner gotischen Pfarrkirche St. Gudula (12. Jh.) und folgt dem Wasserlauf der Bocholter Aa nach **Borken**. Nachdem wir der Burg Gemen einen Besuch abgestattet haben, radeln wir vorbei an typisch westfälischen Bauernhöfen ins 16 Kilometer entfernte Velen. In der kleinen Siedlung verdient das mit Efeu umrankte Schloss Velen besondere Beachtung. Sehenswert sind die Orangerie und der 50 Hektar große Park. Im leicht welligen Land kommen wir durch Vreden und Ahaus zurück nach Coesfeld, wo sich der Kreis schließt.

MÜNSTER – »STADT DER LEEZEN«

Die »Leeze«, wie die Einwohner Münsters Fahrräder nennen, ist das meistgenutzte Verkehrsmittel der Stadt. Kernstück des Radwegenetzes ist die Promenade – der autofreie, grüne Ring, der die Altstadt umschließt. Heller Sandstein und Kopfsteinpflaster prägen das Bild im Herzen der geschichtsträchtigen Stadt mit ihren prächtigen Giebelhäusern. Im Rathaus am Prinzipalmarkt fand am 24. Oktober 1648 das historisch bedeutendste Ereignis seinerzeit statt. Nach fünfjährigen Friedensverhandlungen wurde der Westfälische Friede geschlossen. Dieser beendete den verheerenden Dreißigjährigen Krieg und den 80 Jahre dauernden Unabhängigkeitskrieg der Niederlande.

Ostkurs: Von Ostbevern nach Ostbevern – 241 km Die Runde durch das Pferdeland beginnt in Ostbevern und hält gleich die erste Überraschung parat – das Schloss Loburg. Das Wasserschloss wurde 1294 erstmals urkundlich erwähnt und im Jahre 1760 nach den Plänen von Johann Conrad Schlaun zum barocken Lustschloss umgebaut. Die 100-Schlösser-Route schlängelt sich durch ausgedehnte Felder und passiert mit dem Kloster Vinnenberg und der Doppelschlossanlage Harkotten weitere Zeugnisse der westfälischen Baukunst. Auf dem Weg nach Süden gelangt man nach **Warendorf**, das landesweit für sein NRW-Landgestüt bekannt ist. Das beschauliche Emsstädtchen entwickelte sich durch den Leinhandel, die Textilindustrie und vor allem die Pferdezucht zu einem wohlhabenden Marktplatz. In der historischen Altstadt spaziert man von den dicht beieinanderstehenden Gebäuden zur gotischen Hallenkirche St. Laurentius (15. Jh.) mit wertvollen Kunstgegenständen.

Von Warendorf aus geht es dem nächsten Juwel entgegen, dem Wasserschloss Vornholz. Der Herrensitz, der einst im Besitz der Ritter von Ostenfelde war, wurde 1666

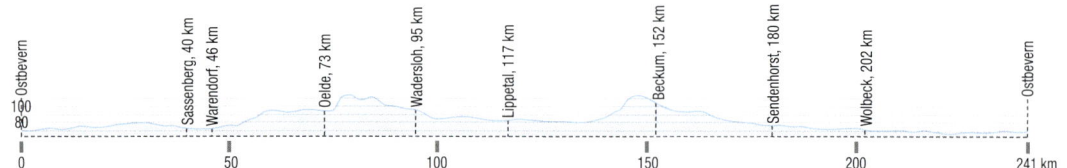

Ostbevern

Sassenberg, 40 km
Warendorf, 46 km

Oelde, 73 km

Wadersloh, 95 km

Lippetal, 117 km

Beckum, 152 km

Sendenhorst, 180 km

Wolbeck, 202 km

Ostbevern

190
80

0   50   100   150   200   241 km

Radwege im Münsterland

Über 4500 Kilometer Radwege führen durch die malerische Parklandschaft des Münsterlandes. Neben Tagestouren und Rundstrecken begeistern vor allem die mehrtägigen Touren.

Grenzgänger-Route Teuto-Ems – 150 km
Töddenland-Route – 122 km
Emsradweg (auch: EmsRadweg) – 375 km
WERSE RAD WEG – 125 km
Radroute Dortmund-Ems-Kanal – 350 km
Vechtetalroute – 225 km
Friedensroute – 175 km
Radweg Historische Stadtkerne – 350 km
Naturpark Hohe Mark Route – 300 km
Römer-Lippe-Route – 300 km
Europaradweg R1 – 315 km

neu gestaltet und beherbergt ein Kavalleriemuseum mit der Ausrüstung einstiger Reiterregimente aus der Zeit von 1748 bis zum Ersten Weltkrieg. Die 30 000-Einwohner-Stadt **Oelde** mit ihrem Vier-Jahreszeiten-Park liegt nicht lange hinter uns, da erblicken wir in der Niederung der Lippe das Schloss Hovestadt. Bereits die Erzbischöfe von Köln errichteten hier eine Burg zur Sicherung des Flussübergangs. Das heutige Renaissanceschloss entstand in mehreren Bauabschnitten und befindet sich in Privatbesitz. Dem Fluss kann man auf der Römer-Lippe-Route folgen. Sie verbindet auf einer Länge von 300 Kilometern die Städte Detmold mit seinem Hermannsdenkmal und Xanten, wo es Besucher in den LVR-Archäologischen Park zieht.

Der Rundkurs wendet sich nach Norden und steuert **Beckum** an. Drei südlich der Siedlung gelegene Steinkistengräber aus der Jungsteinzeit zeugen von der frühen Besiedelung der Region um die Beckumer Berge. Die Ackerbürgerstadt blickt auf eine über 750-jährige Ortsgeschichte zurück. Das herausragende Gebäude

Der Nordkurs der 100-Schlösser-Route passiert den Fluss Vechte.

ist das Rathaus (1441) mit seinem markanten Stufengiebel, in dem ein interaktives Karnevalsmuseum sowie eine Kunstausstellung untergebracht sind. Wir radeln wieder hinaus in die reizvolle Münsterländer Parklandschaft, folgen für 20 Kilometer der Werse und kommen zurück nach Ostbevern.

Südkurs: Von Münster nach Münster – 207 km

Der Schlossgarten von Münster markiert den Anfang des Südkurses, der auf 207 Kilometern die Herzen kulturbegeisterter Radler höher schlagen lässt. Auf dem ersten Abschnitt überschneidet sich die südliche Runde mit dem Ostkurs und führt uns nach **Wolbeck**. Das beherrschende Bauwerk der Stadt ist der herrschaftliche Drostenhof, der sich in drei miteinander verbundene Gebäude untergliedert. Das Baudenkmal wurde zwischen 1554 und 1557 im Renaissancestil errichtet und beheimatet das Westpreußische Landesmuseum. Wir radeln den Schleifen der Südroute nach. Die nächsten Höhepunkte der Baukultur sind das Haus Borg in Rinkerode, das Haus Steinfurt in Drensteinfurt und das Schloss Westerwinkel bei Herbern. Die geschlossene Vierflügelanlage beeindruckt mit den vier Hauben der vorstehenden Ecktürme.

Im Park von Bad Bentheim hat man viele Kunstwerke installiert.

Der Radweg zieht nun durch eine anmutige Landschaft mit Pferdekoppeln, Feldern und Waldstücken. Nach einer Radlerstunde stehen wir vor dem erhabensten Bauwerk des Münsterlandes – dem **Schloss Nordkirchen** (1703–1734). An diesem romantischen Flecken Erde ließ sich der kunstliebende Fürstbischof Friedrich Christian von Münster einen Prunkbau im französisch-klassizistischen Stil erbauen. Das »Westfälische Versailles« streckt sich auf einer Insel aus, die sich in eine malerische Seen- und Parklandschaft bettet. Hinter den alten Mauern unterstreichen der prächtige Jupitersaal und die hochbarocke Schlosskapelle die glänzende Hofhaltung der mehrmals wechselnden Hausherren.

Die 100-Schlösser-Route nimmt uns mit nach Lüdinghausen, das Besucher mit mehreren Historienbauten empfängt. Der von drei Burgen bewachte Ort erhielt im Jahre 130 die Stadtrechte und entwickelte sich zu einem gefragten Handelsplatz mit einem Markt- und Gerichtsplatz. Die schönste Veste am Platz ist die durch Gräften, Wehrmauern und Zugbrücken geschützte Burg Vischering. Wer heute die Ringmantelburg erstürmt, findet im Inneren das Münsterlandmuseum und ein Kulturzentrum vor. Die letzten Kilometer der Rundstrecke sind gespickt mit zwei längeren Anstiegen. Nachdem die Hügel bezwungen sind, rollen wir entspannt zurück nach Münster und genießen das eindrucksvolle Ende einer königlichen Radtour durch das Münsterland.

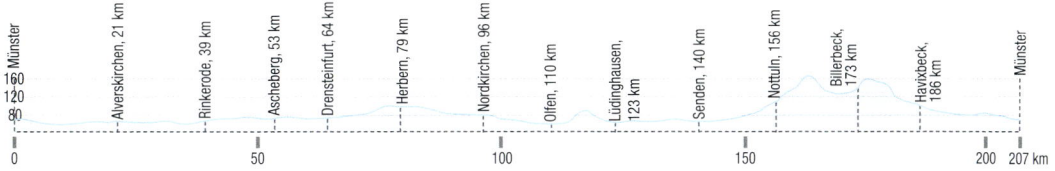

7 Weser-Harz-Heide-Radfernweg

Radelspaß zwischen Weser und Heide

schwer **407 km**

CHARAKTER
In der ersten Reisehälfte gibt es mehrere Anstiege, danach keine mehr. Die Wegequalität ist fast überall gut, nur kurze Abschnitte führen über unbefestigten Untergrund.

AUSGANGSORT
Hann. Münden Bhf.

ENDPUNKT
Lüneburg; zurück 3 Std. mit dem Zug.

WEGMARKIERUNG
Schilder mit dem Schriftzug »Weser-Harz-Heide-Radfernweg« mit einem Bild der wichtigsten Landschaften der Strecke.

E-BIKE
In der ersten Reisehälfte geht es ständig rauf und runter und E-Bikes sind nützlich. Infos über Leih- und Reparaturmöglichkeiten auf www.hann.muenden-tourismus.de.

INFORMATION
Touristik Naturpark Münden, Rathaus, Lotzestr. 2, 34346 Hann. Münden, Tel. 05541/753 13, www.hann.muenden-tourismus.de; Tourismus Niedersachsen, Essener Str. 1, 30173 Hannover, Tel. 0511/270 48 80, www.reiseland-niedersachsen.de und www.geolife.de

Auf dem Weser-Harz-Heide-Radfernweg gibt es einiges zu entdecken. Wer sich den Verlauf der abwechslungsreichen Tour auf der Karte ansieht, erkennt schnell, wie der Radweg zu dem Namen gekommen ist. Von der schmucken Weserstadt Hann. Münden aus radeln wir über den Harz und genießen weiter nördlich die nahezu flache Lüneburger Heide.

Von Hann. Münden nach Duderstadt – 74 km   Durchstreift man die verwinkelten Gassen von **Hann. Münden**, der Fachwerkstadt mit über 700 historischen Bauten aus sechs Jahrhunderten, so spürt man den Hauch vergangener Tage. Eine der kuriosesten Persönlichkeiten der Mündener Geschichte war der Wanderarzt Doktor Eisenbarth (1663–1727). Im gesamten deutschen Sprachgebiet war er damals von Markt zu Markt unterwegs, um Kranke zu behandeln. In der Altstadt findet man zahlreiche Spuren von Johann Andreas Eisenbarth. Unter anderem das Glockenspiel am Rathaus mit Szenen von den Behandlungsmethoden, eine Statue des Wanderarztes an seinem Sterbehaus in der Langen Straße 79 und seinen Grabstein an der Nordseite der St. Aegidienkirche.

Wir verlassen Hann. Münden und strampeln den ersten Hügel hinauf. Oben angekommen, weitet sich die Sicht. Zu beiden Seiten des ruhigen Weges wechseln sich die Wiesen und Felder des Weserberglandes in einem reizvollen Wechsel ab. Auf einer ehemaligen, zum Radweg ausgebauten Bahntrasse rollen die Räder hinunter nach **Göttingen**. Die Geschichte der Stadt reicht über 1 000 Jahre zurück. Ab dem 14. Jahrhundert bildeten die Textilproduktion und die günstige Lage als Warenumschlagsplatz an der Leine die wirtschaftliche Basis der einstigen Hansestadt. Zu dieser Zeit entstand das Alte Rathaus, das noch heute Mittelpunkt der Altstadt ist. Göttingen ist vor allem für seine Universität Georgia Augusta (1734) bekannt, die zahlreiche Nobelpreisträger hervorbrachte. Wir begleiten kurz den Leine-Heide-Radweg, schwenken anschließend den Lenker nach Osten und schnaufen durch Dörfer den nächsten Hügel hinauf, an dessen Rückseite sich **Duderstadt** im südlichen Harzvorland ausbreitet.

Von Duderstadt nach Goslar – 105 km   Das Herzstück der charmanten Fachwerkstadt ist das von drei Türmen gekrönte Rathaus. Die St.-Cyriakus-Kirche (1240–1490), auch Eichsfelder Dom genannt, wartet mit einer

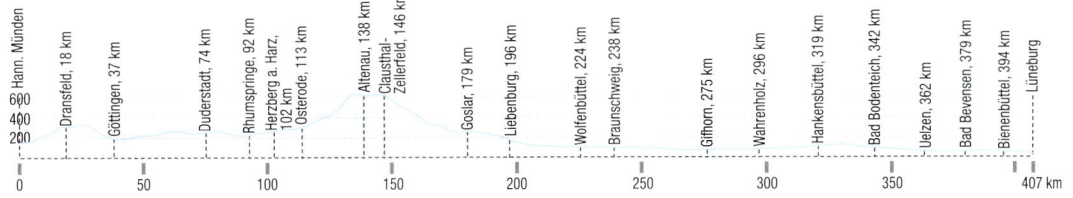

Fülle an kostbarem Interieur auf. Wahrzeichen der Stadt ist der unverwechselbare Westerturm mit seiner verzwirbelten Spitze. Der Reiseweg springt weiter von Hügelkuppe zu Hügelkuppe und führt uns nach Rumspringe. Versteckt im Wald liegt eine der ergiebigsten Karstquellen Mitteleuropas – die Rhumequelle. **Herzberg am Harz** schmückt sich mit einem in der Renaissance-Fachwerkbauweise errichteten Welfenschloss. Der Vierflügelbau beherbergt ein interessantes Museum, mit Themen

In der Altstadt von Hann. Münden kann man viele Fachwerkhäuser bestaunen.

von der Schloss- und Herrschaftsgeschichte über die Forstwirtschaft bis zum Bergbau.

Nördlich von Osterode übernimmt der Wald die Regentschaft. Von hier aus schwingt sich der Radfernweg hinauf zum Sösestausee und verläuft über einen steilen Forstweg ins 33 Kilometer entfernte **Clausthal-Zellerfeld**. Die abschüssige Trasse der ehemaligen Innerstetalbahn ist heute ein bestens ausgebauter Radweg, der uns ent-

Links: Die nachgebaute russische Stabkirche ist der Höhepunkt des Internationalen Wind- und Wassermühlen-Museums in Gifhorn.

Rechts: Lüneburg verdankt seinen Reichtum der Monopolstellung als Salzlieferant im norddeutschen Raum.

lang des gleichnamigen Flüsschens hinunter nach **Goslar** geleitet. Aufgrund der ertragreichen Vorkommen von Silber, Kupfer, Blei und Zink im Rammelsberg wird Goslar um 1015 Kaiserstadt und damit zentraler Stützpunkt des Heiligen Römischen Reiches. Aus dieser Zeit stammt die Kaiserpfalz. Die UNESCO erklärte sie zusammen mit dem Rammelsberg und der Altstadt Goslars zum Weltkulturerbe.

Von Goslar nach Gifhorn – 96 km Die Waldberge weichen zurück. Nun bestimmen bäuerliches Hügelland und kleine Siedlungen das Bild bis Wolfenbüttel. Die Geschichte des Ortes ist eng mit dem Adelsgeschlecht der Welfen verknüpft. Sie bauten Wolfenbüttel zur Residenzstadt aus und errichteten das fürstliche Schloss. Eine weitere Attraktion ist die Herzog August Bibliothek. Sie war seinerzeit die größte Bibliothek nördlich der Alpen, manche sprachen vom achten Weltwunder. Der kostbarste Schatz der Büchersammlung ist das Evangeliar Heinrichs des Löwen (12. Jh.), das man 1983 bei einer Auktion für 32,5 Millionen D-Mark zurückkaufte.

Nach einem kurzen Stück entlang der Oker lockt **Braunschweig** mit einer Fülle von Sehenswürdigkeiten. Ihre Blütezeit erlebte die Stadt unter dem Welfenherzog Heinrich der Löwe. Er baute die Stadt zu einem der bedeutendsten deutschen Handelszentren aus. Was Heinrich verwehrt blieb, schaffte sein Sohn Otto IV., der zwischen 1209 und 1218 als Kaiser über das römisch-deutsche Reich herrschte. An die lebhafte, über 1000-jährige Geschichte der Löwenstadt erinnern eindrucksvolle Bauwerke.

Neben der Burg Dankwarderode, dem Dom St. Blasii und den malerischen Fachwerkbauten rund um die Kirche St. Magni zeugt das Standbild des Braunschweiger Löwen von der reichen Historie Braunschweigs.

Nördlich der 250 000-Einwohner-Stadt weitet sich die Landschaft, wir radeln ins Norddeutsche Tiefland hinein. **Gifhorn**, die nächste Station, liegt am Zusammenfluss von Aller und Ise. Hier lohnt ein Besuch des Welfenschlosses (1525) und des

Internationalen Wind- und Wassermühlen-Museums. Es präsentiert 16 Mühlen aus zwölf Ländern. Höhepunkt des Freilichtmuseums ist eine originalgetreu nachgebaute und 27 Meter hohe russische Stabkirche mit acht vergoldeten Kuppeln.

Lüneburg blühte in der Hansezeit auf und beeindruckt heute durch seine prachtvollen Bauwerke.

Von Gifhorn nach Lüneburg – 132 km   Hinter Gifhorn geht es in die **Südheide** hinein. Beim Dorf Betzhorn beginnt das rund 41 Hektar große Naturschutzgebiet Heiliger Hain. Besonders malerisch ist die Geestlandschaft ab Ende August, wenn das violette Heidekraut in voller Blüte steht. Einst breitete sich ein dichter Waldgürtel in der Region aus. Er verschwand durch die Überweidung der unfruchtbaren Sandböden. Das Schutzgebiet gewährt seltenen Tieren wie Birkhuhn, Storch und Kornweihe ein sicheres Refugium. Der Weg kippt ab, führt nach Bad Bodenteich. Von dort radeln wir das Ufer des Elbe-Seitenkanals entlang und erreichen **Uelzen**. In der Stadt sind neben dem Hundertwasser-Bahnhof die im 13. Jahrhundert erbaute St.-Marien-Kirche und das Alte Rathaus sehenswert.

Der finale Abschnitt punktet mit der Klein Bünstorfer Heide, dem Kurpark in Bad Bevensen und der Feldsteinkirche in Bienenbüttel. Nachdem wir auf den letzten 400 Kilometern die Vielfalt der niedersächsischen Landschaften kennengelernt haben, bildet die alte Salz- und Hansestadt **Lüneburg** einen würdigen Schlusspunkt der Tour. Übrigens: Es lohnt sich auch, die Tour von Norden nach Süden zu fahren. So hält man auf die Berge zu und hat das weite Panorama stets vor sich.

8 Allerradweg

Malerische Fahrt durch das Norddeutsche Tiefland

mittel   Allerradweg: 247 km
ab Magdeburg: 299 km

CHARAKTER
Die Strecke nutzt Nebenstraßen und Radwege, die teilweise asphaltiert oder geschottert sind. Bei Westwind ist umgekehrte Richtung empfehlenswert.

AUSGANGSORT
Eggenstedt oder Magdeburg Bhf.

ENDPUNKT
Verden; zurück mindestens 2:30 Std. mit dem Zug.

WEGMARKIERUNG
Schilder mit der Aufschrift »Allerradweg« und einem geschwungenen Flusslauf.

E-BIKE
Auf der Webseite www.allerradweg.de steht ein Handbuch zum Allerradweg zum Herunterladen bereit (inkl. Verleihstellen und Radservicepunkten).

INFORMATION
www.allerradweg.de; www.reiseland-niedersachsen.de; www.niedersachsen-radroutenplaner.de; www.sachsen-anhalt-tourismus.de; www.radtouren-sachsen-anhalt.de

Allerradweg – wer denkt da nicht an grüne Wälder, blühende Wiesen und romantische Flusspartien? Die flache, über 300 Kilometer lange Landschaftsroute verbindet die Elbe im Osten mit der Weser im Westen. Dazwischen liegen Städte wie Magdeburg, Wolfsburg, Celle und Verden, in denen es viel zu sehen gibt.

Von Eggenstedt nach Seggerde – 44 km Im Herzen des kleinen Börde-dorfes **Eggenstedt** blicken Radfahrer auf die südlichste Allerquelle. Hier nimmt die knapp 250 Kilometer lange Flusstour offiziell ihren Anfang. Die Quelle erhält ihr Wasser durch das ausgedehnte Waldgebiet Hohes Holz. Es ragt südlich der Siedlung auf und gibt den Weg nach Ummendorf vor. Hier lohnt es sich, das in einem befestigten Herrensitz untergebrachte Börde-Museum anzuschauen. In der Ausstellung gibt es Landmaschinen und Dampfpfluglokomobile aus der Magdeburger Börde zu sehen. Dank ihres Lössbodens und der großflächig auftretenden Schwarzerde sind die sanft-welligen Hügelzüge ein fruchtbares Agrarland. So beherrschen in den nächsten Stunden weitläufige Zuckerrüben- und Weizenfelder das Landschaftsbild.

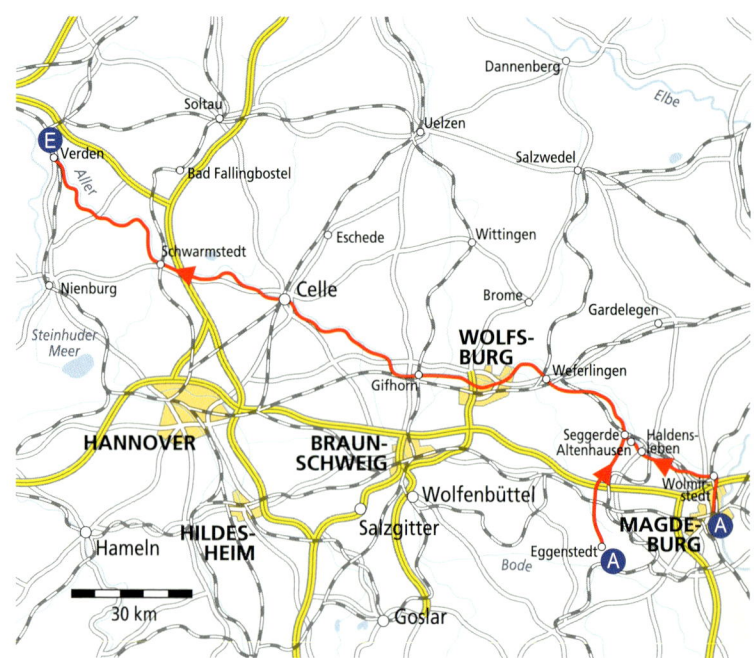

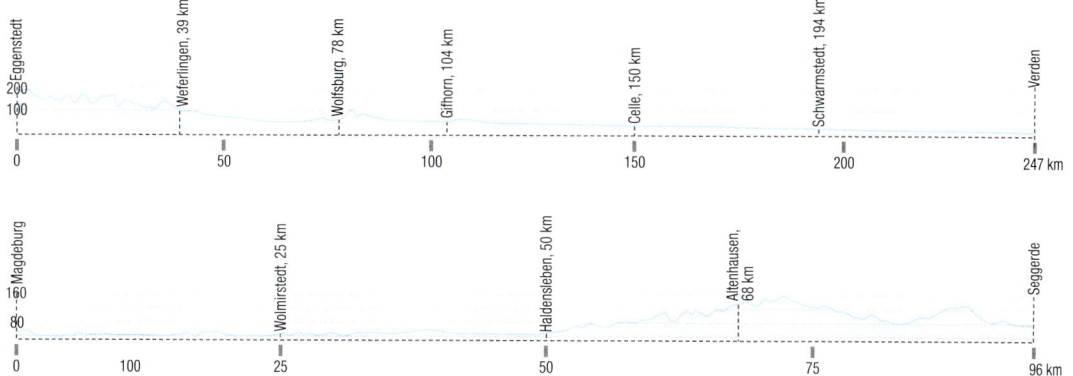

Von Magdeburg nach Seggerde – 96 km Für Radler, die in **Magdeburg** in den Sattel klettern möchten, hat man den Aller-Elbe-Radweg eingerichtet. Dieser trifft im Dorf Seggerde auf die klassische Radroute. Die Landeshauptstadt Sachsen-Anhalts ist zudem Ausgangspunkt der Nordroute der »Straße der Romanik«. Vor Ort kann man vier geschichtlich bedeutende Denkmäler besuchen: den Magdeburger Dom, das Kloster unserer lieben Frauen, die St.-Petri-Kirche und die St.-Sebastian-Kirche. Zwei Straßenzüge vom Elbufer entfernt gibt sich die Stadt mit der »Grünen Zitadelle« modern. Hier hat sich der österreichische Künstler Friedensreich Hundertwasser (1928–2000) mit einem seiner letzten Entwürfe ein farbenfrohes Traumhaus geschaffen. Nördlich von Magdeburg verbindet der Mittellandkanal die Flüsse Elbe und Weser. Wir folgen ihm ein Stück mit nach Westen. Wie die erste Streckenvariante punktet dieser Abschnitt durch eine ruhige Wegführung.

Die Aller beschert Reiseradlern an ihrem Unterlauf herrliche Panoramen.

Das Kloster Wienhausen ist bekannt für seine Sammlung wertvoller gotischer Bildteppiche.

Von Seggerde nach Celle – 106 km   Beide Varianten treffen bei Seggerde aufeinander. Anschließend rollt man hinunter nach Niedersachsen. Dort empfängt uns die 1938 als Arbeitersiedlung gegründete Stadt **Wolfsburg** mit einer modernen Stadtarchitektur. Am Ufer des Mittellandkanals reihen sich futuristische Gebäude aneinander und erinnern an eine Raumstation. Das Areal gehört zur Erlebniswelt Autostadt. Man weihte sie im Juni 2000 als Teil der Weltausstellung EXPO 2000 ein. Schräg gegenüber zieht es Technikbegeisterte ins phæno. Hinter dem sonderbaren Namen verbirgt sich eine Experimentierlandschaft, in der man über 350 Phänomene zum Anfassen und Ausprobieren erleben kann. Der 2005 eröffnete Gebäudekomplex ist ein Entwurf der Pritzker-Preisträgerin Zaha Hadid und zählt zu den bedeutendsten Bauwerken der Moderne. Weitere Ziele bilden das Kunstmuseum, das Planetarium, das Automuseum, das Alvar-Aalto-Kulturhaus, das Schloss Wolfsburg mit dem Stadtmuseum und die Städtische Galerie.

Wer der Beschilderung ein kurzes Stück hinterherradelt, erreicht **Fallersleben**. Der Ort hält die Erinnerung an den Komponisten des Deutschlandliedes Hoffmann von Fallersleben hoch. Dem großen Sohn ist im Schloss eine Ausstellung gewidmet, mit der man in das Leben und Wirken des Dichters eintaucht. Die Stadtlandschaften enden nördlich des Mittellandkanals abrupt. Dort übernimmt das Naturschutzgebiet Ilkerbruch mit seinen Überflutungswiesen, Heckrindern und Konikponys die Regie. **Gifhorn**, die nächste Station, liegt am Zusammenfluss von Aller und Ise. Hier kann man das Welfenschloss (1525) anschauen und durch das Internationale Wind- und Wassermühlen-Museum spazieren. Es zeigt 16 Mühlen aus zwölf Ländern. Westlich von Gifhorn lassen wir die Aller zunächst wegziehen und tauchen in ausgedehnte Kiefernforste ein. Wo der Wald zurücktritt, flacht das Terrain ab. Die Überlandfahrt läuft im Zickzack durch die von Flussschleifen geprägte Niederung. Münden, Langlingen und Wienhausen heißen die Dörfer am Wegesrand. Neben einer alten Wassermühle trifft man auf die Keimzelle der Siedlung – das Kloster Wienhausen. Die gut erhaltene Anlage stammt aus dem 13. Jahrhundert. Im Inneren wird ein Schatz behütet: auf Leinen gestickte gotische Bildteppiche. Nachdem wir den Kreuzgang inspiziert haben, folgen wir dem ruhigen Naturweg, der in Flussnähe nach **Celle** führt.

Von Celle nach Verden – 97 km Celle läutet das letzte Teilstück des Allerradwegs ein. Zuvor lohnt es, die stilvolle Kulisse für einen Bummel zu nutzen. Zwischen dem Schützenmuseum im Osten und dem westlich in einem Park gelegenen Celler Schloss buhlen 450 denkmalgeschützte Fachwerkhäuser um die reizvollste Ansicht. An den Markt grenzt die gute Stube des unversehrt erhaltenen Stadtkerns – die sogenannte Stechbahn. Hier schmiegt sich die Stadtkirche St. Marien dicht an den turmbewehrten Prachtbau des Bomann-Museums. Die Ausstellung zählt zu den größten und bedeutendsten Museen in Niedersachsen. Das 1892 als »Vaterländisches Museum« gegründete Haus benannte man 1923 nach seinem ersten Direktor Wilhelm Bomann um. Zu sehen gibt es Exponate der Stadtgeschichte und des Umlandes. Dazu präsentiert die Schau ein niederdeutsches Hallenhaus. Schiebt man sein Fahrrad durch das angrenzende Parkgelände, entfaltet sich die Fassade des Celler Schlosses. In dem Vierflügelbau residierten die Herren des Hauses Braunschweig-Lüneburg. Heute ist das Schloss eine museale Schatzkammer und Heimstätte eines Barocktheaters.

Die Aller wirft weiterhin ihre Bögen in Flutwiesen und Wälder. Als Stopps bieten sich das Erdölmuseum in Wietze und »Harry's klingendes Museum« in Schwarmstedt an. Als Nächstes strebt die Radtour nordwärts, um beim Schloss Ahlden in einer weiten Schleife erneut gen Westen zu drehen. Der Allerradweg bleibt bis zum letzten Meter beschaulich. Er beschert uns zwei Windmühlen, einen alten Burghof und am Reiseziel **Verden** nochmals eine Palette an Sehenswürdigkeiten. Zwei Begriffe sind untrennbar mit der hoch über dem Fluss errichteten Siedlung verbunden: der Pferdesport und der markante Dom St. Maria und Cäcilia. Die Reittiere sah man bereits auf den verstrichenen Etappen. So wendet man sich dem 700 Jahre alten Dom zu. Er ist aus Backsteinen erbaut und beeindruckt mit einem 38 Meter hohen Langhaus. Die unverfälschte Gotikpracht diente als bauliches Vorbild verschiedener Kirchen in Lüneburg, Lübeck und Stendal. Beim Betrachten des Verdener Rathauses und der charmanten Fachwerkgassen schleicht sich langsam die Wehmut des Abschieds ein – Zeit für ein Fazit: Der Allerradweg ist leicht zu fahren und stellt mit seinen vielseitigen Natur- und Kultureindrücken eine an Eindrücken reiche Radtour dar.

Links: Die Aller treibt die Wassermühle Wienhausen an.

Rechts: Wer in Magdeburg startet, kommt am Wasserschloss Flechtingen vorüber.

9 Europa-Radweg R1

Herausforderung für Langstreckenradler

mittel   953 km

· ·

CHARAKTER
Wegen der Streckenlänge kommen
alle möglichen Wege- und
Straßentypen des deutschen
Radwegenetzes vor. Vor allem im
mittleren Abschnitt summieren sich
die Höhenmeter.

AUSGANGSORT
Zwillbrock Bhf.

ENDPUNKT
Küstrin-Kietz; die Rückreise nach
Zwillbrock ist sehr aufwendig. Daher
sollte man für die An- und Abreise
komplett auf den Zug setzen und
kein Auto am Startort parken.

WEGMARKIERUNG
Schilder mit einem geteilten Laufrad
und der Nummer 3, teilweise auch
grün-weiße Schilder mit der
Aufschrift »Europa-Radweg R1«.

E-BIKE
Im Münsterland gibt es ein
dichtes Netz an E-Bike-Vermiet-
und -Ladestationen, Infos über
www.muensterland-tourismus.de.

INFORMATION
www.euroroute-r1.de; Deutscher
Tourismusverband Service
GmbH, Schillstr. 9, 10758 Berlin,
Tel. 030/856 21 50,
www.radnetz-deutschland.de

Das ganze Land auf einer Route zu durchqueren, klingt verlockend. Für Städteliebhaber bietet sich eine Fahrt auf dem Europa-Radweg R1 an. Er beginnt im französischen Boulogne-sur-Mer und erreicht nach über 3500 Kilometern Sankt Petersburg. Knapp ein Drittel davon legt man in Deutschland zurück.

Von Zwillbrock nach Detmold – 240 km   Das erste Teilstück der D-Route 3, wie der Europa-Radweg R1 in Deutschland auch genannt wird, führt uns durch die Radregion des Münsterlandes. Über **Vreden** mit seinen ansehnlichen Kirchen geht die Fahrt durch landwirtschaftlich genutzte Flächen und kleine Waldstücke. Die touristischen Aushängeschilder der Region sind die zahlreichen Herrensitze. Aufgrund fehlender Hügel sind die meisten von ihnen aus strategischen und optischen Gründen von einem Wassergraben umgeben oder liegen inmitten eines Sees. So verhält es sich auch beim Schloss Varlar, das im 19. Jahrhundert aus einem Kloster hervorging. Schloss Darfeld, Schloss Stapel, Haus Havixbeck und die Burg Hülshoff sind die nächsten Prachtbauten. Burg Hülshoff besticht durch eine weitläufige Parkanlage und ein sehenswertes Museum, das sich unter anderem mit dem Leben der Dichterin Annette von Droste-Hülshoff befasst, die hier zur Welt kam.

Anschließend rollen wir in die Altstadt von **Münster**. Die Friedensstadt blickt auf eine 1200 Jahre währende Geschichte zurück, die sich im Altstadtbild mit den prächtigen Bürgerhäusern widerspiegelt. Die Sehens-

Das LWL-Freilichtmuseum Detmold
präsentiert auf einer Fläche von
90 Hektar mehr als 100 historische
Gebäude.

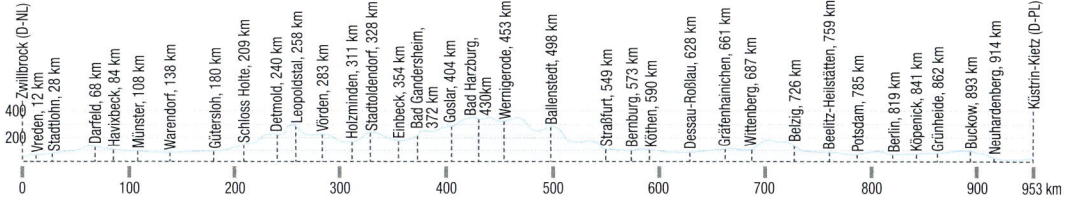

würdigkeiten sind das gotische Rathaus (14. Jh.) mit seinem hohen Giebel, der riesige Dom St. Paul, das über 800 Grafiken umfassende Kunstmuseum Pablo Picasso und die Kirche St. Lamberti, in der einer von zwei landesweit verbliebenen Türmern seinen Dienst vollzieht. Seit 2014 tut dies in Münster eine Frau. Zwar hat ihr Tuten, das ein wenig wie ein Nebelhorn klingt, nicht mehr die Aufgabe, vor Feuer oder heranrückenden Feinden zu warnen, aber es gehört zu Münster wie der Dom. Bis heute hat sich der Arbeitsabend kaum geändert. Ein oder zwei gute Bücher, ein Stuhl, ein Tisch und eine Leselampe zieren ihren Arbeitsplatz. Jede halbe Stunde ab 21 Uhr bis Mitternacht heißt es, bei Wind und Wetter auf die schmale Balustrade hinauszutreten. Dann wissen die Altstadtbewohner Münsters: Unsere Türmerin hat die ganze Stadt im Blick.

Wir verlassen den Radwegeknotenpunkt und rollen erneut durch das bäuerliche Münsterland. Der R1 durchläuft die Pferdestadt Warendorf, in der alljährlich im Herbst die berühmten Hengstparaden stattfinden. Auf der beschaulichen Landpartie durch den Kreis Gütersloh wechseln sich Wälder mit von kleinen Wasserläufen

Das Radnetz der D-Routen

....

Der Europa-Radweg R1 wird auch als D-Route 3 bezeichnet. Er wurde als erster von zwölf geplanten, einheitlich ausgeschilderten Fernrouten markiert.
www.radroutenplaner-deutschland.de
D-Route 1 – Nordseeküsten-Route
D-Route 2 – Ostseeküsten-Route
D-Route 3 – Europa-Radweg R1
D-Route 4 – Mittelland-Route
D-Route 5 – Saar – Mosel – Main
D-Route 6 – Donau-Route
D-Route 7 – Pilgerroute
D-Route 8 – Rhein-Route
D-Route 9 – Weser – Romantische Straße
D-Route 10 – Elberadweg
D-Route 11 – Ostsee – Oberbayern
D-Route 12 – Oder-Neiße-Radweg
Radweg - Deutsche Einheit
Europa-Radweg Eiserner Vorhang

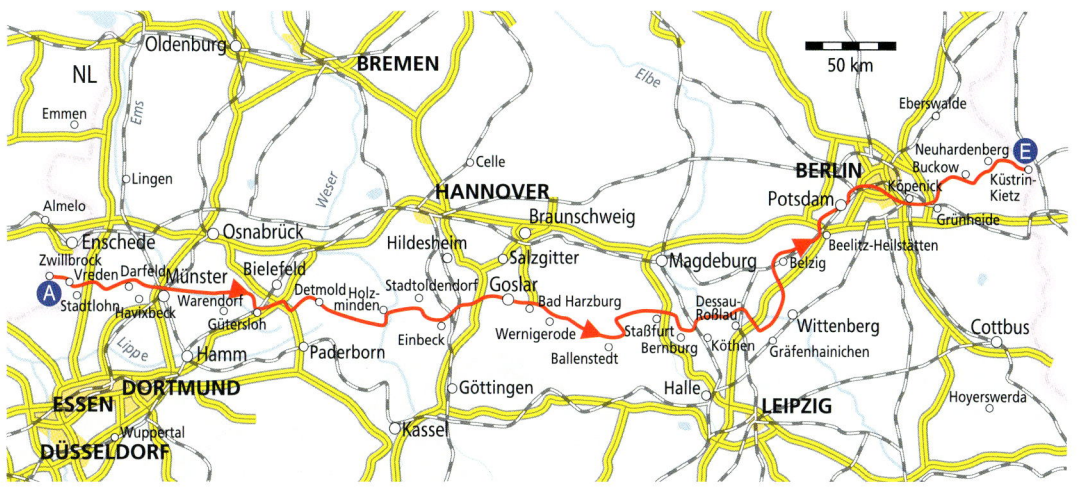

durchzogenen Feldern ab. Der Weg steigt an und geleitet uns in weiten Schleifen durch den Naturpark Teutoburger Wald / Eggegebirge hinauf nach **Detmold**.

Von Detmold nach Wernigerode – 213 km Das Hermannsdenkmal – gebieterisch und weithin sichtbar thront es 53,46 Meter hoch auf einem bewaldeten Höhenrücken über der Stadt Detmold. Als Wahrzeichen der Region erinnert es an den Cheruskerfürsten Arminius, der in der Varusschlacht 9 n. Chr. drei römische Legionen vernichtend schlug. Heute geht es in der Kultur- und Musikstadt weitaus gesitteter zu. Die Palette der Sehenswürdigkeiten ist breit gefächert: Besucher können zwischen dem Lippischen Landesmuseum, dem Vogelpark Heiligenkirchen und der Adlerwarte Berlebeck wählen. Eines der attraktivsten Ziele in Detmold ist das LWL-Freilichtmuseum, in dem man Großmutters Zeiten nachspüren kann. 120 Gebäude gewähren auf 90 Hektar Fläche Einblick in den Alltag der ländlichen Bevölkerung Westfalens. Informativ sind die täglichen Handwerksvorführungen. Mitarbeiter demonstrieren das Mahlen von Mehl und wie man schmiedet oder töpfert.

Zwölf Kilometer von Detmold entfernt bringen die sonderbaren Externsteine den Betrachter ins Staunen. Funde wie Feuersteingeräte, Stielspitzen und Klingen belegen: Diese Sandsteinformation faszinierte die Menschen bereits in der späten Altsteinzeit. Das Monument ragt 38 Meter aus dem Wald, etwa so hoch wie zwei Jumbojets übereinander. In aussichtsreicher Fahrt geht es nun über stille Flurwege zur **Weser** hinunter. Bis heute hat sich Höxter mit seinen malerischen Fachwerkfassaden im Stil der Weserrenaissance den Charme des 16. Jahrhunderts bewahrt. Ein Stück stromabwärts erblickt man das ehemalige Kloster Corvey. Es wurde 815 im Auftrag von Kaiser Ludwig dem Frommen als Propstei gegründet und im Zuge der Säkularisation zu einer Schlossanlage umgewandelt.

Bei Holzminden schlagen wir wieder den Ostkurs ein, klettern am Nordrand des Naturparks Solling-Vogler auf eine mit Burgen und Schlössern besetzte Anhöhe und brausen über das schmucke Fachwerkstädtchen **Einbeck** ins Leinetal hinunter. Wo die Höhenzüge des Leineberglandes und Harzvorlandes aneinanderrücken, fügt sich Bad Gandersheim

Der Bergschatz von Goslar

Die Bergbaugeschichte am Rammelsberg, der Goslar um gut 300 Meter überragt, reicht vermutlich ins 3. Jahrhundert zurück. Große Bedeutung bekam die Abbaustätte, als man im 10. Jahrhundert eine ergiebige Silberader entdeckte. In dessen Folge ließ sich Kaiser Heinrich II. eine Kaiserpfalz errichten und so stieg Goslar zu einer der wichtigsten Reichsstädte auf. Bis zur Einstellung der Arbeiten am 30. Juni 1988 förderten die Bergleute 30 Millionen Tonnen Erz aus dem Rammelsberg. In dem Besucherbergwerk, das seit 1992 zum UNESCO-Weltkulturerbe zählt, erhält man heute ein anschauliches Bild von den Arbeitsbedingungen unter Tage.

in das Tal des Flusses Gande. Das staatlich anerkannte Heilbad empfängt seine Gäste mit einem prächtigen Marktplatzensemble, der ab 856 erbauten Stiftskirche und dem etwas außerhalb gelegenen Kloster Brunshausen, aus dem die Siedlung hervorgegangen ist. Auf den nächsten Kilometern bis **Goslar** erheben sich vor uns die dunklen Höhenzüge des Harzes und bescheren uns ein faszinierendes Bergpanorama.

Von Wernigerode nach Wittenberg – 234 km   In der Altstadt von **Wernigerode** stehen neben dem erhabenen Schloss unzählige Fachwerkbauten, unter denen das zweitürmige Rathaus (1277) herausragt. Der Europa-Radweg R1 bleibt bis zur ehemaligen Bergbaustadt Staßfurt wellig und taucht anschließend ins Saaletal hinab. Unbekümmert umfließt die Saale den schroffen Sandsteinfelsen, auf dessen Spitze Schloss Bernburg – die Krone Anhalts sitzt. Das Wahrzeichen der gleichnamigen Stadt diente den Fürsten und späteren Herzögen von Anhalt Bernburg lange als Residenzschloss und ist sehr gut erhalten. Die im Tal gelegene Stadt bezaubert durch mehrere Renaissance- und Barockgebäude, die eine rege Geschäftigkeit Bernburgs bezeugen.

Nach einer ruhigen Überlandfahrt erreichen wir bei **Dessau-Roßlau** mit der Elbe den fünften großen Fluss der Reise. Die im Biosphärenreservat Mittelelbe gelegene Stadt ist über die Landesgrenzen hinaus für das Bauhaus (1925/1926) und die Meisterhäuser bekannt, die beide als UNESCO-Weltkulturerbe geadelt wurden. Kurz

Links: Das 53,46 Meter hohe Hermannsdenkmal wurde Ende des 19. Jahrhunderts auf einem Hügel über Detmold errichtet und mahnt die Schlacht im Teutoburger Wald an.

Rechts: Im Münsterland führt die Radroute durch ruhige Landschaften.

hinter Dessau bestimmt das Schloss Oranienbaum mit seinem englisch-chinesischen Garten das barocke Ortsbild.

Nach Überquerung der Elbe trifft man in **Wittenberg** ein. Die Lutherstadt ist seit 1502 eine Universitätsstadt und kann berühmte Stätten des UNESCO-Weltkulturerbes vorweisen. Bedeutendstes und ältestes Bauwerk ist die gotische Pfarrkirche St. Marien, die als Mutterkirche der Reformation in die Geschichtsbücher einging. Weitere sehenswerte Attraktionen sind das Lutherhaus, der Marktplatz mit dem Rathaus, das vier Renaissancegiebel schmücken, und natürlich die Schlosskirche. Am 31. Oktober des Jahres 1517 soll Luther seine 95 Thesen an der hölzernen Eingangstür des Gotteshauses angeschlagen haben, in denen er unter anderem den kirchlichen Ablasshandel anprangerte.

Von Wittenberg nach Küstrin-Kietz – 266 km   Hinter Wittenberg tauchen wir in die hügeligen Wälder des südlichen Brandenburgs ein. Wer sich aus dem Trubel des Alltags zurückziehen möchte, ist hier im Naturpark Hoher Fläming mit seinen Windmühlen und den kleinen Siedlungen genau richtig. Wir erreichen den Fluss Havel, der eine Kette von Seen durchfließt. Mittendrin liegt **Potsdam**. Brandenburgs Landeshauptstadt verdankt ihr hohes Ansehen den gepflegten Grünanlagen und Schlössern. Den ersten Rang nimmt der Park Sanssouci ein. Hier verewigten sich die Herrscher Preußens mit mehreren Prunkbauten. Da ist das neue Palais mit einem Theater aus dem 18. Jahrhundert. Davor ragt der Universitätskomplex auf. Touristen schlendern am Chinesischen Haus vorüber, erklimmen die Treppen hinauf zur Orangerie, um anschließend Tickets für das Schloss Sanssouci zu lösen. Wegen der reizvollen Lage und der attraktiven Aussicht entschied Friedrich der Große, auf dem »Wüsten

Berg« bei Potsdam ein Lustschloss zu erbauen. »Ohne Sorge« (frz. sans souci) nannte der König von Preußen und Kurfürst von Brandenburg seine Sommerresidenz, die das architektonische Glanzstück jener Epoche bildete. In den königlichen Räumen schreitet man von den repräsentativen Zimmern hinüber in die Gemächer des Monarchen und weiter in den kuppelüberwölbten Marmorsaal. Nahezu das komplette Inventar beließ man im Originalzustand. Selbst der Blick vor dem Schloss, über die Weinterrassen hinweg zur Großen Fontäne ist noch genauso wie zu Friedrichs Zeiten. Seit 1990 ist der Park mit den Prachtbauten ein UNESCO-Welterbe.

In **Berlin** orientiert sich der Europa-Radweg R1 am kerzengerade verlaufenden Kaiserdamm, der an der Siegessäule vorbeiführt. Dann fahren wir längs der Straße des 17. Juni auf das Brandenburger Tor zu. Das Symbol des vereinten Deutschlands wurde im Jahre 1791 fertiggestellt und 1793 mit der Friedensgöttin Eirene auf der Quadriga, dem vierspännigen Streitwagen gekrönt. Von dem geschichtsträchtigen Platz geht es hinüber zu dem Prachtboulevard Unter den Linden und durch das Herzstück Berlins, das an allen Ecken das Flair einer Weltstadt versprüht. Wir radeln an der Seite der Spree über Köpenick und den 7,4 Quadratkilometer großen Müggelsee entlang in den Naturpark Märkische Schweiz hinein. Die Eiszeit prägte die Landschaft mit ihren Hügeln, Wiesen und Sumpfgebieten. Unser Reiseweg hat ein letztes Mal Gefälle, die Räder rollen zur **Oder** hinunter. Der Fluss markiert das Ende der D-Route 3. Radler mit Entdeckerdrang können sich von hier aus aufmachen und das nächste Teilstück des Europa-Radwegs R1 erkunden. Er führt quer durch Polen, dreht anschließend nach Norden und durchmisst die russische Exklave Kaliningrad. Es folgen Litauen, Lettland und Estland. Schließlich setzt die Zarenstadt **Sankt Petersburg** der Europafahrt die Krone auf.

Das Reichstagsgebäude ist seit 1999 Sitz des Deutschen Bundestages.

10 Drei-Flüsse-Tour

Ahr, Erft und Rhein, na fein!

mittel   304 km

CHARAKTER
Die familienfreundliche Strecke hat nur einen Anstieg und verläuft auf zumeist asphaltierten Radwegen.

AUSGANGSORT
Blankenheim; der Bhf. Blankenheim (Wald) ist 5 km vom Start- und Zielort entfernt.

ENDPUNKT
Blankenheim

WEGMARKIERUNG
Schilder mit den Schriftzügen »Ahr«, »Rhein« und »Erft«.

E-BIKE
Infos zum Leihen von E-Bikes erhält man über www.ahrtal.de, www.rhein-erft-tourismus.de und www.erftweg.de

INFORMATION
Ahrtal-Tourismus Bad Neuenahr-Ahrweiler, Oberstr. 8, 53474 Bad Neuenahr-Ahrweiler, Tel. 02641/917 10, www.ahrtal.de; Rhein-Erft Tourismus, Willy-Brandt-Platz 1, 50126 Bergheim, Tel. 02271/994 99 40, www.rhein-erft-tourismus.de; Rhein-Kreis Neuss, Oberstr. 91, 41460 Neuss, Tel. 02131/928 75 00, www.wfgrkn.de, www.erftweg.de; Nordeifel Tourismus, Bahnhofstr. 13, 53925 Kall, Tel. 02441/99 45 70, www.nordeifel-tourismus.de

Die Ahr hinuntersausen, dem Rheinufer nachgehen und entlang der Erft zum Startpunkt zurückstrampeln: Die Drei-Flüsse-Tour steht für 300 Kilometer aktive Erholung in der Natur. Jedes Tal versprüht spezielle Reize. Besuche von Bad Neuenahr, Bonn, Köln und Bad Münstereifel gleichen einem Blick in ein Geschichtsbuch.

Von Blankenheim nach Bonn – 100 km Rundfahrten erfreuen sich bei Genussradlern äußerster Beliebtheit. Umso besser, wenn sie malerischen Flussläufen folgen. Im Norden der Eifel treffen die im Ahrgebirge gelegenen Quellgebiete von Ahr und Erft nahe aufeinander. Beide Gewässer münden in den Rhein. So kann man alle drei Flüsse zu einer 300-Kilometer-Radtour verbinden. Die Ahr leitet die Reise ein. Sie entspringt mitten im Ortszentrum von **Blankenheim** in einem Keller eines Fachwerkhauses. Hier am Oberlauf stimmen uns romantische Gassen, die Burg Blan-

Der Fluss Erft ist auch bei Paddlern beliebt.

kenheim und das Eifelmuseum auf die nächsten Reisetage ein. Der Ahrradweg ist knapp 80 Kilometer lang. Auf den ersten Metern nutzt die gepflegte Asphaltroute die Trasse der ehemaligen Oberen Ahrtalbahn und führt beständig bergab. Man taucht ein in Bahntunnels, passiert Relikte verstrichener Eisenbahnepochen, pausiert an reizvoll gelegenen Rastplätzen. Der Weg verschwindet in schattigen Waldgassen und zerteilt schmale Wiesenstreifen. Sie liegen im 2442 Quadratkilometer großen Naturpark Hohes Venn-Eifel, der sich über Nordrhein-Westfalen, Rheinland-Pfalz und die belgische Provinz Lüttich erstreckt. Der tief eingeschnittene Talgrund bietet fast keinen Platz für Siedlungsraum. Radler rollen durch die lang gestreckten Dörfer Ahrhütte, Schuld, Hönningen und Kreuzberg.

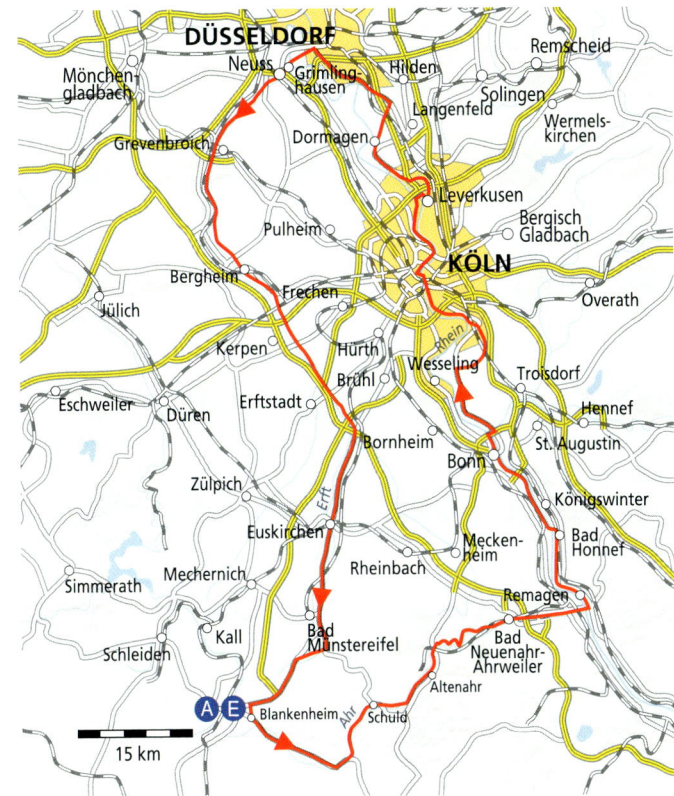

Wenige Flussschleifen später zeigt das Ahrtal ein anderes Gesicht. Der Wald weicht schlagartig zurück. Aus den Bäumen werden steile Weinterrassen, die bis an die grauen Häuserdächer von **Altenahr** heranreichen. Die mittelalterliche Stadtmauer mit Wallgraben, Toren und Türmen aus dem 13. Jahrhundert umgibt die autofreie Altstadt mit ihren malerischen Häusern. Sehenswert sind das Wolffsche Haus, ein Fachwerkgebäude von 1621 mit einem reich verzierten Erker, und der Blankartshof aus dem Jahr 1680. Den ansprechendsten Blick auf den Touristenort genießt man von der Burgruine Are. Ihre Ursprünge liegen um das Jahr 1100.

Der viel gerühmte Rotweinanbau ist das Aushängeschild von Altenahr: So macht hier der Qualitätswanderweg AhrSteig Station. Im Ort beginnt der verlockend klingende Rotweinwanderweg. Und jeden Herbst zieht es Gesellige zu den Weinfesten. Die Römer erkannten das günstige Klima zwischen Eifel und Rhein und legten an den Hängen Terrassen für die Weinstöcke an. Von der Sonne verwöhnt, durch die verschiede-

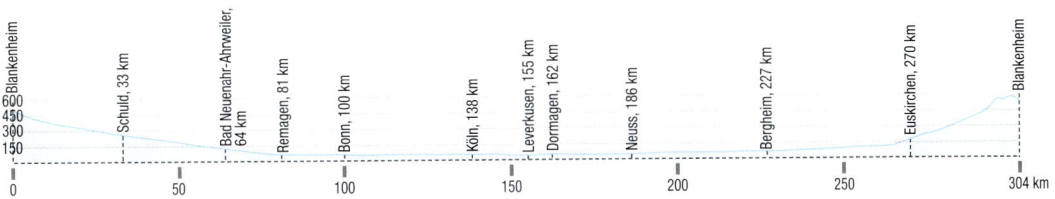

nen Gesteine aufgewärmt, bringt es das Weinanbaugebiet Ahr auf eine Fläche von 560 Hektar. Die Böden aus verwittertem Schiefer, Lösslehm, Kies, Vulkangestein und Grauwacke nehmen tagsüber die Wärme auf und geben sie in den Nachtstunden an die Reben ab. Als beliebteste Rotweinsorte ist der Blaue Spätburgunder in aller Munde. Daneben punkten der Blaue Portugieser, Dornfelder und die Weißweine Riesling und Müller-Thurgau mit bester Qualität und bieten sich als Reisemitbringsel an.

Radelt man durch die reizvolle Talniederung mit ihren schroffen Felswänden, kommt man nach **Bad Neuenahr-Ahrweiler**. Der Ort lebt vom Charme des Kurviertels. Prächtige Hotelbauten aus der Zeit um die Jahrhundertwende bestimmen das Bild. Mittendrin liegen das elegante Badehaus und der Kurpark mit einem alten Baumbestand. Ahrweiler ist der malerische Kontrast dazu. Kelten siedelten hier, später die Germanen. Anschließend nahmen Römer, Grafen, Erzbischöfe und Franzosen die Geschicke in die Hand. Bei einem Bummel durch den Ort gerät man auf die Spuren des Weinbaus. Kostbare geschmiedete Schilder an den Häusern der Winzer künden von dem glänzenden Ruf, den der Rote von der Ahr seit Jahrzehnten genießt. Wo die Ahr in den Rhein mündet, liegt ein Stück stromabwärts die Stadt **Remagen**. Bei dem Namen muss man unweigerlich an die berühmte, 1945 hart umkämpfte Brücke denken. Im Inneren gewährt das Friedensmuseum Einblicke in jene dramatischen Märztage. General Eisenhower unterstrich die strategische Bedeutung des Rheinübergangs mit den Worten: »Die Brücke ist ihr Gewicht in Gold wert.« Für uns läuten die Relikte des Baus den zweiten Reiseabschnitt der Drei-Flüsse-Tour ein. Wir vertrauen uns dem Rheinradweg an und rollen ins Zentrum von **Bonn** hinein.

Von Bonn nach Grimlinghausen – 112 km Die Bundesstadt markiert zusammen mit der Mündung des Flusses Sieg den Übergang vom Mittel- zum Niederrhein, der hier annähernd 400 Meter breit ist. Die Museumsmeile zieht Kulturinteressierte aus der ganzen Welt an. Das Haus der Geschichte, die Kunst- und Ausstellungshalle der Bundesrepublik Deutschland und das Kunstmuseum Bonn haben sich seit ihren Eröffnungen 1992 bzw. 1994 Namen in der deutschen und europäischen Museumslandschaft gemacht. Die Spuren Ludwig van Beethovens, der 1770 in der Bonngasse zur Welt kam, sind hier immer noch zu fassen. Vor allem im Wahrzeichen Bonns, dem

Beethoven-Haus mit der umfangreichsten privaten Beethoven-Sammlung der Welt. Die gemächlich dahinfließende Lebensader gibt den Weg in die viertgrößte Stadt Deutschlands nach **Köln** vor. Ihre römische Vergangenheit ist zwischen Rathaus und Dom, Rhein und Rudolfplatz bis heute präsent. Wer hier in die Tiefe steigt, trifft auf römische Spuren: Mauerreste, Münzen und schmückende Mosaike. Nicht nur Kölns, sondern vielleicht ganz Deutschlands bedeutendste Sehenswürdigkeit ist der Kölner Dom. Am Flussufer ziehen die 157 Meter aufragenden Türme die Blicke magisch an. 6,5 Millionen Menschen aus aller Welt schreiten jedes Jahr durch die gotische Kathedrale. Sie wurde 1996 in die Liste des UNESCO-Welterbes aufgenommen. Der Kirchenbau gilt zu Recht als eines der Meisterwerke der Gotik. Mit dem goldenen Dreikönigenschrein zieht er seit dem 12. Jahrhundert Pilger aus nah und fern an. Seit 2007 verleiht das Fenster des weltbekannten Künstlers Gerhard Richter dem Dom eine weitere Attraktion. Sehenswert sind zudem die zwölf großen romanischen Kirchen aus der Zeit zwischen 1150 und 1250, die sich in einem Halbkreis um die Innenstadt gruppieren. Neben den Kirchen ist die Karnevalshochburg facettenreich: Besucher können über 20 Museen besichtigen. Das Wallraf-Richartz-Museum & Fondation Corboud präsentiert Werke mittelalterlicher Malerei und begeistert mit einer bedeutenden Impressionismussammlung. Das Museum Ludwig beheimatet die größte Pop-Art-Sammlung außerhalb der USA.

Rheinabwärts steuert die bisher steigungsfreie Radtour die Städte **Leverkusen**, Monheim und Benrath an. Südlich von Düsseldorf setzen wir auf das linke Rheinufer

Die Bundesregierung und der Weinberg

Eine kurvige Wegstrecke führt mitten durch die Weinberge oberhalb von Ahrweiler, an deren Ende eine massive Eisentür neugierig macht. Dahinter verbarg sich der geheimste Ort der Bundesrepublik Deutschland: der gewaltige Regierungsbunker. Etwa 30 Jahre lang diente der Schutzbau als Zufluchtsort der Bundesregierung und anderer hoher Bundesbehörden bei einem »Krisenfall«. Wäre es zu einem atomaren, biologischen oder chemischen Angriff gekommen, hätte der Bunker unter dem Ahrgebirge rund 3000 Menschen für rund 30 Tage aufgenommen. Im Bauch des Berges erlebt man bei der 1,5-stündigen Führung eine umfangreiche Dokumentation mit Originalgegenständen. www.bad-neuenahr-ahrweiler.de, www.regbu.de

Burgenland

Als Erstes erblicken Radler auf dem Erftradweg das Schloss Bedburg. Es befindet sich in Privatbesitz und ist einer der ältesten Backsteinbauten des Rheinlandes. Das fünf Kilometer entfernte Schloss Paffendorf imponiert durch einen 7,5 Hektar großen Schlosspark mitsamt Forstlehrgarten. Zwischen ausgedehnten Wasserflächen werfen Mammutbäume, Gingkos und Riesenlebensbäume ihre Schatten auf bunte Blumenbeete. Südöstlich von Bergheim bettet sich das Wasserschloss Frens in eine Wald- und Wiesenlandschaft. Es folgt das in einem englischen Landschaftspark gelegene Schloss Loersfeld, in dem ein Gourmetrestaurant residiert. Vorbei am Boisdorfer See geht es zu den Schlössern Türnich, Gymnich, Gracht sowie der Landesburg Lechenich.

über. Dort mündet bei Grimlinghausen die 106 Kilometer lange Erft in den Strom. Ihr folgen wir auf dem finalen Abschnitt.

Von Grimlinghausen nach Blankenheim – 92 km Der dritte Fluss des Rundkurses ist durch den Erft-Radweg bestens erschlossen. Mit dem Rhein verschwinden die Großstädte. Weitläufige Äcker säumen die Flussschleifen. Die Erft nimmt uns mit zum Museum Insel Hombroich, das eine besondere Synthese aus Kunst, Architektur und Natur bildet. Die Park- und Auenlandschaft mit ihren Ausstellungspavillons umfasst 24 Hektar. Fernöstliche Kunst und archäologische Funde sind neben Werken namhafter europäischer Maler zu sehen.

Ein anderes Bild erwartet uns eine entspannte Radstunde weiter südwestlich bei **Grevenbroich**. Die 63 000 Einwohner nennen ihre Heimat »Bundeshauptstadt der Energie«. Vor 5 bis 25 Millionen Jahren lagerten sich im Erdzeitalter des Miozäns abgestorbene Bäume, Sträucher und Gräser im Untergrund ab. Es entstanden Moore und Torf. Später formte der Druck der Sedimente die größte zusammenhängende Lagerstätte für Braunkohle Europas. Seit 150 Jahren fördern Arbeiter den fossilen Brennstoff im Rheinischen Braunkohlerevier. Für Besucher richtete man Aussichtspunkte ein, von denen man einen weiten Blick über die bizarr anmutende Mondlandschaft hat. Jährlich ringen Arbeiter in den drei Tagebaustätten Garzweiler, Hambach und Inden mit knapp 100 Meter hohen Schaufelradbaggern 100 Millionen Tonnen Braunkohle der Erde ab. Der umstrittene Energieträger wird in den benachbarten Kraftwerken in Strom umgewandelt.

Auf dem mittleren Abschnitt des Erftradwegs radelt man in den Naturpark Rheinland hinein. Das Naherholungsgebiet geht auf das Jahr 1959 zurück. Wälder, Flüsse, Seen und ehemalige Vulkane wechseln sich auf der 1045 Quadratkilo-

meter großen Fläche mit Feldern, Dörfern und rekultivierten Teilen des Braunkohlereviers ab. Zu den Highlights zählen die vielen Herrensitze, die den Rhein-Erft-Kreis zu einer der wasserburgenreichsten Regionen Deutschlands machen. Mehr als fünfzig Burgen und Schlösser schmücken die Landschaft. Darunter befinden sich mit den Schlössern Augustusburg und Falkenlust in Brühl zwei Welterbestätten der UNESCO. Der Reiseweg erreicht **Euskirchen**. In der Carl-Koenen-Straße weckt ein Gebäude aus dem Jahr 1894 das Interesse. In ihm ist das Rheinische Industriemuseum Tuchfabrik Müller untergebracht. Hier sieht es so aus, als hätten die Arbeiter erst vor Kurzem die Maschinen verlassen. Bei einem Rundgang hört man die rund 100 Jahre alten Textilmaschinen surren. Sie demonstrieren, wie aus loser Wolle ein fertiges Tuch entsteht.

Auf den letzten 35 Kilometern steigt das Terrain allmählich an und hält auf **Bad Münstereifel** zu. Das Kneippheilbad liegt reizvoll inmitten der Eifelwälder. Die Altstadt lebt vom Charme der vielen Fachwerkbauten. Mit einer 1,6 Kilometer langen Mauer schützten die Grafen von Jülich den aufblühenden Ort. Dazu kommen 18 Wehrtürme und vier Tortürme. Wer durch einen hindurchspaziert, steht vor der Stiftskirche St. Chrysanthus und Daria. Außer dem Gotteshaus bietet die Stadt mit der Burg Bad Münstereifel und dem roten Rathaus weitere Fotomotive. Am Oberlauf der Erft wird das Gelände steiler; der Blick über die unverbaute Mittelgebirgslandschaft mit kleinen Dörfern entschädigt aber für die Anstrengungen. Auf einer Höhe von 570 Metern neigt sich der Forstweg und die Räder rollen hinunter nach Blankenheim im Ahrtal zurück. Wir sind wieder am Ausgangspunkt der Rundtour.

Links: Das Schloss Bedburg entstand aus einer Wehranlage, die zur Sicherung eines Übergangs des Flusses Erft errichtet wurde.

Rechts: Vor dem Schloss Paffendorf ist ein Seerosenteich angelegt.

11 Ruhrtalradweg

Fahrradtour durchs »Revier«

leicht 232 km

CHARAKTER
Dank des nahezu steigungsfreien Geländes und vielen Abschnitten auf Radwegen ist der Ruhrtalradweg familienfreundlich.

AUSGANGSORT
Winterberg Bhf. Die Strecke nach Dortmund Hbf. ist an Wochenenden und Feiertagen stark frequentiert. Zusätzlich fahren Busse mit Fahrradanhänger bis Winterberg.

ENDPUNKT
Duisburg; zurück 3 Std. mit dem Zug.

WEGMARKIERUNG
Vierfarbiges Radschild mit der Aufschrift »RuhrtalRadweg«.

E-BIKE
Entlang des Ruhrtalradwegs gibt es viele E-Bike-Ladestationen, Infos über www.ruhrtalradweg.de.

INFORMATION
Ruhr Tourismus, Centroallee 261, 46047 Oberhausen, Tel. 01805/18 16 20, www.ruhr-tourismus.de; www.ruhrtalradweg.de; Tourismus NRW e.V., Völklinger Str. 4, 40219 Düsseldorf, Tel. 0211/91 32 05 00, www.nrw-tourismus.de und www.radroutenplaner.nrw.de

Durch das mit über fünf Millionen Einwohnern größte Ballungsgebiet Deutschlands zu radeln klappt ausgezeichnet. Denn wer dem Fluss Ruhr folgt, kann sich auf einen gut ausgebauten Radweg und viel Natur freuen. Das Beste: Häufig bieten sich rechts und links lohnende Abstecher an.

Von Winterberg nach Arnsberg – 68 km   Unsere Reise entlang der Ruhr beginnt in **Winterberg**. Der Ferienort breitet sich zwischen Hügeln und Tannen zu Füßen des 842 Meter hohen Berges Kahlen Asten aus. Hier durchzieht die Elbe-Weser-Wasserscheide das quellenreiche **Rothaargebirge**. Die von Fachwerkhäusern eingerahmte Fußgängerzone bleibt zurück. Wir erklimmen eine kurze Steigung und rollen auf einen breiten Forstweg zur Ruhrquelle (674 Meter) hinunter. Nach dem Pflichtfoto orientiert sich der geschotterte Radweg am eilig dahinfließenden, von schmalen Bergwiesen gesäumten Wasserlauf und passiert dabei ein Waldinfozentrum. Wir lassen die Bremsen schleifen und mustern in den Dörfern die Fachwerkgebäude. Viele hat man mit Sprüchen aus dem Alltagsleben verziert. Im Kneippkurort **Olsberg** münden mehrere Bäche in die Ruhr. Der junge Fluss wendet sich von nun nach Westen. In Ramsberg ergibt sich die erste Gelegenheit, den Radhelm mit dem Grubenhelm zu tauschen und ins Besucherbergwerk einzufahren.

Über Meschede mit der Abtei Königsmünster, dem Hennesee und der Walburgkirche nähern wir uns **Arnsberg**. Die Stadt nennt sich gerne das

Die Ruhr führt im Sauerland durch schöne Wälder.

historische Eingangstor in das »Land der 1 000 Berge«. An einem niedrigen Hügel drängen sich die schwarz-weißen Gebäude der gut erhaltenen Altstadt dicht an dicht aneinander; ganz oben steht der Glockenturm der Stadtkapelle St. Georg. Unweit der Kirche gibt das Sauerland-Museum Wissenswertes über die Region preis.

Von Arnsberg nach Herdecke – 69 km Südlich des dicht bewaldeten Naturparks Arnsberger Wald führt die Radroute durch Wohn- und Industriegebiete. Es folgen Auwiesen und Felder. Nun nimmt der Ruhrtalradweg die 700 Kilometer lange Route der Industriekultur auf. Sie erschließt in weiten Schleifen das industriekulturelle Erbe der Metropole Ruhr für Radfahrer. Hinter uns liegt das grüne Sauerland, voraus das traditionsreiche Ruhrgebiet, das Besucher mit einer Unzahl an Sehenswertem empfängt.

Den Anfang macht **Fröndenberg**. Dort lohnt eine Besichtigung des Kettenschmiedemuseums. Die 1999 eröffnete Ausstellung präsentiert Spezialmaschinen aus den Zwanziger- bis Fünfzigerjahren. Mit den elektrischen Handschweißmaschinen und Kettenschweißautomaten erhält man Einblick in die Arbeitsschritte der hier einst florierenden Kettenindustrie. Als im 18. Jahrhundert die Industrialisierung von England herüberschwappte, begann man im Ruhrgebiet mit der groß angelegten Ausbeutung der ergiebigen Kohleflöze, die sich vor über 300 Millionen Jahren im Erdgeschichtsalter des Karbons gebildet hatten. Im Laufe der Jahrzehnte nahm die Anzahl der Zechen stetig zu. Bis zum Anfang des Ersten Weltkrieges waren 440 000 Kumpel in Lohn und Brot. Sie förderten 114 Millionen Tonnen Steinkohle zutage. Bald lösten

Eisenbahnen die extra zum Transport des kostbaren Rohstoffs ausgebaute Ruhr ab. Der Fluss gab der Region ihren Namen. Nachdem um 1958 das Zechensterben einsetzte, war auch die Blütezeit der deutschen Schwerindustrie vorbei.

Der einsetzende Strukturwandel hat die Gegend verändert. Wo einst rauchende Schlote die Luft verdreckten, weihte man in den »Kathedralen der Arbeit« bedeutende Museen ein. Sie erzählen uns heute Geschichten vom mühsamen Arbeitsleben der Bergleute und Stahlarbeiter. **Schwerte** empfängt seine Gäste mit einem Fachwerkensemble, der historischen Senfmühle und einer ehemaligen Rohrmeisterei. Das im Alten Rathaus untergebrachte Ruhrtalmuseum befasst sich mit der Ortsgeschichte und der Geologie. Auch auf den nächsten ebenen Radkilometern, die malerisch am Ufer des lang gestreckten Hengsteysees verlaufen, bekommen wir nicht viel von den Großstadtlandschaften des Ruhrgebietes mit. Einzig das monströse Pumpspeicherkraftwerk Koepchenwerk (1930) erinnert uns daran, dass wir durch den größten Ballungsraum Deutschlands radeln.

Von Herdecke nach Duisburg – 95 km Der am 30. April 2006 eröffnete Radweg unterquert bei **Herdecke** das Ruhrviadukt der rheinischen Eisenbahn, läuft um den

Links: In der Hattinger Altstadt dominieren Fachwerkfassaden das Ortsbild.

Rechts: Geschafft! Die Statue Rheinorange markiert das Ende des Ruhrtalradwegs.

aufgestauten Harkortsee herum und trifft westlich von Bommern auf das nächste Relikt der Industriegeschichte – die Zeche Nachtigall. Die Anfänge dieses Bergwerks reichen über 300 Jahre zurück, das somit zu den ersten Tiefbauzechen des Reviers gehört. Das touristisch erschlossene Besucherbergwerk zeigt uns hautnah die unmenschlichen Arbeitsbedingungen der Bergleute, die hier in den niedrigen Gängen unter Tage das »schwarze Gold« förderten. Auf dem Betriebsgelände präsentiert die 1963 stillgelegte Ziegelei mitsamt Ringofenanlage das Gewerbe den Fahrradfahrern durchs »Revier« Ziegelbrenner.

Der nächste Höhepunkt der Kulturhauptstadt RUHR.2010 befindet sich nur wenige Kilometer stromabwärts in **Hattingen**. Wir stehen vor der traditionsreichen Henrichshütte, die 1854 ihren Betrieb aufnahm. Zu ihrer Glanzzeit schufteten über 10 000 Menschen auf diesem riesigen Industrieareal und produzierten Koks, Eisen und veredelten Stahl. Kernstück des LWL-Industriemuseums ist der verbliebene Hochofen Nr. 3, der 1987 ausgeblasen wurde und eine Höhe von 55 Metern aufweist. Während der aufschlussreichen Besichtigungstour »Weg des Eisens« bekommt man sehr gut den Materialfluss von Erz, Koks und Kalk bis zum flüssigen Roheisen erklärt. Gegen Ende des Spaziergangs geht es in die Gießhalle, wo einst das 1400 Grad Celsius hei-

Der Ruhrtalradweg führt bei Winterberg durch die Wälder des Sauerlandes.

ße Eisen abgestochen wurde. Hattingen selbst bezaubert mit einer charmanten Altstadt, die ihr den Namen »Rothenburg des Ruhrgebiets« einbrachte.

Für Bahnfans ist das Eisenbahnmuseum Bochum-Dahlhausen ein Pflichtstopp. Seit 1977 wurden hier über 180 Schienenfahrzeuge aus der Zeit von 1853 bis 1964 zusammengezogen. Das großflächige Museumsgelände begeistert große sowie kleine Kinder mit einem historischen Lokomotivschuppen mitsamt 20-Meter-Drehscheibe, einem Wasserturm, verschiedenen Werkstätten und einer Bekohlungsanlage. Zwei beschauliche Flussschleifen weiter geht die Ruhr in den Baldeneysee über. An dessen Nordufer erblicken wir zwischen den Bäumen die prunkvolle Villa Hügel der Industriellenfamilie Krupp. Man kann sie besichtigen.

Ab **Mülheim an der Ruhr** nimmt die Bebauung längs des Radwegs zu. Vorbei am Aquarius-Wassermuseum gelangen wir zum Duisburger Hafen. Vom größten Binnenhafen Europas ist es nicht mehr weit zur Skulptur »Rheinorange«, die die Ruhrmündung und somit das Ende der lehrreichen Radreise markiert.

12 Hessischer Radfernweg R4

Märchen- und Sagenroute – Von der Weser zum Neckar

● schwer   403 km

CHARAKTER
Auf dieser bergigen Radroute fährt man über weite Strecken alleine auf asphaltierten Radwegen oder ruhigen Nebenstraßen.

AUSGANGSORT
Bad Karlshafen Bhf.

ENDPUNKT
Hirschhorn; zurück 5 Std. mit dem Zug.

WEGMARKIERUNG
Grüner Schriftzug »R4« auf weißem Grund, daneben das Wappen von Hessen.

E-BIKE
Da man unterwegs mehrere Mittelgebirge durchquert, lohnt es sich, ein E-Bike zu benutzen. Ladestationen für Akkus gibt es aber nur punktuell.

INFORMATION
HA Hessen Agentur GmbH, Konradinerallee 9, 65189 Wiesbaden, Tel. 0611/950 17 81 91; www.hessen-tourismus.de und www.radroutenplaner.hessen.de; Region Vogelsberg Touristik, Am Vulkaneum 1, 63679 Schotten, Tel. 06044/96 69 30, www.vogelsberg-touristik.de

Packende Märchen, alte Burganlagen und bewaldete Mittelgebirge: All das bietet die ruhige Radroute von der Weser zum Neckar. Die wellige Tour zieht sich durch das komplette Bundesland: Weserbergland, Vogelsberg, Wetterau, Maintal und Odenwald – überall gibt es viel zu sehen.

Von Bad Karlshafen nach Fritzlar – 96 km Wo die Diemel in die Weser mündet, breitet sich die von grünen Waldzügen eingefasste Barockstadt **Bad Karlshafen** aus. Ringsum fällt der Blick auf symmetrisch angelegte Straßenzüge mit barocken Häuserkarrees. Sie sind eine Schöpfung des Landgrafen Carl zu Hessen. Er ließ hier im Weserbergland um 1700 eine Planstadt für evangelische Flüchtlinge aus Frankreich, die Hugenotten, errichten. Wir verlassen den Luftkurort in Richtung Süden und folgen an der Seite der **Diemel** einer stillgelegten Bahntrasse. Der Fluss hat eine Länge von 110 Kilometern und kann auf dem Diemelradweg erkundet werden. Hofgeismar bietet sich als erster Stopp an. Hier treffen wir vor dem prächtigen Fachwerkensemble auf die Deutsche Märchenstraße. Unweit des Orts lohnt ein Besuch des »Dornröschenschlosses« Sababurg für einen spannenden Ausflug in die Märchenwelt der Brüder Jacob und Wilhelm Grimm. Der R4 lässt das Diemeltal hinter sich und erklimmt den ersten Hügel der Tour. Voraus liegt der Naturpark Habichtswald, mit Apfelbäumen, Feldern und Dörfern.

Wolfhagen ist die nächste Stadt. Auch hier verwinkelte Gässchen, schmucke Stadtplätze, liebevoll gepflegte Fachwerkgebäude. Neben dem Ortsnamen, der auf eine Wolfssage zurückgeht, gibt es noch einiges Märchenhaftes zu sehen. So entdecken wir einen Märchenbrunnen mitsamt lebensgroßer Wolfsstatue und den Märchenkeller, in dem man reproduzierte Bilder von Ludwig Emil Grimm ausstellt. Den Norden Hessens umwerben die Touristiker als Rotkäppchenland. Hier trugen die in Hanau geborenen Brüder Jacob und Wilhelm Grimm ihre weltberühmte Märchen- und Sagensammlung zusammen. Vielfach nachgedruckt und detailverliebt verfilmt bringen sie noch nach 200 Jahren die Augen der Kinder zum Leuchten. Wie kostbar die alten Geschichten sind, zeigte sich im Jahr 2005, als die UNESCO das Grimmsche Handexemplar der Kinder- und Hausmärchen von 1812/1815 als Weltdokumentenerbe adelte. Bei der Weiterfahrt dominieren Waldberge das Landschaftsbild. Der Reiseweg führt abwärts; über Naumburg kommen wir hinunter in die Domstadt **Fritzlar**.

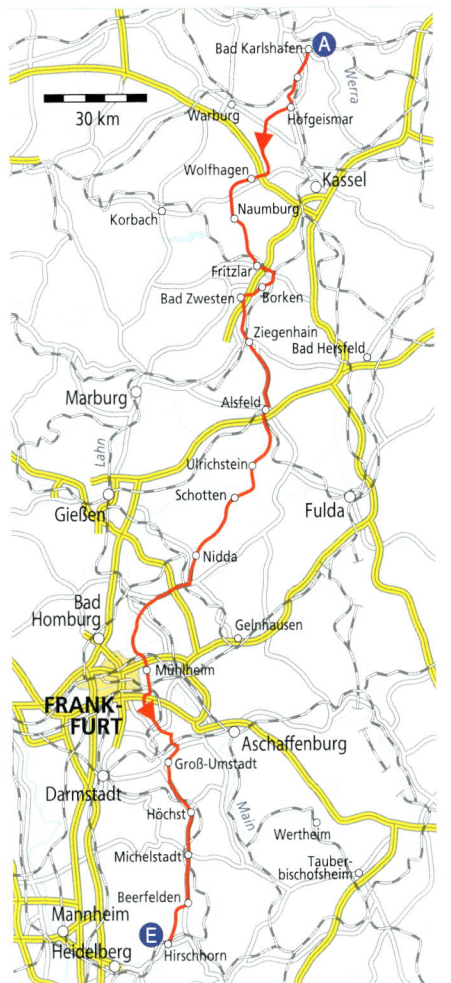

Von Fritzlar nach Schotten – 118 km

Der Ortsname wurde 724 erstmals von Winfried erwähnt, der weithin als Bonifatius bekannt ist. Der ursprünglich aus Südengland stammende Missionar bekehrte zuerst die Friesen. Danach wirkte er lange in den heutigen Bundesländern Hessen, Thüringen und Bayern. In die Geschichtsbücher ging Bonifatius mit der Fällung der Donareiche bei Geismar ein, die der germanische Stamm der Chatten als Heiligtum verehrte. Im Laufe der Jahre beauftragte er die Gründung mehrerer Bistümer und Klöster, darunter auch Fritzlar. Heute besitzt die 15 000-Ein-

Wolfhagen unterstreicht seinen Namen mit einer lebensgroßen Wolfsstatue.

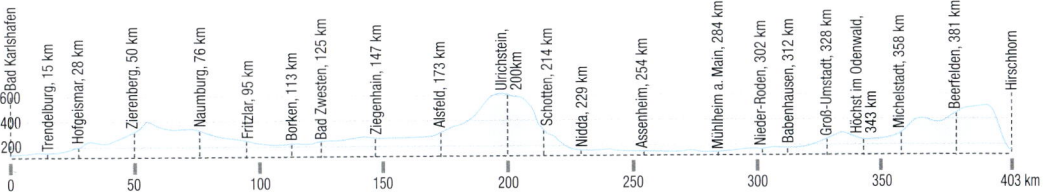

wohner-Stadt eine Reihe von Trümpfen auf ihrer Seite: Kopfsteingepflasterte Gassen führen zum Dom, der von Fachwerkbauten eingerahmt wird. In Fritzlar kreuzen wir den Eder-Radweg, der 180 Kilometer vom Rothaargebirge bis zur Fulda misst.

Unsere Radroute führt weiter nach Süden und schlängelt sich dabei zwischen sanften Hügelketten hindurch. So treffen wir auf den Schwalm-Radweg, der das gleichnamige Gewässer auf einer Länge von rund 100 Kilometern begleitet. Wenig später erblicken wir die Stadt Borken, die gemütlich auf einer niederen Anhöhe über dem

Links: Der Fachwerkort Wolfhagen liegt im äußersten Westen des Naturparks Habichtswald.

Rechts: Vom Ufer der Eder aus genießt man den berühmten Vier-Türme-Blick der alten Domstadt Fritzlar.

landwirtschaftlich genutzten Tal liegt. Ein Anziehungspunkt für Besucher ist das 1992 gegründete Hessische Braunkohle Bergbaumuseum. Zu sehen gibt es neben dem Besucherstollen einen Themenpark »Kohle & Energie« und eine Ausstellung über die 400-jährige Bergbaugeschichte. Der Abbau des fossilen Brennstoffs wurde nach dem tragischen Grubenunglück von Stolzenbach im Jahr 1988 eingestellt. Es forderte 51 Menschenleben.

Als Nächstes führt uns die Radroute durch das Rotkäppchenland, in dem sich reizvolle Kleinstädte längs des Weges aufreihen. Hinter **Alsfeld** zieht sich die R4 Märchen- und Sagenroute in weiten Bögen auf das vor rund zehn Milliarden Jahren erloschene Vulkanmassiv des Vogelsbergs hinauf. Vom höchsten Punkt der gesamten Strecke, auf 600 Metern, genießen wir einen traumhaften Blick nach Nordwesten ins Tiefland und nach Osten, wo sich in der Ferne die gleichfalls vulkanischen Kuppen der Rhön abzeichnen. Nach einer Passage mit berauschenden Abfahrten und steilen Anstiegen fällt das Terrain schließlich ab. Wir brausen am malerisch gelegenen Nidda-Stausee vorüber und erreichen **Schotten**.

Von Schotten nach Groß-Umstadt – 114 km Mittlerweile befinden wir uns auf dem vorbildlich ausgebauten Niddaradweg, der längs des schmalen Wasserlaufs zur Stadt Nidda hinunterläuft. Hier sind die meisten Höhenmeter aufgebraucht. Anschließend rollen wir nahezu steigungsfrei auf ruhigen Flurwegen durch die weitläufige Wetterau in Richtung Main. Im Westen taucht die Skyline von **Frankfurt** auf. Dahinter erhebt sich das dunkle Band des bis zu 881,5 Meter hohen Taunus in den Himmel. Östlich von **Offenbach** queren wir auf einer Fähre den breiten Fluss und radeln kurz auf dem Mainradweg stromaufwärts. Dann schwenken wir die Lenker wieder nach Süden und durchqueren im Wechsel große Ortschaften und ausgedehnte Waldgebiete.

Der nächste Etappenort ist **Groß-Umstadt**, das sich an die Hänge des westlichen Odenwaldes schmiegt. Die »Odenwälder Weininsel« pflegt eine jahrhundertealte Tradition des Weinbaus. Sie gehört der Kulturlandschaft Hessische Bergstraße an. Diese zählt mit einer Anbaufläche von 440 Hektar zu den kleinsten Weinregionen des Landes.

Weite Felder überziehen den welligen Norden Hessens.

Von Groß-Umstadt nach Hirschhorn – 75 km Das letzte Teilstück durch Hessen startet mit einer knackigen Steigung, die uns auf eine Höhe von 340 Metern führt. Oben angelangt, zeigt sich erneut, dass sich die Anstrengungen gelohnt haben: Unser Blick schweift über versprengte Dörfer und Äcker hinweg zu den Weinreihen am gegenüberliegenden Sonnenhang. Gen Süden baut sich der Odenwald mit seinen wildromantischen Tälern auf. Bevor wir uns in neue Höhen aufschwingen, kosten wir zuvor eine traumhafte Abfahrt aus und lassen die Räder in Höchst ausrollen, um uns für die anstehenden Kletterpassagen zu stärken. Danach geht es durch das reizvolle Tal der Mümling, zwischen Wiesen und Feldern. Die nächsten Stationen sind Bad König, **Michelstadt** und Erbach. Dann zwingen zwei steile Waldberge den R4 in die Höhe. Schließlich ist es geschafft. Den Weg nach **Hirschhorn** hinunter, zur Perle des Neckartals, finden die Fahrräder von alleine, wir brauchen sie nur noch rollen zu lassen.

Nordosten

Das weitläufige Naturschutzgebiet Anklamer Stadtbruch ist ein Highlight des Oder-Neiße-Radwegs (l.o.). Möwe am Strand von Warnemünde an der Ostsee (r.o.). Pause am Stettiner Haff (r.u.). Museum zur Deutschen Teilung auf dem Europa-Radweg Eiserner Vorhang (l.u.).

13 Ostseeküstenradweg

Deutschlands Sonnenseite

leicht 1023 km

- -

CHARAKTER
Der nahezu ebene Küstenweg
auf asphaltierten, geschotterten
oder gepflasterten Radwegen ist für
jedes Leistungsniveau und jede
Altersklasse geeignet. Wegen des
meist vorherrschenden Westwindes
sollte man gen Osten radeln.

AUSGANGSORT
Flensburg Bhf.

ENDPUNKT
Ahlbeck; zurück 8 Std. mit dem
Zug.

WEGMARKIERUNG
Das mehrfarbige Routenschild mit
stilisiertem Meer, Strand und Hügel
trägt die Überschrift »Ostseeküstenradweg«.

E-BIKE
E-Bikes sind unnötig. Wichtiger
ist es, dass man mit dem meist
vorherrschenden Westwind gen
Osten radelt.

INFORMATION
Tourismusverband Mecklenburg-
Vorpommern e. V., Konrad-Zuse-
Str. 2, 18057 Rostock, Tel. 0381/
403 05 50, www.auf-nach-mv.de;
Ostsee-Holstein-Tourismus e. V.,
Am Bürgerhaus 2, 23683
Scharbeutz, Tel. 04503/88 85 25,
www.ostsee-schleswig-holstein.de;
Tourismus-Agentur Schleswig-
Holstein GmbH, Wall 55,
24103 Kiel, Tel. 0431/60 05 83,
www.sh-tourismus.de und
www.sh-radroutenplaner.de

Den deutschen Teil der Ostsee in einem Urlaub erleben? Geht das? Und wie! Mit dem Fahrrad auf dem
Ostseeküstenradweg. Die Paraderoute schlängelt sich
an weiten Stränden, idyllischen Buchten und mondänen Seebädern entlang. Dazwischen sorgen mittelalterliche, von der Backsteingotik geprägte Hansestädte
für unvergessliche Eindrücke.

Von Flensburg zur Insel Fehmarn – 276 km Der deutsche Ostseeküstenradweg ist Teil der EuroVelo-Route 10, die auf ihrem knapp 8000 Kilometer
langen Rundkurs neun Länder durchquert. Von Dänemark kommend erreicht man mit der D-Route 2 – Ostseeküstenroute, wie die Strecke in
Deutschland auch beschildert ist, zuerst **Flensburg**. Als Drehscheibe von
Skandinavien nach Mitteleuropa und zwischen Nord- und der Ostsee erlangte die Seefahrer- und Hafenstadt bereits früh eine Vorrangstellung. Im
16. Jahrhundert schwang sie sich zu einem der größten Handelsplätze der
dänischen Krone auf und war zu dieser Zeit bedeutender als Kopenhagen
oder Hamburg. Im Anschluss an den deutsch-dänischen Krieg 1864 wurde
Flensburg zusammen mit Schleswig-Holstein in das Königreich Preußen
eingegliedert und 1871 Teil des Deutschen Reiches. Mit den bunten Patrizierhäusern, den Kaufmannshöfen und der hoch aufragenden Kirche
St. Jürgen versprüht die charmante Stadtansicht maritimes Flair.
Mit der Meeresluft im Nacken geht es die Flensburger Förde entlang.
Dort lädt das strahlend weiße Wasserschloss von Glücksburg zu einem

**Der Hafen hat Wismar in der
Hansezeit groß gemacht.**

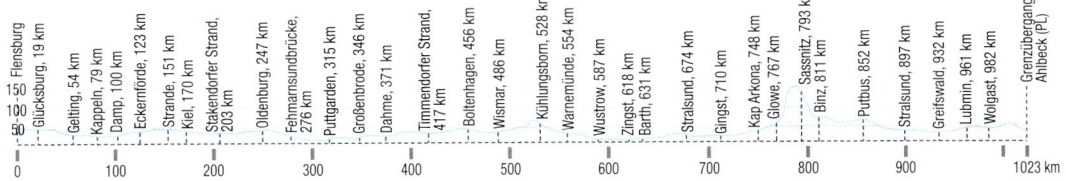

Flensburg
150 Glücksburg, 19 km
100 Gelting, 54 km
50   Kappeln, 79 km
     Damp, 100 km
     Eckernförde, 123 km
     Strande, 151 km
     Kiel, 170 km
     Stakendorfer Strand, 203 km
     Oldenburg, 247 km
     Fehmarnsundbrücke, 276 km
     Puttgarden, 315 km
     Großenbrode, 346 km
     Dahme, 371 km
     Timmendorfer Strand, 417 km
     Boltenhagen, 456 km
     Wismar, 486 km
     Kühlungsborn, 528 km
     Warnemünde, 554 km
     Wustrow, 587 km
     Zingst, 618 km
     Barth, 631 km
     Stralsund, 674 km
     Gingst, 710 km
     Kap Arkona, 748 km
     Glowe, 767 km
     Sassnitz, 793 km
     Binz, 811 km
     Putbus, 852 km
     Stralsund, 897 km
     Greifswald, 932 km
     Lubmin, 961 km
     Wolgast, 982 km
     Grenzübergang Ahlbeck (PL)

0   100   200   300   400   500   600   700   800   900   1023 km

Besuch. Wir lassen das geschichtsträchtige deutsch-dänische Grenzland hinter uns, passieren imposante Gutshöfe und fahren durch romantische Fischerorte, in denen spannende Museen vom Leben am Meer erzählen. So führt der Ostseeküstenradweg nach Kappeln mit seinen in der Schlei verankerten Heringszäunen, der weithin sichtbaren Kirche St. Nikolai und dem Museumshafen. Auf dem Weg in Richtung Süden lohnt ein Stopp im Ostseebad Eckernförde, das Reisende mit einem feinsandigen Traumstrand empfängt.

Kiel gibt sich mit seinem Hafen weltoffen und wird von mehr als 100 Kreuzfahrtschiffen im Jahr angelaufen. Die Ozeanriesen kommen zum einen vom offenen Meer, zum anderen durch die nahen Schleusen des Nord-Ostsee-Kanals – der meistbefahrenen künstlichen Wasserstraße der Welt. Der »Hafen mit Innenstadt« ist ein Traumziel für Schiffsliebhaber, deren Herzen vor allem während der Kieler Woche höher schlagen. Wir steuern der Kieler Förde nach, die sich langsam zur Ostsee hin öffnet und entdecken immer wieder versteckt liegende Dörfer mit reetgedeckten Katen, Mühlen und reizvoll gelegenen Badestränden. Hinter dem Fischereistädtchen Heiligenhafen erblickt man in der Ferne die bogenförmige Fehmarnsundbrücke.

Von der Insel Fehmarn nach Wismar – 210 km Die Insel **Fehmarn** vereint mit ihren weitläufigen Dünen und steinigen Kliffen die Vorzüge typisch norddeutscher Küstenlandschaften. Die drittgrößte Insel Deutschlands gehört zu den sonnenreichsten Urlaubsregionen und lässt sich perfekt mit dem Fahrrad erkunden. Sanft geschwungene Felder und vereinzelte Baumgruppen begleiten Radfahrer nach Grömitz, das bei Urlau-

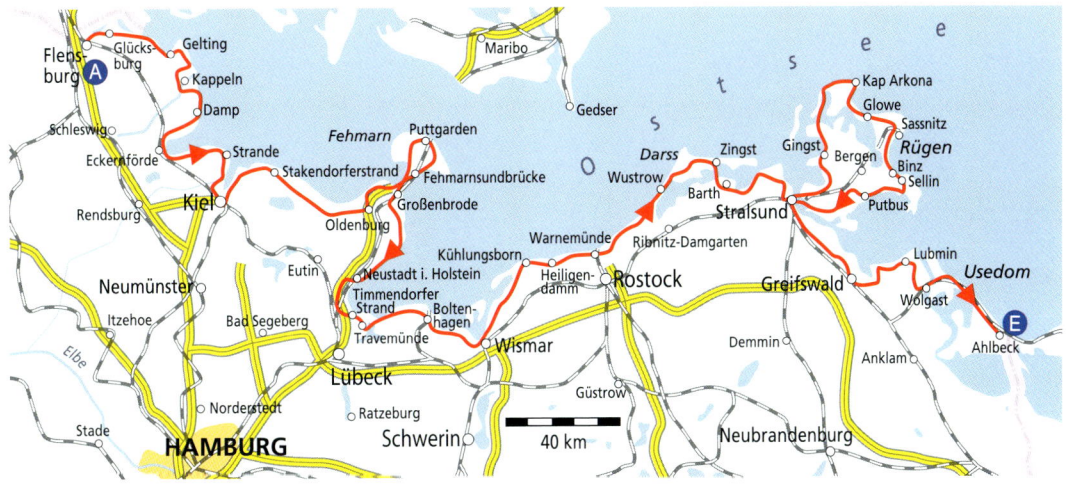

bern mit einem einladenden Strand und der 400 Meter langen Seebrücke punktet. **Neustadt in Holstein**, die nächste Station, ist gesegnet mit einer traumhaften Lage. Interessante Backsteinbauten sind der Pagodenspeicher, die Kirche von 1244 und das Kremper Tor, das das Museum zeiTTor beherbergt. Anschließend umrunden wir die Lübecker Bucht und bewundern in **Travemünde** den Viermaster Passat, der 1911 vom Stapel lief. Einst durchkreuzten acht nahezu baugleiche Viermastbarken die Weltmeere.

Wir setzen über die Trave und rollen nach Mecklenburg-Vorpommern hinein. Der Uferweg führt durch einen schmalen, urwüchsigen Küstenwald, der sich eng an die Ostsee schmiegt. An der Stelle, wo die Wismarer Bucht tief ins Inland reicht, umschließt die gleichnamige Hansestadt den von jeher bedeutenden Hafen. 2002 wurden die historischen Zentren von Wismar und Stralsund gemeinsam in die Welterbeliste der UNESCO aufgenommen. Beide Hansestädte konnten ihren mittelalterlichen Stadtgrundriss mit Straßen und Plätzen bis heute nahezu unverändert erhalten. Vor allem wegen der Architektur zieht es viele in die Altstadt von **Wismar**. Dort versetzen uns mit St. Nikolai, St. Marien, St. Georgen und der Heiligen-Geist-Kirche gleich

Die Georgenkirche in Wismar wurde bis 2010 wiederaufgebaut.

vier Gotteshäuser in die blühende Hansezeit zurück. Wir sehen uns die im Stil der holländischen Renaissance errichtete Wasserkunst an und fotografieren den »Alten Schweden«, ein um 1380 erbautes Backsteingebäude, das mit seinem Namen an die Wismarer Schwedenzeit von 1648 bis 1803 erinnert.

Von Wismar zum Kap Arkona – 262 km Wir strampeln weiter durch das liebliche, mit Feldern überzogene Hinterland und treffen bei Kühlungsborn auf die sanft anbrandende Ostsee. Kurz hinter der Einfahrt Kühlungsborn-West liegt rechter Hand die Endstation der nostalgischen Bäderbahn Molli mit dem Molli-Museum. 1886 verband man die Orte Doberan und Heiligendamm mit einer Schmalspureisenbahn, die bis Kühlungsborn erweitert wurde.

Beschaulich verlaufen die nächsten Kilometer bis **Heiligendamm** zwischen schattigen Buchten und dem Meer mit seinem unwiderstehlichen Sandstrand. »Weiße Stadt am Meer« nennt man Heiligendamm treffend wegen der klassizistischen Bauten. Sie ziehen sich an der Strandpromenade des ältesten deutschen Seebads an der Ostseeküste entlang, das seit jeher Treffpunkt des Adels und des Großbürgertums ist. Mit dem Wind im Rücken und dem angenehmen Meerrauschen im Ohr tauchen wir in einen bizarren Gespensterwald ein, der bis an das Seebad Warnemünde reicht. In dem Küstenort kann man in einem der vielen Strandkörbe entspannt die Füße hochlegen. Die bequeme und vor Wind schützende Sitzeinrichtung wurde 1882 in

Links: Kurz vor Warnemünde durchläuft der Ostseeküstenradweg einen bizarren Gespensterwald.

Rechts: Das Stralsunder Rathaus gehört zu den bedeutendsten Gebäuden der norddeutschen Backsteingotik.

Rostock erfunden. Vom Leuchtturm aus genießt man einen wunderbaren Rundumblick über den Ort, die Hafeneinfahrt und die Ostsee.

Auf dem nächsten Teilstück führt uns der Ostseeküstenradweg durch die Rostocker Heide. Dahinter verwöhnt die Halbinsel **Fischland-Darß-Zingst** mit neuen Eindrü-

Schifffahrt auf der Ostsee

Die Hanse war ein Machtimperium und Synonym für den Handel. In ihrer Blütezeit im 14. und 15. Jahrhundert kontrollierte sie die Wege im Ostseeraum und den Warenumschlag in Nord- und Westeuropa. Ihr Einfluss reichte von London über Brügge bis ins russische Nowgorod. Die einzige Vertretung des Städtebundes war ab 1356 ein Hansetag in Lübeck. Garant für den Erfolg der Hanse waren ihre bauchigen Segelschiffe, Koggen genannt, die neben Nahrungsmitteln und Rohstoffen auch begehrte Luxuswaren über die Meere transportierten. Die Hansestädte verzücken heute nicht nur Radler, sondern ziehen auch Kreuzfahrttouristen an.

EuroVelo-Route 10

Die Runde um die Ostsee ist eine der ruhigsten Europas und dennoch sehr lohnend. Im reizvollen Wechsel radelt man durch malerische Landstriche und macht in alten Städten Station. In Polen beeindruckt die wiedererrichtete Altstadt von Danzig. Es folgen Kaliningrad in Russland, Klaipėda in Litauen, Riga in Lettland und Tallinn in Estland. Jeder dieser Abschnitte hat seinen Reiz, mal kann man auf Dünen hinaufsteigen, dann wieder in den Flussmündungen die Tierwelt bestaunen. Auch im Norden bleibt es spannend: Sankt Petersburg, Helsinki, Stockholm und Kopenhagen. Dazwischen herrliche Natur und herrliche Weite.

cken. Sie riegelt auf 45 Kilometern den Saaler Bodden gegen die Mecklenburger Bucht ab. Küstenreisende erwarten hier Fischerdörfer mit reetgedeckten Häusern, darunter die Künstlerkolonie Ahrenshoop. Der östliche Teil der einstmals eigenständigen Inseln, die durch Verlandung zusammenwuchsen, ist als **Nationalpark Vorpommersche Boddenlandschaft** besonders geschützt. 805 Quadratkilometer umfasst die beeindruckende Landschaft, die von ausgedehnten Flachwassergebieten, Nehrungen und Dünen beherrscht wird. Roter Backstein, blaues Meer: Das sind die Schlagworte der zweiten Stadt im UNESCO-Bunde. **Stralsund** bietet sowohl Historisches als auch Modernes, wie das im Juli 2008 eröffnete Ozeaneum. 2010 verlieh man dem Schauhaus den Titel »Europas Museum des Jahres«. Die großen Meerwasseraquarien präsentieren die Unterwasserwelt der Themenbereiche Ostsee, Nordsee, Nordatlantik und Polarmeer. Wahrlich atemberaubend ist die gemeinsam mit Greenpeace umgesetzte Ausstellung »1:1 Riesen der Meere«: Über die gesamte Raumhöhe schweben Nachbildungen von Walen in Originalgröße. Mit einer Länge von 26 Metern ist die Imitation eines Blauwals das größte Exponat der Sammlung.

Nach diesen Kultur- und Natureindrücken erreichen wir über den Rügendamm die mit fast 1000 Quadratkilometern größte Insel Deutschlands, **Rügen**. Sie inspirierte immer wieder Maler, Musiker und Dichter, die mit ihren Werken das Eiland weithin bekannt machten. Das berühmteste Zeugnis davon legt Caspar David Friedrichs romantisches Gemälde »Kreidefelsen auf Rügen« von 1818 ab. Johannes Brahms weilte 1876 in Sassnitz und komponierte hier den letzten Satz seiner 1. Sinfonie. Theodor Fontane sammelte 1895 in dem Erholungsort Anregungen für den weltbekannten Roman »Effi Briest«. Auf ruhigen Naturradwegen steuern wir der windumtosten Nordostspitze Rügens entgegen. Bereits bei der Anfahrt auf **Kap Arkona**, das »Nordkap Deutschlands«, stechen uns sofort die zwei Leuchttürme ins Auge. Der ältere der beiden Türme ist nach dem berühmten preußischen Baumeister Karl Friedrich Schinkel benannt und war zwischen 1826 und 1905 in Betrieb. Zu ihren Füßen bricht das Eiland in Form einer 45 Meter hohen Steilwand aus Kreide und Geschiebemergel ab – ein verzückender und auch gewaltiger Anblick.

Von Kap Arkona nach Ahlbeck – 275 km Vom Kap schwenken wir den Lenker gen Süden und erreichen jenseits der dicht bewaldeten Nehrung Schaabe den **National-park Jasmund**. Er begeistert durch dreierlei Licht- und Farbspiele des türkisblauen Meeres, der steil aufragenden weißen Kreidefelsen und der grünen Buchenwälder. Die verlockendsten Ausblicke bieten die Aussichtspunkte am 118 Meter hohen Königsstuhl und die Victoriasicht. Im ständigen Bergauf und Bergab führt die Reise weiter zu den mondänen Seebädern **Binz** und **Sellin**, die uns mit ihren prächtigen Villen in die Belle Époque versetzen. Zurück auf dem Festland erfreuen wir uns an einer offenen Ackerlandschaft, durch die sich urige Alleen ziehen. Am Marktplatz von **Greifswald** reiht sich ein Prachtbau der goldenen Hansezeit an den anderen. Neben den bekannten Besuchermagneten wie der Marienkirche, dem Dom St. Nikolai oder der 1456 gegründeten Universität verdient das Pommersche Landesmuseum eine besondere Beachtung.

In Wolgast setzen wir über die blaue Peenebrücke und nehmen die letzten Kilometer in Deutschland auf der Insel Usedom unter die Räder. Ab dem Seebad Zinnowitz schlängelt sich die Route eine malerische, mit weißen Sandstränden dekorierte Küste entlang. Die drei Kaiserbäder **Bansin**, **Heringsdorf** und **Ahlbeck** verbindet eine 8,5 Kilometer lange, von glanzvollen Villen aus der Gründerzeit gesäumte Strandpromenade. Im Angesicht der prächtigen Seebrücke von Ahlbeck mit ihrem roten Dach, den vier grünen Türmen und dem 280 Meter langen Landungssteg heißt es nun Abschied nehmen. Die letzten Tage waren von herrlichen Meeresblicken und alten Hansebauten geprägt. Wer noch nicht genug Seeluft geschnuppert hat, der radelt weiter ins polnische **Świnoujście**. Denn dort beginnt der zweite Abschnitt auf dem Ostseeküstenradweg.

Links: Am Kap Arkona gibt es neben zwei Leuchttürmen auch einen Peilturm zu sehen.

Rechts: Im Strandkorb vor der Seebrücke im Seebad Sellin auf Rügen

14 Radweg Berlin – Kopenhagen

Von Hauptstadt zu Hauptstadt

mittel   635 km

CHARAKTER
Die Route nutzt überwiegend asphaltierte Wege. Es gibt nur wenige und kurze, aber teils knackige Anstiege.

AUSGANGSORT
Berlin Bhf.

ENDPUNKT
Kopenhagen; zurück mindestens 6:40 Std. mit dem Zug (www.dsb.dk).

WEGMARKIERUNG
In Deutschland mit einem blau-roten Schriftzug »Radweg Berlin – Kopenhagen«, in Dänemark mit den blauen Schildern Nr. 9 und Nr. 6 der nationalen Radtouren.

E-BIKE
MTB-Tours bietet Trekking- und Rennräder und E-Bikes in Kopenhagen und Berlin zum Verleih an. Man kann damit die komplette Route befahren und das Rad am Reiseziel abgeben. MTB-Tours, Gl. Hareskovvej 321, DK-3500 Vaerloese, www.mtb-tours.com

INFORMATION
www.bike-berlin-copenhagen.com;
www.ruppiner-reiseland.de;
www.auf-nach-mv.de;
www.visitdenmark.de

Wer mit dem Fahrrad durch den Ostseeraum reist, wird verwöhnt: Die Landschaften sind weit und leer. Doch wo ist es schöner? Auf der Mecklenburger Seenplatte oder an der dänischen Küste? Ein Ländervergleich, der sich sehen lassen kann. In puncto Fahrradfreundlichkeit liegt eine der Hauptstädte klar vorne – Kopenhagen!

Der Radweg Berlin – Kopenhagen führt oft durch ruhige Felder und Wälder.

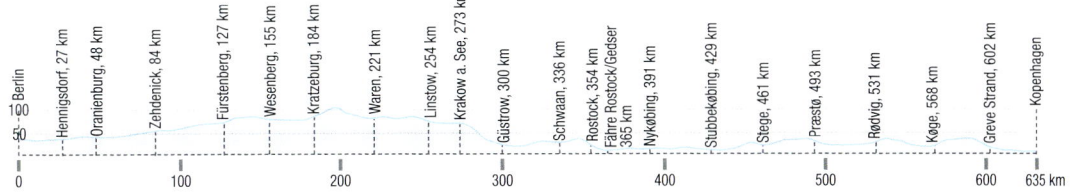

Berlin, 27 km · Hennigsdorf, 27 km · Oranienburg, 48 km · Zehdenick, 84 km · Fürstenberg, 127 km · Wesenberg, 155 km · Kratzeburg, 184 km · Waren, 221 km · Linstow, 254 km · Krakow a. See, 273 km · Güstrow, 300 km · Schwaan, 336 km · Rostock, 354 km · Fähre Rostock/Gedser 365 km · Nykøbing, 391 km · Stubbekøbing, 429 km · Stege, 461 km · Præstø, 493 km · Rødvig, 531 km · Køge, 568 km · Greve Strand, 602 km · Kopenhagen

Von Berlin nach Wesenberg – 155 km Was verbindet **Berlin** mit Kopenhagen? Ein Radweg, klar. Aber was noch? Es sind ihre Wahrzeichen. Hier die Quadriga auf dem Brandenburger Tor, dort die Kleine Meerjungfrau. Beide haben schon einiges durchgemacht. Die 123 Zentimeter kleine Statue im Hafen von Kopenhagen litt in den letzten Jahrzehnten immer wieder unter Vandalismus. Mal fehlte ihr der Kopf, mal ein Arm. Wer 2010 in die Hauptstadt Dänemarks aufbrach, fand den Findling, auf dem die Meerjungfrau sonst sitzt, verwaist vor. Das Wahrzeichen von Kopenhagen verschwunden? Was war da los? Eine Leinwand in der Nähe zeigte eine Liveübertragung aus dem dänischen Pavillon der Expo in Shanghai. Besucher umringten die Statue und machten Fotos; nur nicht hier, sondern 8200 Kilometer entfernt. Jenes Viergespann, das Touristen heute im Herzen Berlins so gerne fotografieren, reiste nicht so weit. Im Jahr 1806 siegten Napoleons Truppen in der Schlacht von Jena und Auerstedt über das Königreich Preußen. Der Kaiser ließ die Quadriga nach Paris schaffen. Dort sollte sie den Arc de Triomphe oder die Porte Saint-Denis zieren. Doch die Geschichte wollte es anders. Berlins Wahr-

Radfahren in und um Berlin

Berlin ist heute eine Weltstadt in der Mitte Europas, die neue »alte Hauptstadt« Deutschlands. Spannende Museen und packende Architektur, wohin man schaut. Kein Wunder, dass durch die 3,5 Millionen-Einwohner-Stadt mehrere Radrouten führen. Entspannt nähert man sich Berlin an der Seite eines Flusses. Doch welchem folgen? Zur Auswahl stehen der Havelradweg, der Spreeradweg und der wenig bekannte Dahmeradweg. Oder wie wäre es mit Geschichte? Einmal rund um die Stadt strampeln? Dies geht wunderbar auf dem 185 Kilometer langen Berliner Mauerweg. Zudem führen der Radweg Deutsche Einheit und die EuroVelo Routen 2 und 7 durch Berlin.

Links: Der Trünnensee bietet einen idyllischen Platz zum Baden.

Mitte: Das auf der Insel Seeland gelegene Præstø bezaubert durch seinen Bootshafen.

zeichen kam zurück und wurde zwischen 1961 und 1989 zum Sinnbild der Teilung Deutschlands, Europas und der Welt. Ronald Reagan sprach am 12. Juni 1987: »Herr Gorbatschow, öffnen Sie dieses Tor! Herr Gorbatschow, reißen Sie diese Mauer ein!« Nach der friedlichen Revolution kann man in unserer Zeit hinreisen, wo man möchte, so auch gen Norden. Im Schatten der Friedensgöttin Eirene auf der Quadriga klicken die Pedale. Wir rollen durch das Regierungsviertel. Vorbei an Kanälen geht es aus der Metropole hinaus. Es folgen die Havelseen, **Oranienburg**, dann nur noch Stille. Urlaub, gute Wege – was will man mehr? Die Luft ist klar und riecht nach Kiefern. Hinter dem Naturpark Barnim führt die Fahrradroute in die Vergangenheit, in den Ziegeleipark Zehdenick. Er liegt in einem Mosaik aus Dutzenden Seen, die einst der Tonstich hinterließ. 1871 wurde Berlin Hauptstadt des neu gegründeten Deutschen Reichs. Ein Bauboom brach aus; **Zehdenick** entwickelte sich zu einem der größten Ziegelgebiete des Kontinents. Alleine im Jahr 1910 brannten die 6 000 Arbeiter in 63 Ringöfen über 625 Millionen Ziegel. Man spaziert umher und staunt. Anschließend radeln wir durch den Naturpark Uckermärkische Seen. Hier gibt es rund 230 Seen, Bachläufe, Moore und Kleingewässer. Die nächsten Stunden vergehen so: das Kloster Himmelpfort besichtigen, im benachbarten Weihnachtspostamt einen Stempel abholen und Pause in der Wasserstadt **Fürstenberg/Havel** einlegen.

Von Wesenberg nach Seehafen Rostock – 200 km   Ende des 19. Jahrhunderts schwärmte der märkische Theodor Fontane über die Gegend: »Im Norden der Grafschaft Ruppin, hart an der mecklenburgischen Grenze, zieht sich von dem Städtchen Gransee bis nach Rheinsberg hin eine mehrere Meilen lange Seenkette durch eine menschenarme, nur hie und da mit ein paar alten Dörfern, sonst aber ausschließlich mit Förstereien, Glas- und Teeröfen besetzte Waldung.« Der dünn besiedelte Landstrich hat bis heute nichts von seinem Zauber verloren. Wir fahren von Brandenburg hinüber nach Mecklenburg-Vorpommern, das uns mit sanften Hügeln empfängt.

Hier führt der Reiseweg in die Wasserlandschaften des **Müritz-Nationalparks** hinein. Das Naturparadies umfasst 322 Quadratkilometer, eine Fläche so groß wie die Insel Malta. Mit seinen zahllosen, einladenden Gewässern gehört es zu den idyllischsten Flecken, die unser Land zu bieten hat. Die oft glasklaren Seen sind ein ideales Brutgebiet für Wasservögel. Wer Glück hat, sieht Fisch- und Seeadler durch die Lüfte gleiten. Unterwegs ist alles so, wie man es von vielen Bildern kennt: Sträßchen schlängeln sich durch endlos weite Wälder. Steil runter ein See. Steil hoch eine winzige Siedlung, in deren Mitte eine urige Feldsteinkirche in den blauen Himmel sticht. Ankershagen ist eines dieser beschaulichen Dörfer. Dort besucht man das Heinrich-Schliemann-Museum. Der Forscher, der hier einen Teil seiner Kindheit verbrachte, war Krämer, Kaufmann, ein Sprachengenie, Millionär, romantischer Visionär, Getriebener mit Hang zum Größenwahn und bei der Fachwelt von jeher umstritten. Unbestritten ist, dass er zu den angesehensten Archäologen zählt. Von größter Bedeutung war Schliemanns Entdeckung der Altertumsstadt Troja, bei der er auf den Schatz des Priamos stieß.

Wir klettern wieder in den Sattel, radeln durch den Nationalpark. Die Gletscher der Eiszeit modellierten die Anhöhen. Sie hobelten Seebecken aus und hinterließen eine malerische Landschaft. Wer auf dem Radweg Berlin – Kopenhagen unterwegs ist, erlebt besinnliche Tage. Die Welt besteht aus Strampeln, Schauen, Spüren: Man strampelt in den Naturpark Nossentiner/Schwinzer Heide, schaut auf dem Damerower Werder die halbwilden Wisente an, und spürt den angenehmen Fahrtwind auf der Haut. Kakow am See bleibt zurück; voraus liegt die einstige Residenzstadt **Güstrow**. Herrlich ist das im Stil der Renaissance erbaute Schloss. Der Marktplatz dahinter ist von Bürgerhäusern und Backsteinkirchen gekennzeichnet.

Die Barlachstadt Güstrow verschwindet im Rücken. Bützow ist das nächste charmante Städtchen. Hier haben Radler die halbe Wegstrecke bis Kopenhagen bewältigt; das Seengebiet weicht offenen Feldern. Sie sind in den Sommermonaten mit

In Dänemark führt der Radweg Berlin – Kopenhagen oft am Meer entlang.

Mohnblumen gesprenkelt. Eine Tagesreise nördlich flacht das Terrain ab. Der Weg erreicht **Rostock**. Zwischen dem Kröpeliner Tor im Westen und der 117 Meter hohen Petrikirche steht Giebelhaus an Giebelhaus. Im späten 12. Jahrhundert taucht zum ersten Mal der Name »Roztoc« auf, ein slawischer Handelsplatz, der sich um 1400 zu einer der bedeutendsten Hansestädte aufschwang. Die Hanse war ein Machtimperium, das zur Blütezeit im 14. und 15. Jahrhundert den Handel im Ostseeraum und den Warenumschlag in Nord- und Westeuropa kontrollierte. Damals schlossen sich mehr als 200 Städte zusammen. Ihr Einfluss reichte von London über Brügge bis ins russische Nowgorod. Auch uns lockt es aufs Meer – Kurs Nord!

Von Seehafen Rostock nach Kopenhagen – 280 km Zielstrebig durchpflügen die Fähren »Berlin« und »Copenhagen« die Ostsee. Nach eineinhalb Stunden erkennt man am Horizont die **Insel Falster**. Die Südspitze Skandinaviens wird größer, gewinnt an Kontur. Vor uns ein neues Land, neue Eindrücke, neue Routenschilder. Sie tragen die Nr. 9. Wir rollen auf herrlich einsamen Nebenstraßen durch Felder und passieren Windmühlen. Anschließend schmiegt sich der Weg an den Guldborgsund. Gegenüber ragt die flache Insel Lolland auf. Wo eine Klappbrücke beide Inseln verbindet, liegt **Nykøbing**. Romantiker zieht es vor die Tore der Stadt, ins Mittelalterzentrum. Kostümierte Darsteller geben Einblick in das Leben um das Jahr 1400. Aus einem der Holzgebäude dringt das Hämmern eines Schmieds; im Naturhafen schaukeln vertäute Boote in der Dünung. Mittags schreiten alle Besucher zur Turnierarena. Die Tribünenränge füllen sich. Plötzlich erklingen Fanfaren. Dann laute Jubelrufe. Kinder rutschen auf ihren Sitzen umher. Die Show beginnt! Ein Redner stellt festlich gekleidete Ritter vor. Visiere fallen herunter, Pferde preschen voran. Lanzen splittern. Wieder und wieder.

Zurück in der Gegenwart, steuern wir weiter über das grüne Eiland. Auf der anderen Seite blitzt die Ostsee zwischen den Laubbäumen hindurch. Der Radweg schwenkt Richtung Norden ab. Mit dem Meeresrauschen im Ohr treten die Beine wie von alleine. Das Inselhüpfen setzt sich fort: von Bogø hinüber nach Møn, von Møn zur größten Insel der Ostsee – nach **Sjælland**. Dort lotst uns die vorbildliche Beschilderung durch ländliche Regionen nach Præstø. Das Herz der romantischen Küstenstadt schlägt am Hafen, an dem dänische und ausländische Freizeitsegler ankern. Wir lassen das Koldkrigsmuseum Stevnsfort bei Rødvig rechts liegen und halten auf das charmante Dorf Højerup zu. Hinter den letzten Reetdachhäusern sitzt ein kleines Kirchlein spektakulär auf einem steil abfallenden Kreidefelsen. Unten nagen die anrollenden Wellen der Ostsee an den Klippen. Die Steilküste rückte im Laufe der Jahrhunderte immer näher an das 1250 erbaute Gotteshaus heran. Im März 1982 passierte es: Der Chor stürzte in die Tiefe. Seitdem ist die Kirche ein Besuchermagnet. Die drama-

Ostseeküstenroute

··

Im Osten splittet sich Dänemark in mehrere Inseln auf und lockt Radfahrer mit abwechslungsreichen Touren. Auf dem 800 Kilometer langen Ostseeradweg lernt man mit Ærø, Langeland, Lolland, Falster, Møn, Seeland und Fünen die größten Inseln kennen. Zusätzlich gibt es in der Region noch die EuroVelo 10 und 26 Panorama-Radrouten. Garniert wird das Ganze mit historischen Kleinstädten, Schlössern und Kreidefelsen. Auch das Unterkunftsangebot kann sich sehen lassen, denn die meisten Bed & Bike-Betriebe in Dänemark finden sich an der Ostsee. Insgesamt sind in Dänemark elf nationale Routen ausgezeichnet. Infos unter www.visitdenmark.de.

tische Lage auf der wildromantischen Halbinsel Stevns ist atemberaubend. Der Blick schweift auf das ruhig daliegende Binnenmeer. In der Ferne erkennt man die im Jahr 2000 eingeweihte Øresundbrücke.

Ein kurzes Wegstück entfernt blickt das Schloss Gjorslev auf eine 600-jährige Geschichte zurück. Noch älter ist die herausgeputzte seeländische Hafenstadt **Køge** mit dem wohl am besten erhaltenen Ortskern von ganz Dänemark. Das Herzstück bildet der prachtvolle Marktplatz, an dem man das älteste Rathausgebäude des Landes bestaunt. Hier beginnt das finale Teilstück in die dänische Hauptstadt. Wir bummeln auf dem letzten Teilstück entspannt über den einladenden Uferradweg. Anschließend folgen wir dem nationalen Radweg Nr. 6. Er führt in das Kalvebod Fælled hinein, eine steppenähnliche Landschaft, in der Rinder grasen. Dahinter erheben sich die ersten Hochhäuser der 610 000-Einwohner-Stadt **Kopenhagen**.

Wir sind am Ziel und klinken uns in das Radwegenetz der Königs- und dänischen Hauptstadt ein. Die 400 Kilometer Fahrradspuren sind breit und vorbildlich markiert. Sie führen zu Museen, Prachtbauten und Parks. Weltweit kopieren Stadtplaner das durchdachte Streckennetz. Denn seit Jahren nimmt Kopenhagen einen der vorderen Ränge in der Liste der fahrradfreundlichsten Städte ein. Gut ein Drittel der Einwohner fährt täglich mit dem »Cykel« zur Arbeit oder in die Schule. So strampeln die umweltbewussten Städter jedes Jahr 1,2 Millionen Kilometer mit dem Rad – im Sommer wie im Winter. 640 Kilometer liegen seit Berlin hinter uns. Wir haben uns müde gestrampelt, mit Eindrücken vollgesogen. Beide Länder sind gut auf Radler eingestellt. Zufrieden flaniert man zum Nyhavn und fällt vor einem der Restaurants in die Korbsitze. Rechts die bunten Häuserfassaden, links schaukeln die Holzboote im Wasser. Die Reise hat sich den schönsten Moment bis zum Schluss aufgespart

Am Nyhavn in Kopenhagen endet die erlebnisreiche Radreise.

15 Radweg Hamburg – Rügen

Unterwegs zur großen Urlaubsinsel

mittel   517 km

CHARAKTER
Das leicht wellige Höhenprofil macht den Radfernweg auch für weniger trainierte Tourenradler interessant. Die ruhige Route beinhaltet einige unbefestigte Abschnitte.

AUSGANGSORT
Hansestadt Hamburg Bhf.

ENDPUNKT
Sassnitz; zurück rund 4:30 Std. mit dem Zug.

WEGMARKIERUNG
Schilder mit der Aufschrift »Hamburg Rügen Radweg« und einem Leuchtturm.

E-BIKE
Wegen des hügeligen Geländes bietet sich eine Fahrt mit Trittunterstützung an. In Hamburg gibt es viele Radläden mit E-Bike-Ausleihe.

INFORMATION
Tourismusverband Mecklenburg-Vorpommern e. V., Konrad-Zuse-Str. 2, 18057 Rostock, Tel. 0381/403 05 50, www.auf-nach-mv.de; Hamburg Tourismus GmbH, Wexstraße 7, 20355 Hamburg, Tel. 040/30 05 17 01, www.hamburg-tourism.de; Tourismuszentrale Rügen GmbH, Circus 16, 18581 Putbus, Tel. 03838/80 77 80, www.ruegen.de

Erzählt man Freunden, dass man auf die größte Insel Deutschlands fahren möchte, schwingt sofort Begeisterung mit. »Rügen!«, sagen sie, »oh, herrlich!« Wer diesen Namen hört, den packt sogleich das Urlaubsfeeling. Doch die Insel ist nur einer der Höhepunkte. Kulturell ist in den Städten Hamburg, Schwerin, Güstrow und Stralsund viel geboten.

Von Hamburg nach Schwerin – 167 km Im Herzen **Hamburgs** kann man sich gut auf die Landpartie in Richtung Rügen einstimmen. Nahe dem Zentrum staut sich die Alster, ein Nebenfluss der Elbe, zu einem großen von Grünflächen umgebenen See. Die Binnenalster wird von der beliebten Flaniermeile des Jungfernstiegs geprägt. Wenige Gehminuten entfernt steht man vor dem 1897 aus Sandstein fertiggestellten Rathaus. Beim Schlendern durch die Straßen entdeckt man neben modernen Gebäuden historische Bauwerke wie z. B. das Chilehaus, das aus 4,8 Millionen Backsteinen erbaut wurde. Außerdem interessant sind die Hamburger Börse aus dem Jahr 1841 und alte Straßenzüge mit Fachwerkspeichern und Bürgerhäusern aus dem 18./19. Jahrhundert wie die Cremon, Deichstraße oder Bäckerbreitergang. Wahrzeichen der Stadt ist der »Michel«. Vom Turm dieser evangelischen Kirche genießt man einen Rundumblick über die Stadt und den Hafen.

Von der Binnenalster aus eröffnen sich prächtige Blicke auf das Hamburger Rathaus.

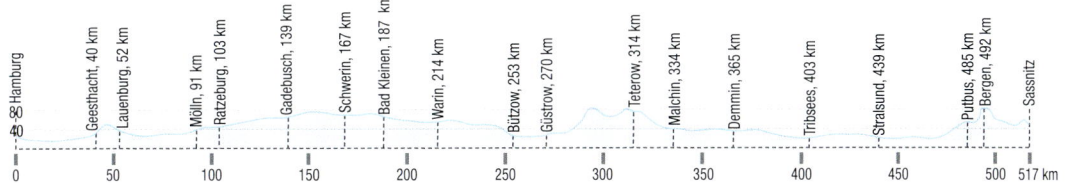

Wir verlassen Hamburg, das »Tor zur Welt« auf dem Elberadweg. Schon bald werden die Kirchen, Elbbrücken und Hafenanlagen im Rücken immer kleiner. Der Verkehr dünnt schnell aus. Wir radeln auf ruhigen Wegen durch weit einzusehende Felder, zwischen denen Dörfer mit roten Backsteinbauten das ländliche Bild unterstreichen. Die erste Stadt auf Schleswig-Holsteiner Boden ist Geesthacht. Zu den markantesten Gebäuden zählt das Krügersche Haus, das 1676 als niederdeutsches Hallenhaus erbaut wurde und heute als Stadtmuseum genutzt wird. Im Ortsteil Krümmel gründete der schwedische Chemiker Alfred Nobel 1865 eine Glycerinfabrik und erfand dort das Dynamit. Der fleißige Erfinder, dem 355 Patente zugesprochen wurden, veranlasste, dass nach seinem Tod der Großteil seines Vermögens in eine Stiftung übergehen sollte. Mit deren Zinsen sollten verdiente Personen ausgezeichnet werden – die Nobelpreise waren geboren.

Der Lauf der Elbe führt uns wieder in die Vergangenheit, in die 800 Jahre alte Schifferstadt **Lauenburg**. Wie alle großen Ortschaften der Gegend lebt man hier seit jeher vom Fluss. Der einstige Haupterwerbszweig des Elbstädtchens mit seinen reizvollen Fachwerkhäusern aus mehreren Jahrhunderten wird im Elbschifffahrtsmuseum dargestellt, das die Entwicklung der Schifffahrt anschaulich dokumentiert. Auf dem zweiten Teilstück radeln wir auf den parallel zum Elbe-Lübeck-Kanal verlaufenden Deichen weiter, vorbei an Fähren, Brücken und idyllischen Seen. Die Dörfer am Wegesrand tragen die Namen Witzeeze, Büchen, Güster. Wer das nasse Element liebt, wird die gleich von sieben Seen umschlossene Stadt **Mölln** in sein Herz schließen. Der Kneippkurort bietet mit seiner von Backstein und Fachwerk dominierten

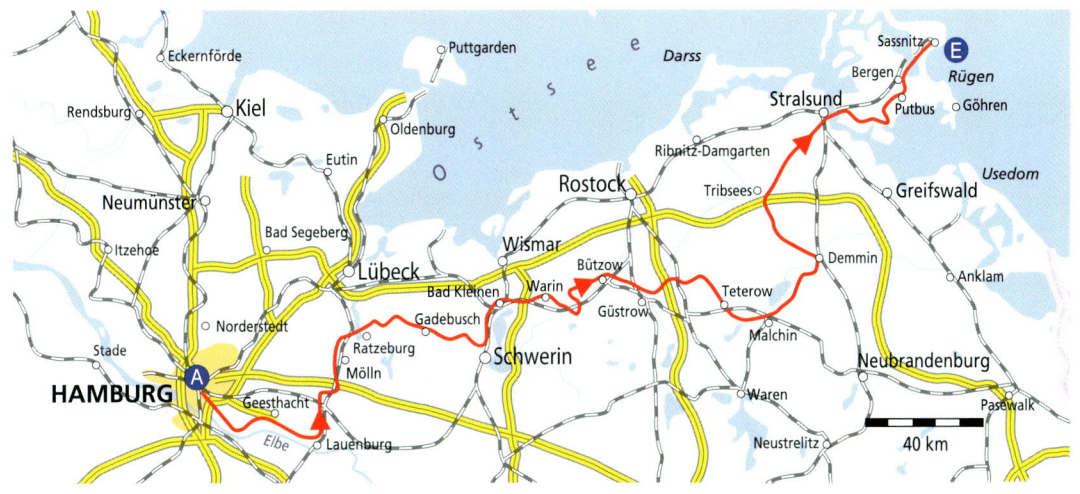

Altstadt ein mittelalterliches Ambiente. Das 19 000-Einwohner-Städtchen ist heute vor allem wegen des Narrs Till Eulenspiegel in aller Munde, der hier den Lebensabend verbrachte. Am Eulenspiegel-Brunnen des Bildhauers Karlheinz Goedtke treffen sich Besucher gern für ein Erinnerungsfoto. Die schelmische Figur ist an zwei Stellen blank geputzt – das hat einen Grund: Wer gleichzeitig den Daumen und die Fußspitze des Till reibt und sich dabei etwas fest wünscht, wird Glück haben – so lautet jedenfalls die Legende.

Nördlich von Mölln schließt sich bis Ratzeburg eine Waldpassage durch den Naturpark Lauenburgische Seen an. In dem komplett von Gewässern umgebenen Stadtkern finden sich neben dem romanischen Backsteindom (1154–1220) das Herrenhaus der Herzöge und das alte Rathaus am Markt. Die Route läuft nun leicht wellig durch das dünn besiedelte Mecklenburg-Vorpommern und nähert sich **Schwerin**, das nicht nur wunderschön am gleichnamigen See liegt, sondern auch viel zu bieten hat.

Von Schwerin nach Güstrow – 103 km Prägend für die Landeshauptstadt und ihr heutiges Aussehen waren die Herzöge von Mecklenburg, die die Grafschaft Schwerin im Jahr 1358 erwarben und die Stadt zur Residenz machten. Das beherrschende Bauwerk ist das auf einer Insel im Schweriner See gelegene Schloss (1857). Einen Anziehungspunkt für viele Besucher stellt das beeindruckende Schlossmuseum mit den prunkvollen Repräsentationsräumen, den Gemälden, dem Kunsthandwerk und der Porzellansammlung dar. Stolz blicken die 100 000 Einwohner Schwerins auf den historischen Stadtkern, der mit dem Staatlichen Museum, dem Alten Garten, dem Staatstheater und dem Dom gleich mehrere Sehenswürdigkeiten ersten Ranges besitzt. Staunend radelt man das Ufer des Schweriner Sees entlang, der mit einer Flä-

che von 63 Quadratkilometern nach der Müritz der zweitgrößte See Norddeutschlands ist.

Eine Stunde nördlich versteckt sich das Schloss Wiligrad in einem Wäldchen. Der Herrschaftssitz wurde zwischen 1896 und 1898 vom Mecklenburger Herzog Johann Albrecht erbaut und besticht durch seinen schönen Park. Die ruhige Naturfahrt durch Wiesen, Felder und Dörfer führt geradewegs in den Naturpark Sternberger Seenland hinein. Das 2005 aus der Taufe gehobene und 540 Quadratkilometer umfassende Schutzgebiet ist durch das tief eingeschnittene Durchbruchstal der Warnow, glasklare Seen und ausgedehnte Waldgebiete geprägt. Auf Nebenstraßen und abgelegenen Radwegen geht es durch Bützow, von wo aus wir **Güstrow** ansteuern.

Von Güstrow nach Stralsund – 169 km

Die Anfang des 13. Jahrhunderts gegründete Barlachstadt liegt eingebettet im Tal der Nebel und gilt mit ihrem weitestgehend erhaltenen historischen Stadtbild als eine der schönsten Städte Mecklenburgs. Am Alten Markt imponieren ne-

Die Radwege Mecklenburg-Vorpommerns

Das hügelige Seenland, die Küste und die Inseln im Nordosten Deutschlands sind ein beliebtes Revier für Mehrtagestouren mit dem Fahrrad. Die dünn besiedelten Landstriche bieten Ruhe und aktive Erholung in der Natur. Hier eine Übersicht der Radtouren in Mecklenburg-Vorpommern: Ostseeküstenradweg, Radweg Berlin – Kopenhagen, Mecklenburgischer Seen-Radweg, Oder-Neiße-Radweg, Radfernweg Berlin – Usedom, Elbe-Müritz-Radweg, Elberadweg, Havelradweg. Wer Rundtouren schätzt, kann aus mehreren Strecken wählen: Fischland-Darß-Zingst-Rundweg, Müritz-Rundweg, Eldetal-Rundweg oder Stettiner-Haff-Rundweg. Infos: www.auf-nach-mv.de

ben den Bürgerhäusern verschiedenster Stilepochen vor allem das Rathaus und die Pfarrkirche St. Nikolai. Ältestes Bauwerk der Stadt ist der Dom, in dem sich wertvolle Kunstschätze befinden. Das bekannteste Werk ist »Der Schwebende«, eine Bronzeplastik von Ernst Barlach zum Gedenken an die Opfer des Ersten Weltkrieges. In seinem Atelierhaus am Inselsee und dem danebenliegenden, 1998 erbauten Ausstellungsforum kann man in das Lebenswerk des größten Bildhauers Deutschlands, wie Bertolt Brecht ihn gewürdigt hat, eintauchen.

Wir nehmen Abschied von Güstrow und durchqueren zwischen Teterow und Demmin den Naturpark Mecklenburgische Schweiz und Kummerower See. Die überwiegend bewaldeten Hügelketten erreichen eine Höhe von über 100 Metern und machen sich durch mehrere Anstiege bemerkbar. Oben angekommen, wird man mit einem fantastischen Panorama belohnt. Der Blick schweift weit über das von der Eiszeit modellierte Land, in dessen Talsenken sich drei große Seen ausbreiten. Die Gewässer sind während des Vogelzugs im Frühjahr und Herbst Rastplätze für Gänse, Haubentaucher und Enten.

Die drei Flüsse Peene, Tollense und Trebel bilden die Lebensadern der Hansestadt **Demmin**. Schon zu früheren Zeiten war der Peenehafen ein wichtiger Umschlagplatz. Im 19./20. Jahrhundert entstand das Speicherensemble für verschiedenste Waren. Die St.-Bartholomaei-Kirche mit ihrem markanten, 96 Meter hohen Spitzturm ist das höchste Gebäude der Stadt. Der dreischiffige, kreuzrippengewölbte Sakralbau präsentiert mit den Altarfenstern und der Buchholz-Grüneberg-Orgel zwei besondere Schätze. Auf dem nächsten Abschnitt durch das nördliche Vorpommern bestimmen Felder, Wälder und Baumalleen das Landschaftsbild.

Radeln auf Rügen

Der Ostseeküstenradweg (siehe Tour 13) führt um die komplette Insel Rügen herum – vorbei am sagenumwobenen Königsstuhl mit seinen Kreidefelsen, den Feuersteinfeldern südlich von Sassnitz und den eleganten Bädervillen in Binz, Sellin und Göhren. Rund um die traditionsreichen Bäderorte hat sich über Jahrtausende eine Vielfalt verschiedener Ökosysteme entwickelt. Naturnahe Dünen, Feuchtheiden und Heidemoore mit seltenen Orchideen, Erlenbrüche mit imposanten Schwertlilien und Röhrichte im Ufersaum des Boddens bieten Lebensraum für viele Tiere und Pflanzen. Wo man besonders gut radeln kann, verrät die Webseite www.ruegen.de.

Von Stralsund nach Sassnitz – 78 km Stralsund entwickelte sich um seinen geschützten Hafen und zählt heute zum UNESCO-Welterbe. Von hier aus starteten zur Zeit der Hanse im 13. und 14. Jahrhundert die »dickbäuchigen« Koggen. Mit Hering, Bier, Wein, Tuchen, Pelzen und Erzen beladen, steuerte die sundische Flotte von hier aus Russland, Skandinavien, Frankreich, England und die Niederlande an. Bis zu 300 Schiffe segelten gleichzeitig unter Stralsunder Flagge und exportierten neben exotischen Waren auch die landwirtschaftlichen Produkte Rügens und der Umgebung in das europäische Ausland. Im Stralsunder Hafen zieht der Dreimastsegler Gorch Fock I. die Blicke auf sich und erinnert an die ruhmreiche Zeit der Segelschiffe.

Radler fahren über den Rügendamm zur flächengrößten Insel Deutschlands hinüber. Im Zickzack geht es über holprige Wege, die sich reizvoll durch das scheinbar endlose Feldermeer ziehen. Die wenigen Siedlungen auf dem Weg sind Poseritz, Garz und **Putbus**. Auf dessen Stadtplan fällt eine große, kreisrunde Grünfläche ins Auge – der streng geometrisch angelegte Circus, in dessen Mitte ein Obelisk in den Himmel ragt. Die Stadt mit ihrem weitläufigen Schlosspark und den repräsentativen Bauten wurde 1810 von Fürst Wilhelm Malte zu Putbus als jüngste Residenzstadt des Nordens mit italienischem Flair gegründet. Sie trägt Beinamen wie »Weiße Stadt« oder »Rosenstadt«. Hinter der größten Inselstadt **Bergen auf Rügen**, die das Verwaltungs- und Handelszentrum bildet, führt uns die beschauliche Fahrt über eine Landbrücke, die den Jasmunder Bodden seit 1869 durchschneidet.

Von hier aus ist es nicht mehr weit zum Reiseziel nach Sassnitz, das man gut als Ausgangspunkt für Ausflüge entlang der Ostküste nutzen kann. Bei einer Wanderung von Sassnitz aus gelangt man über den Hochuferweg, der im Nationalpark Jasmund verläuft, zu den weißen Kreidefelsen – dem Wahrzeichen der Ostseeinsel. Das Ende des ca. zehn Kilometer langen Wanderweges markiert der berühmte 118 Meter hohe Königsstuhl. Im benachbarten Nationalpark-Zentrum erfährt man Wissenswertes über die Natur und Geschichte. Rügen ist zudem geschätzt für seine Seebäder. Im 19. Jahrhundert entdeckten betuchte Großstädter die Insel für ihre Sommerfrische. Weiße Villen mit filigranen Giebelfenstern, verzierten Balkonen und Holzveranden entstanden damals. Besonders bekannt ist das über hundert Jahre alte Kurhaus in **Binz** und die denkmalgeschützte Wilhelmstraße in **Sellin**.

Der Ratzeburger Dom bewahrt im Inneren das älteste Chorgestühl Norddeutschlands.

16 Elberadweg

Der Klassiker

leicht   782 km

CHARAKTER
Der Elberadweg ist überwiegend
steigungsfrei und auch für
Radtourenanfänger gut geeignet.

AUSGANGSORT
Bad Schandau Bhf.

ENDPUNKT
Cuxhaven; zurück 8 Std. mit dem
Zug.

WEGMARKIERUNG
Blau-weißes Wegschild mit der
Aufschrift »e – Elbe – Elberadweg«.

E-BIKE
Auf der Webseite www.elberadweg.
de kann man sich das Elberad-
weg-Handbuch bestellen oder
herunterladen; darin u. a. einige
Fahrradservicepunkte.

INFORMATION
Koordinierungsstelle Elberadweg
Süd: Tourismusverband Sächsische
Schweiz e. V., Bahnhofstraße 21,
01796 Pirna, Tel. 03501/47 01 41;
Koordinierungsstelle Elberadweg
Mitte: Magdeburger Tourismusver-
band Elbe-Börde-Heide e. V.,
Domplatz 1b, 39104 Magdeburg,
Tel. 0391/73 87 90; Koordinie-
rungsstelle Elberadweg Nord:
Herzogtum Lauenburg Marketing
und Service GmbH, Elbstraße 59,
21481 Lauenburg/Elbe, Tel. 04542/
85 68 62, www.elberadweg.de mit
Elberadweg-App

Die Elbe ist wie ein Bühnenstück: Man weiß, dass gleich ein neuer Höhepunkt naht, nur welcher, ist die Überraschung. Seit Jahren führt der Radweg die Liste der ADFC-Radreiseanalyse an. Begeistern Radler vor allem die Städte Dresden, Magdeburg und Hamburg? Oder ziehen sie die wechselnden Panoramen zwischen dem Elbsandsteingebirge und dem Wattenmeer an?

Von Bad Schandau nach Wittenberg – 218 km Die Oberelbe entspringt im tschechischen Teil des Riesengebirges und durchläuft unter dem Namen Labe Böhmen. Kurz bevor die **Elbe** Sachsen entgegenzieht, liefert sie als Landschaftsgestalter ihr Meisterstück ab: Der vierzehntlängste Fluss des Kontinents schnitt sich im Lauf der Jahrtausende in die 600 Meter mächtigen Schichten der Sandsteinlandschaft ein. Der Anblick ist betörend: Hier erspäht das Auge aus dem Sandstein hervorkommende Basalt-

Die Frauenkirche in Dresden ist heute ein Mahnmal gegen den Krieg.

berge und schattige Schluchten, dort einen urwüchsigen Misch-wald. Bewahrt wird all dies in den **Nationalparks Böhmische Schweiz** und **Sächsische Schweiz**. Die erste Stadt auf deutschem Boden ist **Bad Schandau**. Wenig später umfließt das Wasserband unbekümmert einen hoch aufragenden Tafelberg, auf dessen Spitze die wehrhafte Festung Königstein thront. Sie ist von einer 2200 Meter langen Brustwehr umgeben und mit bis zu 42 Meter hohen Mauern geschützt.

Hinter **Pirna** weicht das Elbsand-steingebirge zurück. Die grünen Waldberge werden von sanften Hügeln abgelöst und bilden eine malerische Kulisse für die prunk-vollen Schlösser Pillnitz und Alb-rechtsberg, die mit ihren einladen-den Gartenanlagen den Weg weisen. Er führt uns ins Herz von **Dresden**. Radler rollen am Zwin-ger, der Semperoper und der Hofkirche vorbei. Dahinter verbindet die Augustus-straße den Schlossplatz mit dem Neumarkt. Hier ziert ein überdimensionales Bild die Außenfassade des Stallhofs. Im Fürstenzug, wie das 102 Meter lange Bild heißt, hat man 23 000 Fliesen verbaut. Die Kacheln zeigen die Ahnengalerie des Hauses Wettin. Zu sehen sind Markgrafen, Herzöge, Kurfürsten, Könige. Darunter Namen wie Albrecht der Entartete, Friedrich der Gebissene und August der Starke. Sie alle prägten den Aufstieg des Königreichs Sachsen, das bis 1918 existierte. Wir folgen den Blicken der Herrschaften auf dem Bild, holpern über das Kopfsteinpflaster. Vor-bei an der 2005 wiedererrichteten Frauenkirche, geht es hinunter zur Elbe und über die Augustusbrücke. Am Nordufer hält man inne, genießt das Panorama auf die an-kernden Passagierschiffe, Türme und Prachtbauten.

Wir nehmen Abschied von Dresden, rollen entspannt dem malerischen Elbtal mit sei-nen durch Weinreben kultivierten Hängen nach. Bereits von Weitem ist **Meißen** mit

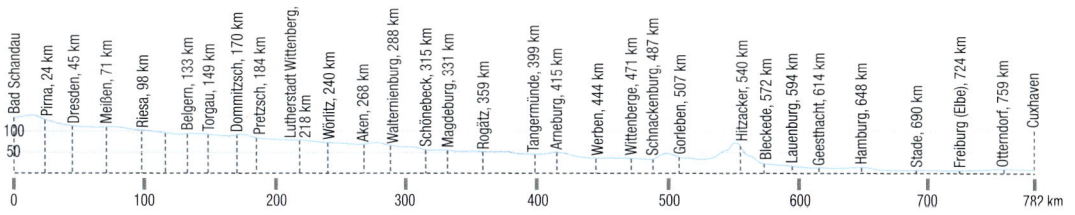

Elbflorenz Dresden

Die über 800 Jahre alte Stadt ist geprägt von einem glanzvollen Aufschwung zu einer der prächtigsten Barockstädte Deutschlands im 16. Jahrhundert, der fast vollkommenen Zerstörung durch Luftangriffe am Ende des Zweiten Weltkrieges und dem Jahrzehnte dauernden Wiederaufbau. Sinnbild der Versöhnung und Mahnmal gegen den Krieg ist die Frauenkirche mit einer riesigen Kuppel. Ein paar Pedalumdrehungen weiter entfaltet das nächste Baudenkmal von Weltrang seine Pracht – der Zwinger. Er gibt von außen nicht nur lohnende Fotomotive ab, sondern glänzt im Inneren durch die Gemäldegalerie Alte Meister.

dem reich ausgestatteten Dom und der Albrechtsburg ein Blickfang. Mächtig thront das Ensemble auf einem steil abfallenden Felsplateau. Hier stehen Betrachter vor dem ersten Schlossbau im deutschsprachigen Raum und treffen auf die Wiege des Meißener Porzellans. Die Elbe schlängelt sich gemächlich gen Norden, passiert die sehenswerten Städte Riesa und Torgau und strömt **Wittenberg** entgegen.

Von Wittenberg nach Tangermünde – 181 km   Die Lutherstadt bildet den Auftakt zu drei Welterbestätten. Unter dem Schutz der UNESCO stehen das Lutherhaus, die Stadt- und die Schlosskirche und das Melanchthonhaus. Der auch als D-Route Nr. 10 beschilderte Flussradweg schwenkt ins Hinterland und steuert mit dem Dessau-Wörlitzer Gartenreich die zweite Welterbestätte an. Zwischen 1765 bis 1800 gestaltete Fürst Leopold III. Friedrich Franz von Anhalt-Dessau den ersten noch erhaltenen Englischen Garten auf dem europäischen Festland. Radler fahren nun hinter dem Biosphärenreservat Mittelelbe in die die Stadt **Dessau** ein. Architekturliebhaber dürfen sich zwei Perlen nicht entgehen lassen: die Meisterhäuser und das nach Plänen von Walter Gropius errichtete Bauhaus, das ebenfalls zum UNESCO-Welterbe zählt.

Bei der Fahrt durch das ländliche Sachsen-Anhalt passiert man die Saalemündung bei Barby und radelt durch die Felder nach **Magdeburg**. Die Hauptstadt des Landes Sachsen-Anhalt blickt auf eine über 1200-jährige Geschichte zurück. Kein Wunder, dass hier eine bedeutende Station der »Straße der Romanik« liegt. Historische Gebäude gibt es viele: Das Kloster Unser Lieben Frauen etwa oder der Magdeburger Dom. Mehr als 300 Jahre mühten sich Handwerker zwischen dem 13. und 16. Jahrhundert ab, um das älteste gotische Bauwerk auf deutschem Boden zu vollenden. Es beeindruckt durch ein monumentales Tonnengewölbe und birgt zahlreiche Kunstschätze wie den Figurenzyklus der klugen und der törichten Jungfrauen. Zwei Straßenzüge vom Elbufer entfernt reiben sich Reisende erneut die Augen. Dort ragt die »Grüne Zitadelle« in den Himmel. Das Gebäude ist das Werk von Friedensreich Hundertwasser, der 2005 hier seine letzte Schöpfung abschloss. Ein komplett anderes Bild bietet das Wasserstraßenkreuz Magdeburg. Auf einer Länge von 918 Metern überspannt die größte Trogbrücke Europas die Mittelelbe. Auf dem Weg nach Tangermünde schweift der Blick über Baumgruppen, Felder und Auwiesen, zwischen die der mächtige Strom seine Schleifen wirft.

Von Tangermünde nach Lauenburg – 195 km   Die stolze Hansestadt **Tangermünde** ist am östlichen Rand der Altmark hoch oben auf einer felsigen Endmoräne positioniert. Das Bild der Mittelalterstadt hat sich bis heute kaum verändert: wehrhaf-

te Stadttore, die die Stürme der Zeit schadlos überstanden, dazu prächtige Fachwerkbauten. Das Prunkstück ist das im Stil der norddeutschen Backsteingotik errichtete Rathaus mit seiner 24 Meter hohen Schauwand. Weiter geht es – wie immer Kurs Norden. Zwei entspannte Radstunden trennen einen von Havelberg. Wieder ist die Lage spektakulär, wieder treffen Reisende auf die Spuren des altmärkischen Hansebundes. In der beiderseits von den Wassern der Havel umschlossenen Altstadt lohnt es sich, aus dem Sattel zu steigen. Spaziert man über den Stadtgraben, gelangt man auf den Bischofsberg – die Keimzelle des im Jahre 948 erstmalig urkundlich erwähnten Bistums Havelberg. Die eindrucksvollste Erscheinung ist der auf einer Anhöhe gelegene Dom St. Marien. Sein Baustil spiegelt die Einflüsse aus mehreren Dynastien, in denen der wuchtige Bau vollendet wurde. Schmuckstück bilden die kostbaren Glasmalereien aus dem 14. und 15. Jahrhundert.

Nach unserem Ausflug ins Mittelalter radeln wir hinaus in eine dünn besiedelte Gegend mit weiten Wiesen, die hier und da mit Baumgruppen durchzogen sind. Der wasserreiche Flecken Erde ist ein wahres Storchenparadies. Alleine im Dorf Rühstadt brüten rund 30 Weißstorchenpaare. Die Elbe passiert die Prignitzstadt **Wittenberge**; ab Schnackenburg bildete sie dann die innerdeutsche Grenze. Fast 40 Jahre lang waren Deutschland und Europa in zwei verfeindete Blöcke gespalten, bis 1989 die Wende kam. Im Schatten der Trennlinie entwickelte sich ein kostbarer Naturraum, der heute zum

Vom Elbeufer aus genießt man einen prächtigen Panoramablick auf Dresdens Stadtsilhouette.

Blick von der Aussichtsplattform der Bastei auf die Elbe

Elbe, Eger und Moldau

Die Elbe entspringt im Riesengebirge. In Tschechien nennt man den Fluss Labe. Während seiner Reise durch Böhmen nimmt er die Flüsse Moldau und Eger auf. Allen dreien kann man mit dem Fahrrad nachsteuern. Die Touren führen durch stille Mittelgebirgslandschaften. Der Oheradweg (Eger) beginnt in Bayern und erreicht die Elbe nach rund 300 Kilometern bei der Stadt Leitmeritz. Spannend ist zudem eine Fahrt auf dem Moldau-Radweg. Unterwegs lernt man den Nationalpark Šumava und die Städte Krumau, Budweis und Prag kennen. Bis zum Elberadweg hat man 420 Kilometer zurückgelegt. Infos: www.czechtourism.com

Biosphärenreservat Flusslandschaft Elbe gehört. Das auf fünf Bundesländer verteilte Ökosystem umfasst eine Fläche von 3430 Quadratkilometern. Die Weichholzauwälder sind Biberland. Auch Fischotter und etwa 200 Brutvogelarten fühlen sich zwischen den Kleingewässern und Röhrichten wohl. Hitzacker und Bleckede sind die nächsten Stationen auf dem Weg zum Etappenort Lauenburg.

Von Lauenburg zur Elbmündung – 188 km Am Schleswig-Holsteiner Elbufer ziehen bunte Fachwerk-Schifferhäuser aus dem 16. und 17. Jahrhundert die Blicke auf sich und erinnern an die Zeit, in der sich **Lauenburg** zu einem wichtigen Handelspunkt entwickelte. Die alte Schifferstadt zieht sich ein bewaldetes Steilufer hinauf, das einen schönen Blick über die Umgebung gewährt und von der im 13. Jahrhundert erbauten Maria-Magdalenen-Kirche überragt wird. Der Radweg durchläuft ein ausgedehntes Marschland und steuert **Hamburg** an. Im Hafen schlägt das Herz der Elbmetropole. Der Umschlagplatz wurde vor mehr als 800 Jahren gegründet und wird jährlich von rund 9000 Seeschiffen angelaufen. Besucher zieht es in die Speicherstadt. Sie bereichert das Hamburgbild von Fischmarkt, Rathaus, Reeperbahn und Alster. Der weltweit größte auf Eichenpfählen errichtete Lagerhauskomplex spiegelt die Wilhelminische Backsteingotik der

Gründerzeit wider. Hinter den Giebeln und Türmchen finden bedeutende Ausstellungshäuser ein stilvolles Domizil. Da sind etwa das Internationale Maritime Museum, das Miniatur Wunderland und das Deutsche Zollmuseum. Der Hamburger Hafen ist keine Stunde entfernt, wo nichts mehr an die zweitgrößte Stadt Deutschlands erinnert.

Wo soeben noch Docks das Bild prägten, reiht sich nun eine Apfelplantage an die nächste. Das **Alte Land** ist erreicht. Einst mäanderte der Strom breit durch die flache Gegend, hinterließ eine unwirkliche Sumpflandschaft. Heute liegt hier, zu beiden Seiten eingedeicht, die fruchtbare Elbmarsch. Seit dem 14. Jahrhundert kultivieren die Bauern in Nordeuropas größtem geschlossenem Obstanbaugebiet die Gaben der Natur. Zwischen den Dörfern mit ihren reich verzierten Bauernhäusern sieht man vor allem Apfelbäume. Daneben reifen Birnen, Kirschen, Pflaumen, Zwetschgen und Beerenfrüchte. Am westlichen Ende des Alten Landes streckt sich **Stade** aus und lädt zum Schlendern ein. Prägend für das heutige Aussehen der Hansestadt waren die Schweden. Sie erbauten das backsteinerne Speicherhaus, in dem das Regionalmuseum untergebracht ist. Wenige Schritte entfernt liegt der kleine Hafen, eingefasst von Bürgerhäusern. Dazwischen versprühen kopfsteingepflasterte Gassen einen außergewöhnlichen Charme. Sie führen zu anderen Sträßchen, münden in lauschige Plätze, passieren versteckt gelegene Kirchen.

Anschließend entfaltet das platte Land ein letztes Mal seinen Zauber. Wiesen, Deiche und blökende Schafe, so weit das Auge reicht. Zu guter Letzt wird aus dem Mündungstrichter der Elbe die **Nordsee**. Eindrucksvoll und weit. Die Weite füllt sich beim Näherkommen mit Schiffen aller Größen. Hier am Wattenmeer, das Menschen schon seit Jahrtausenden in seinen Bann zieht, hat der Radweg einen würdigen Endpunkt. Die Genießerroute wird auch in den kommenden Jahren ihren Spitzenplatz behaupten. Ein wahrer Klassiker!

Links: Der Fürstenzug in Dresden ist 102 Meter lang.

Mitte: Blick vom Nordufer der Elbe auf Dresdens barocke Silhouette

Rechts: Bei Dessau breiten sich entlang der Elbe ruhige Auwälder aus.

17 Mecklenburgischer Seen-Radweg

Wasseransichten – Von Lüneburg an die Ostsee

mittel   640 km

CHARAKTER
Die leicht wellige Strecke verläuft überwiegend auf verkehrsfernen Wegen, von Sandpassagen über guten Naturbelag bis zu Asphalt.

AUSGANGSORT
Lüneburg Bhf.

ENDPUNKT
Wolgast; zurück 5 Std. mit dem Zug.

WEGMARKIERUNG
Orangefarbene Schilder mit zwei Radfahrern in Blau und Schriftzug »Seen-Radweg«.

E-BIKE
E-Bikes sind nützlich; auch wegen der langen Tagesetappen. Verleihstellen gibt es vor allem um die Stadt Waren.

INFORMATION
Tourismusverband Mecklenburg-Vorpommern e. V., Konrad-Zuse-Str. 2, 18057 Rostock, Tel. 0381/403 05 50, www.auf-nach-mv.de;
Mecklenburgische Kleinseenplatte Touristik GmbH, Burg 1, 17255 Wesenberg, Tel. 039832/206 21, www.klein-seenplatte.de;
Tourismusverband Mecklenburgische Seenplatte e. V., Turnplatz 2, 17207 Röbel/Müritz, Tel. 039931/53 80, www.mecklenburgische-seenplatte.de

Wer an Mecklenburg-Vorpommern denkt, hat sofort das Bild von blauen Seen, malerischen Alleen und weißen Sandstränden im Kopf. Der 640 Kilometer lange Seen-Radweg wird dieser Vorstellung vollkommen gerecht – steuert er doch auf seiner Reise von der Elbe an die Ostsee all die reizenden Naturräume an, die das Bundesland bei Urlaubern so beliebt machen.

Von Lüneburg nach Parchim – 176 km Lüneburg, das 956 erstmals genannt wurde, ist buchstäblich auf Salz gebaut. Schon früh entdeckte man in der Niederung des Flusses Ilmenau eine ergiebige Salzquelle. Im Laufe der Zeit wurde die Siedlung zum größten Salzproduzenten im nördlichen Teil Europas. Auf der »Alten Salzstraße« gelangte die wertvolle Ware nach Lübeck. Dort profitierte man vom weitverzweigten Seewegenetz der Hanse. Dass Lüneburg tüchtig am Salzhandel mitverdiente, sieht man sofort. Überall ragen prunkvolle Kaufmannshäuser mit ihren charakteristischen Stufengiebeln in den Himmel. Wir verlassen die alte Hansestadt auf dem Mecklenburgischen Seen-Radweg und kommen zuerst durch das malerische Wasserviertel. Es zählt mit dem Alten Kran und seinen Fachwerkhäusern zu den schönsten Ecken Lüneburgs.
Nach einer Waldpassage setzen wir beim Städtchen **Bleckede** über die Elbe. Auf den nächsten 15 Kilometern geht es durch das UNESCO-

In ländlichen Gebieten Ostdeutschlands sieht man häufig Weißstörche.

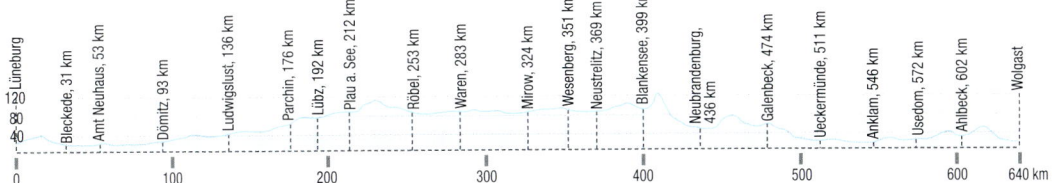

Biosphärenreservat Mecklenburgisches Elbetal. Der 1997 eingerichtete Naturpark umfasst weitläufige Überflutungswiesen und große zusammenhängende Auwälder. Hier finden Weißstörche, Biber, Kraniche und Wildgänse ideale Lebensbedingungen. Der Radfernweg kehrt dem Fluss den Rücken und verläuft von nun an komplett durch Mecklenburg-Vorpommern. Der nächste Höhepunkt ist die ehemalige Residenzstadt **Ludwigslust.** Besucher können sich auf das 1776 fertiggestellte Residenzschloss der mecklenburgischen Herzöge freuen, im benachbarten Schlosspark umherspazieren oder es sich in einem Café der barocken Schlossstraße gemütlich machen.

Von Parchim nach Waren – 107 km Das zweite Teilstück, das in **Parchim** beginnt, entführt uns in das bezaubernde Land der 1000 Seen. Den Auftakt macht der 38,4 Quadratkilometer große Plauer See. Hier befindet sich die Fischer- und Flößerstadt Plau am See, in der schmucke Ackerbürgerhäuser das Ortsbild bestimmen. Es lohnt sich, ein Boot oder Kanu zu mieten, um auf dem drittgrößten Gewässer der Seenplatte die Buchten und Seitenarme zu erkunden. Im Hinterland wellt sich die Landschaft zu niedrigen Hügeln. Wir folgen den orange-blauen Schildern durch Felder und Wiesen. Bei der Stadt Röbel blicken wir auf die flache Halbinsel Großer Schwerin. Das grüne Feuchtland ist ein wichtiger Rastplatz für Wasservögel.

Unsere Radroute führt nun zusammen mit dem Müritz-Radrundweg nach Norden. Wir rollen gemütlich an Deutschlands größtem Binnensee entlang und passieren herrliche Badestellen. Vorbei an Klink mit seinem 1898 erbauten Schloss erreichen wir den Urlaubsort **Waren**. Theodor Fontane schrieb über Waren: »Die Luft ist wun-

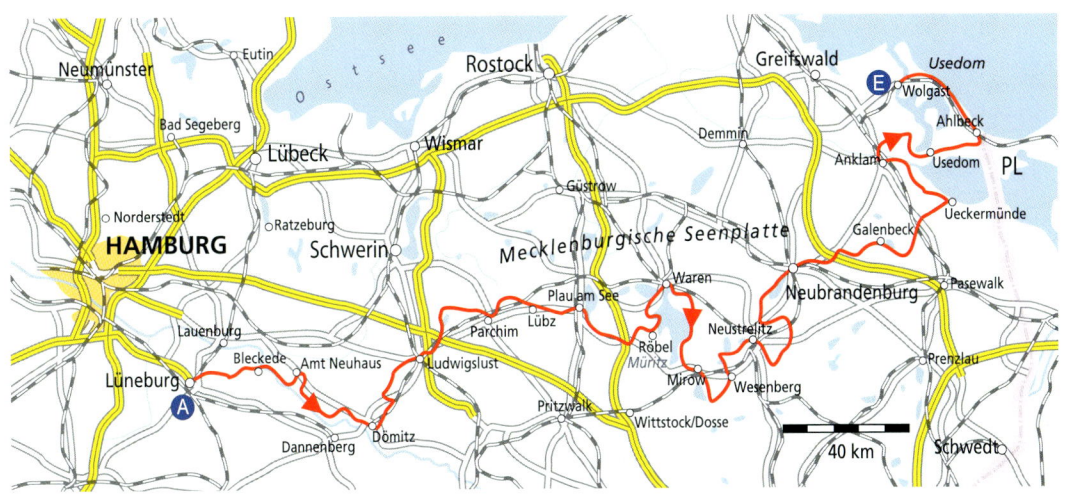

dervoll, und je nachdem wie der Wind steht, bin ich auf unserem Balkon von einer feuchten Seebrise oder von der Waldseite her von Tannenluft und -duft umfächelt.« Der Reiz dieses Ferienorts ergibt sich aus der folgenden Mischung: Freizeitmöglichkeiten wie die Blau Weiße Flotte und eine wunderschöne Lage an der Binnenmüritz. Der Alte Markt, die dreischiffige, kreuzrippengewölbte Backsteinbasilika St. Georg (14. Jh.) und das stadtgeschichtliche Museum sind hier nur einige der zahlreichen Sehenswürdigkeiten. Die Stadt bekam 2007 mit dem NaturErlebnisZentrum Müritzeum ein weiteres Highlight hinzu. Es ist Deutschlands größtes Aquarium für einheimische Süßwasserfische. Über zwei Etagen erstreckt sich das mit 100 000 Liter Wasser gefüllte Becken, das Hunderte von Maränen beherbergt. Zudem gibt es noch 24 große und kleine Schauaquarien mit heimischen Fischarten.

Von Waren nach Neubrandenburg – 153 km   Nach den letzten Häusern von Waren beginnt der **Müritz-Nationalpark** mit seinen Urwäldern, klaren Seen und Mooren. Das Idyll geht auf die Weichseleiszeit zurück. Im Laufe der Zeit formten abfließende Schmelzwasserströme und Toteis die heutigen Täler und Seebecken. An keinem anderen Ort Deutschlands brüten heute mehr See- und Fischadler und Kraniche als in der mecklenburgischen Seenplatte und im Müritz-Nationalpark.
Unsere nächsten Ziele sind die malerisch gelegenen Orte Rechlin, Mirow, Wersenberg und die Kreisstadt **Neustrelitz**. In der früheren Residenzstadt zieht es Besucher in den Schlosspark. Dort suchen sie vergeblich nach einem Herrschaftsgebäude. Das herzogliche Residenzschloss aus dem 18. Jahrhundert brannte 1945 völlig aus und wurde nicht wieder errichtet. Dennoch lohnt ein Spaziergang durch den romantischen Park. Am Marktplatz dominieren das klassizistische Rathaus und die gegen-

überliegende barocke Stadtkirche das Ortsbild. Anschließend begleiten große Waldgebiete den Radweg nach **Neubrandenburg**.

Von Neubrandenburg nach Wolgast – 204 km   Startpunkt des finalen Abschnitts ist das nach Plan angelegte Neubrandenburg. Die »Stadt der vier Tore« breitet sich sternförmig am nördlichen Ende des Tollensesees aus. In den letzten Wochen des Zweiten Weltkrieges gab es hier schwere Zerstörungen. Wiedererrichtet hat man die Marienkirche, in der man den Konzerten der Neubrandenburger Philharmonie lauschen kann. Wir kehren durch eines der imposanten Backsteintore der 65 000-Einwohner-Stadt den Rücken zu. Die Tore sind durch eine 2,3 Kilometer lange Stadtmauer verbunden, in der man 25 Wiekhäuser eingelassen hat.

Die idyllische Strecke durchs ländliche Mecklenburg-Vorpommern geleitet uns vorbei an verschlafenen Dörfern. Hinter der Ueckermünder Heide treffen wir auf den gleichnamigen Ort. Die kleine Hafenstadt ist bekannt für das Pommersche Schloss, in dem das Haffmuseum einen Besuch wert ist. Hier am **Stettiner Haff** zieht sich der Mecklenburgische Seen-Radweg um das seichte Küstengewässer herum. **Anklam**, die Geburtsstadt Otto Lilienthals, beherbergt ein Museum, in dem man das Erbe des Luftfahrtpioniers pflegt. Wir fahren über die Zecheriner Klappbrücke und erreichen die Sonneninsel **Usedom**. Vorbei am Ort Usedom geht es nach Prätenow mit seinem Wisentgehege. Zwischen schlanken Kiefern, knorrigen Eichen und kleinen Moorseen nähern wir uns der weiten Pommerschen Bucht. Mit der Seeluft in der Nase schwenken wir an der deutsch-polnischen Grenze nach Westen, suchen uns eines der Kaiserbäder für die Schlussrast aus und strecken am feinen Sandstrand die Füße von uns.

Links: Die Mecklenburgische Seenplatte bietet Fotografen viele Fotomotive.

Rechts: Wellen rollen am Ufer des Stettiner Haffs aus.

18 Radweg Berlin – Usedom

Von der Landeshauptstadt zur Sonneninsel

mittel   336 km

CHARAKTER
Die familienfreundliche Strecke ist verkehrsarm und leicht wellig, sie verläuft auf Kopfsteinpflaster, gekiesten Forstwegen und Asphaltbahnen.

AUSGANGSORT
Berlin Bhf.

ENDPUNKT
Peenemünde; zurück mindestens 4 Std. mit dem Zug.

WEGMARKIERUNG
Grün-weiße Schilder mit einer Möwe, dem Brandenburger Tor und einem Radfahrer sowie der Aufschrift »Berlin – Usedom«.

E-BIKE
Es bietet sich eine Fahrt mit E-Bikes an. In Berlin gibt es viele E-Bike-Verleihstationen.

INFORMATION
Tourismus-Marketing Brandenburg, Am Neuen Markt 1, 14467 Potsdam, Tel. 0331/200 47 47, www.reiseland-brandenburg.de und www.radeln-in-brandenburg.de; Tourismusverband Mecklenburg-Vorpommern e. V., Konrad-Zuse-Str. 2, 18057 Rostock, Tel. 0381/403 05 50, www.auf-nach-mv.de; Usedom Tourismus, Hauptstrasse 42, 17459 Seebad Koserow, Tel. 038375/24 41 44, www.usedom.de

Von Berlin aus begeben sich Radler auf eine spannende Reise durch den ruhigen Nordosten Deutschlands. Unterwegs bezaubern unverbaute Landschaften wie der waldreiche Naturpark Barnim und das von idyllischen Seen durchzogene Biosphärenreservat Schorfheide-Chorin. Krönender Abschluss der Radreise sind die mondänen Seebäder der Insel Usedom.

Das Mitteltor in Prenzlau wurde im 15. Jahrhundert errichtet.

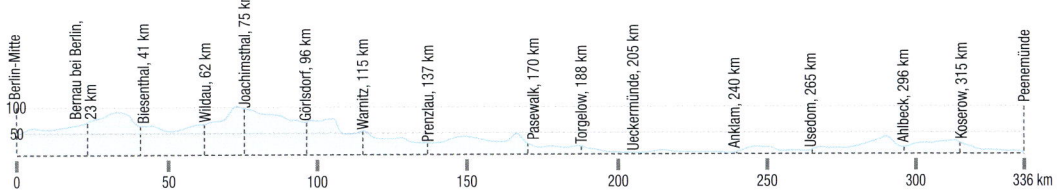

Berlin-Mitte — 100, 50, 0
Bernau bei Berlin, 23 km
Biesenthal, 41 km
Wildau, 62 km
Joachimsthal, 75 km
Görlsdorf, 96 km
Warnitz, 115 km
Prenzlau, 137 km
Pasewalk, 170 km
Torgelow, 188 km
Ueckermünde, 205 km
Anklam, 240 km
Usedom, 265 km
Ahlbeck, 296 km
Koserow, 315 km
Peenemünde — 50, 100, 150, 200, 250, 300, 336 km

Von Berlin nach Prenzlau – 137 km   Berlin – Usedom, Usedom – Berlin, wie man es dreht oder wendet, in welche Richtung man losstrampelt: Der Radweg verzaubert. Wir wählen die Sonneninsel als Reiseziel und starten unsere Etappenfahrt im Herzen der deutschen Hauptstadt am Berliner Dom. Von 1894 bis 1905 in Anlehnung an die italienische Hochrenaissance und den Barock erbaut, zählt er zu den bedeutendsten protestantischen Kirchenbauten in Deutschland. Unmittelbar nebenan befindet sich die Museumsinsel, auf der fünf spannende Sammlungen zu einer Zeitreise einladen: Das Alte Museum, die Alte Nationalgalerie, das Bode-Museum, das Neue Museum und das Pergamonmuseum bilden gemeinsam einen der wichtigsten Museumskomplexe der Welt, der seit 1999 zum UNESCO-Weltkulturerbe gehört. Wir überqueren die Spree und passieren das Marx-Engels-Forum, über dem sich der Berliner Fernsehturm in den Himmel erhebt. Er ist mit seinen 368 Metern das höchste Bauwerk Deutschlands. Dahinter erreicht man das Nikolaiviertel, den Ursprung Berlins. In dem Stadtteil steht mit der im 13. Jahrhundert erbauten Nikolaikirche das älteste Gotteshaus der Stadt. Parkanlagen begleiten unseren Weg zum Schloss Schönhausen, das Friedrich II. (der Große) im Jahr 1740 seiner Gemahlin Elisabeth Christine schenkte. Der Barockbau, der den Zweiten Weltkrieg unversehrt überstand, war zwischen 1949 und 1960 Sitz des Staatsoberhauptes der DDR und rückte 1990 mit den Zwei-plus-Vier-Gesprächen nochmals ins Weltgeschehen. Seit 2009 sind die Gemächer und die Säle mit ihren Stuckdekorationen erstmals in der Geschichte des Schlosses öffentlich zugänglich.

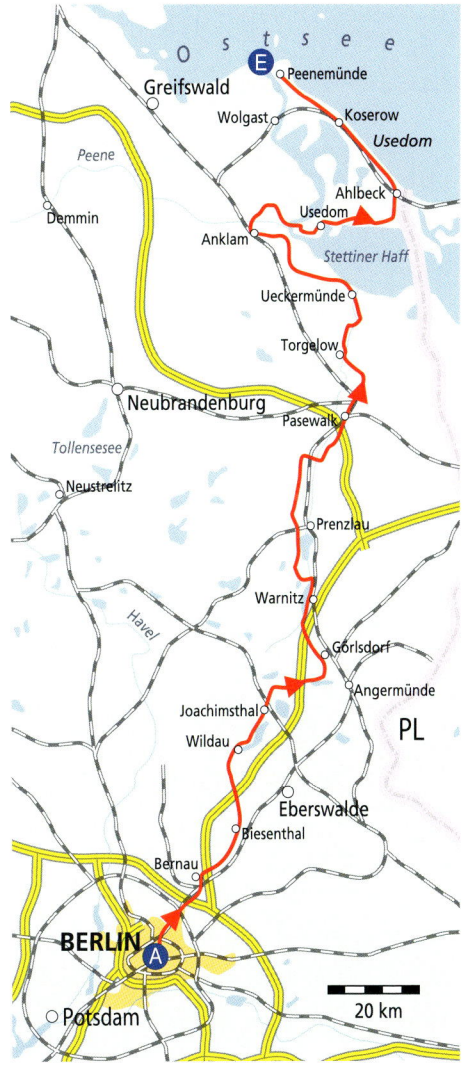

Nach 20 Kilometern lassen wir den Berliner Speckgürtel hinter uns und erreichen **Bernau bei Berlin**. Hier zeugt eine wehrhafte Stadtmauer von einer bewegten Vergangenheit der Mark Brandenburg. Jenseits der alten Bierbrauerstadt tauchen wir in den rund 750 Quadratkilometer großen Naturpark Barnim ein. Das Schutzgebiet ist geprägt durch Wälder, Seen, fruchtbare Offenlandschaften und Moore. Nordöstlich schließt sich das Bio-

sphärenreservat Schorfheide-Chorin an, in dem uns der Werbellinsee auf das Was-
serparadies einstimmt. Entstanden ist die Landschaft vor 10 000 bis 15 000 Jahren, als
die eiszeitlichen Gletscher nach Skandinavien zurückwichen. Das traditionelle Jagd-
gebiet bildet eine der größten geschlossenen Waldflächen Deutschlands, wo neben
ausgedehnten Kiefernmonokulturen auch uralte Eichen wurzeln. Einen kulturellen
Glanzpunkt setzt das Kloster Chorin. »Des Landes schönster Schmuck« wird das
1273 im Stil der norddeutschen Backsteingotik errichtete Bauensemble genannt. In
einem immerzu leicht welligen Auf und Ab steuern wir durch das stille, dünn besiedelte Land und sichten am Nordende des Unteruckersees die Kreisstadt **Prenzlau**.

Von Prenzlau nach Anklam – 103 km   Prenzlau ist ein reizvolles Städtchen mit At-
mosphäre, das sich im Mittelalter zu einem bedeutenden Handelsplatz entwickelte.
Bei der Anfahrt fällt uns die dreischiffige Kirche St. Marien auf, die im Jahr 1340 vollendet wurde und ein schönes Beispiel der norddeutschen Backsteingotik darstellt.
Außerdem sind das ehemalige Dominikanerkloster mit seinen aufwendig rekonstruierten Kreuzgängen und die historische Stadtmauer mit kleinen Wiekhäusern und
Wehrtürmen sehenswert. Wir rollen in die weite Uckermark hinaus, wie man sie von
vielen Bildern kennt: Verschlafene Landsträßchen schlängeln sich durch endlose,
von langen Baumreihen durchzogene Äcker, durchqueren hier und dort einen kleinen Weiler, der sich meist um eine alte Feldsteinkirche gruppiert.
Pasewalk lautet das nächste Ziel. Die bereits auf mecklenburg-vorpommerschem Boden gelegene ehemalige Ackerbürgerstadt empfängt Besucher ebenfalls mit einer teils
erhaltenen Stadtmauer. Im Prenzlauer Tor und einem angeschlossenen Nebengebäude
werden seit 1996 die Vergangenheit der über 750-jährigen Stadt und die traditionsreiche Garnisonsgeschichte dargestellt. Weiter nördlich passieren wir Torgelow und
blicken in Ueckermünde über das weit einzusehende **Stettiner Haff**. Die Hauptse-
henswürdigkeit der kleinen Hafenstadt ist das im früheren Schloss der pommerschen

Der Radweg Berlin –
Usedom führt durch
ruhige Landschaften.

Herzöge untergebrachte Haffmuseum. Die Ausstellung spannt einen Bogen von der Ur- und Frühgeschichte zu den Erwerbszweigen der Region. Die reizvolle Natur und der ansprechende Kulturmix der Region brachten die Radwegeplaner dazu, die Strecken des Oder-Neiße-Radwegs und des Mecklenburgischen Seen-Radwegs von nun an zusammenzulegen. Die Routenbeschilderung geleitet uns zurück ins Landesinnere. Hier zieht sich der Weg zunächst am Nordrand der Ueckermünder Heide entlang, streift später das Anklamer Torfmoor und hält schließlich auf die Hansestadt zu.

Von Anklam nach Peenemünde – 96 km   In **Anklam** gibt es einiges zu entdecken. Besondere Anziehungskraft strahlt die Marienkirche aus, deren Anfänge bis ins Jahr 1296 zurückreichen. Weitere Touristenziele sind das gotische Giebelhaus, das Otto-Lilienthal-Museum sowie das 32 Meter hohe Steintor. Gegenüber dem Peenestrom breitet sich unser Reiseziel aus – die 445 Quadratkilometer große **Insel Usedom**. Wie Klimastatistiken verraten, zählt Usedom mit jährlich über 1900 Sonnenstunden zu den verwöhntesten Regionen im ganzen Land. Bereits zu DDR-Zeiten waren weite Teile der Insel geschützt, die mehrfach erweitert wurden. Heute umfasst der Naturpark Insel Usedom die gesamte Inselfläche sowie die umliegenden Küstengewässer des Stettiner Haffs. Das deutsch-polnische Eiland ist ein wahres Paradies für Tiere. Bisher hat man auf der Ferieninsel 280 Vogelarten gezählt. Davon nutzen 150 die landschaftliche Vielfalt mit ihren Dünen, Mooren, Küstenwäldern und offenen Wasserflächen zum Brüten.

Kurz vor dem Kaiserbad **Ahlbeck** treten die Bäume zurück und geben den Blick frei auf den weißen Sandstrand und die dahinter anbrandende Ostsee. Auf den letzten Kilometern nach Peenemünde begleiten uns im reizvollen Wechsel herrschaftliche Villen, adrette Badeorte und urwüchsige Wälder. Nach über 330 erlebnisreichen Kilometern endet hier am Peenestrom eine perfekte Radwoche, die nicht abwechslungsreicher hätte sein können.

19 Oder-Neiße-Radweg

Naturparadies am Ostrand Deutschlands

leicht   631 km

CHARAKTER
Die ebene Tour führt meist direkt am Wasser entlang und ist gut ausgebaut.

AUSGANGSORT
Nová Ves; der nächste Bahnhof ist 5 km entfernt in Jablonec nad Nisou.

ENDPUNKT
Ahlbeck; zurück 10 Std. mit dem Zug.

WEGMARKIERUNG
Schilder mit einem umgedrehten Dreieck und den Flüssen Neiße und Oder darauf.

E-BIKE
Eine Trittunterstützung macht wegen der Etappenlängen Sinn. Ladestationen gibt es aber nur punktuell.

INFORMATION
www.oderneisse-radweg.de;
www.sachsen-tourismus.de;
www.reiseland-brandenburg.de;
www.radeln-in-brandenburg.de;
www.auf-nach-mv.de

Biber streichen durchs Unterholz, am Himmel gleiten Zugvögel vorüber: Die Grenzflüsse Neiße und Oder bilden für Tiere ein Paradies. Radfahrer genießen die ruhigen Wege, machen in Städten wie Zittau, Görlitz und Frankfurt Station. Am Reiseziel versinken die Füße in einem der feinsandigen Strände der Insel Usedom.

Von Nová Ves nach Frankfurt an der Oder – 287 km   Die Lausitzer Neiße startet ihren Lauf im tschechischen Nová Ves. Sie durchfließt die 100 000-Einwohner-Stadt **Liberec** mit ihrem imposanten Rathaus und bildet ab **Zittau** die deutsch-polnische Staatsgrenze. Der gesamte Altstadtkern steht seit 1991 unter Denkmalschutz. Das herausragende Bauwerk ist das von Karl Friedrich Schinkel entworfene und im Stil der italienischen Renaissance errichtete Rathaus. Davor zieht der Rolandbrunnen – auch Marsbrunnen genannt – alle Aufmerksamkeit an. Von oben auf einer reich profilierten Renaissancesäule thronend, späht der viel fotografierte Kriegsgott Mars über den komplett von Patrizierhäusern umschlossenen Markt. Am Fuß der Statue bezeugen Früchte, Ähren und Weberschiffchen den Zittauer Reichtum. Der größte Schatz der Stadt ist das Große Zittauer Fastentuch aus dem Jahr 1472, das man in der Kirche zum Heiligen Kreuz bewundern kann.

Entspannte zehn Kilometer nördlich liegt Hirschfelde, ein schmuckes Dorf mit prächtigen, für das Dreiländereck typischen Umgebindehäu-

Görlitz zieht sich am Ufer der Lausitzer Neiße entlang.

sern. Auf der Fahrt entlang der bewaldeten Lausitzer Neiße lädt das Kloster St. Marienthal zu einem Stopp ein. 1234 gründete die Königin Kunigundis von Böhmen das Zisterzienserinnenkloster. Im Laufe seines Bestehens fegten Kriege, Brände und Naturkatastrophen über den Konvent hinweg. Die letzte Tragödie ereignete sich im August 2010. Damals überflutete die Neiße die frisch renovierten Barockgebäude und richtete massive Schäden an. Vorbei am Berzdorfer See, einer Hinterlassenschaft des Braunkohletagebaus, geht es der Europastadt **Görlitz/Zgorzelec** entgegen. Die

Rot-weißer Prachtbau:
das Neue Schloss in
Bad Muskau

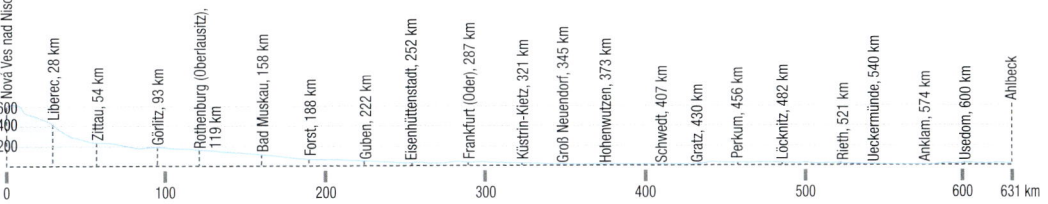

Lage an der Via Regia, der ältesten Land-
verbindung von Ost- nach Westeuropa,
begünstigte den Aufstieg von Görlitz zu
einem blühenden Handelsplatz. Heute
bummelt man durch das historische Zentrum mit den eindrucksvollen Hallenhäu-
sern. Knapp 4000 Baudenkmale aus 500
Jahren gibt es zu bestaunen. Sehenswert
sind das Alte Rathaus, das Napoleonhaus
(1718), das erste bürgerliche Renaissance-
haus (1526) Deutschlands und das Görlit-
zer Kaufhaus.

Weiter in Richtung **Bad Muskau** läuft der
gut ausgebaute Radweg durch Waldgebiete, Flussauen und Felder. In der idylli-
schen Talsenke legte Hermann Fürst von Pückler-Muskau zwischen 1815 und 1845
einen stilvollen Landschaftsgarten an. »Wer mich ganz kennenlernen will, muss meinen Garten kennen, denn mein Garten ist mein Herz.« Diesen Satz prägte der 1785
auf Schloss Muskau geborene Fürst. Er war ein Weltenbummler und erfolgreicher
Schriftsteller. In England entdeckte Pückler die prachtvollen Parks und setzte diese in
der Lausitz um. Seine im englischen Stil angelegten Gärten in Bad Muskau und
Schloss Branitz bei Cottbus zählen zu den Höhepunkten der Landschaftsgestaltung
des 19. Jahrhunderts. Es fällt schwer, sich im Park Muskau zu orientieren. Denn ständig gehen Wege ab, treffen aufeinander, um sich erneut zu verzweigen. Manche führen auf Brücken hinüber nach Polen, wo sich der Park fortsetzt. Den Bemühungen
beider Länder ist es zu verdanken, dass die UNESCO die Grünflächen 2004 auf
die Liste des Welterbes setzte. Einen Blick-
fang bildet das neue Schloss. Der rot-
weiße Prachtbau vereint mehrere Bau-
elemente und erinnert an eine Schöpfung
des Medienkonzerns Disney. 1866 vollendete man das Ensemble unter Wilhelm
Friedrich Karl von Oranien-Nassau im Stil
der Neorenaissance.

Die Neiße verlässt nun Sachsen und beginnt ihren Abschnitt durch Brandenburg. Parallel zum Fürst-Pückler-Weg
geht es nach **Forst** hinein. Berühmt ist die
Kreisstadt durch den Ostdeutschen Rosengarten, der mit rund 900 Rosensorten
und 40 000 Rosenstöcken verzaubert. Wer
dem asphaltierten Dammkronenradweg
35 Kilometer nordwärts folgt, erreicht Guben. Das Fabrikgebäude (1888) der Carl-
Gottlob-Wilke-Hutfabrik beherbergt ein

Görliwood

Das intakte Ortsbild von Görlitz gefiel der Filmbran-
che. Los ging es in den Fünfzigerjahren mit dem Film
»Der Ochse von Kulm«. Insgesamt »spielte« Görlitz
in rund 100 Streifen mit. Mal als New York oder Berlin, dann wieder als München, Frankfurt, Paris oder
Heidelberg – stets eine stilvolle Historienkulisse. Man
drehte in »Görliwood«, wie die Einheimischen ihre
Heimat nennen, Szenen der Filme »In 80 Tagen um
die Welt«, »Der Vorleser« und »Inglorious Basterds«.
Im Winter 2012/13 wählte Regisseur Wes Anderson
das Jugendstilkaufhaus und die Stadthalle als Drehorte
für die Produktion von »The Grand Budapest Hotel«.
Der Spielfilm wurde mit vier Oscars® ausgezeichnet,
darunter auch für das beste Szenenbild.

Stadt- und Industriemuseum. Es erzählt auf 450 Quadratmetern die Tradition der industriellen Hutherstellung nach, denn diese hat hier deutschlandweit ihre Wurzeln.

Guben ist eine zweigeteilte Stadt. Am linken Neißeufer sprechen die Einheimischen deutsch. Die Gebäude auf der rechten Flussseite stehen im 1945 gegründeten polnischen Ort Gubin, der ein historisches Zentrum aufweist.

Bei Ratzdorf mündet die Neiße in die Oder. Bis hierher hat sie rund 400 Kilometer durch Tschechien und Polen zurückgelegt. Ihr Gesamtverlauf vom mährischen Oder-gebirge bis ans Stettiner Haff misst 866 Kilometer. Die Anrainer fürchten den Fluss

Das Kloster Neuzelle wurde im 13. Jahrhundert gegründet.

wegen seiner verheerenden Hochwasser. Vor allem bei Fünf-B-Wetterlagen setzen sich Tiefdruckgebiete über dem Riesengebirge fest und entladen ihre nasse Ladung: 1947, 1981, 1997, zuletzt im Mai 2010 flutete das Wasser die Wiesen, bedeckte Auwälder, bedrohte Siedlungen. Seit dem Ende des Zweiten Weltkrieges bildet die Oder zusammen mit der Neiße die Ostgrenze der DDR, ab 1990 der Bundesrepublik Deutschland. Der Radweg passiert Eisenhüttenstadt, das im Jahr 1950 als »erste sozialistische Stadt auf deutschem Boden« entstand. Anschließend radelt man durch das ländliche Brandenburg. Unterwegs grüßt **Frankfurt an der Oder** aus der Ferne.

Von Frankfurt an der Oder nach Schwedt – 120 km Die Universitätsstadt liegt, wie der Name verrät, an einem günstigen Oderübergang und wurde um 1226 von fränkischen Kaufleuten gegründet. Im April 1945 litt die Hansestadt unter den massiven Angriffen der Roten Armee. In den letzten Jahrzehnten rekonstruierten die Einheimischen die bedeutendsten Baudenkmale der norddeutschen Backsteingotik. So erstrahlen das Rathaus und die St. Marienkirche im Glanz verstrichener Tage. Die Geburtsstadt Heinrich von Kleists (1777–1811) beherbergt ein Museum, in dem man das Erbe des Dramatikers und Novellisten pflegt.

Wir steuern gen Norden aus Frankfurt hinaus. Sogleich nimmt uns die unverbaute Flusslandschaft gefangen. Vor den Toren der polnischen Stadt Küstrin mündet der Fluss Warthe in die Oder. Zusammen bilden sie das Binnendelta Oderbruch. Das

Geheimtipp im Nordosten

Der Nationalpark Unteres Odertal erstreckt sich auf brandenburgischer Seite zwischen Hohensaaten und Mescherin. In Polen schließen sich zwei Landschaftsschutzparks an, die bis vor die Tore von Stettin (Szczecin) reichen. Die Oder bildet mit ihrer majestätischen Ruhe den Glanzpunkt der Flussauenlandschaft, in der sich seit Jahrhunderten nichts verändert zu haben scheint. 160 Brutvogelarten, 50 Säugetier- und 49 Fischarten fühlen sich in dem nahezu unberührten Naturparadies wohl. Alljährlich kann man im Frühjahr und im Herbst ein Schauspiel beobachten, wenn sich in der Oderniederung über 100 000 Gänse und Enten, dazu 10 000 Kraniche und andere Zugvögel einfinden.

Überschwemmungsgebiet ist knapp 60 Kilometer lang und bis zu 20 Kilometer breit – eine weite Landschaft, die es in dieser Form erst 250 Jahre gibt. Einst zogen sich mehrere Wasserarme durch das zwei bis fünf Meter über dem Meeresspiegel gelegene Tiefland und machten eine Nutzung nahezu unmöglich. Von 1747 bis 1762 schaufelten Tausende Arbeiter und Soldaten Deiche auf, begradigten den Lauf der Oder, legten so das Land trocken. Entzückt rief Friedrich II. bei einem Besuch im Jahr 1763 aus: »Hier habe ich im Frieden eine Provinz erobert, die mir keinen Soldaten gekostet hat.«

Siedlungen wie Kienitz, Groß Neuendorf und Hohenwutzen, die auf der Karte gewichtig erscheinen, erweisen sich beim Durchfahren als winzige Dörfer. Bald genießt man die Stille des **Nationalparks Unteres Odertal**. Am Rande der Schutzzone liegt die Nationalparkstadt **Schwedt**. Der Markgraf von Brandenburg-Schwedt siedelte hier Hugenotten an. Sie gestalteten den Ort nach 1685 zu einer barocken Residenz um und schufen ein einheitliches Bild der Straßenzüge.

Von Schwedt nach Ahlbeck – 224 km   Bei dem Dorf Staffelde knickt der Oderstrom nach Nordosten ab und hält auf das Stettiner Haff zu. Die Radroute lässt den Fluss ziehen und verläuft jetzt durch das dünn besiedelte Mecklenburg-Vorpommern. Nun vollzieht die Landschaft einen Kulissenwechsel, hin zu sanft gewellten Endmoränenhügeln, kleinen Seen und schattigen Alleen. Bei **Ueckermünde** enden die Felder und Waldstreifen. Voraus liegt das Stettiner Haff, das einen rasch in den Bann schlägt. Die Stadt selbst versprüht mit ihren Traufenhäusern, die sich dicht um den rechteckigen Marktplatz drängen, gemütlichen Charme. Besucher zieht es zum früheren Schloss der pommerschen Herzöge, in dem das Haffmuseum untergebracht ist. Die Sammlung spannt einen Bogen von der Ur- und Frühgeschichte zu den verschiedenen Erwerbszweigen der Region.

Die Routenschilder geleiten uns ein letztes Mal ins Hinterland. Hier läuft der Weg am Nordrand der Ueckermünder Heide entlang, um später in das Anklamer Torfmoor einzutauchen. 1461 Hektar umfasst das 1934 eingerichtete Naturschutzgebiet. Der Radweg führt an Wassergräben und zugewucherten Seen vorbei, aus denen abgestorbene Baumskelette ragen. Schwalben jagen durch die Luft. In der Ferne sieht man eine große Kormorankolonie. **Anklam** liegt am Unterlauf der Peene und blickt auf eine über 750-jährige Stadtgeschichte zurück. Besondere Anziehungskraft strahlt die Marienkirche aus. Ihr Ursprung reicht bis ins Jahr 1296. Zusätzliche Attraktionen bilden das gotische Giebelhaus, das 32 Meter aufragende Steintor und das Otto-Lilienthal-Museum. Die Geburtsstadt des Flugpioniers hat mehr als zehn seiner Konstruktionen nachgebaut. Neben der Ausstellung »Lebenswege« entführt der Museumsbereich »Flugträume« Besucher in die 4000 Jahre alte Geschichte des Fliegens.

Gegenüber dem Peenestrom sehen wir das Reiseziel: die 445 Quadratkilometer große Insel Usedom. Wie Klimatabellen verraten, zählt Usedom mit jährlich rund 1900 Sonnenstunden zu den verwöhntesten Flecken Deutschlands. Bereits zu DDR-Zeiten standen weite Teile unter Schutz, die man mehrfach erweiterte. Heute umfasst der Naturpark Insel Usedom die gesamte Fläche des Eilandes sowie die umliegenden Küstengewässer des Stettiner Haffs. Die deutsch-polnische

Insel ist ein Paradies für Tiere. Ornithologen sichteten auf der beliebten Ferieninsel 280 Vogelarten. Davon nutzen 150 die landschaftliche Vielfalt mit ihren Dünen, Mooren, Küstenwäldern und offenen Wasserflächen zum Brüten.

Kurz vor dem Kaiserbad **Ahlbeck** treten die Bäume zurück, geben den Blick frei auf herrschaftliche Villen und einen blendend weißen Sandstrand. Hier rollen die Wogen der Ostsee aus – Stunde um Stunde, Monat für Monat, seit Jahrtausenden. Bis an die Gestade Schwedens nichts als Wasser, Wellen, Wind. Nach über 630 erlebnisreichen Kilometern endet der Oder-Neiße-Radweg, wo er am schönsten ist.

In der Gubener Vorstadt der Universitätsstadt Frankfurt findet man den reizvollen Anger und die Kirche St. Gertraud.

Bei Hochwasser reicht die Oder nahe an den Radweg heran.

Europa-Radweg Eiserner Vorhang

Grenzgang zwischen West und Ost

schwer   1131 km

....

CHARAKTER
Die ruhige Naturroute orientiert sich oft an bestehenden Radwegen und beinhaltet Asphalt-, Kies- sowie Patrouillenwege. Sie ist im Norden einfach, verlangt aber südlich des Harzes in den Mittelgebirgen eine solide Kondition.

AUSGANGSORT
Travemünde Bhf.

ENDPUNKT
Dreiländereck, von dort per Rad weiter bis nach Hof; zurück 8 Std. mit dem Zug.

WEGMARKIERUNG
Die Markierungen sind manchmal »ICT – Iron Curtain Trail« oder »Grünes Band Deutschland«.

E-BIKE
Für weniger Trainierte ist eine Tritt-unterstützung vor allem bei den Steigungen eine gute Hilfe.

INFORMATION
www.ironcurtaintrail.eu; www.erlebnisgruenesband.de; www.eurovelo.com; Eurovelo 13-App; Tourismusverbände von Schleswig-Holstein, Mecklen-burg-Vorpommern, Niedersachsen, Sachsen-Anhalt, Thüringen, Hessen, Bayern und Sachsen

Fast 40 Jahre lang waren Deutschland und Europa in zwei Blöcke gespalten, bis 1989 die Wende kam. Im Schutz der Sperr- und Zaunanlagen eroberte die Natur einen grünen Streifen zurück, dem man heute folgen kann. Radeln Sie mit auf den Spuren der Geschichte und erleben Sie, wie Europa an seiner einst sensibels-ten Schnittstelle zusammenwächst.

Von Travemünde nach Oebisfelde – 394 km   Unsere Reise entlang des Eisernen Vorhangs beginnt am weißen Sandstrand von Travemünde. Nicht nur der Grenzverlauf zwischen der Bundesrepublik Deutschland und der Deutschen Demokratischen Republik war durch Grenzanlagen bewacht, sondern auch der Küstenstreifen Ostdeutschlands. So sehen

Die florierende Hansestadt Lübeck schützte sich einst durch starke Befestigungsanlagen wie das berühmte Holstentor.

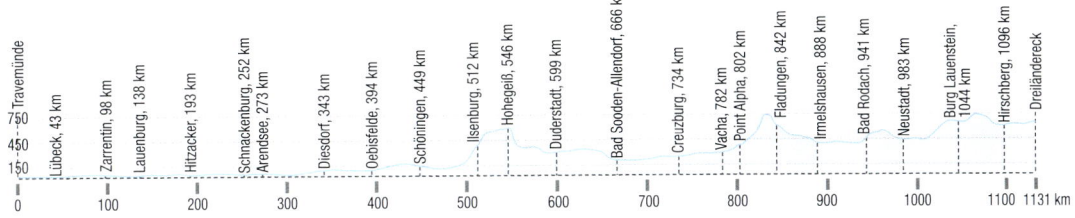

Radler am Ostseeküstenradweg immer wieder Relikte aus der Zeit des Kalten Krieges. Auf den ersten Reisekilometern gen Süden bestimmen weite Felder das Landschaftsbild. Vorbei am Dassower See erreichen wir das Grenzmuseum von Schlutup, in dem man einen ersten Eindruck von der früheren innerdeutschen Grenze bekommt.

Aus der Weite der Landschaft wachsen nach Stunden die Backsteinbauten **Lübecks** empor. »Tor zum Norden«, »Stadt der Sieben Türme«, »Königin der Hanse« – die Liste der Ausschmückungen ist lang. Lübeck war im Mittelalter der bedeutendste Handelsplatz der Kaufmannsvereinigung. Die Hanse war ein Machtimperium, das in seiner Blütezeit im 14. und 15. Jahrhundert die Handelswege im Ostseeraum und den Überseehandel in Nord- und Westeuropa kontrollierte. Dies ermöglichte ein Zusammenschluss von mehr als 200 Städten, deren Einfluss von London über Brügge bis ins russische Nowgorod reichte. Am letzten Hansetag 1669 lösten sich in Lübeck die Vereinigungen der Kaufleute auf. Die UNESCO erklärte die gesamte Altstadtinsel im Jahr 1987 zum Welterbe. Besucher bummeln durch das Holstentor und überqueren dahinter den Fluss Trave. Viele zieht es hinauf zum Gotteshaus St. Marien zu Lübeck. Sie ist die »Mutterkirche der Backsteingotik«. Rund 70 Kirchen im Ostseeraum wurden nach ihrem Vorbild konstruiert. Aufgrund der bescheidenen Natursteinvorkommen errichtete man die großen Kirchen in Norddeutschland aus tonhaltigem Lehm, den die Arbeiter zu Ziegel brannten. Stein für Stein wuchs die Basilika in Lübeck empor. Schon die Zahlen des Baus sind beeindruckend: Die beiden Türme ragen 125 Meter auf. Das Mittelschiff bringt es auf 38,5 Meter – das ist Weltrekord für ein Backsteingewölbe. Im Inneren gibt es Nachbildungen der Lübecker To-

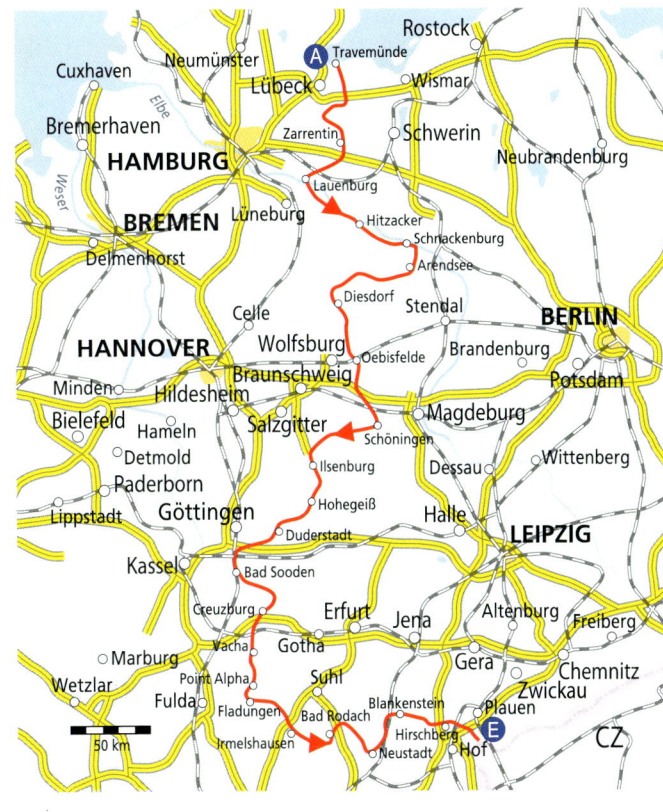

tentanzfenster und der astronomischen Uhr zu sehen. Die Originale fielen im Jahr 1942 einem Bombenangriff zum Opfer. In der Gedenkkapelle erinnern zwei zerborstene Glocken an jene Brandnacht zum Palmsonntag. Mit ihren verwinkelten Gassen und dem stolzen Rathaus ist die 215 000-Einwohner-Stadt wie geschaffen zum Flanieren. 13 bedeutende Museen, vom europäischen Hansemuseum bis zum Buddenbrookhaus, geben spannende Einblicke in verschiedene Epochen.

Der Europa-Radweg Eiserner Vorhang pendelt anschließend zwischen Schleswig-Holstein und Mecklenburg-Vorpommern hin und her. Hier fahren wir lange das Biosphärenreservat Schaalsee entlang. Die Gegend war zu DDR-Zeiten ein Sperrgebiet. Das lang gestreckte, stark verästelte Gewässer hat eine Tiefe von 72 Metern und wurde von eiszeitlichen Gletschern modelliert. Die waldreiche Seenlandschaft

Grünes Band – blutiges Band

Vom Anfang der Fünfzigerjahre bis 1989 durchschnitt eine nahezu unüberwindbare Barriere den Kontinent. Sie reichte auf 6800 Kilometern von der Barentssee bis zum Schwarzen Meer. Der Zaun stand während der Kubakrise im Jahr 1962. Er stand bei der ersten Mondlandung 1969. Und er stand, als die Supermächte USA und Sowjetunion Deutschland zu einer Abschussbasis ihrer Atomwaffen machten. Wie durch ein Wunder behielten alle einen kühlen Kopf, in Europa kam es zu einer friedlichen Revolution. Die sensibelste Zone des Eisernen Vorhangs, jene zwischen den einstigen Staaten BRD und der DDR, ist 1130 Kilometer lang; 1130 Kilometer, die nachdenklich stimmen.

ist ein wichtiger Sammelplatz für Kraniche vor ihrem Zug in die Winterquartiere. Bei **Lauenburg** treffen wir auf den Elberadweg, dem wir für rund 100 Kilometer folgen. Auch die Elbgrenze wurde von Grenzschutztruppen der DDR zu Lande und zu Wasser überwacht. Was für die Menschen kaum auszuhalten war, hatte Vorteile für die Natur. Denn im Schatten der Grenzanlagen entwickelte sich ein beschaulicher Naturraum, der zum Biosphärenreservat Flusslandschaft Elbe gehört. Das auf fünf Bundesländer verteilte Auenökosystem verfügt über eine Fläche von 3430 Quadratkilometern.

In **Schnackenburg** erinnert ein Grenzlandmuseum an die Teilung Deutschlands. Die Ausstellung präsentiert so-

Hier waren Deutschland und Europa bis zum 18. März 1990 um 11 Uhr geteilt.

wohl Uniformen und Ausrüstung der Grenztruppen der DDR als auch der im Westen eingesetzten Zöllner und Beamten des Bundesgrenzschutzes. Auf dem Boden des ehemaligen Nachbarorts Stresow, der von 1972 bis 1974 durch die »Aktion Ungeziefer« dem Erdboden gleichgemacht wurde, befindet sich eine Gedenk- und Begegnungsstätte. Auch die Elbe überwachten die Grenzschutztruppen der DDR zu Land und Wasser. Dem fiel das auf einer Landzunge gelegene Dorf Rüterberg zum Opfer. Der 300-Seelen-Ort war jahrzehntelang durch einen Zaun von der Außenwelt abgeschnitten. Selbst von der DDR-Seite her konnte man nur durch ein bewachtes Tor eintreten. Die verbliebenen 150 Einwohner beriefen am 8. November 1989 eine Versammlung ein. Dabei schufen sie eine Dorfrepublik nach dem Vorbild der schweizerischen Urkantone. Wie es das Schicksal wollte, war die Berliner Mauer am nächsten Tag Geschichte! Seitdem schmückt sich Rüterberg mit dem Titel »Dorfrepublik 1961–1989«. Am zehnten Jahrestag des historischen Ereignisses wurde in der Heimatstube eine Ausstellung eingerichtet, die Besuchern das Leben des abgeschnittenen Grenzdorfes näherbringt.

Von Oebisfelde zum Point Alpha – 407 km Ungehindert steuern wir heute durch das flache, mit unzähligen Gräben durchzogene platte Land, setzen mehrmals über das Grüne Band von Niedersachsen nach Sachsen-Anhalt und zurück. Zwischen Helmstedt im Westen und Marienborn im Osten durchschnitt einst der bedeutendste Grenzübergang die innerdeutsche Grenze. An dem Punkt, wo nun Fahrzeuge auf der A2 vorbeidonnern, ging es vor Jahrzehnten schleppend voran. Die großen Pkw- und Lkw-Abfertigungsbereiche der Gedenkstätte Deutsche Teilung Marienborn vermitteln ein Bild, wie sich hier Reisende aus Richtung Berlin und Hannover aneinanderreihten. Vorbei an riesigen Braunkohletagebaugruben nähern wir uns dem Grenzdenkmal Hötensleben. Die bedrückende Anlage präsentiert auf einer Länge von 350 Metern all die furchtbaren Schikanen der Grenzbefestigung wie Sichtblendmauer, Autosperren, Wachtürme und das Sicht- und Schussfeld mit Lichttrasse.

Links: Von der Beobachtungsstation Point Alpha aus spähten die Amerikaner die strategisch wichtige «Fuldaer Lücke» aus.

Mitte: Entlang des Eisernen Vorhangs mahnen mehrere Überwachungsanlagen die Teilung Deutschlands an.

Rechts: Ein Straßenschild erinnert an die Teilung Deutschlands.

Little Berlin

In Mödlareuth schaut man rechts auf eine Betonmauer, links auf einen mausgrauen Zaun. Er ragt 2,40 Meter in den Himmel. An kaum einem anderen Ort hat man die deutsche Geschichte so eindrücklich konserviert wie hier. »Little Berlin« tauften es die Amerikaner. Die Häuser auf der einen Seite des Tannbachs stehen in Thüringen und gehörten zu Mödlareuth-Ost; die auf bayerischem Boden zu Mödlareuth-West. Das Auge wandert von den Türmen zu den Warnschildern. Auf einem steht: »Achtung! Bachmitte Grenze Bundesgrenzschutz«. Auf einer Hauswand, von der der Putz abblättert, ist zu lesen: »Diese Grenze ist keine Grenze! Wir sind mitten in DEUTSCHLAND.«

Über 1100 Kilometer verläuft die Radroute entlang der innerdeutschen Grenze – die nächsten haben es in sich. Vor uns baut sich die Mittelgebirgslandschaft des bis zu 1141 Meter hohen Harzes auf, der wie eine große Waldinsel aus dem Norddeutschen Tiefland herausragt. Sein höchster Gipfel, der Brocken, besteht aus Granit. Auf diesem massiven Untergrund breitet sich eine herb-romantische Landschaft mit Hochebenen, Klippen, Tälern und Schluchten aus. In ermüdenden Schleifen steigt der Forstweg das wildromantische Ilsetal hinauf, das durch den Reisebericht »Die Harzreise« des Dichters Heinrich Heine Berühmtheit erlangte. Der deutsch-deutsche Radweg, wie die Route auch genannt wird, klettert weiter bergan und taucht in den urwüchsigen **Nationalpark Harz** ein. Das im Herzen des Bergmassivs gelegene Schutzgebiet umfasst eine Fläche von 24 700 Hektar und mehrere Vegetationszonen, die rund 1000 Farn- und Blütenpflanzenarten beheimaten.

Eine herrliche Abfahrt bringt uns ins Fachwerkstädtchen **Duderstadt**. Drei Kilometer südlich erreichen wir das Grenzlandmuseum Eichsfeld und schnaufen den steilen Kolonnenweg mit Lochplatten hinauf, den eine Zaunanlage und Türme säumen. Oben schweift der Blick über eine weit einzusehende Hügellandschaft. Hinter Bornhagen bricht das Terrain regelrecht ab und senkt sich ins Werratal hinunter, das uns genussvolle 130 Kilometer beschert. Bei Vacha schwenken wir auf den Rhönradweg ein. Er folgt dem Ulster nach Süden und gewährt dabei schöne Ausblicke auf die umliegenden Kuppen. Das »Land der offenen Fernen« trägt seinen Titel zu Recht: Der Blick schweift über baumlose Basaltkuppen und Borstgraswiesen, auf denen die schwarzköpfigen Rhönschafe grasen.

Vom Point Alpha nach Hof – 330 km Auch über 20 Jahre nach dem Fall der Mauer wirkt Point Alpha mit den Umzäunungen der amerikanischen Beobachtungsstation und den Grenzbefestigungen der Deutschen Demokratischen Republik ein wenig bedrohlich. Der strategische Posten diente der Überwachung der »Fuldaer Lücke«, an der die NATO einen Angriff des Warschauer Pakts erwartete. Wo sich einst zwei hochgerüstete Armeen gegenüberstanden, kann man heute eine Gedenkstätte besuchen, die mit Dauerausstellungen das Zeitgeschehen widerspiegelt. Im Dreiländereck von Hessen, Thüringen und Bayern steht bei **Fladungen** mit 800 Metern der höchste Punkt der Fahrradreise auf dem Programm. Hinter dem Biosphärenreservat Rhön führt unser Weg zunächst in tiefere Gefilde, um sich auf dem letzten Abschnitt nochmals in einem kräfteraubenden Auf und Ab nach Osten zu wenden. Hierbei gilt es, den Höhenrücken des Franken- und Thüringer Waldes zu bezwingen.

Wir erreichen einen kleinen Friedhof im Heldburger Land, im äußersten Süden Thüringens. Infotafeln verraten, dass hier einst das Dorf Billmuthausen lag. Bayern ist 500 Meter entfernt – zu nah nach Meinung der einstigen SED-Spitze. Bei der »Aktion Ungeziefer« verloren Tausende Menschen ihre Heimat. Sie wurden umgesiedelt, ihre Häuser geschleift. Beim Lesen einer Infotafel zum Grenzweg fällt Punkt acht auf: Die DDR-Grenztruppen vergruben über 1,3 Millionen Minen an der innerdeutschen Grenze. Manche hat man bis heute nicht entdeckt; sie schlummern noch ihren trügerischen Schlaf. Nachdenklich tritt man wieder in die Pedale, folgt dem Rennsteig und quert bei **Blankenstein** den Fluss Saale.

Das Fränkische Freilandmuseum Fladungen erinnert an vergangene Tage.

Am **Dreiländereck**, jener Stelle, wo einst BRD, DDR und Tschechoslowakei aufeinandertrafen, greift man zur Fahrradbremse. 1130 Kilometer stecken in den Beinen. Vor uns schwingt sich eine schmale Brücke über die südliche Regnitz. Wir erinnern uns an die einzelnen Stationen der Radroute: Ostsee, Elbe, Harz, Werratal, Rhön, Rennsteig, Thüringisch-Fränkisches Mittelgebirge. Die Schicksale der Flüchtlinge und die Gedenkstätten brannten sich gleichermaßen unterwegs ins Gedächtnis. Ein Kreuz für Heinz Josef Große; eines für Hans-Friedrich Franck und am Priwallstrand eines für die Opfer der Seegrenzen. Was sie getan hatten? Sie wollten in den Westen – in die Freiheit.

Im Herbst verfärben sich die Wälder im Werratal.

21 Spreeradweg

Spreewaldromantik und Großstadtdschungel

leicht   394 km

CHARAKTER
Der Spreeradweg ist flach und die
sehr ruhige Route punktet durch
gute Fahrwege.

AUSGANGSORT
Kottmarwald bzw. Ebersbach Bhf.

ENDPUNKT
Berlin/Brandenburger Tor; zurück
3 Std. mit dem Zug.

WEGMARKIERUNG
Schilder mit den drei Spreequellen
sowie dem Routenverlauf vom
Lausitzer Bergland nach Berlin.

E-BIKE
E-Bike-Verleih über www.
radwandern-oberlausitz.de.

INFORMATION
TMB Tourismus-Marketing
Brandenburg, Am Neuen Markt 1,
14467 Potsdam, Tel. 0331/200 47
47, www.reiseland-brandenburg.de;
Marketing Gesellschaft Oberlausitz-
Niederschlesien, Humboldtstraße
25, 02625 Bautzen, Tel. 03591/
487 70, www.radwandern-
oberlausitz.de; Sachsen-Tourismus,
Bautzener Str. 45/47, 01099
Dresden, Tel. 0351/491 70 0,
www.sachsen-tourismus.de; Berlin
Tourismus Marketing GmbH,
Am Karlsbad 11, 10785 Berlin,
Tel. 030/25 00 23 33,
www.visitberlin.de

Wer an die knapp 400 Kilometer lange Spree denkt, der
hat sofort Bilder des Spreewaldes mit seinem Labyrinth
aus Kanälen im Kopf, auf dem Touristenkähne gemächlich vorwärtsziehen. Auch auf den ersten Teilstücken säumen unverbaute Naturlandschaften den Reiseweg. Da
wirkt das Reiseziel Berlin fast schon wie aus einer anderen Welt.

**Lübbenau wird von unzähligen Was-
sergräben durchzogen, die man auf
einer Bootstour kennenlernen kann.**

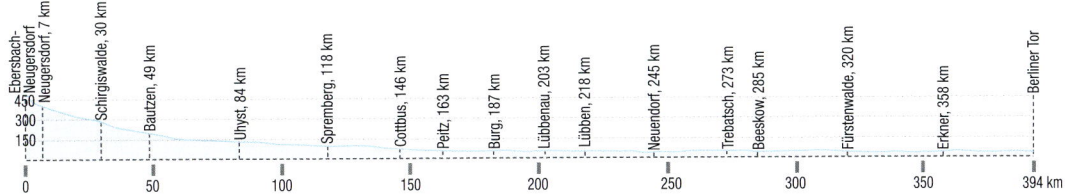

Eberbach-
Neugersdorf
Neugersdorf, 7 km
Schirgiswalde, 30 km
Bautzen, 49 km
Uhyst, 84 km
Spremberg, 118 km
Cottbus, 146 km
Peitz, 163 km
Burg, 187 km
Lübbenau, 203 km
Lübben, 218 km
Neuendorf, 245 km
Trebatsch, 273 km
Beeskow, 285 km
Fürstenwalde, 320 km
Erkner, 358 km
Berliner Tor

450
300
150

0   50   100   150   200   250   300   350   394 km

Von Eibau nach Spremberg – 118 km Gleich drei Quellen speisen den Fluss **Spree**. Als Startpunkt des rund 400 Kilometer langen Radwegs hat man die höchstgelegene Spreequelle im Kottmarwald gewählt, die eine halbkreisförmige Steinmauer umfasst. Das erste Teilstück durch das **Lausitzer Bergland** ist ausgesprochen malerisch. Wir steuern durch eine wellige Mittelgebirgslandschaft mit sattgrünen Wiesen, aus der reizvolle Waldinseln herausragen. In den Talsenken ducken sich kleine Dörfer mit prächtigen Umgebinde-häusern. Zu erkennen sind die liebevoll gepflegten Gebäude an ihrer baulichen Trennung von Stubenkörper und Dach. Die traditionelle Architektur, bei der Fachwerk- und Blockbauweise ineinander verschmelzen, geht auf das 15./16. Jahrhundert zurück und ist in der Oberlausitz, der Sächsischen Schweiz, in Schlesien und Nordböhmen verbreitet. Ein Schmuckstück stellt das Reiterhaus in Neusalza-Spremberg dar. Das denkmalgeschützte Hauptgebäude entstand um 1660 und gewährt als Heimatmuseum Einblick in die Lebensweise der Oberlausitzer Bevölkerung des 19. Jahrhunderts.

Mittlerweile sind die kurzen Anstiege der ersten Kilometer gemeistert und man folgt relaxed dem gewundenen Wasserlauf, der langsam breiter wird. Bald taucht über den Feldern und Wiesen die Silhouette von **Bautzen** auf, die vom himmelstrebenden Dom St. Petri bestimmt wird. Die 1000-jährige Stadt ist das politische und kulturelle Zentrum der Sorben in der Oberlausitz. Die sorbischen Bewohner der Lausitz sind Nachfahren jener slawischen Stämme, die im 6. Jahrhundert aus dem Ostenin, das damals größtenteils unbewohnte Gebiet nördlich des Erzgebirges, kamen. Zwei Stämme wurden sesshaft, die Ober- und die Niedersorben. Das kleinste slawische Volk überstand Fremdherrschaft, Kriege und Diktaturen und bewahrte seine Sprache bis heute. Doch diese zählt zu den bedrohten Sprachen der Welt. Damit Sorbisch weiterlebt, gibt es u. a. ein eigenes Radioprogramm, eine sorbische Tageszeitung und das Witaj-Projekt, das mit Aktivitäten in Kindergärten und Schulen die zweisprachige Sprachvermittlung fördert.

Links: Prächtige Bürgerhäuser umrahmen den Marktplatz von Cottbus.

Rechts: Abendstimmung in Bautzen

Zur Identität der Sorben gehört auch die wertvolle Tracht, und die zweisprachige Lausitz ist das größte geschlossene Trachtengebiet in Deutschland. Bei Hochzeiten und kirchlichen Feiertagen trägt man gerne die traditionellen Kleider.

Die thematische Radtour »Sorbische Impressionen« (60 Kilometer) verläuft durch das Siedlungsgebiet der Sorben im brandenburgischen Teil und im sächsischen Teil der Lausitz. Die Strecke führt vorbei an Sehenswürdigkeiten, Museen und Heimatstuben, die von der Geschichte und Gegenwart dieses Volksstammes erzählen. Bautzen ist zudem die Stadt der Türme. Den schönsten Blick hat man von der Friedensbrücke: Zwischen den drei Rundbögen zieht die Spree gen Norden davon. Der Fluss hat ein Steilufer ausgewaschen. Darüber ragen sieben massive Türme in den Himmel. Sie gehören zu Kirchen, zur Ortenburg und zur »Alten Wasserkunst«. Diese ist das Wahrzeichen der Stadt und galt im Mittelalter als eine technische Glanzleistung. Das Besondere daran ist, dass man Ende des 15. Jahrhunderts das Spreewasser mit einer Kolbenpumpe von diesem Gebäude in die Altstadt leitete. Bautzen erlangte zu DDR-Zeiten schmerzliche Berühmtheit, denn es gab hier zwei große Gefängnisse. Die Haftanstalt Bautzen II mahnt als Gedenkstätte an die vergangene Zeit.

Viele Orte, die an alten Handelswegen liegen, sind heute Stationen von Radwegen. So führt auch die Sächsische Städteroute durch Bautzen. Das prächtige Stadtbild wird durch die Talsperre Bautzen abgelöst, die ein beliebtes Naherholungsgebiet der Region ist. Nun tauchen Radler in die topfebene Oberlausitzer Heide- und Teichlandschaft ein. Das grüne Waldmeer mit seinen unzähligen Seebecken ist als UNESCO-Biosphärenreservat geschützt. In der von Menschen in Jahrhunderten gestalteten Kulturlandschaft finden besonders Glockenheide, Moorveilchen und Sonnentau ideale Wachstumsbedingungen. Der 260 Kilometer umfassende Froschradweg erschließt auf einem Rundkurs die Teichlandschaft für Tourenradler. Vorbei am Braunkohlebergbau Nochten geht es ins Zentrum von Spremberg hinein, das bereits auf Brandenburger Terrain liegt.

Tropenparadies auf 66 000 Quadratmetern

Westlich von Krausnick erhebt sich auf dem Flugplatz Brand weithin sichtbar die größte freitragende Halle der Welt. In dem ursprünglich für die Unterbringung von Transportluftschiffen errichteten Hangar feierte man im Dezember 2004 die Einweihung von Europas größter tropischer Urlaubswelt Tropical Islands. Sie ist in die Themenbereiche Südsee, Bali-Lagune, Regenwald, tropisches Dorf, Kinderspielwelt und Rainforest Camp unterteilt. Für die stilechte Vegetation sorgen rund 50 000 Pflanzen, Büsche und Bodendecker, die sich rund um den riesigen Wasserrutschenturm verteilen.

Von Spremberg nach Lübbenau – 85 km Auch Spremberg ist eine Topadresse für Radler. Gleich drei weitere Radfernwege wie die Niederlausitzer Bergbautour (510 Kilometer), die Tour Brandenburg (1111 Kilometer) und der Fürst-Pückler-Weg (503 Kilometer) machen in dem Historienstädtchen Station. Die Spree spaltet sich südlich der Altstadt in zwei Arme auf und umschlingt den Kern Sprembergs, wo die Kreuzkirche und das Rathaus aufragen. Sechs Radkilometer nördlich bremst die Talsperre Spremberg den Lauf der Spree. Der große Stausee schirmt das Wasser mit einer 2,2 Kilometer langen Mauer ab und dient vorrangig zum Schutz des von Hochwasser bedrohten Spreewaldes. Längs des Radwegs, der dem westlichen Ufer folgt, laden immer wieder schöne Rast- und Badestellen zum Verweilen ein. Mitten in der Brandenburger Weite erreichen wir die nächste Großstadt: **Cottbus** mit dem Branitzer Park. Die gepflegte Grünanlage ist eine Schöpfung des berühmten Gartengestalters Fürst Hermann von Pückler-Muskau, der hier seinen Lebensabend verbrachte und als Grablege die große Wasserpyramide errichten ließ. Unsere Radroute durchläuft vor den Toren der Stadt die Peitzer Teiche, knickt dort nach Westen ab und hält zusammen mit dem 250 Kilometer langen Gurken-Radweg auf den **Spreewald** zu.

Von Lübbenau nach Fürstenwalde – 117 km Nun verzweigt sich die **Spree** in Hunderte kleine Seitenarme und Kanäle. Wir sind in der Niederungslandschaft des Spreewaldes. Seit 1990 ist die Kulturlandschaft mit ihren artenreichen Feuchtwiesen, in denen sich Weißstörche und Fischotter wohlfühlen, und Wäldern als Biosphärenreservat der UNESCO anerkannt. Der scheue Wassermarder hat hier eines seiner letzten natürlichen Reproduktionsgebiete in Europa, denn die Spreewaldfließe bieten ihm ideale Lebensbedingungen: Verstecke, Rastplätze und ein reiches Nahrungsangebot. Obwohl nur mit ganz viel Glück zu entdecken, ist er nahezu im gesamten Gewässernetz zu Hause. Insgesamt sind im Spreewald rund 6000 Tier- und Pflanzenarten heimisch. Lübbenau nennt man die »Heimliche Hauptstadt des Spreewaldes«.

Hier lohnt es sich, vom Rad abzusteigen, um die Auen- und Moorlandschaft mit ihren unzähligen Wasserläufen per Kahn zu erkunden. Die Hauptsaison für Kahnfahrten dauert von April bis Oktober. Während dieser Zeit legen die Kähne im Stundentakt ab. Für eine Fahrt sollte man ca. zwei bis drei Stunden einplanen, spezielle Themenkahnfahrten können auch länger dauern. Wer gerne auf eigene Faust in das weitverzweigte Netz an Fließen eintauchen möchte, leiht sich ein Paddelboot. Rund um Lübbenau befindet sich außerdem das Anbaugebiet für den Exportschlager der Region – die Spreewaldgurke.

Bevor wir uns wieder auf die Route begeben, lohnt ein Abstecher in das zwei Kilometer entfernte, unter Denkmalschutz stehende Spreewalddorf Lehde. Theodor

Ein Hochwasser der Spree überspült den Radweg.

Fontane schrieb über diesen Ort: »Es ist eine Lagunenstadt im Taschenformat, ein Venedig, wie es vor 1 500 Jahren gewesen sein mag ...« Das Freilandmuseum mit den altsorbischen Bauernhäusern gewährt zusammen mit der Trachtenausstellung, der Kahnbauerei und dem Gurkenmuseum Einblicke in die Lebensweise der Spreewaldbewohner vor über hundert Jahren. Hinter dem Spreewald bahnt sich der Fluss in sanften Schwüngen seinen Weg durch üppige Au- und Heidewälder nach **Fürstenwalde**.

Von Fürstenwalde nach Berlin – 74 km Die im Seenland Oder-Spree gelegene Stadt blickt auf eine über 700-jährige Geschichte zurück und wurde aufgrund der Flusslage zu einem Warenumschlagsplatz. Das beachtenswerteste Bauwerk ist der Dom St. Marien, dessen Neuaufbau 1446 begann. Nebenan befindet sich das Museum Fürstenwalde. Die Ausstellung befasst sich mit den letzten 10 000 Jahren in der Gegend. Besucher erwartet hier eine der größten Geschiebesammlungen Europas. In Fürstenwalde sichten wir die Radwegschilder der Oder-Spree-Tour (237 Kilometer), die als Rundkurs zwei Naturparks verbindet. Die Spree knickt gen Westen ab und führt uns in das Müggelspree-Löcknitzer Wald- und Seengebiet.

Allmählich geht es in den Berliner Speckgürtel hinein. Die Stadtlandschaften nehmen zu, doch die Natur hält mit dem Dämeritzsee und dem Großen Müggelsee ein letztes Mal dagegen. Ab hier begleitet der Europa-Radweg R1 den Spreeradweg. In **Köpenick** nimmt die Spree den Fluss Dahme auf. Anziehungskraft genießt das Schloss Köpenick, in dem 2004 ein Kunstgewerbemuseum eingerichtet wurde. In den Flügeln der zwischen 1677 und 1689 fertiggestellten Residenz sind Werke der Raumkunst aus Renaissance, Barock und Rokoko zu sehen. Komplettiert wird die Reise von Zimmer zu Zimmer durch kostbare Porzellanarbeiten, Tafelaufsätze und wechselnde Ausstellungen. Berühmtheit erlangte Köpenick vor allem wegen seines Rathauses, das im Jahr 1906 Schauplatz eines besonders dreisten Handstreichs war. Damals verkleidete sich der arbeitslose 57-jährige Schuster Friedrich Voigt als Hauptmann, stürmte das jüngst erbaute Rathaus und raubte die Stadtkasse. Vor der Fassade des Backsteinbaus erinnert heute eine Statue an die mehrmals verfilmte Geschichte um den »Hauptmann von Köpenick«.

Wir rollen durch grüne Parks, überschreiten die von Zwillingstürmen gekrönte Oberbaumbrücke und erreichen kurz nach der East Side Gallery das Stadtzentrum von Berlin, das man zu Fuß und per Fahrrad erkunden kann. Die Spree schlängelt sich durch das Regierungsviertel und hält westlich des Großen Tiergartens auf die Havel zu. Die Mündung wird von der Zitadelle Spandau bewacht. Dort endet die Radreise nach 400 Kilometern. Wer noch nicht genug hat, der folgt anschließend dem Havel-Radweg, via Potsdam, Werder, Brandenburg an der Havel und Havelberg bis zur Elbe.

Der Fluss Spree durchströmt mit einem reizvollen Bogen das moderne Regierungsviertel von Berlin.

Die Spreemetropole Berlin
....

Berlin bietet Besuchern eine Vielfalt an Sehenswürdigkeiten:
Brandenburger Tor: Symbol der deutschen Trennung und Wiedervereinigung
Unter den Linden: altes Herzstück Berlins
Berliner Dom: bedeutendster protestantischer Kirchenbau Deutschlands
Berliner Fernsehturm: mit 368 Metern höchstes Bauwerk des Landes
Nikolaikirche: liegt im Nikolaiviertel, dem Ursprung Berlins
Rotes Rathaus: Sitz des regierenden Bürgermeisters von Berlin
Museumsinsel: seit 1999 UNESCO-Weltkulturerbe
Gendarmenmarkt: einer der schönsten Plätze Berlins
Checkpoint Charlie: bekanntester Grenzübergang der Mauer
Topographie des Terrors: Dokumentationszentrum über die NS-Zeit
Potsdamer Platz: pulsierendes Zentrum
Holocaust-Mahnmal: Denkmal für die ermordeten Juden Europas
Tiergarten: die grüne Lunge der Metropole
Siegessäule: herrlicher Panoramablick von der Aussichtsplattform
Schloss Bellevue: Amtssitz des Bundespräsidenten
Reichstag: mit der gläsernen Kuppel als Besuchermagnet

22 Fürst-Pückler-Weg

Eine Landschaft im Wandel

leicht   503 km

CHARAKTER
Großer Rundkurs durch eine sehr stille Fahrradregion auf meist gut ausgebauten Radwegen in leicht welliger Landschaft.

AUSGANGSORT
Cottbus Bhf.

ENDPUNKT
Cottbus Bhf.

WEGMARKIERUNG
Die blau-weißen Wegschilder zeigen ein um 45 Grad gekipptes Viereck mit der Fürst-Pückler-Pyramide.

E-BIKE
E-Bike-Verleih über www.fuerstpuecklerweg.de.

INFORMATION
TMB Tourismus-Marketing Brandenburg GmbH, Am Neuen Markt 1, 14467 Potsdam, Tel. 0331/200 47 47, www.reiseland-brandenburg.de; www.radeln-in-brandenburg.de; Tourismusverband Elbe-Elster-Land e.V., Schlossplatz 1, 03253 Doberlug-Kirchhain, Tel. 035322/688 85 16, www.elbe-elster-land.de; Tourismusverband Lausitzer Seenland, Am Stadthafen 2, 01968 Senftenberg, Tel. 03573/725 30 00, www.lausitzerseenland.de

Er unternahm im 18. Jahrhundert ausgedehnte Reisen in den Orient, hinterließ eines der schönsten Schlösser Deutschlands und wählte eine Pyramide als Begräbnisstätte. Die Rede ist von Hermann von Pückler-Muskau. Dem Lebemann zu Ehren richtete man im Rahmen der Internationalen Bauausstellung eine Radroute durch die Lausitz ein, die Lebensstationen des Grafen verbindet.

Von Cottbus nach Senftenberg – 166 km Cottbus, an der mittleren Spree gelegen, ist ein idealer Startpunkt der Rundreise auf den Spuren von Hermann von Pückler-Muskau. Die mit 100 000 Einwohnern nach der Landeshauptstadt Potsdam zweitgrößte Stadt Brandenburgs blickt auf eine lange Besiedelung zurück, die bis in die Germanenzeit zurückreicht. Eine wirtschaftliche Blüte erlebte der Ort mit der Ansiedlung französischer Hugenotten im 18. Jahrhundert. Sie brachten neue Erwerbszweige wie die Strumpfwirkerei, die Gerberei, die Konditorei und die Tabakverarbeitung mit. Wer heute über den historischen Altmarkt spaziert, dem fallen die klassizistischen Traufenhäuser aus dem 18. und 19. Jahrhundert auf. Zu den weiteren Sehenswürdigkeiten zählen das im Spätjugendstil er-

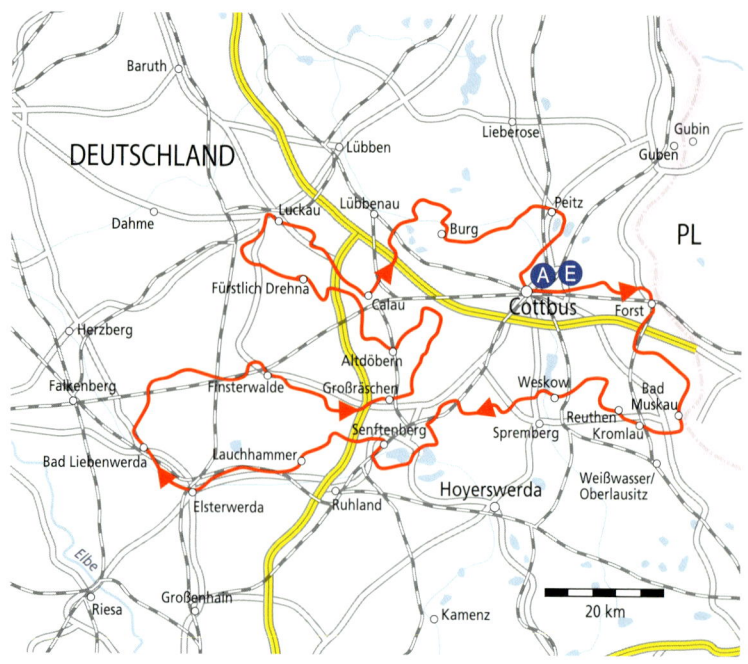

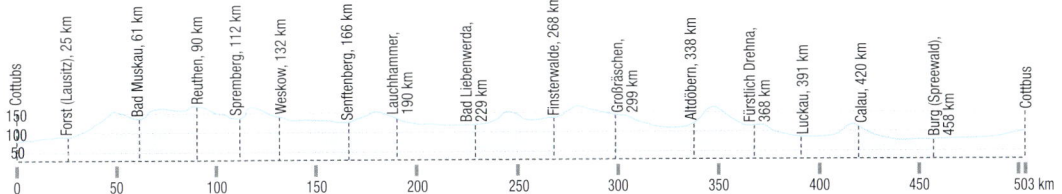

Cottbus | Forst (Lausitz), 25 km | Bad Muskau, 61 km | Reuthen, 90 km | Spremberg, 112 km | Weskow, 132 km | Senftenberg, 166 km | Lauchhammer, 190 km | Bad Liebenwerda, 229 km | Finsterwalde, 268 km | Großräschen, 299 km | Altdöbern, 338 km | Fürstlich Drehna, 368 km | Luckau, 391 km | Calau, 420 km | Burg (Spreewald), 458 km | Cottbus

150
100
50

0   50   100   150   200   250   300   350   400   450   503 km

baute Staatstheater, der dreischiffige Backsteinbau der Oberkirche St. Nikolai und das im Jahre 1973/74 eröffnete Raumflugplanetarium »Juri Gagarin«. Hinter dem Stadtzentrum kommen wir in den weitläufigen Branitzer Park, der zweiten Park-schöpfung von Hermann Fürst von Pückler-Muskau. Vollendet wurde die Anlage im Jahr 1888 von seinem Vetter Heinrich Graf von Pückler. Das zwischen 1770 und 1772 im Barockstil errichtete Schloss beherbergt ein Fürst-Pückler-Museum. Im Inne-ren versetzen uns historische Wohnräume und eine Ausstellung zum Leben und Werk des Fürsten in die vergangene Zeitepoche.

Die Fahrradroute läuft zunächst nach Osten und geleitet uns durch ein ansprechen-des Waldgebiet zum aktiven Braunkohletagebau Jänschwalde. Fassungslos und zu-gleich fasziniert blicken wir in eine zerfurchte Canyonlandschaft, durch die sich rie-sige Abraumbagger fressen. Bisher verloren alleine wegen dieser 6015 Hektar großen Abbaustätte die Bewohner von fünf Orten ihre Heimat. Das südliche Abraumbecken flutet man aktuell. Wo einst das Dorf Klinge stand, wird sich zukünftig der Klinger See ausbreiten. Als mahnendes Zeugnis hat man nahe der Abbruchkante ein Rau-britter tor nachgebildet. Unweit davon wurde 2008 das Freilichtmuseum Zeitsprung eingeweiht, das neben geologischen Daten der Eemwarmzeit Wissenswertes über

Basaltbrücke im Azaleen- und Rhodo-dendronpark Kromlau.

das 1903 gefundene Klinger Mammut verrät. Zwölf Kilometer entfernt lohnt das Brandenburgische Textilmuseum in Forst zur nächsten Besichtigungstour. Der Mittelpunkt der Ausstellung ist eine Tuchmacherschauwerkstatt mit einem Maschinenpark von 1900 bis 1950.

Wir folgen dem gewundenen Streckenverlauf durch verschlafene Dörfer, kommen durch die Gosdaer Heide und treffen auf den Oder-Neiße-Radweg, der uns in den Fürst-Pückler-Park von **Bad Muskau** hineinführt. Das UNESCO-Welterbe breitet sich beiderseits der Neiße aus. Mit seinen 830 Hektar Fläche ist er der größte Landschaftspark Zentraleuropas im englischen Stil. Voller Baumriesen, malerisch angelegter Seen und Blumenbepflanzungen. Die Wege in Brandenburg und der polnischen Woiwodschaft Lebus kann man gut mit dem Fahrrad erkunden. Vorbei am Neuen Schloss Muskau verlassen wir auf einem ansteigenden Radweg die Talsenke. Wenig später verleitet uns der Rhododendronpark in **Kromlau** zu einem weiteren Stopp. Das Schmuckstück der 160 Hektar großen Grünanlage ist die mit Basaltsteinen errichtete Rakotzbrücke, die sich bei Windstille perfekt in einem Wassergraben spiegelt und ein beliebtes Fotomotiv abgibt. Am schönsten sind die immergrünen Rhododendronsträucher zur Blütezeit im Mai und Juni.

Auch auf den anschließenden Kilometern bis zur Spree nach Spremberg bewahrt sich der Radweg seinen ländlichen Charakter. Wir radeln durch kleine Siedlungen und tauchen ein in duftende Kiefernwälder. Wie gut die Region für Radler erschlossen ist, zeigt sich an den vielen Themenradwegen, die durch die Lausitz führen. Alleine in **Spremberg** überschneiden sich mit dem Spreeradweg, der Niederlausitzer Bergbautour und der 1111 Kilometer langen Tour Brandenburg gleich drei weitere Strecken. Im Norden schließen sich der Gurkenradweg und die Kranichtour an. Im Süden ver-

sprechen der Froschradweg und die Sächsische Städteroute spannende Reisetage. Wem das noch nicht reicht, der findet mit dem Schwarze-Elster-Radweg eine ruhige Flussroute. Spremberg ist ein gemütlicher Ort mit einer auf der Spree-Insel errichteten Altstadt und einem sehenswerten Schloss, in dem das Niederlausitzer Heidemuseum untergebracht ist. Westlich der Stadt bietet sich ein Abstecher zum Tagebau Welzow-Süd an. Von einem Aussichtshügel blicken wir auf eine kahle, grauschwarze Mondlandschaft, durch die gelbe Lkws wie Spielzeugautos steuern. Laut offiziellen Angaben werden hier jährlich bis zu 20 Millionen Tonnen Braunkohle der Erde abgerungen. Technikbegeisterte Radler können an einer geführten Tour teilnehmen und auf Tuchfühlung mit den gigantischen Maschinen gehen.

Was nach den schweren Eingriffen in die Natur mit den riesigen Braunkohlegruben geschieht, sehen wir auf den nächsten Kilometern. Der Asphaltradweg schlängelt sich ansprechend zwischen dem Sedlitzer See und dem Partwitzer See hindurch. Hier klafften vor Jahren noch kahle Tagebaugruben wie Wunden in der Natur. Im Rahmen der Internationalen Bauausstellung (IBA) Fürst-Pückler-Land nahm man von 2000 bis 2010 25 Projekte in Angriff.

Links: Die Festung Senftenberg wurde auf den Mauern einer mittelalterlichen Wasserburg erbaut.

Rechts: Der Halbendorfer See ist ein beliebtes Badegewässer.

Hymne »Schöne Lausitz«

Nach der Völkerwanderung waren weite Landstriche zwischen Saale und Neiße dünn besiedelt. Ab dem 8. Jahrhundert ließen sich slawische Stämme in der Lausitz nieder. Die Sorben, auch Wenden genannt, pflegen ihre eigenständige Kultur mit einer prachtvollen Festtagstracht, einer eigenen Fahne und der Hymne »Schöne Lausitz«. Allgegenwärtig sind die charakteristischen Dörfer und die Mehrsprachigkeit in Kirchen, Museen und Heimatstuben. Als Radler fallen einem auch die zweisprachigen Orts- und Straßenschilder auf. Dort steht Chóśebuz neben Cottbus, Grodk neben Spremberg und Łukow neben Luckau.

Das Erbe Fürst Pücklers

»Wer mich ganz kennenlernen will, muss meinen Garten kennen, denn mein Garten ist mein Herz.« Diesen Satz prägte der 1785 auf Schloss Muskau geborene Fürst. Er war ein Weltenbummler und erfolgreicher Schriftsteller. In England entdeckte Pückler die prachtvollen Parks und legte solche in der Lausitz an. Seine im englischen Stil gestalteten Gärten in Bad Muskau und Schloss Branitz bei Cottbus zählen zu den Höhepunkten der Landschaftsarchitektur des 19. Jahrhunderts. Den Bemühungen von Deutschland und Polen ist es zu verdanken, dass die UNESCO die Grünflächen 2004 in die Liste des Welterbes aufnahm.

Ziel war es, den Landschafts- und Strukturwandel in der Lausitz zu gestalten. Unter anderem entsteht hier aktuell die größte künstlich geschaffene Seenplatte Europas – das Lausitzer Seenland. Weitere Themen waren die ENERGIE-Route Lausitzer Industriekultur und der 2005 eingeweihte Fürst-Pückler-Weg, der alle anderen Zukunftsprogramme auf seinem Rundkurs ansteuert. Der Radweg schwenkt gen Westen, passiert den Geierswalder See und den Senftenberger See.

Von Senftenberg nach Großräschen – 132 km Senftenberg bietet mit der Renaissancefestung und dem angrenzenden Schlosspark nicht nur zwei lohnende Ziele, sondern liegt auch wunderschön am gleichnamigen See. Nach einem kurzen Stück an der Seite des Flusses Schwarze Elster zeichnen sich am Horizont unverkennbar die markanten Biotürme von Lauchhammer ab. Wie überdimensionale Mahnmale stehen sie im Gelände und erinnern an die ehemalige Braunkohlegroßkokerei. Auf dem einstmals 122 Hektar großen Areal produzierten ca. 15000 Arbeiter in mehreren Arbeitsschritten Koks. Während in Lauchhammer nur Teile des Industriekomplexes erhalten sind, trifft man im Dorf Plessa auf ein komplett bewahrtes Braunkohlekraftwerk, das zu den ältesten Europas gehört. Die »Kathedrale der Arbeit« blieb 65 Jahre im Dauerbetrieb am Netz. Heutzutage dokumentiert sie anschaulich die Arbeitswelt zwischen 1927 und 1992.

Vorbei am barocken Schloss Elsterwerda geht es durch die offene Landschaft mit ihren Feuchtwiesen. Die flussnahe Strecke bis Bad Liebenwerda bietet Radelgenuss

Fürst Hermann von Pückler-Muskau ließ sich im Branitzer Park in einer Pyramide mitten im Wasser bestatten.

pur. Sie ist flach und still. In die unter Vogt Otto von Ileburg 1231 erstmals urkundlich erwähnte Siedlung Liebenwerda kommen von 1905 an Gäste zur Erholung. Das Herz des Ortes schlägt im direkt am Flussufer gelegenen Kurviertel. Dort befinden sich der Lubwartturm und das Kreismuseum. Die Ausstellung präsentiert Funde aus der Ur- und Frühgeschichte. Dazu werden das Handwerk, die Volkskunst und die Naturlandschaft des Schwarzen-Elster-Landes erklärt. Nach einem Spaziergang durch den Kurort steuern wir den Naturpark Niederlausitzer Heidelandschaft an. Der 484 Quadratkilometer große Park umfasst weite Waldstreifen mit

Kiefern und Traubeneichen. Dazwischen breiten sich Freiflächen mit violett blühender Besenheide aus.

Die Sängerstadt Finsterwalde ist der nächste Stopp. Dort gruppieren sich klassizistische Gebäude aus dem 16./17. Jahrhundert um den rechtwinkligen Marktplatz. Von hier aus sind es zehn Kilometer im Radsattel bis zu einem besonderen Industriedenkmal – der Förderbrücke F-60. Der Stahlgigant hat eine Länge von 502 Metern, ist 80 Meter hoch und 240 Meter breit. Errichtet wurde der 11 000 Tonnen schwere Dinosaurier zu DDR-Zeiten. Er war lediglich ein Jahr im Einsatz. Das als liegender Eiffelturm bezeichnete Monstrum kann man im Rahmen einer luftigen Besuchertour bestaunen. Der Radweg geleitet uns wieder an stillgelegten Tagebaugruben vorüber, die sich wie tiefe Narben durch die Erde ziehen. An anderen Stellen ist man schon weiter und hat die Becken bereits geflutet.

Von Großräschen nach Cottbus – 205 km

Wir nehmen Kurs auf Altdöbern, wo ein großzügiger Schlosspark mit altem Baumbestand zu einer Rast einlädt. Danach geht es durch den Naturpark Niederlausitzer Landrücken. Das kohlenhaltige Naturparkareal umfasst eine wellige Endmoränenlandschaft, die auf die Saale-Kaltzeit zurückgeht. Durch ein für den motorisierten Verkehr gesperrtes Waldgebiet rollen wir in das Luckauer Becken, das in den Frühjahrs- und Herbstmonaten ein ganz besonderes Naturschauspiel bietet, wenn sich auf den Wiesen und Feldern der umliegenden Dörfer bis zu 4000 Kraniche und Zehntausende Gänse einfinden. Für Tierfreunde wurden Beobachtungstürme eingerichtet, von denen man den Zugvogelsammelplatz gut einsehen kann.

Hinter der Stadt **Calau** erreichen wir die ringförmige Slawenburg Raddusch. Als der slawische Stamm der Lusitzi in der

Der Bau der Universitätsbibliothek in Cottbus wurde 2007 mit dem Deutschen Architekturpreis ausgezeichnet.

Lausitz (Sumpfland) heimisch wurde, errichtete die Landbevölkerung zahlreiche Fluchtburgen. Bei dem modernen Nachbau des IBA-Projekts 22 »Burgenbauer aus früheren Welten« hat man sich äußerlich an die ursprüngliche Holz-Erde-Konstruktion gehalten. Im Inneren der von einem Wassergraben umgebenen Wehranlage spannt eine Ausstellung den Bogen von der Steinzeit bis ins Mittelalter. Der Fürst-Pückler-Weg verläuft nun durch das wasserreiche Biosphärenreservat Spreewald, wendet sich auf der Höhe der Peitzer Teiche nach Süden und folgt der Spree stromaufwärts nach Cottbus, wo sich unser erlebnisreicher Rundkurs schließt.

23 Saaleradweg

Naturidylle am blauen Band

mittel   415 km

CHARAKTER
Die Radtour auf Naturwegen mit
Schotter und Asphalt ist im Thüringer Schiefergebirge anspruchsvoll,
ab Saalfeld familienfreundlich.

AUSGANGSORT
Zell im Fichtelgebirge bzw.
Schwarzenbach Bhf.

ENDPUNKT
Barby; zurück 5 Std. mit dem Zug
ab Schönebeck (Elbe).

WEGMARKIERUNG
Weißes Schild mit der Überschrift
»Saale«, darunter der blaue Fluss
und ein Radfahrer.

E-BIKE
Ein E-Bike ist sinnvoll, Infos über
www.fahrradverleih-in-thueringen.de.

INFORMATION
Saaleradweg e. V., Am Anger 15,
07743 Jena, Telefon 036601/
90 52 06, www.saaleradweg.de;
Thüringer Tourismus GmbH,
Willy-Brandt-Platz 1, 99084 Erfurt,
Tel. 0361/374 20, www.
thueringen-tourismus.de;
www.radroutenplaner.thueringen.de;
Marketinggesellschaft des
Landes Sachsen-Anhalt, Am Alten
Theater 6, 39104 Magdeburg,
Tel. 0391/56 8 99 88,
www.sachsen-anhalt-tourismus.de

Deutsche Geschichte im Zeitraffer, Wälder und Weinberge: Das Saaletal ist ein Traum und es könnte Ihnen
passieren, dass Sie am Reiseziel wehmütig werden.
Wieso? Weil Sie die Landschaften lieb gewonnen haben. Weil Sie die herzhafte Küche vermissen. Vielleicht
auch weil es unterwegs so ruhig war.

Von Zell im Fichtelgebirge nach Saalburg – 83 km Im Fichtelgebirge beginnen vier Flüsse ihren Lauf. Allen kann man mit dem Fahrrad folgen.
Die Eger steuert ostwärts nach Tschechien hinein. In die Gegenrichtung
fließt der Main; die Haidenaab verschlägt es nach Süden, zur Donau hin.
Und die Saale zieht zur Elbe. Am Nordwesthang des Waldsteins plätschert in 707 Meter Höhe ihre Quelle aus einem gefassten Granitstein-
becken. Den hier in Bayern geläufigen Flussnamen Sächsische Saale
wählte man zur Unterscheidung mit der westlich fließenden Fränkischen
Saale. Die Bezeichnung bedeutet so viel wie Salzfluss. Wir lassen die Räder genüsslich rollen, kommen aus dem Wald ins Freie und fahren durch
eine reizvolle Feld- und Wiesenlandschaft nach Schwarzenbach. Dort legen Junggebliebene im Erika-Fuchs-Haus – Museum für Comic und
Sprachkunst einen Stopp ein. Frau Erika Fuchs wohnte von 1933 bis 1984

In den Saalfelder Feengrotten
kann man in eine magische Unterwelt eintauchen.

138

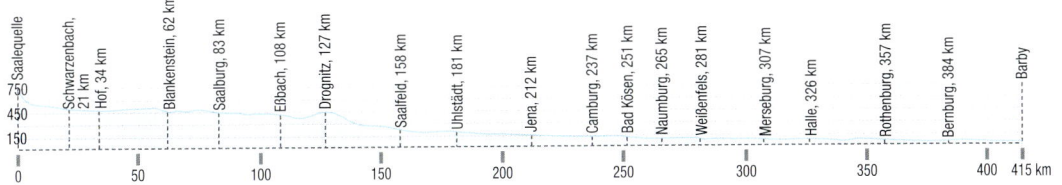

hier in **Schwarzenbach an der Saale** und übersetzte von 1951 bis 1988 das deutsche Micky-Maus-Heft. Um die Sprache der Zeit anzupassen, reiste sie häufig nach Schulschluss im Zug umher und verarbeitete den Slang der Jugendlichen. Im ersten Stock zeigt die Dauerausstellung Szenen aus dem Leben von Donald Duck. Beliebt ist der Stadtplan von Entenhausen nach dem amerikanischen Zeichner Carl Barks. Er sieht aus wie Holland, ist aber voller Bezeichnungen aus dem Fichtelgebirge. Da stechen einem Namen wie Schiefe Ebene und Waldstein ins Auge. Auch den Ochsenkopf, Schnarchenreuth und Oberkotzau gibt es auf der Karte wie in der Realität. Teilweise stimmt sogar die Lage in den umliegenden Landkreisen mit den Tälern überein.

So radelt man durch das grüne Naturidyll und steuert mit Hof die erste große Stadt am Saaleradweg an. In der alten Textilstadt lohnen sowohl der Besuch des Museums Bayerisches Vogtland und des Teddy-Museums als auch ein Abstecher zum Untreusee, an dem sich gleich mehrere Badestrände aufreihen. Nördlich von Hof hat sich die Saale tief in die wellige Landschaft gegraben, sodass wir

Wein- und Sektstadt Freyburg

Fünf Kilometer stromaufwärts der Mündung der Unstrut in die Saale erreicht man Freyburg. Den Logenplatz über der Wein- und Sektstadt nimmt das imposante Schloss Neuenburg ein. Die Familie der Ludowinger und später das Haus Wettin regierten zeitweise von hier aus ihre Ländereien. Im Inneren bilden die Doppelkapelle, das Weinmuseum im Kellergewölbe und der beeindruckende Fürstensaal wertvolle Zeitzeugnisse. Eine Etage tiefer bildet die gemauerte Stadtbefestigung eine harmonische Einheit mit der Stadtkirche St. Marien und dem Gebäudeensemble der Rotkäppchen Sektkellerei. Die historischen Kelleranlagen laden zu einer Besichtigung ein.

teilweise kräftig strampeln müssen. Ab Hirschberg markiert der Fluss den Grenzverlauf zwischen Bayern und Thüringen und geleitet uns nach **Blankenstein**, das gleichermaßen Ausgangspunkt bzw. Endpunkt des Rennsteigs bildet. Das nächste Teilstück ist das reizvollste, aber auch kräfteraubendste der ganzen Strecke und führt
durch den bezaubernden Naturpark Thüringer Schiefergebirge/Obere Saale. In einem ermüdenden Auf und Ab winden sich verlassene Nebenstraßen und verschlun-
gene Schotterwege durch das dicht bewaldete Mittelgebirge. Das Landschaftsbild
mit seinen langstämmigen Fichtenwäldern, den hellen Birken und dem geheimnisvoll verästelten Bleilochstausee erinnert uns stark an Skandinavien. Nach einem
herrlichen Naturwegstück taucht vor uns der Ort **Saalburg** aus dem Uferwald auf,
der sich auf einer vorgeschobenen Landzunge ausbreitet.

Von Saalburg nach Jena – 129 km   Nachdem immer wieder verheerende Hochwasser das Saaletal heimsuchten, baute man zwischen 1926 und 1932 die Bleilochtal-
sperre, in deren Rücken heute Deutschlands größter Stausee mit einem Fassungsvo-
lumen von 215 Millionen Kubikmeter liegt. Wir folgen dem gewundenen Lauf einer
Bucht, durchkämmen ein langes Waldstück und brausen eine herrlich kurvige Abfahrt hinunter. Dort erblicken wir das auf einem Felssporn über dem Tal errichtete
Schloss Burgk. Der wehrhafte Herrschaftssitz geht auf das 15. Jahrhundert zurück
und bezaubert im Inneren mit einem großzügig angelegten Rittersaal, einer Schlosskapelle mitsamt der berühmten Silbermann-Orgel und barocken Sälen. Ein guter
wagenbreiter Forstweg führt uns längs des Flusslaufs durch das verwunschene Obere Saaletal, das hier an einen Märchenfilm erinnert. Anschließend windet sich der
Saaleradweg über aussichtsreiche Hügel, hangelt sich am Ufer der Talsperre Hohen-
warte entlang und erreicht schließlich Saalfeld.
Der Weg durch das Mittlere Saaletal nach Jena führt zunächst durch **Rudolstadt**,
dessen Ortsbild vom alles überragenden Schloss Heidecksburg beherrscht wird. Zu
Füßen des Barockschlosses liegt die historische Altstadt mit ihren verwinkelten Gassen, den Renaissance-Bürgerhäusern und dem 1741 fertiggestellten Schloss Lud-
wigsburg. »Stapelstadt des Wissens« nannte Goethe die zwischen Muschelkalkfel-
sen eingebettete Stadt **Jena**. Bereits im 16. Jahrhundert überreichte Kaiser Ferdinand I.

das offizielle Universitätsprivileg. Noch heute wird am Ufer der Saale im großen Stil studiert, geforscht und ausprobiert. Die Vorbilder? Carl Zeiss, Ernst Abbe und Otto Schott – allesamt Pioniere der modernen Optik. Wo sich früher Handelsrouten kreuzten, treffen in unseren Tagen reizvolle Radrouten aufeinander. In Jena fallen uns die Schilder des Thüringer Mühlenradwegs (80 km) und des Radfernwegs Thüringer Städtekette (225 km) auf, der Teil der quer durch Deutschland verlaufenden D-Route 4 – Mittelland-Route ist.

Von Jena nach Merseburg – 95 km Nach 15 entspannten Radkilometern erspähen wir die drei Dornburger Schlösser, die von einem Felsen herabgrüßen und zu einem Abstecher einladen. Wir passieren die Mündung des Flusses Ilm und erfreuen uns an den vorbeiziehenden Rebgärten der Weinregion Saale-Unstrut. Sie profitiert von den Höhenzügen des Harzes und des Thüringer Waldes, die das Wetter und die Kälte fernhalten. In der trockenen 640 Hektar kleinen Anbaufläche reifen in den nördlichsten Weinbergen Europas vor allem Müller-Thurgau, Weißburgunder und Silvaner, aber auch Riesling, Kerner oder Bacchus. Diesen malerischen Flecken Erde schützt man als Geo-Naturpark Saale-Unstrut-Triasland. An manchen Stellen ragen die blanken Triasgesteine aus den Steilhängen. Die hier entdeckten Fossilien geben Einblick in 200 Millionen Jahre Erdgeschichte. Damals lag Mitteleuropa auf dem Grund eines Muschelkalkmeeres. Seither formten die Kontinentaldrift sowie Erosion durch Niederschläge, Gerinne und Wind die malerischen Talabschnitte von Saale und Unstrut.

Im Herzen des Naturparks sonnt sich **Naumburg**. Das unübersehbare Wahrzeichen der Altstadt ist der viertürmige Dom

Saalfelder Feengrotten

In Saalfelden kann man sich für gut eine Stunde der Oberwelt entziehen und in die Schaugrotten einfahren. Im Mittelalter baute man hier Alaunschiefer ab. Anschließend entwickelte sich eine faszinierende Tropfsteinwelt, die man seit dem Jahr 1914 bestaunen kann. Heutzutage geht es von Mai bis Oktober alle 20 bis 30 Minuten hinein auf die drei Sohlen der glänzenden Unterwelt. Diese steht seit 1993 als »Die farbenreichsten Schaugrotten der Welt« im Guinnessbuch der Rekorde. Info: Saalfelder Feengrotten, Feengrottenweg 2, 07318 Saalfeld, Tel. 03617/550 40, www.feengrotten.de

St. Peter und Paul. Jahrhundertelang mühten sich Architekten, Künstler und Handwerker an dem Bau ab und erschufen eine Kulturperle von Weltrang. Kostbar sind die zwölf lebensgroßen Stifterfiguren im Westchor. Die älteste Steinskulptur der heiligen Elisabeth gibt es in der Elisabethkapelle zu bestaunen. Eine Treppe führt hinab in die romanische Krypta. Die nächsten interessanten Etappenorte auf dem Weg nach **Merseburg** sind Weißenfels mit dem Schloss Neu-Augustusburg und Bad Dürrenberg. Hier trifft man nahe dem Radweg auf den Kurpark mitsamt einem riesigen Gradierwerk.

Von Merseburg nach Barby – 108 km   Saale-Radler, die sich Merseburg vom Fluss her nähern, genießen eine spektakuläre Stadtansicht. Hoch über dem Wasserlauf ragen Dom und Schloss mächtig auf und bilden zusammen ein harmonisches Turmensemble. Das städtebaulich attraktive Merseburg ist bekannt für seine Zaubersprüche, die zu den ältesten erhaltenen Schriften Deutschlands zählen (10. Jh.). In der Südklausur des Doms kann man eine Kopie der kostbaren Handschrift bestaunen, die bereits Jacob Grimm würdigte.

Voller Vorfreude steuern wir durch eine weitläufige Auenlandschaft unser nächstes Ziel an. Zeit nehmen und genau hinschauen, lautet die Devise der Händelstadt **Halle**. Ihre Entstehung vor über 1200 Jahren verdankt die heutige Kultur- und Wissenschaftsstadt dem Salz, was sich an dem Namen »Hall« ablesen lässt, der so viel wie »Stätte der Salzbereitung« bedeutet. Am Ufer der Saale sind Musik und Schauspiel zu Hause. Alljährlich ziehen die Internationalen Händel-Festspiele, fünf Theater- und Opernbühnen, die Staatskapelle sowie mehr als 60 Kultureinrichtungen mit Galerien und Künstlertreffs Tausende Gäste in ihren Bann. Der Komponist Georg Fried-

rich Händel (1685–1759) war eine der bedeutendsten Persönlichkeiten der Stadt. Er schuf zahlreiche Opern, Orchestermusikstücke und Oratorien. Darunter sein bekanntestes Werk, der »Messias« mit dem berühmten Chorwerk »Halleluja«. Die Stadt beherbergt Hallenser, Halloren und Hallunken. Halloren heißen die Salzarbeiter. Hallenser nennt man die in Halle geborenen Einwohner, und die Zugezogenen werden scherzhaft als Hallunken denunziert. Der kostbarste Schatz des Bundeslandes behütet das Landesmuseum für Vorgeschichte. Dort ist die weltberühmte, geschätzt 3600 Jahre alte Himmelsscheibe von Nebra ausgestellt.

Hinter Halle bestimmt der Naturpark Unteres Saaletal den nächsten Reiseabschnitt. Hier hat sich der zur stattlichen Breite angewachsene Strom in jahrtausendelanger Arbeit durch die Halle-Hettstedter Gebirgsbrücke gegraben und eindrucksvolle Porphyrfelsbastionen hinterlassen. Die Region zählt zu den niederschlagsärmsten in Deutschland. So ist es nicht verwunderlich, dass in dem 408 Quadratkilometer großen Schutzgebiet zahlreiche Steppenpflanzen heimisch sind. Einige Flussschleifen entfernt rücken die Gebäude von **Bernburg** ins Bild. Die gute Lage an einer Saalefurt begünstigte eine frühe Stadtgründung. Bergauf ging es mit Bernburg, als die ansässigen Fürsten von Anhalt-Bernburg die Siedlung zur Residenz- und Garnisonsstadt ausbauten. Die Krone Anhalts – das Schloss Bernburg, das im Laufe der letzten Jahrhunderte mehrmals umgestaltet wurde – besitzt einen der größten Burghöfe Deutschlands. Zu den Attraktionen am Platz zählen der Eulenspiegelturm und das Schlossmuseum. Die finalen Kilometer führen durch üppiges Farmland und verschlafene Weiler in den Ort **Barby**, wo der Saaleradweg endet. Wenn Sie hier mit der Fähre über die Elbe setzen, können Sie auf dem Elberadweg ins nahe gelegene Magdeburg rollen und dort die Radtour ausklingen lassen.

Links: Der Naumburger Dom St. Peter und Paul entstand größtenteils im 13. Jahrhundert.

Rechts: Der Radweg führt meist durch ruhige Landschaften.

24 Rennsteigradweg

Berg- und Talfahrt durch das grüne Herz Deutschlands

schwer 197 km

••••••••••••••••••••••••••••••

CHARAKTER
Wer sich auf die kurze, aber anspruchsvolle Radstrecke begeben will, sollte trainiert sein. Die bergige Route führt meist über breite Forstwege und überschneidet sich nur an wenigen Stellen mit dem beliebten Wanderweg.

AUSGANGSORT
Blankenstein Bhf.

ENDPUNKT
Hörschel; zurück mindestens 3:30 Std. mit dem Zug.

WEGMARKIERUNG
Ein grünes »R« mit der Überschrift »Rennsteig« auf weißem Grund; dazu ein Radlersymbol.

E-BIKE
Die wellige Tour ist wie gemacht für E-Biker, Infos über www.fahrradverleih-in-thueringen.de.

INFORMATION
Tourismusverband Thüringer Wald/ Gothaer Land e.V., Reuterstraße 2, 99867 Gotha, Tel. 03621/3631-11, www.tourismus-thueringer-wald.de; Thüringer Tourismus GmbH, Willy-Brandt-Platz 1, 99084 Erfurt, Tel. 0361/374 20, www.thueringen-tourismus.de und www.radroutenplaner.thueringen.de

Lange Anstiege, die sich scheinbar nie endend über die Kammlagen des Thüringer Waldes, des Thüringer Schiefergebirges und des Frankenwaldes ziehen, machen eine Reise auf dem Rennsteigradweg zur Herausforderung. Wer sie annimmt, wird mit malerischen Waldlandschaften, klarer Luft und ansprechenden Bergorten belohnt.

Von Blankenstein nach Oberhof – 119 km Unter Wanderern zählt der Rennsteig seit Jahrzehnten zu den klassischen Routen in Deutschland. Seit der Wiedervereinigung kann man den Höhenweg erneut komplett entlangspazieren. Für sportliche Radler wurde am 19. Juni 2000 eine eigenständige Route eingeweiht. »Ich wandre ja so gerne am Rennsteig durch das Land ... «, so beginnt die 1951 geschriebene Hymne des Rennsteigs von Karl Müller und Herbert Roth. Der historische Wanderweg durch die reizvolle Landschaft des Thüringer Waldes reicht bis zur ersten Erwähnung ins Jahr 1330 zurück. Als »Rynnesteig« markierte er die Sprachgrenze zwischen Sächsisch und Fränkisch und die Grenzlinien der

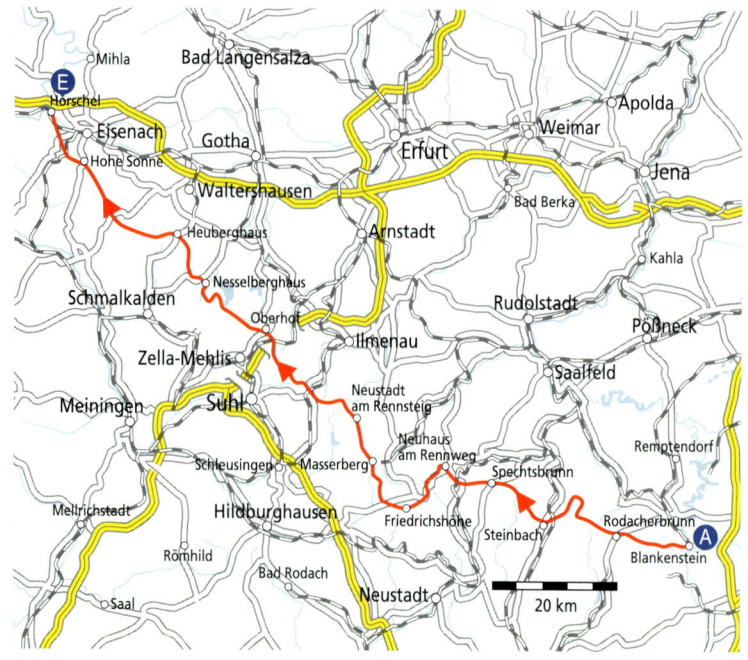

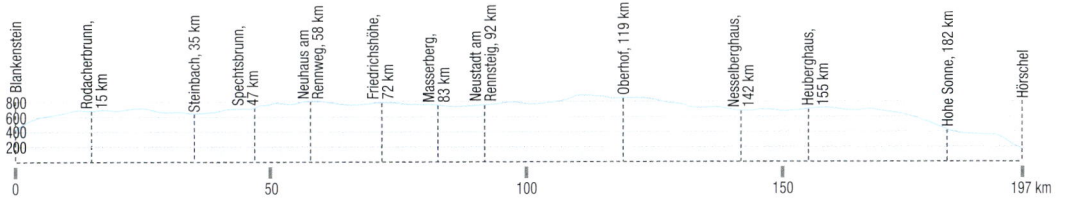

Blankenstein | Rodacherbrunn, 15 km | Steinbach, 35 km | Spechtsbrunn, 47 km | Neuhaus am Rennweg, 58 km | Friedrichshöhe, 72 km | Masserberg, 83 km | Neustadt am Rennsteig, 92 km | Oberhof, 119 km | Nesselberghaus, 142 km | Heuberghaus, 155 km | Hohe Sonne, 182 km | Hörschel

800 600 400 200

0   50   100   150   197 km

vielen Kleinstaatereien. Stumme Relikte dieser Zeit sind ca. 1300 Grenzsteine, darunter die bedeutenden Dreiherrensteine, die jene Punkte markieren, an denen drei Herrschaftsländer aneinandergrenzten. Im gesamtdeutschen Raum gibt es mehr als 200 Rennsteige und Rennwege. Die Verbindungswege waren zur raschen Fortbewegung gedacht, um Boten oder Reiterscharen schnell ans Ziel zu bringen.

Es empfiehlt sich, entgegen der offiziellen Reiserichtung an der rund 250 Meter höher gelegenen Saale zu starten, um von dort aus in Richtung Werra zu fahren. In **Blankenstein** zweigt nahe dem Bahnhof ein Sträßchen ab. Es führt uns aus der Gemeinde hinaus und folgt dem Bach Thüringische Muschwitz bergan. Ein letzter Blick schweift über die Saaleniederung und die umliegenden Felder – dann taucht das Asphaltband in den riesigen Wald ein.

Auf herrlich einsamen Forstwegen durchqueren wir den **Naturpark Thüringer Schiefergebirge/Obere Saale**. Er schützt das gleichnamige Mittelgebirge. Hier sind die Winter schneereich und die Sommer feucht und kühl. Der Große Farmdenkopf ist mit seinen 868 Metern der höchste Berg der Gegend. Die Radroute selbst bleibt zunächst in tieferen Lagen und führt durch kleine Siedlungen mit ihren charakteristischen blauen Schieferdächern und getäfelten Hausfassaden. Auf Schlegel bei Lo-

Links: Die bergige Strecke verläuft häufig auf breiten Forstwegen.

Rechts: Der Rennsteig ist der meist begangene Weitwanderweg Deutschlands.

benstein folgen Rodacherbrunn und Brennersgrün. Der bekannteste Ort des Abschnitts ist **Lehesten**. Der traditionelle Schieferabbau geht hier auf das 13. Jahrhundert zurück und sorgte für bescheidenen Wohlstand.

Nach einem Abstecher ins Bayerische trifft die Radstrecke auf Neuhaus am Rennweg. Die 1892 eingeweihte Stadtkirche ist eine der schönsten und größten Holzkirchen in Thüringen. Seit 400 Jahren pflegt man in der Region die Glasbläserei. In Glasboutiquen, Vorführwerkstätten und Heimatmuseen lässt sich die Geschichte der Glasindustrie erleben. Mittlerweile hat sich die Bergstrecke auf einer Reisehöhe von rund 800 Meter Höhe eingependelt und verläuft in nordwestlicher Richtung durch den riesigen Wald. Hier und da öffnen sich die Bäume und gewähren uns reizende Fernblicke über das Werratal hinweg zu den Kuppen der Rhön. Der Verlauf des Rennsteigs bleibt bergig. Radler klettern allmählich auf 940 Meter Höhe hinauf und strampeln über Masserberg, Neustadt am Rennsteig in die Wintersportstadt **Oberhof**.

Von Oberhof nach Hörschel – 78 km Der Luftkurort Oberhof ist eines der führenden Wintersportzentren Deutschlands. Alljährlich zieht es Tausende Besucher zum Biathlonweltcup in die Skiarena. Bobsport, Skilanglauf und die Nordische Kombination zählen zu den weiteren sehenswerten Wettkämpfen. Im Sommer lockt es Touristen in den Rennsteiggarten. Auf einer Fläche von sieben Hektar lassen sich über 4000 Gebirgspflanzen aus aller Welt bestaunen. Am Ortsrand schraubt sich ein breiter Waldweg einen Hang hinauf, passiert die Skiarena der Biathleten und windet sich in weit ausholenden Schlingen immer tiefer in den dichten Fichtenwald hinein. Der Rennweg führt an versteckt im Wald gelegenen Rastplätzen und Gasthäusern vorüber. Selten kommt man in ein Dorf. Die Luft ist vom wohligen Duft des Waldes erfüllt und unter den Reifen knirscht der Schotter. Auf einer Höhe von 700 Metern tre-

Links: Felsen am Aussichtspunkt Glöckner

Rechts: Die Wartburg gehört seit 1999 zum UNESCO-Weltkulturerbe.

Der Rennsteig bietet teils schöne Ausblicke auf die umliegenden Täler.

ten die Bäume plötzlich zurück und wir erblicken große Granitsteine, die wie von Riesen hingewürfelt aus dem sattgrünen Mischwald ragen. Unmittelbar hinter dem Aussichtspunkt Glöckner bricht das Gelände regelrecht ab und gewährt uns über die Baumwipfel hinweg eine fantastische Aussicht auf den wellenförmigen Wald. Der berühmte Höhenweg führt nun mit mehreren Gegenanstiegen in tiefere Lagen hinab. Am über 500 Jahre alten Steinkreuz Wilde Sau bietet sich die Möglichkeit, über eine Alternativroute zur Wartburg und nach Eisenach hinunterzurollen. »Wart' Berg, du sollst mir eine Burg werden!« Mit diesen Worten erkor Ludwig der Springer einer Sage nach die Stelle für seinen zukünftigen Wohnsitz. Aber was heißt hier Wohnsitz? Was dem thüringischen Grafen bei einer Jagd im Jahr 1067 vorschwebte, wuchs zu einem Prachtbau sondergleichen – die Wartburg! Heute UNESCO-Weltkulturerbe. Besucher erhalten einen Geschichtsunterricht auf höchstem Niveau. Berühmtester Bewohner des Wehrbaus war Martin Luther. Der einflussreiche Reformator fand 1521/22 Schutz vor kaiserlichem Bann und päpstlicher Ächtung. Hier übersetzte er das Neue Testament ins Deutsche und vertrieb angeblich den Teufel mit der Tinte. Man schreitet neugierig weiter treppauf und treppab, spürt dem Werdegang der Landgrafen, der heiligen Elisabeth, der Minnesänger und Burschenschaften nach. All dies ist auf geschnitztem Holz, gewebten Teppichen, farbenprächtigen Mosaiken und Malereien festgehalten.

Bei der kurvenreichen Abfahrt begleiten einen die Eindrücke der Wartburg nur kurz, denn mit **Eisenach** steht bereits der nächste Reisehöhepunkt an. Fällt dieser Ortsname, muss man neben dem traditionsreichen Fahrzeugbau vor allem an den Komponisten Johann Sebastian Bach denken, der hier 1685 das Licht der Welt erblickte. Ihm zu Ehren widmet die Neue Bachgesellschaft ein eigenes Museum. Die Ausstellung ist in einem 600 Jahre alten Bürgerhaus untergebracht. Hier können sich Liebhaber von klassischer Musik auf 600 Quadratmetern regelrecht verlieren, denn man zeigt über 250 Originalexponate aus Bachs Leben zu seinen Werken. Radler, die auf der Hauptroute geblieben sind, sausen hinter dem Rangenhof die berauschende Abfahrt hinunter nach **Hörschel**. Dort besteht Anschluss an den Werratalradweg.

25 Mulderadweg

Naturerlebnis und Burgenromantik

mittel | Mulde mit Zwickauer Mulde: 294 km
Mulde mit Freiberger Mulde: 241 km

CHARAKTER
Zu Beginn beider Radrouten sind zahlreiche Steigungen zu bezwingen. Nach dem Zusammenfluss der Flussläufe ist es eben. Der Radweg weist verschiedene Wegqualitäten auf.

AUSGANGSORT
Schöneck Bhf. oder Rechenberg-Bienenmühle Bhf.

ENDPUNKT
Dessau-Roßlau; zurück 4 Std. mit dem Zug.

WEGMARKIERUNG
Grün-weiße Wegschilder, meist mit einem Burgensymbol. Das erste Teilstück ist aktuell nicht beschildert.

E-BIKE
Radverleihe und Servicestationen über www.mulderadweg.de.

INFORMATION
Leipzig Tourismus und Marketing GmbH, Augustusplatz 9, 04109 Leipzig, Tel. 0341/710 43 72, www.mulderadweg.de; Marketinggesellschaft des Landes Sachsen-Anhalt, Am Alten Theater 6, 39104 Magdeburg, Tel. 0391/56 8 99 88, www.sachsen-anhalt-tourismus.de; Sachsen-Tourismus, Bautzener Str. 45/47, 01099 Dresden, Tel. 0351/49 17 00, www.sachsen-tourismus.de

Die Reise abseits der Touristenpfade eröffnet spannende Einblicke ins Mittelalter. Längs der Strecke reihen sich Burgen, Schlösser, Klöster und charmante Kleinstädte aneinander. Mit der Zwickauer und der Freiberger Mulde hat man zu Beginn der Reise zwei Routen zur Auswahl, die ihren eigenen Reiz haben.

Von Schöneck nach Sermuth (Zwickauer Mulde) – 158 km Der Fluss Mulde hat zwei Quellen. So muss man sich bereits bei der Reiseplanung zwischen zwei großen Wasserläufen entscheiden, die sich bei **Sermuth** zusammentun. Wer der 167 Kilometer langen **Zwickauer Mulde** nachfahren möchte, startet im Vogtland. Von Schöneck, das man wegen seiner Fernsicht »Balkon des Vogtlandes« nennt, gelangen wir nach einer welligen Waldfahrt in den Erholungsort **Morgenröthe-Rautenkranz**. Den Namen kennt man meist nur vom Wetterbericht. Doch von hier kam ein Held der DDR – Sigmund Jähn. Am Ortsschild steht: Geburtsort des ersten deutschen Kosmonauten. Am 26. August 1978 reiste Jähn an Bord der sowjetischen Sojus 31 zur Raumstation Salut 6. Dem gefeierten Sohn widmet man in der Dorfmitte die Deutsche Raumfahrtausstellung. Nach zwei meist bergab führenden Stunden im Sattel kommen wir nach **Aue**, das sich in einem Talkessel ausbreitet. Die Umgebung der heute knapp 16 000-Einwohner-Stadt wird seit Jahrhunderten von Bergbau und Metallverarbeitung geprägt. Nachdem der Eisenerzabbau und die Zinnge-

Kurz vor der Flussvereinigung wird die Zwickauer Mulde vom 380 Meter langen Göhrener Viadukt überspannt.

winnung lange die wirtschaftliche Basis bildeten, gewannen die Bergleute später Uranerz; Abnehmer war die sowjetische Atomindustrie.

Wir radeln der Ferienroute »Silberstraße« nach, passieren Bad Schlema und stoppen in **Zwickau**. Die Tradition der Fahrzeugherstellung reicht in der Automobilbaustadt bis ins Jahr 1904 zurück. Im April 1991 lief hier der letzte Trabbi vom Band. Insgesamt montierten die Arbeiter vor Ort drei Millionen der putzigen Zweitakter. Das Herz der restaurierten Altstadt von Zwickau bildet der Dom, Musterbeispiel der obersächsischen Spätgotik. Im Inneren birgt er einen kostbaren Flügelaltar, den man Michael Wohlgemut zuschreibt. Nach knapp 20 Kilometern erreicht man Glauchau, in dem die Herrschaftssitze Schloss Forderglauchau und Schloss Hinterglauchau an be-

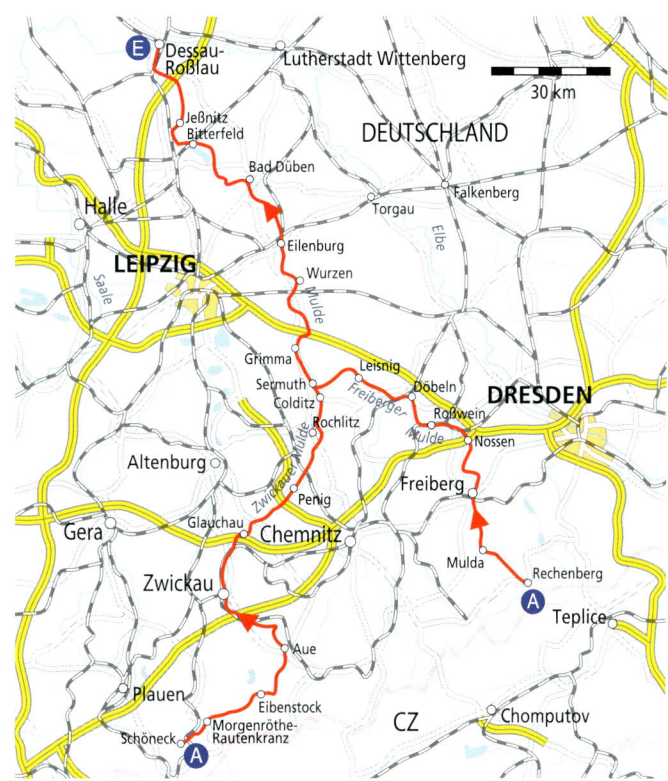

deutende Zeiten erinnern. Immer die Mulde entlang geht es nach Norden. Die Orte links und rechts des Flusses heißen Waldenburg, Wolkenburg, Penig, Rochsburg und Wechselburg und diese Namen deuten ganz klar auf weitere Festungen hin. Die letzten hügeligen Ausläufer führen nach **Rochlitz**, eine der ältesten Städte in Sachsen. Die Zwickauer Mulde zieht sich durch Wiesen und Wälder, umfließt das reizvoll gelegene Colditz und vereinigt sich wenig später mit der **Freiberger Mulde**.

Von Rechenberg-Bienenmühle nach Sermuth (Freiberger Mulde) – 105 km Die zweite Variante beginnt am Fuße des Osterzgebirges und beschert uns anfangs eine berauschende Abfahrt durch bewaldete Hänge. Wir verlassen das Land der Weihnachtspyramiden, Nussknacker, Räuchermännchen und des Klöppelns und kommen nach Freiberg. Der Legende nach fanden Fuhrleute 1186 in dieser Gegend durch Zufall ein Stück Erz. Das »Erste Bergeschrey« verbreitete sich wie ein Lauffeuer durch die Wälder: »Silber, Silber! SILBER!« Es hieß, dass der Berg frei war; also

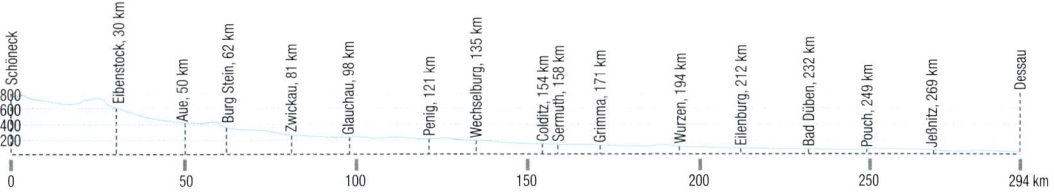

konnte jeder graben. Sie kamen in Scharen: Bergleute, Handwerker, Händler. Sie gruben, hackten, schürften, veredelten und exportierten das begehrte Metall – und füllten den Stadtsäckel von **Freiberg**. Noch heute spiegelt das Zentrum den Wohlstand vergangener Tage wider. Auf dem Obermarkt steht ein von vier Löwen bewachtes bronzenes Brunnendenkmal. Von oben herab beäugt sie der wettinische Stadtgründer Markgraf Otto der Reiche. Er wäre stolz auf die Mineralienschau terra mineralia, die im vierflügeligen Schloss Freudenstein residiert. Mehr als 3500 Minerale, Edelsteine und Meteoriten bringen Besucher zum Staunen. Wiesen, Waldstreifen, Rapsfelder und kleine Siedlungen – so geht es weiter an der Freiberger Mulde entlang. Nossen liegt schön im hügeligen Erzgebirgsvorland. Bewacht wird es vom Schloss Nossen, das im Besitz der Bischöfe von Meißen war und später dem Kloster Altzella zufiel. Heute befindet sich auf dem Gelände ein reizvoller Landschaftspark im englischen Stil. 20 Kilometer flussabwärts vereinnahmt die Stiefelstadt **Döbeln** einen weiten Talkessel. Auch hier prägen historische Gebäude, darunter die Kirche St. Nikolai mit ihrem elf Meter hohen Schnitzaltar, das Stadtbild.

Von Sermuth nach Dessau – 136 km Die Mulde gilt als schnellster Fluss Mitteleuropas. Dies merkte die Bevölkerung mehrmals schmerzlich. Immer wieder trat das Wasser über die Ufer, bedrohte Mensch und Gut: 1954, 1958, 1974. Verheerend war es im August 2002 in und um die Stadt **Grimma**. Die Fahrt durchs ländliche Sachsen geleitet uns vorbei an verschlafenen Dörfern, bis wir nach der Durchfahrt des Planitzwaldes auf den Ort Wurzen treffen. Der um 1500 errichtete Dom St. Marien ist einer der beachtenswertesten Sakralbauten des Bundeslandes. Die Mulde erreicht die Stadt **Bad Düben**. Zweimal sammelten sich hier Armeen am Vorabend großer Gefechte. 1631 trafen sich Gustav II. Adolf von Schweden und Johann Georg I. von Sachsen auf der Dübener Burg, um gegen die von Tilly geführten kaiserlichen Trup-

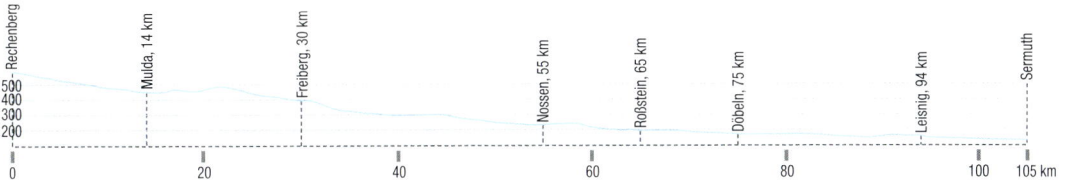

Rechenberg | Mulda, 14 km | Freiberg, 30 km | Nossen, 55 km | Roßstein, 65 km | Döbeln, 75 km | Leisnig, 94 km | Sermuth

500
400
300
200

0   20   40   60   80   100   105 km

pen zu Felde zu ziehen. 1813 befehligte Napoleon Bonaparte von Düben aus den Aufmarsch vor der Völkerschlacht bei Leipzig. Sie war damals mit 600 000 beteiligten Soldaten die größte Feldschlacht der Weltgeschichte. Der französische Kaiser verlor und die Karte des heutigen Deutschlands und Europas wurde neu geordnet. Heute geht es in dem Kurort mit seiner klassizistischen Nikolaikirche und den Fachwerkhäusern gesitteter zu. Kurgäste relaxen in der Therme, spazieren durch die Dübener Heide und besichtigen die Schiffsmühle. Anschließend heißt es Abschied nehmen von Sachsen.

Die Radroute erreicht bei **Bitterfeld** Sachsen-Anhalt. Der Ort galt zu DDR-Zeiten als Synonym für Umweltverschmutzung und Endzeitstimmung. Die Senken des Tagebaus hat man gesichert und geflutet. Auf den letzten Kilometern taucht die Mulde mit ihren Schleifen in schattige Wälder ein, die bis an den Stadtrand von **Dessau-Rosslau** reichen. Hier kann man zwei UNESCO-Welterbestätten besuchen: das Bauhaus und das Dessau-Wörlitzer Gartenreich. Die Mulde spaltet sich auf und läuft mit zwei Armen der Elbe entgegen. Der Elberadweg führt seit Jahren die Liste der beliebtesten Routen in Deutschland an. Den benachbarten Mulderadweg kennt kaum jemand. Man denkt an die beiden Quellflüsse zurück, das Erzgebirge, die sehenswerten Städte, die Stille und Weite. Vielleicht ist es sogar besser, wenn dieser Reiseweg ein Geheimtipp bleibt!

Bei Gruna kann man die Mulde mit einer Fähre queren.

Südwesten

Das Seeufer in Bregenz ist bekannt für seine stimmungsvollen Sonnenuntergänge (o.l.). Im Sommer blühen die Wiesen im Schwarzwald auf (o.r.). Die Reichsburg in Cochem kann man auf einer Tour entlang der Mosel besuchen (u.l.). Die Alte Brücke in Heidelberg wurde zwischen 1786 und 1788 errichtet (u.r.).

26 Rheinradweg

Grenzenloses Tourenerlebnis

leicht   954 km

CHARAKTER
Die Strecke ist familienfreundlich
und steigungsfrei. Unterwegs radelt
man auf Wald-, Neben- und Deich-
wegen mit wechselnden Bodenbelä-
gen.

AUSGANGSORT
Konstanz Bhf.

ENDPUNKT
Grenzübergang Millingen; zurück
9 Std. mit dem Zug.

WEGMARKIERUNG
Verschiedene Wegmarkierungen mit
dem Namenszusatz »Rhein«.

E-BIKE
Infos zu E-Bikes über
www.tourismus-bw.de.

INFORMATION
www.rheinradweg.eu; Tourismus
Marketing GmbH Baden-Württemberg, Esslinger Str. 8, 70182 Stuttgart, Tel. 0711/23 85 80,
www.tourismus-bw.de; Rheinland-Pfalz Tourismus GmbH, Löhrstr. 103–105, 56068 Koblenz, Tel.
0261/91 52 00, www.gastland-
schaften.de; HA Hessen Agentur
GmbH, Konradinerallee 9, 65189
Wiesbaden, Tel. 0611/950 17 81
91, www.hessen-tourismus.de; Tourismus NRW e. V., Völklinger Str. 4,
40219 Düsseldorf, Tel. 0211/91 32
05 00, www.nrw-tourismus.de

Am meisten beeindrucken Radler am Rhein weder der
Wein noch seine Lieder. Es sind die flachen Wege an
beiden Ufern, die einen verzücken. So kann man immer
wieder hin- und herspringen: im Süden von Konstanz
nach Basel und zurück nach Breisach. In der Mitte von
Karlsruhe hinüber nach Speyer. Stets gibt es viel Kultur.
Aber erst hinter Mainz wird es so richtig malerisch.

Die Häuser des schweize-
rischen Laufenburgs reihen sich
am Rheinufer auf.

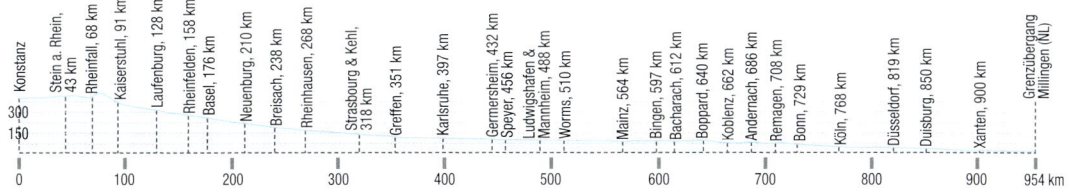

300
150

0   100   200   300   400   500   600   700   800   900   954 km

Konstanz
Stein a. Rhein, 43 km
Rheinfall, 68 km
Kaiserstuhl, 91 km
Laufenburg, 128 km
Rheinfelden, 158 km
Basel, 176 km
Neuenburg, 210 km
Breisach, 238 km
Rheinhausen, 268 km
Strasbourg & Kehl, 318 km
Greffen, 351 km
Karlsruhe, 397 km
Germersheim, 432 km
Speyer, 456 km
Ludwigshafen & Mannheim, 488 km
Worms, 510 km
Mainz, 564 km
Bingen, 597 km
Bacharach, 612 km
Boppard, 640 km
Koblenz, 662 km
Andernach, 686 km
Remagen, 708 km
Bonn, 729 km
Köln, 768 km
Düsseldorf, 819 km
Duisburg, 850 km
Xanten, 900 km
Grenzübergang Millingen (NL)

Von Konstanz nach Breisach – 238 km Der Rhein entspringt in der Schweiz, in den Bergen Graubündens. Nachdem sich der Vorderrhein mit dem Hinterrhein zusammengetan hat, strömt er als Alpenrhein gen Norden, zum **Bodensee**. Als Startort auf dem deutschen Abschnitt des Rheinradwegs bietet sich das schön am Abfluss des Obersees gelegene Konstanz an. Zwischen 1192 und 1548 erlebte die Stadt eine wirtschaftliche Blüte. Damals war **Konstanz** eine Freie Reichsstadt, die als Bischofssitz und Warenumschlagplatz vom lukrativen Handel mit Italien und Frankreich profitierte. Nach einem Bummel durch die vom Zweiten Weltkrieg verschonte Altstadt folgen wir zunächst dem Ufer des Untersees. Unterhalb der Kantonshauptstadt **Schaffhausen** kündigt sich der erste Reisehöhepunkt mit lautem Getöse an. Seit rund 15000 Jahren schneidet sich der Alpenfluss in das Felsengestein ein. Alleine die Zahlen sind beeindruckend: Der Rheinfall bringt es auf eine Breite von 150 Metern, eine Höhe von 23 Metern und eine durchschnittliche Abflussmenge im Sommer von 600000 Litern pro Sekunde. Der **Rheinfall** und die nahe gelegenen Stromschnellen zwangen die Schiffer und Flößer bei Schaffhausen zum Halt und zum Umladen auf Fuhrwerke. Diesem Zustand verdankte die Stadt ihren Aufstieg zu einem blühenden Warenumschlagplatz. Im 16. Jahrhundert errichtete die Bürgerschaft eine Festung – den Munot. In seinem Turm lebt noch heute der Munot-Wächter und läutet, wie schon Jahrhunderte zuvor, jeden Abend um neun Uhr das »Glöggli«.

Kaum ist das Hindernis überwunden, strömt der Fluss wieder gemächlich gen Westen. Die EuroVelo-Route 2 entführt uns mit einem kurzen Anstieg in eine fruchtbare Hügellandschaft, die mit schmucken Weinbaudörfern überrascht. Zusammen mit dem Südschwarzwaldradweg geht es über Bad Säckingen, **Rheinfelden** und Basel die südlichen Ausläufer des Schwarzwaldes entlang. Hier im sogenannten Rheinknie biegt der Fluss vor den Bergen des Schweizer Juras nach Norden ab und bildet die deutsch-französische Grenze. Hinter dem Markgräf-

ler Land erblickt man weit in der Ferne das Breisacher St. Stephansmünster. Das hoch oben auf dem Münsterberg gelegene Wahrzeichen birgt bedeutende Kunstschätze, wie den geschnitzten Hochaltar im Chor und das über 100 Quadratmeter große Wandbild »Das Jüngste Gericht« von Martin Schongauer. Verlässt man den Aussichtshügel über die Schänzletreppe, kommt man in die sehenswerte Innenstadt mit ihren historischen Straßenzügen.

Von Breisach nach Worms – 272 km Nördlich der jahrhundertelang umkämpften Brückenstadt taucht ein feinkörniger Dammradweg in den Auwald Taubergießen ein, der parallel zum Kaiserstuhl verläuft. Die mediterran anmutende Bilderbuchlandschaft ist seit jeher ein idealer Boden für edle Tropfen. Günstig im Regenschatten der Vogesen gelegen, profitiert das Weinanbaugebiet von der fruchtbaren Lössschicht und den Ablagerungen des früheren Vulkanismus, der einst die liebliche Hügellandschaft formte. Wir folgen dem Oberrheingraben nach Norden und erreichen mit Straßburg die erste Welterbestätte der Reise. Der Rhein nimmt uns mit nach **Karlsruhe**, das seinen Namen dem Stadtgründer Markgraf Karl Wilhelm von Baden-Durlach verdankt, der 1715 seine Residenz hierher verlegte. Im Zentrum der fächerförmig angelegten Stadt erstrahlt das klassizistische Residenzschloss, von dem 32 Straßen in alle Himmelsrichtungen führen. Im Prinz-Max-Palais präsentiert die »Stadt der Gärten« die Urform unseres heutigen Fahrrads. Die 1817 vorgestellte Erfindung

Rhein-Route Nr. 2

Einer der schönsten Abschnitte des Rheins fließt durch die Schweiz. Radler klettern in Andermatt in den Sattel und haben zu Beginn den 2044 Meter hohen Oberalppass vor sich. Wer ihn bequem erreichen möchte, fährt mit dem Glacier Express hinauf. Die Abfahrt führt durch die Surselva, wo man Rätoromanisch spricht. Besuchen Sie auf dem nächsten Teilstück die Ferienregion Heidiland, unternehmen einen Abstecher nach Liechtenstein und picknicken am Ufer des Bodensees. Die Berge bleiben zurück, voraus donnert der Rheinfall durch sein felsiges Bett. Am Ende der Tour wartet mit Basel ein letzter Höhepunkt.

von Karl Freiherr von Drais bewegte man mit Füßen vorwärts und gesteuert wurde mittels Lenkstange.

Der reizvolle Abschnitt durch die Pfalz ist durchzogen von idyllischen Altrhein-armen und führt uns mit mehreren Bögen nach **Speyer** hinein. Seit über 900 Jahren ziert der monumentale Speyerer Dom das Stadtbild. Das von den salischen Kaisern als Grablege erbaute Baudenkmal beherbergt eine der schönsten und größten Kryp-ten der Welt und wurde 1981 in die Liste des Weltkulturerbes eingetragen. Vom Domplatz folgen wir der Maximilianstraße zum Altpörtel, dem westlichsten Stadt-tor. Sein 55 Meter hoher Turm bietet einen herrlichen Panoramablick über eine der ältesten Städte Deutschlands. Man radelt angenehm durch die breite Rheinebene und blickt im Westen auf den Pfälzer Wald und im Osten auf den Odenwald. 50 Ki-lometer stromabwärts ist Worms erreicht.

Von Worms nach Bonn – 219 km Worms ist stark mit den Helden des Nibelungen-liedes verknüpft. Vor allem der erste Teil des mittelalterlichen Epos spielt sich in und um Worms ab. Im Nibelungenmuseum kann man sich auf die Spuren des Mythos über Liebe und Hass, Stolz und Tod begeben. Die seit 2002 jährlich im Sommer statt-findenden Nibelungenfestspiele vor dem Wormser Dom (12. Jh.) sind von internati-onalem Rang. Nördlich der Lutherstadt steuern wir durch das weite, landwirtschaft-lich genutzte Schwemmland des Rheins. Die reizvolle Strecke führt uns vorbei an Weingärten und Auwäldern, die nahe an **Mainz** heranreichen. In der Fastnachts-stadt befindet sich gegenüber dem romanischen Dom das Gutenbergmuseum mit der berühmten 42-zeiligen Gutenberg-Bibel. Der um 1400 in Mainz geborene Johan-nes Gutenberg revolutionierte die Gesellschaft durch die Erfindung des Buchdrucks mit beweglichen Lettern in Europa und zählt somit zu den prägendsten Persönlich-keiten des zweiten Jahrtausends.

Der Taunus zwingt »Vater Rhein« zu einem Richtungswechsel nach Westen und schon bald kommt **Bingen**, »Das Tor zum Mittelrhein« in Sicht. Die strategisch güns-tige Lage an der Einmündung der Nahe und dem Schnittpunkt zweier Heeresstra-

Links: Das Schloss Arenfels sitzt in den Weinbergen über Bad Hönningen.

Mitte: An der Strand-promenade von Mainz kann man neue Kraft tanken.

Rechts: Der Kölner Dom gehört seit 1996 zum UNESCO-Welt-kulturerbe und ist die meistbesuchte Sehenswürdigkeit Deutschlands.

Zwischen Mainz und Koblenz zeigt sich der Rhein von seiner romantischen Seite.

ßen bewogen die Römer dazu, hier das Castell Bingium zu errichten. Jahrhunderte, nachdem man die Besatzungsmacht vertrieben hatte, wurde Hildegard von Bingen (1098–1179) als Mystikerin, Naturforscherin und Ärztin vom Volk verehrt und später heiliggesprochen. Am Stadtrand markiert der auf einer Insel errichtete Mäuseturm den Eingang eines der spektakulärsten Flussabschnitte.

Auf den nächsten 65 Kilometern bis **Koblenz** schlängelt sich der Rhein mit eleganten Schleifen durch das Rheinische Schiefergebirge. Die von Burgen und schmalen Uferleisten geprägte Kulturlandschaft des oberen Mittelrheintals steht seit 2002 als Welterbe unter dem Schutz der UNESCO. Die rebenbestandenen Steilhänge ziehen sich beiderseits des Flusses in die Länge. Hinter Oberwesel rücken die schroffen Gesteinswände dicht aneinander, sodass der Rhein am sagenumwobenen Loreleyfelsen gerade einmal eine Breite von 145 Metern besitzt und zum Nadelöhr der Schiffersleute wird. Am Deutschen Eck in Koblenz, wo sich Rhein und Mosel treffen und Kaiser Wilhelm I. auf seinem Sockel wacht, lohnt ein Abstecher auf die gegenüberliegende Flussseite zur beeindruckenden Festung Ehrenbreitstein. Wir verlassen die 2000 Jahre alte Römerstadt, folgen der Route flussabwärts über Andernach mit dem hoch aufspringenden Kaltwassergeysir und rollen vorbei am Arp Museum Bahnhof Rolandseck in die alte Bundeshauptstadt **Bonn**.

Die heimliche Hauptstadt Europas

Straßburg ist eine Kunstmetropole, deren in Stein gemeißelte Vergangenheit noch zum größten Teil präsent ist. Die verschiedenen Bauwerke legen ein harmonisches Zeugnis ab von einer bemerkenswerten Stadtgeschichte, die 1988 ihr 2000-jähriges Jubiläum feierte. Im Jahr 12 v. Chr. bestand der ursprüngliche Stadtkern aus einem römischen Lager namens Argentoratum. Seine Blütephase hatte Straßburg im Mittelalter, als es zum Heiligen Römischen Reich deutscher Nation gehörte. In diese Zeitspanne fällt auch der Bau des Straßburger Münsters. Nur wenige Gehminuten entfernt ragen die Fachwerkbauten des »Postkartenviertels« La Petite France auf.

Von Bonn zum Grenzübergang Millingen – 225 km Ludwig van Beethoven, der 1770 in Bonn das Licht der Welt erblickte, ist in der Stadt überall präsent. So auch im Wahrzeichen Bonns, dem Beethoven-Haus mit der größten privaten Beethoven-Sammlung der Welt. Bonn ist zudem Kulturstadt, die Museumsmeile ist für die Stadt ein Besuchermagnet ersten Ranges. Bei einer Sightseeingtour durch die Bundesstadt sollte man die Villa Hammerschmidt, das Palais Schaumburg, das Poppelsdorfer Schloss am Eingang des artenreichen Botanischen Gartens und das alte Rathaus am historischen Bonner Marktplatz nicht auslassen. Auf dem letzten Abschnitt fließt der

Strom frei von natürlichen Hindernissen durch das Norddeutsche Tiefland. Vorbei an der Siegmündung geht es durch ruhige Uferwiesen. Von hier aus weist der doppeltürmige, zum UNESCO-Welterbe zählende Dom den Weg ins Zentrum von **Köln**. Neben Deutschlands meistbesuchter Sehenswürdigkeit mit jährlich rund 6,5 Millionen Gästen besitzt die Karnevalshochburg weitere Touristenmagneten. So kann man im Römisch-Germanischen Museum Vergangenes entdecken, im Museum Ludwig die Kunst des 20. Jahrhunderts studieren und im wiedererrichteten Rathaus den Hansasaal bestaunen.

Der Schiffsverkehr nimmt zu und kündet die Metropole Ruhr an. **Duisburgs** Geschichte ist eng mit seinem Hafen verknüpft. So ist es nicht verwunderlich, dass man nahe den Hafenbecken und Containerterminals das Museum der deutschen Binnenschifffahrt eingerichtet hat. Auf drei Etagen veranschaulichen detailgetreue Modelle und Ausstellungsstücke die Arbeitsabläufe der Besatzungen. Außerhalb des Gebäudes runden der Seitenradschleppdampfer »Oscar Huber« (1922) und der Eimerkettendampfbagger »Minden« (1882) die informative Besichtigungstour ab. Wir wechseln auf die linke Seite des Niederrheins, genießen die Ruhe und den weiten Blick über das flache Land.

Xanten bildet unsere letzte Station und gibt sich überaus historisch. Die Geschichte der Stadt begann vor circa 2000 Jahren, als sich die Römer in Niedergermanien ansiedelten. An die zehntausend Männer, Frauen und Kinder lebten in der imposanten Provinzstadt, die Kaiser Trajan um 100 n. Chr. zur Colonia Ulpia Traiana ernannte. Im LVR-Archäologischen Park Xanten wird die römische Stadt durch Ausgrabungen und Rekonstruktionen für die Öffentlichkeit zugänglich und verständlich gemacht. Die zahlreichen interessanten Funde der archäologischen Ausgrabungen sind im neuen LVR-RömerMuseum im Archäologischen Park zu sehen. Von hier aus ist es nicht mehr weit zur niederländischen Grenze, die das letzte Teilstück des bestens ausgebauten Flussradwegs einläutet.

Am Rhein kann man häufig Abstecher in die Weinberge unternehmen.

27 Saarlandradweg

Wir umrunden ein ganzes Bundesland!

schwer 350 km

CHARAKTER
Auf der überwiegend stillen Runde fordern mehrere Anstiege die Kondition heraus. Die Strecke ist gut ausgebaut und verläuft viele Kilometer auf eigenständigen Radwegen.

AUSGANGSORT
Saarbrücken Bhf.

ENDPUNKT
Saarbrücken Bhf.

WEGMARKIERUNG
Gelb-blaues Streckenlogo mit dem Umriss des Saarlandes.

E-BIKE
Im überwiegend hügeligen Saarland gibt es ein dichtes Netzwerk an Verleihstationen für E-Bikes; Infos über www.urlaub.saarland.

INFORMATION
Tourismus Zentrale Saarland, Trierer Str. 10, 66111 Saarbrücken, Tel. 0681/92 72 00, www.urlaub.saarland.de

Flaches Radwandern entlang der Saar oder ruhige Kletterpartien über mehrere Hügel? Die Rundtour durch den Westen Deutschlands bietet für jeden Geschmack das Passende. Sie wird garniert von weiten Ausblicken, sehenswerten Orten, Museen und spannenden Industriedenkmälern.

Von Saarbrücken nach Mettlach – 200 km Die Rundreise entlang der Außengrenze des Saarlandes beginnt man am besten in der Landeshauptstadt. **Saarbrücken** versprüht mit seinen großen Plätzen und den modernen Einkaufsstraßen französisches Flair. Das dreiflügelige Schloss ist eines der markantesten Bauwerke der Stadt. Die fürstliche Residenz wurde im Laufe der Jahrhunderte mehrmals zerstört und ist ein Vermächtnis von Friedrich Joachim Stengel. Unter seiner Federführung entstanden zahlreiche Gotteshäuser wie die Friedenskirche, die Basilika St. Johann und das Glanzstück seiner Schaffensphase, die Ludwigskirche. Wir folgen auf alten Treidelpfaden dem Lauf der Saar stromaufwärts und legen im französischen **Sarreguemines** (Saargemünd) den ersten Stopp ein. Das reizvolle Städtchen war einst ein bedeutendes Zentrum für Porzel-

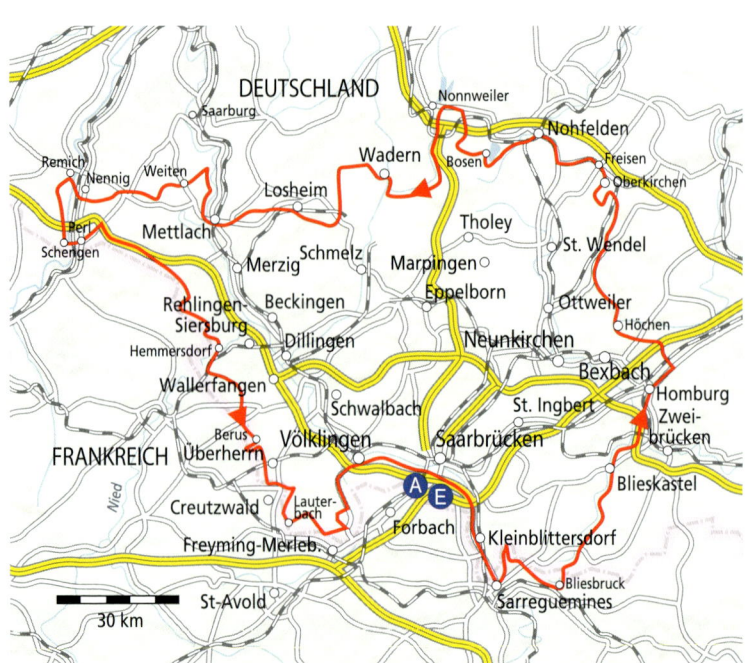

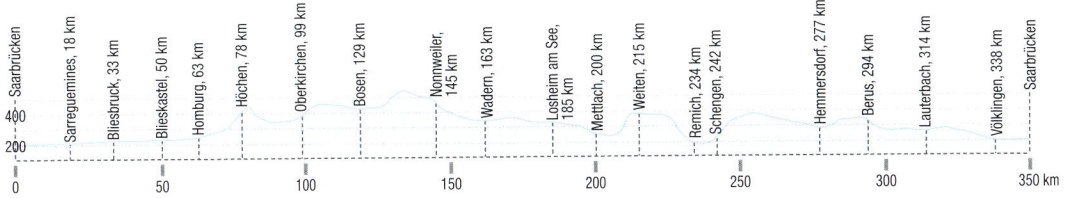

Saarbrücken | Sarreguemines, 18 km | Bliesbruck, 33 km | Blieskastel, 50 km | Homburg, 63 km | Höchen, 78 km | Oberkirchen, 99 km | Bosen, 129 km | Nonnweiler, 145 km | Wadern, 163 km | Losheim am See, 185 km | Mettlach, 200 km | Weiten, 215 km | Remich, 234 km | Schengen, 242 km | Hemmersdorf, 277 km | Berus, 294 km | Lauterbach, 314 km | Völklingen, 338 km | Saarbrücken

400
200
0   50   100   150   200   250   300   350 km

lanmanufakturen und macht mit einem sehenswerten Keramikmuseum auf sich aufmerksam. Vom Herzogtum Lothringen ins Saarland ist es nur ein Katzensprung über die Blies. Zu Beginn folgt man der Trasse der einstigen Bliestalbahn. Das Terrain steigt gemächlich an. Auen, Streuobstwiesen und artenreiche Trockenrasen säumen den Weg gen Nordosten. Rechts und links fällt der Blick auf Buchenwälder. Wir sind im UNESCO-Biosphärenreservat Bliesgau. Dort entführt der europäische Kulturpark Bliesbruck-Reinheim in die Vergangenheit. 1954 legten Archäologen bei Grabungen ein Prunkgrab der keltischen »Fürstin von Reinheim« frei. Die kostbaren Funde kann man im Museum Jean Schaub in Reinheim bestaunen.

Im Herzen des ruhigen Landstrichs liegt Blieskastel. Graf Franz Carl von der Leyen verlegte 1773 seinen Residenzsitz von Koblenz in den heutigen Kneippkurort. **Blieskastel** erblühte zu einer Barockstadt. Zu den markantesten Bauwerken zählt das Rathaus. Sehenswert ist zudem die Orangerie, die an das 1802 abgerissene Residenzschloss erinnert. Das Wahrzeichen von Blieskastel steht aber außerhalb des Orts auf einer Anhöhe – der Gollenstein. Er ist ein sogenannter Menhir, auch Hinkelstein genannt. Experten schätzen das 6,60 Meter hohe Gebilde auf ein Alter von 4000 Jahren. Somit gilt der Gollenstein als eine der ältesten Kultstätten auf deutschem Boden. Das

Die Saarschleife ist das Wahrzeichen des Bundeslandes.

Römermuseum Schwarzenacker bietet die nächste Gelegenheit für einen Halt. Auf dem Freigelände rekonstruierten Fachleute Gebäude einer römischen Siedlung. Man vermutet, dass hier auf 25 bis 30 Hektar einst 2000 Menschen wohnten. Ebenfalls spannend ist der Besuch der Schlossberghöhlen in **Homburg**. Man umwirbt sie als die größte Buntsandsteinhöhle Europas. Kilometerlang ziehen sich die Gänge durch das gelbrote, 250 Millionen Jahre alte Gestein.

In aussichtsreicher Fahrt geht es auf schmalen Asphaltwegen durch schöne Streuobstwiesen und Felder. Die sportliche Berg- und Talfahrt führt uns ins Quellgebiet des Flusses Nahe. Dort glitzert der Bostalsee durch das Astwerk der Laub-

Die Völklinger Hütte konnte nach ihrer Stilllegung als Museum bewahrt werden.

bäume. Der Dämelbach und der Bosbach speisen das in einer Höhe von 400 Metern gelegene Gewässer. Zwei Sandstrände und mehrere Liegewiesen ziehen Sonnenanbeter an. Der 120 Hektar große Stausee liegt im Naturpark Saar-Hunsrück. Die Berge ragen bis zu 816 Meter auf. 2015 feierte man in der Kernzone die Einrichtung des **Nationalparks Hunsrück-Hochwald**. Ab April blühen auf den Grünflächen Orchideen, öffnen Narzissen ihre Knospen. Wildkatzen suchen den Schutz des Waldes. Auf den Lichtungen äsen Rehe. Dachse schleichen durch die Sträucher. Hinter dem Ort Hausbach kippt der Rundkurs ab und die Räder sausen hinunter zum Ufer der Saar.

Der Saarlandradweg läuft oft durch ruhige Wiesen und Wälder.

Von Mettlach nach Saarbrücken – 150 km

In **Mettlach** gewährt das Keramik-Erlebniszentrum von Villeroy & Boch Einblicke in die Jahrhunderte währende Keramik-Tradition. Bis zur Säkularisation gab es hier ein Kloster. 1809 erwarb Jean-François Boch den altehrwürdigen Barockbau und profitierte von der günstigen Flusslage, die für den Rohstofftransport von großem Vorteil war. Unser Reiseweg verlässt das Tal der Saar bei Mettlach und überwindet mit steilen Kurven einen Höhenunterschied von 260 Metern. Unterwegs lohnt ein Ausflug zur **Saarschleife**. Hier hat der Fluss sein Meisterwerk abgeliefert und eines der Naturwunder Deutschlands in das Quarzitgestein ge-

graben. Den berühmten Postkartenblick bekommt man vom 180 Meter über dem Fluss gelegenen Aussichtspunkt Cloef. Treten die Bäume erst einmal zurück, breitet sich unten das geruhsam dahinströmende Band der Saar aus, die hier eine perfekte 180-Grad-Schleife vollführt. Seit Juli 2016 kann man seine Fotos von einem 1250 Meter langen Baumwipfelpfad und einem 42 Meter hohen Aussichtsturm knipsen.

Bei der Weiterfahrt genießt man eine herrliche Fernsicht über den Höhenzug des Saargaus, der im Westen steil zur Mosel abfällt. Das liebliche Tal gehörte einst zum Imperium Romanum und ist reich an kulturellen Hinterlassenschaften dieser längst verstrichenen Epoche. So können wir in **Nennig** das mit 160 Quadratmetern größte und besterhaltene römische Mosaik nördlich der Alpen bestaunen. Im Dorf Borg wurde eine Villenanlage rekonstruiert, mitsamt Herrenhaus, Bad und Wohn- und Wirtschaftsgebäude. Der wellige Saarlandradweg folgt auf Flurwegen der Staatsgrenze und steuert das Europadenkmal in Berus an, welches im Zuge der deutsch-französischen Aussöhnung errichtet wurde. Nach einer Waldfahrt senkt sich der Rundkurs zur Saar hinab und erreicht mit der Völklinger Hütte den letzten Höhepunkt der Reise. Hier lebt das goldene Zeitalter des saarländischen Industrie-reviers fort. Die 1873 in Betrieb genommene Eisenhütte verschaffte bis zur globalen Stahlkrise Ende der Siebzigerjahre 17000 Menschen einen sicheren Arbeitsplatz. 1986 legte man die sechs Hochöfen in **Völklingen** still und stellte sie unter Denkmal-schutz. Acht Jahre später nahm die UNESCO das vollständig erhaltene Industrie-areal als weltweit erstes Denkmal der Technikgeschichte in die Liste des Welterbes auf. Während der multimedialen Besuchertour erlebt man eine faszinierende Reise, bei der man die Prozesse der Eisenherstellung fachgerecht vermittelt bekommt. Jahr für Jahr bietet das ehemalige Hüttenwerk zudem einen stilvollen Rahmen für wech-selnde Ausstellungen, die einen großen Anklang finden. Anschließend radelt man entspannt die Saar stromaufwärts ins zwölf Kilometer entfernte Saarbrücken hinein. Dort schließt sich der Kreis einer abwechslungsreichen Tour.

Das Schloss Berg beherbergt ein Hotel und ein Gourmet-Restaurant.

28 Lahntalradweg

Unbeschwerter Radgenuss

leicht 248 km

CHARAKTER
Der Flussradweg ist meist flach und punktet durch seine ruhige, meist befestigte Trassenführung.

AUSGANGSORT
Lahnhof bzw. Bad Laasphe Bhf.

ENDPUNKT
Lahnstein; zurück mindestens 3 Std. mit dem Zug.

WEGMARKIERUNG
Schriftzug »Lahntalradweg« und die Spiegelschrift »dasLahntal«.

E-BIKE
E-Bike braucht man nicht, Infos über www.daslahntal.de.

INFORMATION
Lahntal Tourismus Verband e. V., Brückenstraße 2, 35576 Wetzlar, Tel. 06441/30 99 80, www.daslahntal.de; Tourismus NRW e. V., Völklinger Str. 4, 40219 Düsseldorf, Tel. 0211/91 32 05 00, www.nrw-tourismus.de und www.radroutenplaner.nrw.de; HA Hessen Agentur GmbH, Konradinerallee 9, 65189 Wiesbaden, Tel. 0611/950 17 81 91, www.hessen-tourismus.de und www.radroutenplaner.hessen.de; Rheinland-Pfalz Tourismus GmbH, Löhrstr. 103–105, 56068 Koblenz, Tel. 0261/91 52 00, www.gastlandschaften.de und www.routenplaner-rlp.de

Der Lahntalradweg ist ein Radweg für die Seele. Drei Naturparks, zahlreiche Kirchen, Schlösser und Burgen zieren die Tour. Dazwischen laden auf der 250 Kilometer langen Qualitätsroute immer wieder historisch gewachsene Städte wie Marburg, Wetzlar, Limburg und Bad Ems zu einer Besichtigung ein.

Von Lahnhof nach Marburg – 66 km Wo sich die Hänge des Rothaargebirges nach Süden hin öffnen, sprudelt in einer Höhe von 602 Metern die Lahn aus dem Untergrund hervor. Von der Quelle aus geht es entspannt bergab – wir brauchen die Räder nur rollen zu lassen. Durch Nadelwald folgen wir anschließend dem langsam breiter werdenden, von schmalen Blumenwiesen gesäumten Bergtal ins 20 Kilometer entfernte **Bad Laasphe**. Staunend holpern wir über das Kopfsteinpflaster der Altstadtgassen und erfreuen uns an liebevoll gepflegtem Fachwerk. Die Mischwälder

Die Lahn ist einer der schönsten Kanuwanderflüsse Deutschlands.

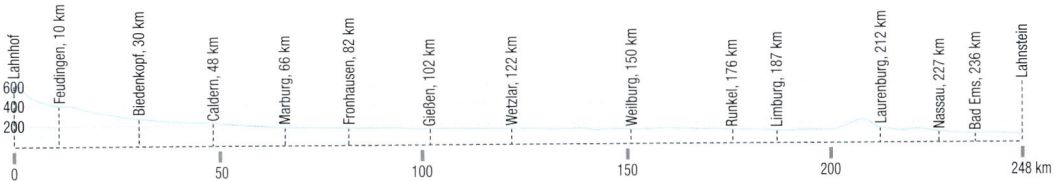

rund um das Kneippheilbad sind ein ausgezeichnetes Pilzrevier. Interessierte zieht es ins Pilzkundliche Museum mit über 1000 gefriergetrockneten Arten. Wir begleiten ein Stück die D-Route 4 – Mittelland-Route, kehren Nordrhein-Westfalen den Rücken zu und rollen ins hessische Biedenkopf. Den schönsten Blick hat man vom Bergfried des Landgrafenschlosses. Turmbesteiger lassen das Auge über das Obere Lahntal und die Fachwerkhäuser der Altstadt wandern. Der Prachtbau beheimatet seit 1908 das Hinterlandmuseum, das die industrielle Entwicklung der ländlichen Region vorstellt sowie das Verkehrs- und Postwesen des ausgehenden 19. Jahrhunderts.

Auf dem nächsten Teilstück verdrängen Wiesen und kleine Felder den Wald aus dem Talgrund. In Schleifen fließt die breiter werdende Lahn **Marburg** entgegen. Im Mittelalter entwickelte sich die Stadt um das Franziskus-Hospital, das 1228 von der später heiliggesprochenen Elisabeth von Thüringen gegründet wurde. Die vielen Wallfahrer, die das Grabmal in der gotischen Elisabethkirche besuchten, trugen zum Aufstieg zur Universitätsstadt bei. Das malerische Zentrum mit seinen Fachwerkzeilen zieht sich über schmale, verwinkelte Gassen und steile Treppen den Schlossberg hinauf. Oben angelangt, lohnt ein Besuch des Landgrafenschlosses. Es ging 1529 mit dem Treffen der beiden Reformatoren Luther und Zwingli in die Geschichtsbücher ein.

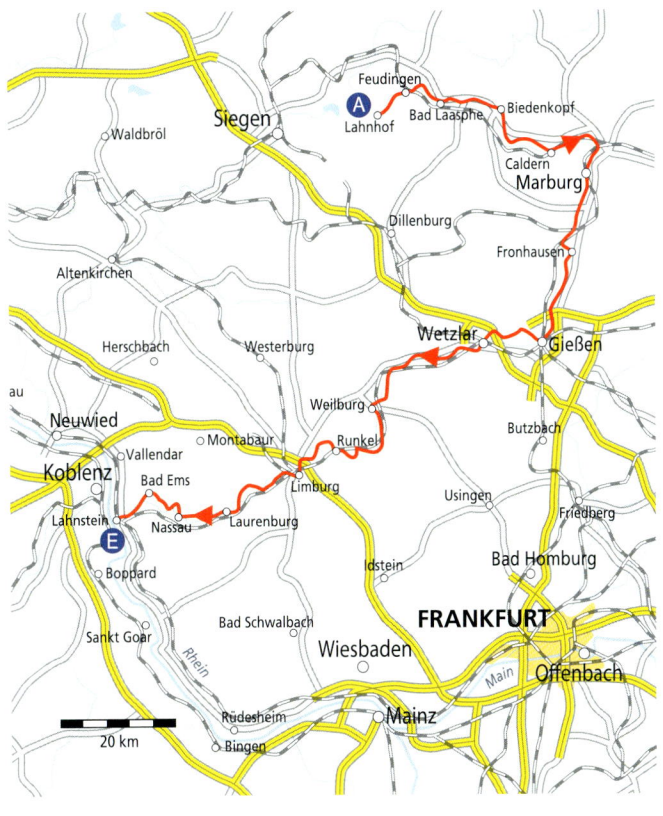

Von Marburg nach Weilburg – 85 km Nach der beschaulichen Uferfahrt der ersten Etappen entfernt sich der Lahntalradweg nun öfter vom Fluss und windet sich reizvoll durch fruchtbares Ackerland und kleine Dörfer. Unterwegs folgen mit dem Schloss Fiedelhausen, der Burg Gleiberg und der Burgruine Vetzberg gleich mehrere ehemalige Herrschaftssitze auf engstem Raum. Nach einem Zwischenstopp in **Gießen** erreichen wir Wetzlar. In der alten Reichsstadt gehen wir auf den Spuren von Johann Wolfgang von Goethe, der im Sommer 1772 Praktikant beim Reichskammergericht war. Damals inspirierte Goethe eine glücklose Romanze mit Charlotte Buff dazu, den Roman »Die Leiden des jungen Werther« zu verfassen. Dieser wurde zu

einem Bestseller und machte den Dichter schlagartig bekannt. Nach unserem Ausflug in die deutsche Literaturgeschichte rollen wir über die Alte Lahnbrücke (13. Jh.), die sich mit sieben Halbbögen ansprechend über den Fluss spannt.

Mittlerweile haben wir die halbe Wegstrecke bis zum Rhein zurückgelegt und steuern durch das Solmser Land. Hier bieten sich zwei interessante Abstecher an. Zum einen kann man zum Besucherbergwerk Fortuna hinaufschnaufen und sich bei einer Führung unter Tage mit den Arbeitstechniken des ehemaligen Eisenerzbergwerks vertraut machen. Der zweite Ausflug führt nach Süden zum Schloss Braunfels, hoch oben über den Baumwipfeln auf einem Basaltfelsen. **Weilburg**, unser nächstes Ziel, sonnt sich auf einem Bergsporn, den die Lahn fast komplett umschließt. Wahrzeichen der Stadt ist das Schloss Weilburg. Die vierflügelige Prunkanlage aus dem 16. Jahrhundert zählt zu den besterhaltenen Renaissanceschlössern Hessens. Besucher spazieren durch den großzügig angelegten Schlossgarten, schießen in der Oberen und Unteren Orangerie Fotos und schauen die Schlosskirche an.

Von Weilburg nach Lahnstein – 97 km Bei der Ortsausfahrt von Weilburg blicken wir nochmals auf die hohen Mauern der Stadt, von denen ein üppig grüner Pflanzenteppich herabhängt. Dann verengt sich das Tal. Der Wald rückt nahe ans Ufer heran, sodass neben dem Radweg nur noch Platz für einen schmalen Wiesenstreifen bleibt. Vor den Taunusbergen kapitulierend, biegt die Lahn nach Westen ab und sucht sich südlich des Westerwaldes schlängelnd einen Weg durch Riffkalkstein und vulkanischen Schalstein. Wo sie sich in jahrtausendelanger Kleinarbeit durch die Waldgebirge gegraben hat, thront die eindrucksvolle Burg Runkel über dem gleichnamigen Fachwerkstädtchen. Die Stammburg der Fürsten von Wied wurde 1159 erstmals erwähnt. Sie diente lange Zeit der Sicherung des Lahnübergangs und erlitt

1634 im Dreißigjährigen Krieg schwere Zerstörungen, als die kaiserlichen Truppen den Ort in Schutt und Asche legten. Ein paar Pedaltritte später ist das fruchtbare Limburger Becken erreicht, in dem uns schon bald der siebentürmige Dom zu Limburg begrüßt. Das 1235 geweihte Gotteshaus birgt im Inneren kostbare Fresken aus dem 13. Jahrhundert und gilt als eine der vollkommensten Schöpfungen spätromanischer Baukunst in Deutschland.

Hinter Diez mit seinem Barockschloss Oranienstein, dem Stammhaus der Oranier, dominiert wieder der Wald. Wir fahren in den Naturpark Nassau hinein, der uns bis ans Reiseziel mit lieblichen Szenerien begleitet. Die bisher genussvoll am Fluss entlangführende Radtour verlässt beim Dorf Geilnau das Lahntal. Nun strampeln wir aussichtsreich über eine weite Hochfläche und sausen die berauschende Spitzkehrenabfahrt hinunter nach Laurenburg. Vorbei am Weinort Obernhof, dem auf einem Hügel über dem Tal gelegenen Kloster Arnstein und der Kleinstadt **Nassau** erreichen wir das herausgeputzte Bad Ems. Die Badetradition, die schon Könige, Kaiser und Zaren schätzten, reicht bis in die Römerzeit zurück und ist ein wichtiger Garant für den Wohlstand des Kurortes. Traurige Berühmtheit errang die Stadt durch die sogenannte »Emser Depesche«, die zum Ausbruch des Deutsch-Französischen Krieges (1870/71) führte. Der lehrreiche Radweg verschwindet ein letztes Mal in den Wäldern und trifft schließlich auf die Burg **Lahneck**, die seit dem 13. Jahrhundert die Mündung in den Rhein bewacht und unser Reiseziel markiert.

Links: Bad Ems zieht sich zu beiden Seiten der Lahn entlang.

Mitte: Das Kurhaus von Bad Ems hat berühmte Kurgäste empfangen.

Rechts: Die Geschichte des Klosters Arnstein lässt sich bis in die zweite Hälfte des 11. Jahrhunderts zurückverfolgen.

29

Deutscher Limes-Radweg

Geschichte »erfahren«

schwer   **812 km**

CHARAKTER
Die Strecke überquert mehrere Mittelgebirge, teils länger auf Schotter.

AUSGANGSORT
Bad Hönningen Bhf.

ENDPUNKT
Regensburg; zurück mindestens 7 Std. mit dem Zug.

WEGMARKIERUNG
Braune Schilder mit »Deutscher Limes-Radweg« und einem Limesturm-Logo.

E-BIKE
Für den hügeligen Streckenverlauf bieten sich E-Bikes an, Infos über www.gastlandschaften.de.

INFORMATION
Verein Deutsche Limes-Straße, St.-Johann-Straße 5, 73430 Aalen, Tel. 07361/52 82 87 23, www.limesstrasse.de; RömerWelt, Arienheller 1, 56598 Rheinbrohl, Tel. 02635/92 18 66, www.roemer-welt.de; Römerkastell Saalburg, Am Römerkastell 1, 61350 Bad Homburg v. d. H., Tel. 06175/937 40, www.saalburgmuseum.de;

Westen – Osten. Hüben – drüben. Europa war schon früher einmal geteilt. Die erste Grenze errichteten die Römer ab dem 1. Jahrhundert n. Chr. Seit 2005 ist der deutsche Abschnitt des Limes ein UNESCO-Welterbe, dem man mit dem Fahrrad nachsteuern kann.

Von Bad Hönningen zur Saalburg – 179 km Ströme wie der Rhein und die Donau markierten als schwer überwindbare Barrieren von jeher die natürlichen Grenzverläufe. Für die Römer waren die großen Flüsse von strategischer Bedeutung, ließen sie sich doch mit ihren wendigen Patrouillenbooten leicht sichern. Als die Eroberungszüge Roms im Norden Germaniens stockten, errichteten die Legionäre ab dem 1. Jahrhundert n. Chr. zum Schutz vor den Barbaren eine 550 Kilometer lange Wallanlage – den **Obergermanisch-Rätischen Limes**. Er reichte vom Mittelrhein bei **Rheinbrohl** bis zum Kastell Eining an der Donau. Heute zählen die Relikte des Grenzwalls zu den angesehensten archäologischen Denkmälern Mitteleuropas. Der deutsche Abschnitt des Limes wird seit 2005 als UNESCO-Welterbe besonders geschützt. Im heutigen Rheinbrohl nahm die Limesgrenzbefestigung auf deutschem Boden mit einem Kleinkastell ihren Anfang.

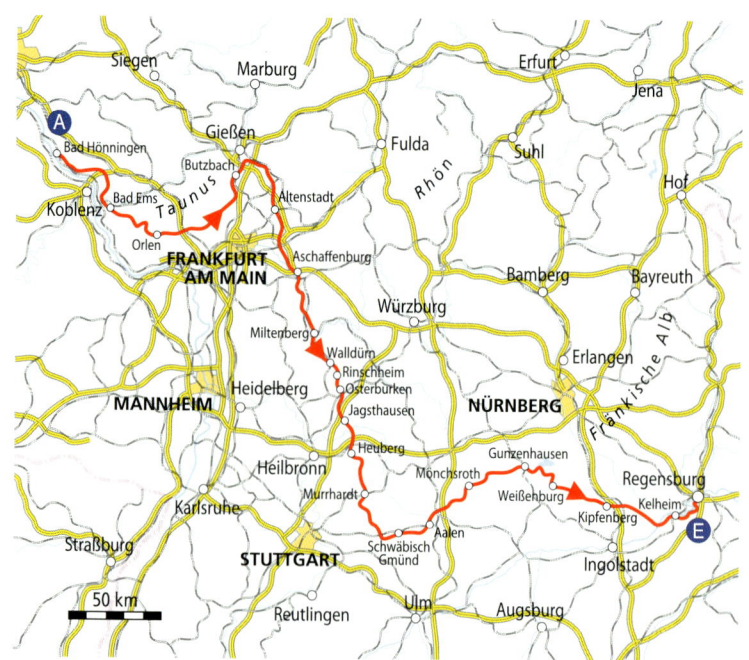

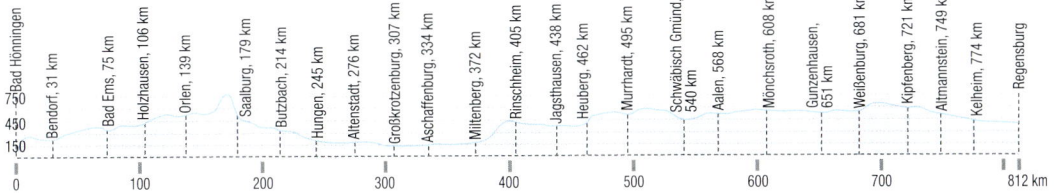

Bad Hönningen — Bendorf, 31 km — Bad Ems, 75 km — Holzhausen, 106 km — Orlen, 139 km — Saalburg, 179 km — Butzbach, 214 km — Hungen, 245 km — Altenstadt, 276 km — Großkrotzenburg, 307 km — Aschaffenburg, 334 km — Miltenberg, 372 km — Rinschheim, 405 km — Jagsthausen, 438 km — Heuberg, 462 km — Murrhardt, 495 km — Schwäbisch Gmünd, 540 km — Aalen, 568 km — Mönchsroth, 608 km — Gunzenhausen, 651 km — Weißenburg, 681 km — Kipfenberg, 721 km — Altmannstein, 749 km — Kelheim, 774 km — Regensburg

Wir kehren dem Rheintal den Rücken und erklimmen den ersten Hügelzug des Westerwaldes. Schnell liegt das geschäftige Treiben des dicht besiedelten Flusstals hinter uns und wir können den alten Schifffahrtsweg aus der Vogelperspektive betrachten. Im angrenzenden Wald trifft der Radweg auf rekonstruierte Aussichtstürme, Palisaden und Kastelle. Lange, meist einsame Anstiege und kurvenreiche Abfahrten im Wald charakterisieren das nächste Wegstück. Für Abwechslung sorgt das im Naturpark Nassau gelegene Lahntal. Im heutigen Kurort **Bad Ems** waren damals römische Hilfstruppen in gleich zwei Kastellen stationiert. Am nahen Blöskopf entdeckte man 1895 ein Hüttenwerk, in dem die Herren vom Tiber kostbares Silber abbauten. Mittlerweile geht es in dem bekannten Badeort weitaus gesitteter zu und beiderseits der Lahn ziehen sich adrette Kurfassaden in die Länge. Alle erlagen sie dem Charme dieses »Weltbades«: Kaiser Wilhelm I. entspannte hier genauso wie die Zaren Nikolaus I. und Alexander II. von Russland.

Nach ein paar Kilometern flussabwärts auf dem Lahntalradweg wird die kurze Rollpassage durch eine 17-prozentige Steigung jäh beendet. Die ehemalige Territoriumsgrenze verläuft in einem ermüdenden Auf und Ab durch das Mittelgebirge Taunus. Wir queren das Tal des Flüsschens Aar und lassen die Idsteiner Senke hinter uns. Da

Der Limes wurde durch Wachttürme gesichert.

Reisende hier den hohen Taunuskamm leicht durchschreiten können, verlief schon damals ein wichtiger Verkehrsweg durch diesen Taleinschnitt. Im Anschluss winden sich lange, geschotterte Forstwege den Wald hinauf. Sie geben einen Eindruck, wie es hier zur Germanenzeit ausgesehen hat, als Urwälder weite Teile Mitteleuropas bedeckten. Jenseits des Feldbergs treffen wir mitten im Wald auf die rekonstruierte Saalburg.

Von der Saalburg nach Miltenberg – 193 km Am strategisch günstig gewählten Standort der Saalburg wurde um 83 n. Chr. zur Sicherung des Saalburg-Passes eine Erdschanze für ca. 80 bis 100 Mann errichtet und nach und nach zu einem durch dicke Steinmauern geschützten Kohortenkastell mit den Ausmaßen von 147 x 221 Metern erweitert. Um das Jahr 117 n. Chr. hatte das Römische Reich seine größte Ausdehnung und so zeigte es sich, dass die Grenzen des Imperiums überdehnt waren. Immer wieder kam es zu erbitterten Kämpfen, so auch in Germanien. Die Römer gaben den Limes um das Jahr 260 n. Chr. auf. Die Saalburg zerfiel im Laufe der Jahrhunderte und wurde zwischen 1897 und 1907 nach dem damaligen Stand der Wissenschaft rekonstruiert. Bei dem Spaziergang durch die alte Festung mit ihren Wohnanlagen, den Werkstattgebäuden und dem Fahnenheiligtum erleben Besucher hautnah mit, unter welchen Bedingungen die Menschen damals lebten und arbeiteten.

Nach unserem Ausflug in die Geschichte folgen wir weiter dem Deutschen Limes-Radweg, der uns allmählich in tiefere Lagen geleitet. Der Wald lockert sich nun immer mehr auf, die Besiedelung nimmt zu und beider-

Die Römerstraßen in Europa

Alle Wege führen nach Rom: Das Sprichwort stimmte vor knapp 2000 Jahren annähernd. Erst der Bau der Römerstraßen ermöglichte die Eroberung, die Versorgung und den Handel durch weite Teile Europas, den Westen Asiens und Nordafrikas. Die straßenkartenähnliche Tabula Peutingeriana zeigt das römische Straßennetz und gehört zum UNESCO-Weltdokumentenerbe. Die Erbauer legten die Wege meist geradlinig an, vermieden, wo es ging, Steigungen und befestigten die Straßen teils mit Kopfsteinpflaster. Vergleichbare Wege gab es seinerzeit noch nicht in Europa. Entlang der Römerstraßen stellte man Miliarien (Meilensteine) auf, die zur Orientierung dienten.

seits des Weges blicken wir auf Felder und Streuobstwiesen. Voraus liegt die charmante Fachwerkstadt Butzbach, in der sich einst das Kohortenkastell Hunneburg befand. Von ihm ist heute nichts mehr zu sehen. Die Kleinstadt markiert den Übergang zum Tiefland der Wetterau. Bereits die Römer wussten um dieses fruchtbare Ackerland und sicherten es mit dem Grenzwall, der hier einen Bogen nach Norden vollzieht. Die nächsten Reisestationen sind das Kloster Arnsburg, die Schäferstadt Hungen mit ihrem über 600 Jahre alten Schloss, und Altenstadt im Niddertal. Nach der genussvollen Fahrt durch den malerischen Landstrich führt uns der Radweg zum Main hinunter. Die nächsten römischen Spuren finden sich im sechs Kilometer entfernten Seligenstadt. Hier stand einst eines von rund 120 Kastellen entlang des Limes. Im Mittelalter überbaute man das drei Hektar große Lager. Das kostbare Steinmaterial verwendete man für den Bau der karolingischen Basilika St. Marcellinus und Petrus. Das Gotteshaus gehört zur komplett erhaltenen Klosteranlage einer ehemaligen Benediktinerabtei, deren stilvoller Klostergarten sich längs der Mainpromenade ausbreitet. Die Reise setzt sich auf dem Mainradweg an **Aschaffenburg** vorüber nach **Miltenberg** fort, wo wir annähernd die Hälfte der Wegstrecke gemeistert haben.

Von Miltenberg nach Aalen – 196 km
Miltenberg ist ein gemütlicher Ort mit Fachwerkhäusern, die sich vom schmalen Uferstreifen des Mains die Hänge des Spessarts und des Odenwaldes hinaufziehen. Kurz hinter der Flussniederung windet sich der Radweg erneut bergwärts, trifft erst auf Amorbach und schließlich **Walldürn**. Jährlich begeben sich 150 000 Pilger in den Wallfahrtsort zur Gnadenstätte zum Heiligen Blut. Der Auslöser der Wallfahrt war das »Blutwunder von Walldürn« aus dem Jahr 1330. Die zwischen 1698 und 1728 im odenwaldtypischen Buntsandstein erbaute Basilika St. Georg beherrscht das Ortsbild. 22 Radkilometer weiter in Richtung Süden geht es meist bergab, bis das Bauland erreicht ist, in dem sich die Römerstadt **Osterburken** in der Flusssenke der Kirnau ausbreitet. Es ist belegt, dass die dritte Kohorte der Aquitaner, »cohors III Aquitanorum«, 160 n. Chr. in das neu errichtete Kastell Osterburken einrückte. Mit dem Abzug der Römer aus der Region

Links: Bei der Miltenberger Altstadt verlässt der Deutsche Limes-Radweg den Main.

Mitte: Auf dem mittleren Abschnitt folgt die Radroute dem Fluss Main.

Rechts: Das aus rotem Sandstein errichtete Schloss Johannisburg prägt das Gesicht Aschaffenburgs.

verfiel das Annexkastell, dessen Grundmauern indes die Wirren der Zeit gut überstanden. Heute sind sie Bestandteil einer der bedeutendsten provinzialrömischen Fundplätze Südwestdeutschlands. Interessierte können im zweigeschossigen Römermuseum Osterburken Wissenswertes über die Lebensweise der Menschen beiderseits der Grenze in Erfahrung bringen.

Während der historische Grenzwall weiterhin kerzengerade nach Südosten läuft, orientiert sich die Radtour an bestehenden Nebenstraßen und Radwegen, die sich im Zickzack durch die ländliche Gegend ziehen. Wir durchschreiten die Flusstäler von Jagst und Kocher, die Radfahrer auf dem 340 Kilometer langen Rundweg des Kocher-Jagst-Radwegs kennenlernen können, und radeln weiter bis Schwäbisch Gmünd. Die alte Stauferstadt zieht mit ihren prächtigen Patrizierhäusern, den sechs Stadttürmen und den schmucken Stadtplätzen jeden Reisenden in den Bann. Wahrzeichen der Kreisstadt ist das gotische Heilig-Kreuz-Münster, das als älteste Hallenkirche Süddeutschlands gilt. Mit den erhaltenen Mauerresten des Kastellbades Schirenhof befinden sich auch römische Spuren im Stadtgebiet. Der Limes knickt nun nach Osten und folgt den grünen Ausläufern der Schwäbischen Alb nach **Aalen**.

Von Aalen nach Regensburg – 244 km   Ausgangspunkt für die vierte Etappe ist die ehemals Freie Reichsstadt Aalen, deren Geschichte stark mit dem Römischen Reich verwurzelt ist. Während der Regentschaft des Kaisers Antoninus Pius wurde im Kochertal um 150 n. Chr. das größte Reiterkastell nördlich der Alpen eingerichtet. In der durch dicke Juragesteinsmauern gesicherten sechs Hektar großen Anlage war damals eine bis zu 1000 Mann starke berittene Einheit stationiert. Man sprach bei solchen Ver-

Links: Das fränkische Klingenberg am Main breitet sich zu Füßen des Naturparks Spessart aus.

Rechts: Die rekonstruierte Saalburg gewährt spannende Einblicke in das Leben der Römer und Germanen.

bänden von »Ala« und daher hat auch die Stadt Aalen ihren Namen. Auf dem einstigen Festungsgelände befinden sich heute ein Open Air Park mit den Überresten des Hauptquartiers und das Gebäude des weitläufigen Limesmuseums. Die Ausstellung präsentiert Originalfunde aus der Römerzeit, die man in den letzten 40 Jahren in und um Aalen fand.

Wir radeln weiter entlang der ehemaligen Nordgrenze des Römischen Imperiums und erreichen bei Wittelshofen wieder Bayern. Dort überschreitet der Radweg den Fluss Wörnitz und hält auf die Altmühl zu, auf die wir bei **Gunzenhausen** treffen. Die reizvoll im Fränkischen Seenland gelegene Stadt besitzt sehenswerte Bauten aus dem Mittelalter, wie die drei erhaltenen Türme der einst siedlungsumspannenden Wehranlage. Wer sich für Versteinerungen interessiert, dem ist das Fossilien- und Steindruckmuseum zu empfehlen, das Exponate aus dem Oberen Jura zeigt. Der Radweg präsentiert sich weiterhin als offenes Geschichtsbuch und trifft am Rand der Südlichen Frankenalb in **Weißenburg** mit dem Kastell Biriciana auf das nächste Highlight.

Beachtenswert ist neben dem rekonstruierten Nordtor des Steinkastells vor allem der Hortfund aus Bronzestatuetten, den man im Römermuseum bestaunen kann. Kurz vor Kelheim rollen wir ins malerische Donautal hinab und folgen dem Strom nach Osten. Krönender Abschluss der Radreise ist **Regensburg**, dessen Altstadt seit 2006 zum UNESCO-Welterbe gehört. Die heute 150 000 Einwohner zählende Stadt verzaubert uns mit Bauwerken aus dem Mittelalter wie der Steinernen Brücke, dem Dom St. Peter und den für Regensburg charakteristischen Patrizierburgen. Wenn wir in der Stadtchronik weiter zurückgehen, sehen wir, dass der römische Kaiser Marc Aurel hier vor rund 1800 Jahren ein Kastell errichten ließ. Der strategisch günstige Standort am nördlichsten Punkt der Donau unweit der Mündung des linken Nebenflusses Regen begünstigte das Legionslager Castra Regina.

Viermal Radfahren auf den Spuren Roms

In Europa gibt es mehrere Radrouten, auf denen man tief in den Brunnen der Geschichte eintauchen kann. Spannend ist z. B. die Via Julia. Ihr kann man auf einem 280 Kilometer langen Radweg von Günzburg nach Salzburg folgen. Info: www.viajulia.de. Der Name Römer-Lippe-Radweg verrät bereits viel. Diese Route verbindet das Hermannsdenkmal bei Detmold mit dem LVR-Archäologischen Park Xanten. Info: www.roemer-lipperoute.de. Die Via Claudia Augusta führt von Donauwörth bis Ostiglia am Fluss Po. Info: www.viaclaudia.org. An die nördliche Grenze des Römischen Reichs kommt man bei einer Fahrt auf dem Hadrian's Cycleway. www.hadrianswallcountry.co.uk

An mehreren Stellen erinnern nachgebaute Türme an den Verlauf des Limes.

30

Moselradweg

Sehnsuchtstour für Genießer

leicht 252 km

CHARAKTER
Der Weg weist kaum Erhebungen auf und verläuft meist auf eigenständigen Radwegen. So ist der Moselradweg wie geschaffen für Familien und Genussradler.

AUSGANGSORT
Perl Bhf.

ENDPUNKT
Koblenz; zurück 2:30 Std. mit dem Zug.

WEGMARKIERUNG
Ein weißes »m« auf grünem Grund zusammen mit einem Fahrrad.

E-BIKE
Die Webseite www.mosellandtouristik.de und www.gastlandschaften.de listen Radverleihe entlang der Radtour auf.

INFORMATION
Mosellandtouristik, Kordelweg 1, 54470 Bernkastel-Kues, Tel. 06531/97330, www.mosellandtouristik.de; Tourismus Zentrale Saarland, Trierer Str. 10, 66111 Saarbrücken, Tel. 0681/92 72 00, www.urlaub.saarland.de; Rheinland-Pfalz-Tourismus GmbH, Löhrstr. 103–105, 56068 Koblenz, Tel. 0261/91 52 00, www.gastlandschaften.de, www.tourenplaner-rheinland-pfalz.de und Rheinland-Pfalz-App

Radfahren an der Mosel? Klar! Der Name, so süffig wie ein Riesling, so lieblich wie Flussschleifen, so pittoresk wie ein Mittelalterstädtchen. Doch stimmen die Klischees auch alle? Wir gehen dem nach: vorbei an alten Burgen und charmanten Fachwerkorten – 250 entspannte Flusskilometer Schauen und genussvolles Dahinrollen.

Von Perl nach Bernkastel-Kues – 118 km Die Mosel startet ihren Lauf in den französischen Vogesen, durchströmt die Städte Épinal, Metz und Thionville und trennt nach 300 Kilometern Luxemburg von Deutschland. Die Gemeinde Perl klingt schon einmal vielversprechend. Hier beginnt unsere Viertagesreise. Am südlichen Ortsrand liegt Frankreich. Das Luxemburger Dorf **Schengen** nimmt das andere Moselufer ein und vor uns liegen 250 Kilometer Asphaltradweg. Wir bummeln das Tal hinunter. Beim Schloss Thorn passiert der Fluss die Grenze zwischen dem Saarland und Rheinland-Pfalz. Weinberg folgt auf Weinberg. Mittendrin wirft der Fluss seine Schleifen. Am deutschen Ufer bettet sich das Dorf Nittel in steil aufragende Dolomitfelsen ein. Hier reift auf Dreiviertel der 290 Hektar umfassenden Rebfläche der weiße Elbling, eine 2000-jährige Rebsorte,

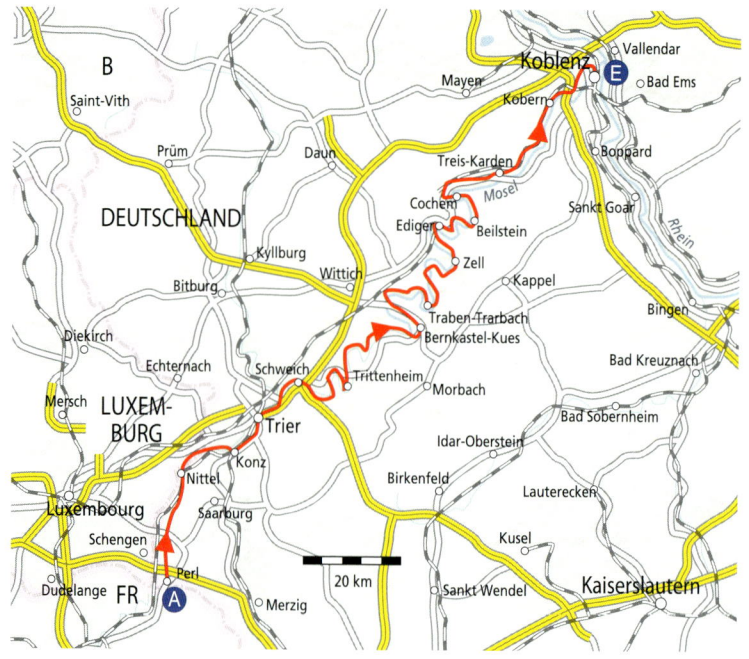

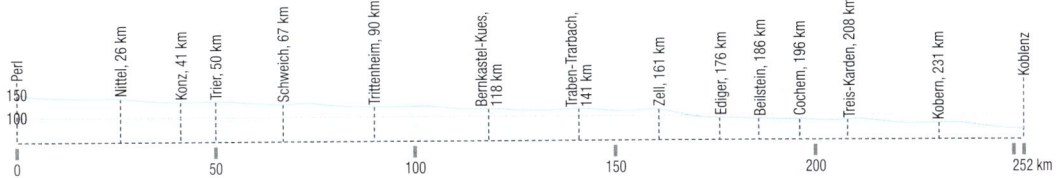

Perl
Nittel, 26 km
Konz, 41 km
Trier, 50 km
Schweich, 67 km
Trittenheim, 90 km
Bernkastel-Kues, 118 km
Traben-Trarbach, 141 km
Zell, 161 km
Ediger, 176 km
Beilstein, 186 km
Cochem, 196 km
Treis-Karden, 208 km
Kobern, 231 km
Koblenz
150
100
0
50
100
150
200
252 km

die durch die Kalkböden eine besondere Geschmacksnote erhält. Der schmackhafte Tropfen ist ein ausgezeichneter Begleiter für die moselländischen Gerichte wie Quiche oder Zwiebelkuchen.

Bei Konz vermischen sich die Wasser von Saar und Mosel. Das Tal wird weitläufiger und mit den Überresten einer spätrömischen Kaiservilla beginnt ein Zeitsprung ins Imperium Romanum, der zehn Kilometer weiter seinen Höhepunkt findet. Nachdem Rom ganz Gallien bis zum Rhein unterworfen hatte, gründeten die Herren vom Tiber 16 v.Chr. das heutige **Trier**. Sie nannten den aufblühenden Flecken zu Ehren von Kaiser Augustus »Augusta Treverorum«, Stadt des Augustus im Land der Treverer. Die Siedlung wuchs rasant an und zählte im 4. Jahrhundert annähernd 100 000 Einwohner. Zum Schutz vor den Franken und Alamannen befestigte man den späteren Bischofssitz massiv. Dies bezeugt noch heute die wuchtige Porta Nigra, die als Stadttor den Nordrand Triers sicherte. Das Wahrzeichen der Stadt gehört seit 1986 zum UNESCO-Weltkulturerbe, genauso wie weitere Baudenkmäler des Römischen Reiches: das Amphitheater, die Römerbrücke, die Basilika, die Kaiser- und Barbarathermen und die Igeler Säule. Auch den 112,5 Meter langen und 41 Meter breiten Dom St. Peter und die Liebfrauenkirche würdigte man. Beide bilden vom Domplatz

Der Moselradweg führt auf dem letzten Abschnitt durch das reizende Cochem.

Das nachgebaute römische Weinschiff lädt bei Neumagen zu einer Ausfahrt ein.

aus betrachtet eine harmonische Einheit. Trier erinnert aber auch mit dem im Karl-Marx-Haus untergebrachten Museum an den berühmtesten Sohn der Stadt. Das Geburtshaus des Mitbegründers des modernen Sozialismus lockt vor allem chinesische Touristen an, die ein Drittel der Besucher ausmachen.

Am nächsten Morgen bestimmen nach wenigen Kilometern wieder Rebzeilen und Wälder die Landschaft. Wenig später komplettieren schmucke Winzerorte das malerische Bild. Gemütliche Weinstuben laden zum Verweilen ein. Die Mosel wirft ab Mehring ausladende Schleifen und durchbricht die Nahtstelle, an der Eifel und Hunsrück aufeinandertreffen. Der Reiseweg verleitet zum Bummeln und Umherschauen, so auch in **Bernkastel-Kues**. Hier schlägt das Herz der Region Mittelmosel. Steinerne Zeitzeugen aus sechs Jahrhunderten reihen sich um das ausgetretene Kopfsteinpflaster des Marktplatzes. Über die Altstadtpracht wachte lange Zeit die Burg Landshut. Sie fiel am 8. Januar 1692 einem Feuer zum Opfer und ist seitdem eine Burgruine.

Von Bernkastel-Kues nach Koblenz – 134 km   Zwei Moselbiegungen stromabwärts fällt der Blick an beiden Ufern auf die ansprechenden Jugendstilhäuser von **Traben-Trarbach**. Verbunden ist die Weinhandelsstadt durch ein reich verziertes Brückentor, in dem sich heute ein Restaurant mit einem hinreißenden Ausblick befindet. Noch besser ist die Sicht über die an einer Flussbiegung gelegene Stadt Grevenburg, die im Jahre 1734 von den Franzosen eingenommen und geschleift wurde. Um dorthin zu gelangen, mühen wir uns ein immer schmaler werdendes Sträßchen hinauf. Rechts flankiert ein Mischwald das steil eingekerbte Seitental, links stehen die sonnenbeschienenen Weinlagen Burgberg und Schlossberg Spalier. Oben kippt der Weg ab. Der Blick weitet sich zu einem Panorama über die grauen Dächer der Stadt und die tiefblaue Mosel mit ihren Ausflugsschiffen.

Voller Vorfreude radeln wir weiter. Jede Pedalumdrehung ist ein Fest der Sinne und das Moseltal um Zell ein wahrer Paradiesgarten, der wie geschaffen für den Wein ist. Auf einer Anbaufläche von rund 400 Hektar stehen circa vier Millionen Rebstöcke. Sie machen die Siedlung zu einer der größten weinbautreibenden Gemeinden an der Mosel. Der Winzerort ist weltweit durch die Weinlage Zeller Schwarze Katz bekannt, in der man neben der dominierenden Rebsorte Riesling auch Müller-Thurgau, Bacchus und Kerner erntet. Auf dem darauffolgenden Teilstück heißt die Devise »flach fahren und hoch schauen«. Beeindruckt rollen wir am Calmont vorüber, dem mit 65 Prozent steilsten Weinberg Europas. Stromabwärts kündet die in exponierter Lage majestätisch in Pose gesetzte Reichsburg einen weiteren Höhepunkt an – die Stadt **Cochem**. Besuchermagnet ist der Martinsbrunnen auf dem Marktplatz, den schiefergedeckte Giebelhäuser einrahmen.

Die beschauliche Fahrt führt uns über Kobern-Gondorf und Winningen nach **Koblenz**. Der Rhein und die Mosel umschlingen die alte Kaufmannsstadt auf drei Seiten. Hier beginnt der von der UNESCO am 27. Juni 2002 unter der Bezeichnung »Kulturlandschaft Oberes Mittelrheintal« zum Welterbe ernannte Flussabschnitt. Besucher erblicken in der 115 000-Einwohner-Stadt prächtige Gotteshäuser wie die Basilika St. Kastor und historische Herrensitze, von denen vor allem das Schloss Stolzenfels ein erstklassiges Fotomotiv abgibt. Die beste Aussicht genießt man von der Festung Ehrenbreitstein, die 2011 in die Bundesgartenschau integriert wurde. Schräg gegenüber, an der Stelle, wo beide Flüsse zueinanderfinden, setzt Kaiser Wilhelm I. hoch zu Ross am Deutschen Eck den Schlusspunkt einer genussvollen Reise auf dem Moselradweg. Eine gepflegte Fahrradroute mit viel Kultur, einladenden Landschaften und einer vorzüglichen Gastronomie. Tatsächlich stimmen alle Klischees. Das Tal der Mosel – so schön wie eine Weinkönigin, so stolz wie eine Burg, so bunt wie ein Herbstwald. Man könnte gleich den Rheinradweg dranhängen.

Links: Von der Burgruine Grevenburg aus überblickt man die Moselschleife bei Traben-Trarbach.

Rechts: Auf der Reichsburg in Cochem finden spektakuläre Flugvorführungen verschiedener Greifvögel statt.

31 Südschwarzwaldradweg

Eine Wohlfühlrunde

leicht/schwer je nach Zufahrt

270 km

CHARAKTER
Wer die circa 1000 Höhenmeter zwischen Kirchzarten und Hinterzarten mit der Bahn überbrückt, kann auf dem verkehrsarmen Rundkurs eine nahezu steigungsfreie Radtour bestreiten. Gruppen mit mehr als sechs Fahrrädern sollten sich bei der Deutschen Bahn anmelden: Tel. 0180/599 66 33.

AUSGANGSORT
Hinterzarten Bhf.

ENDPUNKT
Hinterzarten Bhf.

WEGMARKIERUNG
Schilder mit der Aufschrift »Südschwarzwald-Radweg« und einem bergab fahrenden Radler.

E-BIKE
Infos zu E-Bikes über www.ebike-schwarzwald.de.

INFORMATION
Naturpark Südschwarzwald e. V., Dr.-Pilet-Spur 4, 79868 Feldberg, Tel. 07676/93 36 10, www.naturpark-suedschwarzwald.de; Tourismus Marketing GmbH Baden-Württemberg, Esslinger Str. 8, 70182 Stuttgart, Tel. 0711/ 23 85 80, www.tourismus-bw.de

Der Schwarzwald – wer denkt da nicht an ausgedehnte Nadelwälder, dahinplätschernde Bäche und blühende Wiesen? Der Südschwarzwaldradweg umrundet das Naturjuwel und macht Station in traditionsreichen Städten wie Bad Säckingen, Basel und Freiburg, die mit ihren kulturellen Höhepunkten für Abwechslung sorgen.

Von Hinterzarten nach Waldshut-Tiengen – 90 km Der Rundkurs verläuft überwiegend durch den Naturpark Südschwarzwald. Mit seinen 3940 Quadratkilometern ist er der größte Deutschlands. Hier bewahrt man die bäuerliche Landwirtschaft und schützt den Charakter der Täler, Schluchten und Höhenzüge. In dem Schutzgebiet liegen die drei höchsten Gipfel des Schwarzwaldes: der Feldberg mit 1493 Metern, das Herzogenhorn (1415 Meter) und der Belchen (1414 Meter). Besonders malerisch gibt sich der Schwarzwald um seine Seen. Wer sie bestaunen will, muss in die Höhe. Unsere Fahrt beginnt auf 885 Metern. **Hinterzarten** schmiegt sich mit seinen urigen Schwarzwaldhöfen idyllisch an die umstehenden Berge, die weit über die 1400-Meter-Marke hinausragen und mit dunklen Tannen überzogen sind. Der Höhenluftkurort

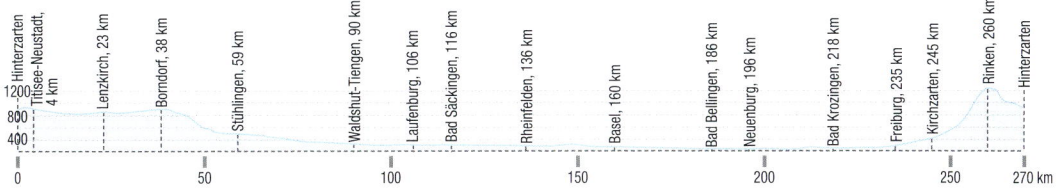

hat sich vor allem einen Namen als Olympiastützpunkt für Skispringer und Nordische Kombinierer gemacht. Wintersportfans lösen ein Ticket für das Schwarzwälder Skimuseum, in dem die Geschichte des Skilaufens lebendig wird. Auf der Weiterfahrt tauchen plötzlich scharenweise deutsche Wanderer und asiatische Bustouristen auf. Sie knipsen den Titisee, auf dem Tret- und Ausflugsboote umherschippern, die Souvenirläden mit ihren Kuckucksuhren, und die Puppen mit ihren roten Bollenhüten. Jährlich zieht das Schwarzwaldidyll Titisee bis zu zwei Millionen Besucher an.

Hinter **Titisee-Neustadt** beginnt der 27 Kilometer lange Bähnle-Radweg. Er ist für die Maßstäbe der Region nahezu flach. Am 1. Mai 1977 fuhr der letzte Zug in der Station von Lenzkirch ein. 2008 feierte man die Einweihung des kompletten Radwegs. Geblieben sind die einstigen Bahnhöfe und das 47 Meter lange Klausenbachviadukt. Von ihm hat man einen herrlichen Blick hinüber in die Schlucht der Haslach. Sie vereint sich mit der Gutach zur Wutach. Mit dem Fahrrad eilt man das enge Tal hinunter. Die Besiedelung nimmt zu: Erst breiten sich Felder aus, dann Dörfer, danach kleine Städte – Lausheim, Grimmelshofen, Stühlingen, Lauchringen und zum Schluss Waldshut-Tiengen.

Das Klausenbachviadukt wurde im Jahr 1906 erbaut und ist 22 Meter hoch.

Von Waldshut-Tiengen nach Basel – 70 km In **Waldshut-Tiengen** schwenken wir auf den internationalen Rheinradweg und nähern uns Laufenburg, dessen Charme man schnell erliegt. Die farbenfrohen Häuser dieses Mittelalterstädtchens reihen sich dicht gedrängt auf der badischen als auch auf der Aargauer Flussseite auf. Ohne topografische Hindernisse radeln wir nach **Bad Säckingen**. Von Weitem begrüßt uns die längste gedeckte Holzbrücke Europas. Das rund 200 Meter lange Bauwerk entstand 1571 und führt zum Münsterplatz mit seiner prachtvollen Fachwerkkulisse, überragt vom doppeltürmigen Fridolinsmünster.

Wenn man den beschaulichen Schleifen des Rheins nachfährt und bei Rheinfelden zum linken Ufer übersetzt, kommt man nach 40 Kilometern in die Kulturhauptstadt der Schweiz. Dort, wo die Grenzen Frankreichs, Deutschlands und der Schweiz zusammentreffen, zieht **Basel** mit knapp 40 Museen kunst- und kulturinteressierte Besucher aus der ganzen Welt an. Die Wirtschaftsmetropole wurde von den Römern gegründet, von den Bischöfen ausgebaut und von den Baslern zu dem gemacht, was sie heute ist. Das Bild der historischen Altstadt prägen mehr als 170 Brunnen, die sich über die mittelalterlichen Plätze und Gassen verteilen. Das auffälligste Bauwerk der Stadt ist das tiefrote Rathaus. Es wurde zwischen 1507 und 1513 im Stil der burgundischen Spätgotik erbaut und erinnert an den Eintritt Basels in die Eidgenossenschaft.

Von Basel nach Hinterzarten – 110 km Der Rhein begleitet Radler ins sonnenverwöhnte Markgräfler Land. Am Ostufer weckt in Weil am Rhein das Vitra Design Museum unser Interesse. Es vermittelt die Geschichte des Designs bis zur Gegenwart und setzt diese in Beziehung zu Architektur, Kunst und Alltagskultur. Im Hauptgebäude, einer Schöpfung des kanadisch-US-amerikanischen Architekten Frank Gehry präsentiert man jährlich zwei große Wechselausstellungen. Wir drehen den Lenker nach Norden und fahren am Rhein entlang. Rechter Hand steigt das Gelände zum Südschwarzwald an. In den reizvollen Weinbergen wachsen sowohl hervorragende Weißweine als auch Rotweine. Ein Aushängeschild der Region ist der Gutedel, den man seit mehr als 200 Jahren als »Markgräfler Wein« anbaut. Hinter **Neuenburg am Rhein** klettert der Radweg bergan. Er läuft durch Felder, Weinrieden und schmucke Kleinstädte, in denen es einiges zu sehen gibt, zum Beispiel in Heitersheim die Villa Urbana. Die Relikte des Baus sind Teil eines Römermuseums, in dem ein virtueller Rundgang durch das Haupthaus der Villa führt. Im Nachbarort Bad Krozingen stärken Radler in der Vita Classica Therme ihre Waden für das Finale der Reise.

Freiburg ist der nächste Reisehöhepunkt. Die Dreisam-Metropole ist geprägt von mehreren Epochen und beeindruckt durch ihre historische Innenstadt. Im Mittelpunkt steht das Münster Unserer Lieben Frau, deren 116 Meter hoher Turm bereits um 1330 vollendet wurde. Bis zur kompletten Fertigstellung des gotischen Bauwerks vergingen nochmals 180 Jahre. Bunte Glasfenster leuchten die Kirche im Inneren aus. Das Licht fällt auf das von Hans Baldung Grien gemalte Hochaltarbild. Tritt man anschließend ins Freie, so öffnet sich vor einem der von repräsentativen Gebäuden umrahmte Münsterplatz. Eine Besonderheit sind das mit einem Laubengang geschmückte Kaufhaus von 1532 und das Wentzingerhaus, in dem das Museum für Stadtgeschichte untergebracht ist. In den Altstadtgassen fallen einem die »Freiburger Bächle« auf. In einer Stadtbeschreibung aus dem Jahr 1896 heißt es: »Wer als Fremder Freiburg betritt, wird angenehm überrascht durch die vielen offenen Wasserläufe, welche krystallklar in den Straßen fließen.« Die vom Fluss Dreisam gespeisten Wasserrinnen dienten einst zur Brandbekämpfung und als Viehtränke.

Für Radler, die lange Bergstrecken scheuen, empfiehlt es sich, die anstehende Steigung auf 1200 Meter Höhe mit dem Zug zu überbrücken. Wer die Runde aus eigener Kraft zu Ende fahren möchte, der steuert östlich von Freiburg das Dreisamtal hinauf nach Kirchzarten. Dahinter windet sich der Südschwarzwaldradweg in Schleifen in die Waldberge hinein. Mitten im Wald erreichen wir den Scheitelpunkt und sausen die traumhafte Abfahrt zurück nach Hinterzarten.

Auf den Hochlagen des Schwarzwaldes radelt man über ruhige Forstwege.

32 Neckartalradweg

Beschauliche Flussfahrt mit Burgblicken

leicht   357 km

CHARAKTER
Die Tour weist nur wenige Anstiege auf und verläuft auf gut ausgebauten Radwegen.

AUSGANGSORT
Villingen-Schwenningen Bhf.

ENDPUNKT
Mannheim; zurück 3 Std. mit dem Zug.

WEGMARKIERUNG
Ein blau-weißes Wegschild mit einem Radfahrer und dem Schriftzug »Neckartal-Weg«.

E-BIKE
Auf der Webseite www.neckartalradweg-bw.de kann man sich eine Radkarte bestellen. Darin sind auch E-Bike-Ladestationen, Fahrradverleihe und Werkstätten aufgeführt. Siehe auch www.tourismus-bw.de.

INFORMATION
Geschäftsstelle Neckartal-Radweg, Reinsburgstr. 97, 70197 Stuttgart, Tel. 0711/50 47 94 16, www.neckartalradweg-bw.de; Tourismus Marketing GmbH Baden-Württemberg, Esslinger Str. 8, 70182 Stuttgart, Tel. 0711/23 85 80, www.tourismus-bw.de

Wer dem Neckar von seiner Quelle im Schwenninger Moos bis zur Mündung in den Rhein folgt, macht sich auf eine spannende Reise durch Baden-Württemberg. Unterwegs drängen sich auf engstem Raum so viele Burgen, Schlösser und Herrschaftssitze wie in kaum einer anderen Region Deutschlands.

Von Villingen-Schwenningen nach Tübingen – 106 km Das Schwenninger Moos liegt auf der Wasserscheide zwischen der Nordsee und dem Schwarzen Meer. Während der südliche Abschnitt der Baar-Hochebene in Richtung Donau entwässert, bildet das nördliche Areal des Moorgebietes den Neckarursprung. Auf der Baar-Hochebene betrieb man bis zum Jahr 1948 einen intensiven Torfabbau. Die Moorfläche war lange durch die fortschreitende Entwässerung bedroht und steht heute unter Schutz. Wer möchte, kann einem Rundwanderweg folgen. In **Schwenningen** entführt uns das Heimat- und Uhrenmuseum in die Welt der Zeitmesser. Die in einem Fachwerkbau aus dem 18. Jahrhundert untergebrachte Sammlung

Entspanntes Radeln durch die Weinberge

präsentiert im zweiten Oberge-
schoss handwerkliche Uhren aus
Schwenningen und dem Schwarzwald. Unweit der einstmals »größten Uhrenstadt der Welt« rollen wir
in tiefere Gefilde und erreichen
Rottweil – die älteste Stadt Baden-Württembergs. Der Ort verdankt seine Entstehung den römischen Besatzern, die 73 n. Chr. das
Municipium Arae Flaviae gründeten. Erkergeschmückte Bürgerhäuser und mehrere Kirchen beherrschen heute das gepflegte Zentrum.
Bekannt ist die ehemalige Reichsstadt vor allem für den Rottweiler
Narrensprung, dessen Wurzeln auf
das Jahr 1310 zurückgehen. Der
schmale Fluss zieht auf den nächsten 50 Kilometern mit sanften
Schwüngen das Tal hinunter und
passiert dabei ruhig im Mischwald
gelegene Dörfer. Dann sichten wir
vor uns **Horb**, das gemütlich auf ei-

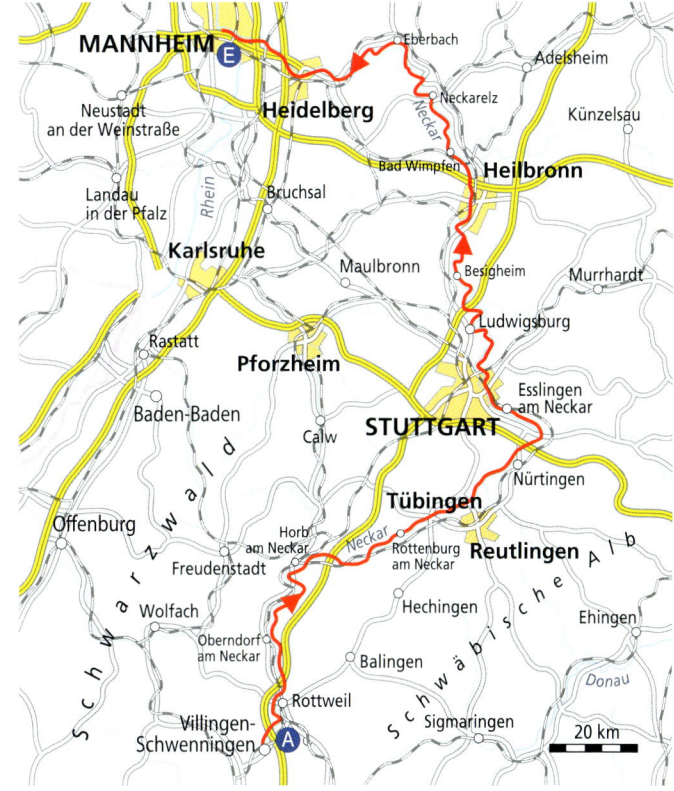

nem Balkon über dem Neckar sitzt. Die Stadt bewahrte sich mit ihren Türmen den
Charme vergangener Tage.

Radler durchqueren als Nächstes die Römer- und Bischofsstadt Rottenburg und erreichen die Tübinger Talweitung. Im Norden thront die weithin sichtbare St.-Remi-
gius-Kapelle auf einem 475 Meter hohen Bergrücken. An dessen Flanke ziehen sich
Rebstockreihen hinunter in die fruchtbare Niederung. Kurz darauf begrüßt uns
Tübingen mit der viel fotografierten Häuserzeile – der Neckarfront. Die Stadt hält
die Erinnerung an große Namen und historische Ereignisse aufrecht. So wird im
Schloss Hohentübingen die wechselvolle Geschichte der Grafen von Tübingen und
der Herzöge von Württemberg erlebbar. Schaut man von der nahe gelegenen Aussichtsplattform auf das rote Dächermosaik, das sich bis zum Neckar hinunterzieht,
fällt einem die spätgotische Stiftskirche auf. Auch hier zeugt die Grablege des württembergischen Herrscherhauses von der einstigen Bedeutung der Stadt.

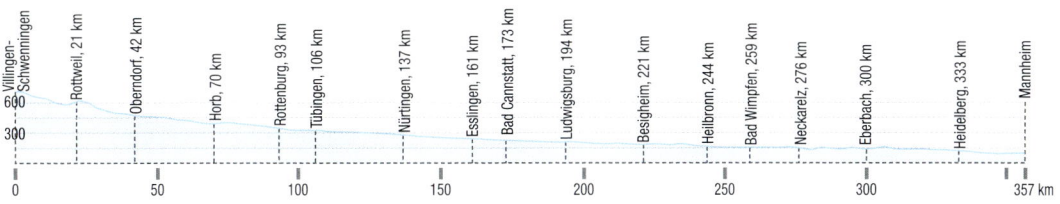

Von Tübingen nach Heilbronn – 138 km   Die nächste Etappe führt vom reich bemalten Rathaus aus der schwäbischen Universitätsstadt hinaus. Wir steuern durch die Fachwerkorte Nürtingen und Plochingen in Richtung **Esslingen**. Dank der günstigen Lage an einem europäischen Fernhandelsweg blühte die Stadt zu einem bedeutenden Handelszentrum auf. Mehr als 1000 Denkmäler zieren den historischen Ortskern, darunter die im 13. Jahrhundert errichtete Stadtkirche St. Dionys mit ihren markanten Doppeltürmen. Besondere Anziehungskraft genießt das Alte Rathaus mit seinem prächtigen Glockenspiel und einer schmucken Renaissancefassade. Über all dem thront die 700 Jahre bestehende Esslinger Burg. Die 92 000-Einwohner-Stadt liegt noch nicht lange hinter uns, da erblicken wir das Festgelände des Cannstatter Wasen. Gleich neben dem Radweg lockt das Mercedes-Benz-Museum Interessierte aus dem Fahrradsattel. Besucher können auf einer Ausstellungsfläche von 17 000 Quadratmetern eine spannende Zeitreise in die Automobilgeschichte unternehmen. Carl Benz reichte 1886 das Patent eines Motorwagens ein und ist einer der Pioniere des Autobaus.

Wir verlassen nun den Ballungsraum von **Stuttgart**. Das Flusstal wird enger, die Hänge steiler. Voraus liegt das Naturschutzgebiet Felsengarten. Hier erreicht die Route das Dorf Besigheim. Mit seinen verwinkelten Gassen und kleinen Plätzen bietet es sich als ruhiger Übernachtungsort an. Auf der Weiterfahrt sehen wir zu, wie der Neckar den Fluss Enz aufnimmt und nach Heilbronn weiterzieht. Untrennbar mit der Stadt verbunden ist die Tradition des Rebbaus, die hier bis in die Mitte des 12. Jahrhunderts zurückreicht. Die »Weinstadt am Neckar« verfügt über eine Anbaufläche von 500 Hektar, auf der erlesene Württemberger Weine reifen. Sowohl die Überschüsse aus dem Weinanbau als auch die Funktion als Warenumschlagsplatz am Flussufer

Links: Die Universitätsstadt Tübingen steigt steil vom Neckarufer an.

Rechts: Entlang des Neckartalradwegs finden sich zahlreiche Bett & Bike-Betriebe.

bildeten einen soliden Grundstein für den einstigen und noch heute sichtbaren Wohlstand von Heilbronn.

Von Heilbronn nach Mannheim – 113 km Auf dem nächsten Streckenabschnitt bilden wehrhafte Burgen und mächtige Schlösser einen romantischen Rahmen für den weiteren Flusslauf. Den Anfang macht **Bad Wimpfen**, das hoch über dem linken Ufer sitzt. Als die Staufer auf dem Weg zur Großmacht waren, entstand hier um 1200 eine Kaiserpfalz. Damals galt sie als die größte ihrer Art nördlich der Alpen. Heute fügen sich hier und da ihre

Überbleibsel in das Stadtbild ein. Anschließend rücken die südlichen Ausläufer des Odenwaldes dicht an das Neckarufer heran. Unterwegs reiht sich Blickfang an Blickfang: Zuerst erspäht man das lang gestreckte Schloss Horneck und die gut erhaltene Burg Guttenberg. Es folgen die Burg Hornberg – einst Sitz des berüchtigten Ritters Götz von Berlichingen – und schließlich die Burganlage Zwingenberg.

Nach einem kurzen Schwenk ins Hessische bei Hirschhorn kehrt der Fluss zurück nach Baden-Württemberg und nähert sich mit **Heidelberg** dem kulturellen Höhepunkt der Reise. »Die Stadt in ihrer Lage und mit ihrer ganzen Umgebung hat, man

Die Altstadt von Heidelberg schmiegt sich eng an die Hänge des Odenwalds.

darf sagen, etwas Ideales«, schwärmte Goethe. Seit jeher zieht der Zauber der ehemaligen kurpfälzischen Residenzstadt Menschen aus aller Welt in ihren Bann. Besuchermagnet Nummer eins ist das Heidelberger Schloss. Die berühmteste Ruine Deutschlands thront auf dem Nordhang des Heidelberger Königstuhls. Auf dem Marktplatz stärkt man sich nach einer Besichtigung in einem der Cafés oder Restaurants für die letzten Kilometer. Hinter Heidelberg weitet sich der Horizont. Vor uns liegt die Oberrheinische Tiefebene. Am Zielort angekommen, lohnt ein Besuch des Mannheimer Schlosses (1720–1760). Es gehört mit einer Länge von 450 Metern zu den größten Barockanlagen Europas. Dann tauchen die Industrieareale des Mannheimer Hafens auf, bevor sich dahinter der Neckar mit dem stattlichen Rhein vereint.

Die Alte Brücke in Heidelberg wurde zwischen 1786 und 1788 errichtet.

33 Burgenstraßen-Radweg

Burgen, Schlösser und Klöster

mittel · 960 km

CHARAKTER
Der Radweg orientiert sich an der Route »Burgenstraße« und verläuft meist über eigenständige Radwege und ruhige Nebenstraßen, mal mit Anstiegen, mal in Flusstälern.

AUSGANGSORT
Mannheim Bhf.

ENDPUNKT
Bayreuth; zurück mindestens 5 Std. mit dem Zug.

WEGMARKIERUNG
Ein von Zinnen umrahmtes Fahrrad zusammen mit dem Routennamen »Burgerstraße« als rot-weißes Streckenlogo.

E-BIKE
Auf einigen Abschnitten ist die Tour wellig und E-Bikes sind nützlich, Infos über www.tourismus-bw.de.

INFORMATION
Die Burgenstraße e. V., Allee 12, 74072 Heilbronn, Tel. 07131/97 35 01-0, www.burgenstrasse.de; Tourismus Marketing GmbH Baden-Württemberg, Esslinger Str. 8, 70182 Stuttgart, Tel. 0711/ 23 85 80, www.tourismus-bw.de; Bayern Tourismus Marketing GmbH, Arabellastr. 17, 81925 München, Tel. 089/212 39 70, www.bayern.by und www.bayerninfo.de/rad

Radler, die dem Burgenstraßen-Radweg durch Baden-Württemberg und Bayern folgen, kommen aus dem Schauen nicht mehr heraus. Denn unterwegs lösen sich romantische Städtchen mit Schlössern und Burgen ab. Selten bekommt man auf einer Reise durch Deutschland so gute Einblicke in die Geschichte.

Von Mannheim nach Rothenburg ob der Tauber – 340 km Bereits zu Beginn macht der Historienradweg mit dem Mannheimer Schloss seinem Namen alle Ehre. Kurfürst Carl III. Philipp von der Pfalz legte 1720 den Grundstein für den größten Schlossbau Deutschlands: 450 Meter misst die Fassade der spätbarocken Anlage des Residenzschlosses Mannheim, das aus den Trümmern des Zweiten Weltkrieges wiedererrichtet wurde. Heutige Besucher wandeln durch die Dauerausstellung »Kunst und Kultur am Mannheimer Hof«. Der Burgenstraßen-Radweg ist auf dem ersten Abschnitt fast identisch mit dem Neckar-Radweg. **Heidelberg**, Hirschhorn und Mosbach. Unterwegs kommen Mittelalterfans voll auf ihre Kosten: hier die alte Brücke, die Heiliggeistkirche und die berühmteste Ruine Deutschlands. Da die Burg Hirschhorn, die zusammen mit einer Stadt-

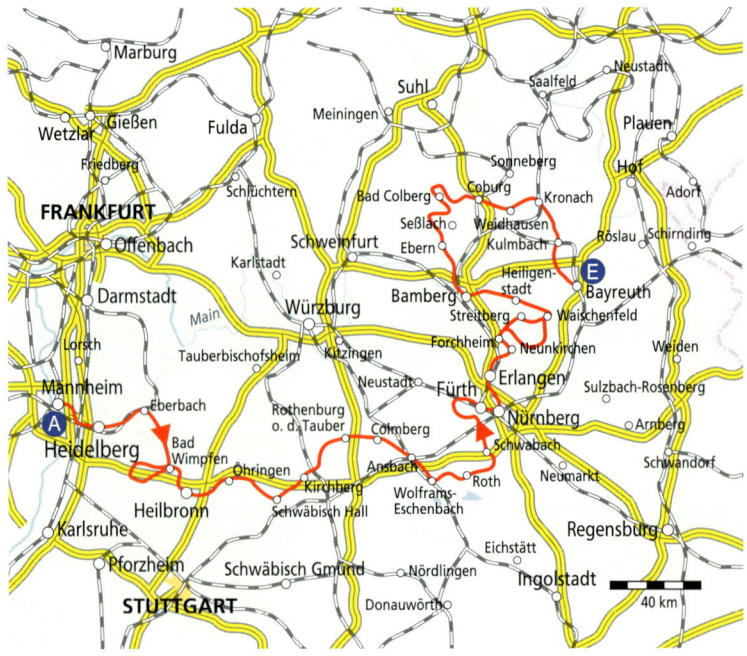

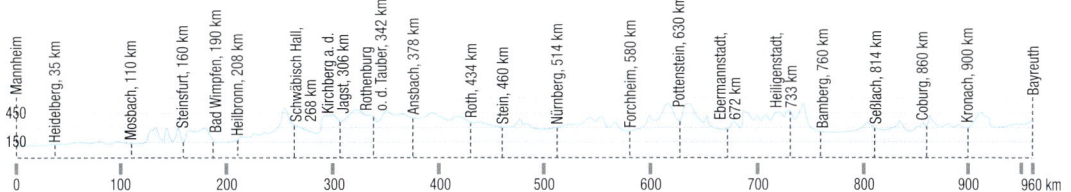

450
150

0 — Mannheim
Heidelberg, 35 km
Mosbach, 110 km
Steinsfurt, 160 km
Bad Wimpfen, 190 km
Heilbronn, 208 km
Schwäbisch Hall, 268 km
Kirchberg a. d. Jagst, 306 km
Rothenburg o. d. Tauber, 3342 km
Ansbach, 378 km
Roth, 434 km
Stein, 460 km
Nürnberg, 514 km
Forchheim, 580 km
Pottenstein, 630 km
Ebermannstadt, 672 km
Heiligenstadt, 733 km
Bamberg, 760 km
Seßlach, 814 km
Coburg, 860 km
Kronach, 900 km
Bayreuth

0   100   200   300   400   500   600   700   800   900   960 km

mauer die Perle des Neckartals bewacht. Und dort ein romantischer, komplett von Fachwerkhäusern eingerahmter Marktplatz. Anschließend biegt die Route gen Westen ab und unternimmt eine Schleife via Sinsheim und dem Auto- und Technikmuseum zur Burg Steinsberg. Weithin sichtbar erhebt sich der »Kompass des Kraichgaus« mit seinem achteckigen Bergfried auf einem Sockel eines ehemaligen Vulkans.

Nach dem Besuch der Stauferburg radeln wir zurück ins Neckartal und folgen dem Fluss stromaufwärts. Am rechten Ufer Bad Wimpfen, links Bad Friedrichshall und **Heilbronn**. Dort strampeln wir durch die Weinberge hinauf. Beim Fachwerkstädtchen Öhringen vollzieht die Landschaft einen Wandel. Voraus liegt der 900 Quadratkilometer große Naturpark Schwäbisch-Fränkischer Wald mit Feldern und Wäldern. In Neuenstein spiegelt sich das Renaissanceschloss in einem kleinen See. Beim Spaziergang durch die altehrwürdigen Mauern gibt es einiges zu entdecken: eine umfangreiche Waffensammlung, den Kaisersaal und die spätmittelalterliche, voll funktionsfähige Schlossküche. Acht Kilometer bergan blickt man in der lang gestreckten und mit Türmen bewehrten Altstadt von Waldenburg zu beiden Seiten über die weit einzusehende Hohenloher Ebene. Mittendrin hat der Fluss Kocher seine Schleifen in die Hügel erodiert.

Seßlach im oberfränkischen Landkreis Coburg ist durch eine Stadtmauer gesichert.

Die Radroute passiert auf jeder Etappe mehrere Burgen, Schlösser oder Ruinen, wie hier in Heidelberg.

Nach einer herrlichen Abfahrt erreichen wir **Schwäbisch Hall**. Die durch das Sieden von Salz zu Wohlstand gekommene Stadt ist nicht nur geografischer, sondern auch geistiger und kultureller Mittelpunkt des malerischen Landstrichs. Der Ortsname deutet auf die Salzquelle hin, denn einst stand »Hall« für die Bezeichnung Salz. Die Kelten betrieben hier vom 5. bis 1. Jahrhundert v. Chr. eine Saline. Mit der ersten urkundlichen Erwähnung anno 1204 erblühte der Flecken. Es folgte der Anschluss an den Schwäbischen Reichskreis und der Ort erhielt seinen heutigen Namen. Der gut erhaltene Kern birgt prächtige Gebäude aus einem Zeitraum von über 300 Jahren. Schwäbisch Halls Visitenkarte ist der großflächige Marktplatz, der zu den beeindruckendsten Deutschlands zählt. Beherrscht wird die Szene vom barocken Rathaus.

Das Schloss Horneck blickt auf Gundelsheim am Neckar herab.

Gegenüber ragt die Michaelskirche auf. An ihrem Fuß führt eine Freitreppe mit 53 Stufen zum Eingangsportal.

Die Comburg ist die nächste Perle der Reise. Ihre Wurzeln gehen auf das Jahr 1078 zurück. Das Bollwerk besetzt einen weithin sichtbaren Logenplatz auf einer Anhöhe. Was aussieht wie eine Festung, ist ein ehemaliges Benediktinerkloster. Man sprach vom »Himmlischen Jerusalem«. Seit der Gründung im 11. Jahrhundert veränderte sich der Bau immer wieder. Der Propst Erasmus Neustetter errichtete rund um den Berggipfel die 420 Meter lange Ringmauer mit Wehrgang. Im 18. Jahrhundert entstand die barocke Stiftskirche. Die größten Schätze von Kloster Großcomburg sind der berühmte Radleuchter und das Antependium in der Kirche; beide einzigartige Stücke der Goldschmiedekunst. Wir wechseln vom Kochertal in die nahe gelegene Flussniederung der Jagst, die wir bei Kirchberg überschreiten. Das ländliche Bild des Radwegs bleibt erhalten und nach knapp 50 Kilometern grüßt aus der Ferne die Stadtsilhouette von **Rothenburg ob der Tauber** mit ihren Türmen und hohen Mauern.

Von Rothenburg ob der Tauber nach Nürnberg – 172 km Der Ursprung der Stadt geht auf das 12. Jahrhundert zurück. Im Mittelalter zählte Rothenburg zu den mächtigsten Zentren im Süden des Landes. Heute zieht sie mit ihren schmalen Gassen und den historischen Fachwerkbauten mit den schmucken Erkern jeden Besucher in

Die Stadtmauer von Nürnberg galt im Mittelalter als uneinnehmbar.

den Bann. Auch in Bayern führt die Reise durch kleine Wälder, Felder und verschlafene Orte. Unser nächstes Ziel ist das fränkische **Ansbach**. Keimzelle war die Markgräfliche Residenz. Die prunkvollen Räume, wie der doppelgeschossige Festsaal oder das Spiegelkabinett, künden von der glänzenden Hofhaltung der Markgrafen zu Brandenburg-Ansbach. Beachtung verdienen der Hofgarten, die Orangerie und das Markgrafen-Museum. Die Ausstellung befasst sich neben der Ortsgeschichte mit dem rätselhaften Lebenslauf von Kaspar Hauser, der eng mit Ansbach verknüpft ist.

Überall gibt es Burgen und ansprechende Altstädte. Eine davon verzückt auf Anhieb, Wolframs-Eschenbach. Die Kleinstadt beeindruckt durch ihre komplett erhaltene Stadtmauer mitsamt Türmen und Tortürmen. Wer durch die Gassen spaziert, dem fallen Wappen mit einem Ritter samt doppelt geflügeltem Helm auf. Die Symbole gab sich der Dichter Wolfram von Eschenbach als Autorenbild. Sein berühmtestes Werk war der Versroman »Parzival«. Auch Roth schmückt sich mit einem Prachtbau – dem Schloss Ratibor. Wir folgen dem Main-Donau-Kanal bis Stein bei Nürnberg und fotografieren dort das Schloss Faber-Castell. Für die prachtvolle Cadolzburg vollzieht die Route sogar einen Extrabogen. Alle Orte sind seit dem Mittelalter deutlich gewachsen, aber ihren historischen Kern sieht man bis heute. In **Nürnberg** ist dieser komplett von einem massiven Befestigungsring mit 80 Türmen eingefasst.

Fränkische Spezialitäten

Nürnberg ist weithin bekannt für seine Gaumenfreuden. Die berühmteste Kreation der Heimatstadt Albrecht Dürers sind die Nürnberger Lebkuchen, die schon den Menschen im Mittelalter schmeckten. Was für Münchner die Weißwurst, das ist für den Franken die Rostbratwurst. Die echten Nürnberger Bratwürste sind kaum größer als ein kleiner Finger, enthalten nur Schweinefleisch und schmecken vom Rost gebraten am besten als »Drei im Weggla«. Nürnberg ist seit Jahrhunderten eine bedeutende Braustadt und hat hinsichtlich seiner Biere – Vollbier, Märzen, Weizen, Pils oder Bock – einen hervorragenden Ruf. Na, dann Prost!

Rathaus, Regnitz, Reiter

Die tausendjährige Kaiser- und Bischofsstadt rühmt sich, mit ihren 1340 Einzeldenkmälern den größten unversehrt erhaltenen historischen Stadtkern Deutschlands zu besitzen. Heutige Besucher zieht es zuerst auf die Inselstadt. Sie bummeln von der Fischersiedlung zum alten Rathaus. Es sitzt wie ein Brückenpfeiler mitten im Fluss Regnitz. Wer den Blick von der reich ausgeschmückten Fassade lösen kann, spaziert die Bergstadt hinauf. Dort stehen jene Bauten, die Bamberg 1993 den Eintrag in die Liste des UNESCO-Welterbes bescherten: der Kaiserdom mitsamt dem Bamberger Reiter, das Kloster St. Michael und die Neue Residenz.

Es gibt Städte, die einen sofort in ihren Bann schlagen. Städte, in denen man stundenlang umherziehen kann. Nürnberg ist so eine Stadt, denn hier lag eines der Machtzentren des Heiligen Römischen Reichs Deutscher Nation. 41 Mal versammelten sich am Ufer der Pegnitz Kaiser, Könige und Kurfürsten. An jene Epoche erinnert das Germanische Nationalmuseum. Die Sammlung umfasst über 1,3 Millionen Objekte und ist damit das größte kulturhistorische Museum Deutschlands. Fällt der Name Nürnberg, kommt vielen Albrecht Dürer in den Sinn. Er porträtierte die Größen jener Zeit, darunter Kaiser Maximilian I., und setzte sich auf mehreren Selbstbildnissen in Szene. Weniger bekannt ist, dass Dürer sogar Entwürfe für Festungen erstellte. Deren bauliche Vielfalt ist es, die den Reiz einer Fahrt auf der Burgenstraße ausmacht. Kein Bau gleicht dem anderen. Mal waren sie auf Verteidigung ausgelegt, mal boten sie gehobenen Wohnkomfort, dann wieder einen Mix aus beiden. Die Route geleitet uns nach **Lauf an der Pegnitz**, von dort nach Forchheim und weiter das Tal der Wiesent hinauf. Hinter Ebermannstadt wird es spektakulär: Das Flüsschen knickt ab und führt wie ein geöffnetes Tor in die Fränkische Schweiz hinein. Der Tourismusverband wirbt mit 15 Schlössern, 170 Burgen und über 1000 Höhlen.

Anschließend radeln wir bergab nach **Bamberg**. Auch hier sollte man reichlich Zeit mitbringen, um alles anzuschauen: Der Kaiserdom, das Kloster St. Michael, die Neue Residenz und das Rathaus sind nur die bekanntesten Attraktionen. Doch der Burgenstraßen-Radweg hat längst noch nicht sein Pulver verschossen. Unterwegs beeindrucken bald die Kleinstädte wie Ebern, Seßlach und Heldburg. Sie präsentieren an der Schnittstelle zwischen Unter- und Oberfranken intakte Ortsbilder, sind teils von einer Befestigungsmauer umfasst. Es ist ein herrliches Gefühl, durch die ruhigen Dörfer zu radeln, Tälern zu folgen, Hügel zu erklimmen.

Wir erreichen **Coburg**. Hier residierten die Herrscher des Herzogtums Sachsen-Coburg und Gotha. Durch ihre feingesponnene Heiratspolitik verleibten sie sich große Teile Europas ein, schrieben so dynastische Weltgeschichte. Zeugen jener Epoche sind die vier Coburger Herzogsschlösser: Veste Coburg, Schloss Ehrenburg, Schloss Callenberg und Schloss Ro-

Der Burgenstraßen-Radweg führt oft durch ruhige Wälder.

senau. Vom Zentrum aus steigt der Radweg steil zur Veste hinauf. Bereits aus der Ferne ist sie mit ihren Maßen von 135 mal 260 Metern, den Türmen und Aufbauten eine eindrucksvolle Erscheinung. Man nennt die Veste auch Fränkische Krone. Besucher schreiten über eine steinerne Brücke und bleiben vor dem zehn Meter hohen Eingangsportal stehen, das vom Bulgarenturm bewacht wird. Nie überwand eine angreifende Armee dieses Bollwerk. Einmal glückte es doch, aber nur durch eine List. Es war im März 1635, als der Dreißigjährige Krieg über die Lande hinwegfegte. Nach fünfmonatiger Belagerung fiel die Veste Coburg durch einen gefälschten Brief des Generals von Lamboy an die kaiserlichen Truppen.

Ähnlich wehrhaft erscheint die Festung Rosenberg in **Kronach,** eine Tagesfahrt entfernt. Sie sitzt auf einem Hügel über der Stadt. Im Laufe der Zeit veränderte sich ihr Angesicht. Der älteste Teil ist die Kernburg aus dem 16. Jahrhundert. Darum herum hat man den Mittleren und den Äußeren Bering gebaut. Im 18. Jahrhundert kamen zu diesen Bastionen vier Außenwerke hinzu. So widerstand die Festung Rosenberg allen Angreifern. Welch anderes Bild bietet da **Bayreuth**. Die Stadt reifte unter der Herrschaft der kunstsinnigen Markgräfin Wilhelmine zum bekanntesten Opernstandort Deutschlands. In ihrem Auftrag errichtete man 1748 das Markgräfliche Opernhaus, heute UNESCO-Weltkulturerbe. Jüngeren Datums ist das 1876 fertiggestellte Bayreuther Festspielhaus auf dem Grünen Hügel. Richard Wagner ließ es eigens zur Aufführung seiner Werke erbauen. Hier trifft man wieder auf den Parzival und den Dichter Wolfram von Eschenbach. Gefühlt liegt der Aufenthalt in seiner Heimatstadt lange zurück. Dabei war man nur wenige Tage im Sattel. So viel gesehen und doch nur in die Städte hineingeschnuppert.

Links: Das Museum Schloss Hohentübingen präsentiert zahlreiche Exponate aus der Ur- und Frühgeschichte.

Rechts: Der Fluss Rednitz passiert vor den Toren Nürnbergs das mittelfränkische Stein.

34 Schwäbische-Alb-Radweg

Auf und ab mit Aussicht

schwer   304 km

CHARAKTER
Aufgrund der langen Steigungen und
rasanten Abfahrten auf unbefestigten Abschnitten wie auch gepflegten
Asphaltwegen ist die Radroute wie
gemacht für den sportlichen Radler.

AUSGANGSORT
Bodman-Ludwigshafen Bhf.

ENDPUNKT
Nördlingen; zurück mindestens
4 Std. mit dem Zug.

WEGMARKIERUNG
Grün-weißes Routenschild mit einem
Radfahrer und dem Schriftzug
»Schwäbische-Alb-Radweg«.

E-BIKE
Die Schwäbische Alb ist mit ihren
steilen Anstiegen ein ideales
Revier für E-Biker. Infos und weitere E-Bike-Touren über
www.schwaebischealb.de

INFORMATION
Schwäbische Alb Tourismusverband
e. V., Bismarckstraße 21, 72574
Bad Urach, Tel. 07125/ 93 93 00,
www.schwaebischealb.de; Tourismus
Marketing GmbH Baden-Württemberg, Esslinger Str. 8, 70182
Stuttgart, Tel. 0711/23 85 80,
www.tourismus-bw.de

Im Osten Baden-Württembergs reihen sich dicht ge-
staffelt die Hügel der Schwäbischen Alb aneinander
und bieten ein lohnendes Ziel für sportliche Reiseradler. Bei der Fahrt über die stillen Hochflächen genießt
man herrliche Fernblicke. Darunter ducken sich in den
Tälern sehenswerte Fachwerkstädte mit viel Geschichte.

Von Bodman-Ludwigshafen nach Bad Urach – 146 km Die Schwäbische Alb breitet sich über eine Länge von ca. 220 Kilometern zwischen
dem Schweizer und dem Fränkischen Jura aus. Die Berge übertreffen
knapp die 1000-Meter-Linie auf und ihr Untergrund besteht aus wasser-
löslichem Kalkstein. Wind und Wetter formten die sanft-herbe Albland-
schaft seit Jahrmillionen um. 2005 wies die UNESCO den Höhenzug als
Geopark aus. Hier gewähren Fossilfunde spannende Einblicke in die Erdgeschichte. Die Landschaft wird geprägt von Vulkankratern, Meteorein-
schlägen, Höhlen und Karstquellen. Das Fahrrad bringt einen hin! Der
Startpunkt des 300 Kilometer langen Radwegs ist gut gewählt: Eingebettet in eine grüne Hügellandschaft sonnt sich die Gemeinde **Bodman-Ludwigshafen** am westlichsten Punkt des Bodensees. Im Ortsteil Bodman
fand man Pfahlbauten aus der Stein- und Bronzezeit. Die UNESCO ernannte im Juni 2011 insgesamt 111 Pfahlbaufundstellen in sechs Alpen-
ländern zum Weltkulturerbe. Wer mehr über die Lebensweise der Menschen der damaligen Zeit erfahren möchte, fährt zum Pfahlbaumuseum
in Unteruhldingen.
Die Reise auf dem Schwäbischen-Alb-Radweg lässt keine Zeit zum Ein-
rollen und beginnt mit einer langen Steigung. Mit jedem Meter, den wir
bergwärts klettern, weitet sich das Panorama. Der Blick schweift über die
Apfelbäume hinweg zum Obersee. Beim lang gestreckten Dorf Zoznegg
ist die erste Höhenstufe gemeistert. Uns bleibt genügend Zeit, die liebliche Landschaft mit ihren kleinen Wäldern, den Streuobstwiesen und der
Schwackenreuter Seenplatte auszukosten. Zwei Stunden später rollen
wir in Meßkirch ein, das 2011 auf eine 750 Jahre alte Stadtgeschichte zu-
rückblickte. Wahrzeichen ist das Schloss Meßkirch, das zwischen 1557
und 1563 sein heutiges Renaissancebild erhielt. Hinter den Mauern der
Vierflügelanlage verbergen sich ein Oldtimermuseum, eine Kunstsamm-
lung des Landkreises Sigmaringen und eine Ausstellung des Philosophen
Martin Heidegger.
Wir kehren der spätmittelalterlichen Altstadt den Rücken zu und brausen
nach **Sigmaringen** hinunter, wo das ansehnliche Schloss Sigmaringen

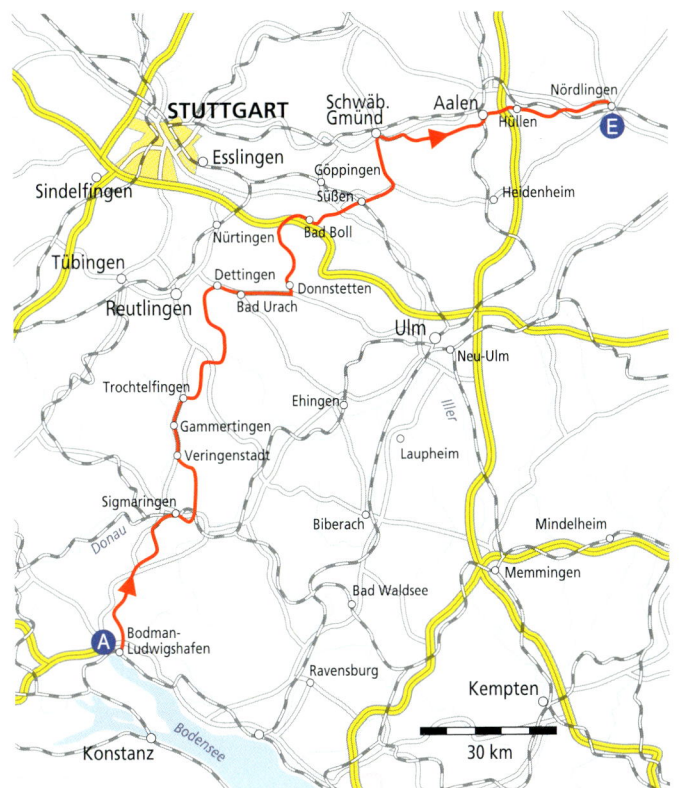

von einem markanten Felssporn auf die Donau hinabblickt. Im Inneren wird die Geschichte Hohenzollern-Sigmaringens erlebbar. Das Schloss beherbergt neben Kunstschätzen aus neun Jahrhunderten eine der größten privaten Waffensammlungen Europas. Die Stadt besticht mit einem historischen Ortsbild und liegt im Naturpark Obere Donau. Nach einer beschaulichen Uferfahrt schwenken wir bei Sigmaringendorf nach Norden, orientieren uns kurz am Lauf des schmalen Flusses Lauchert und finden uns am nächsten Anstieg wieder. Zurück im Tal, das ringsum von schroffen Felswänden und einem dichten Waldgürtel eingefasst ist, radeln wir nach Veringenstadt, wo es mehrere Höhlen und Grotten zu besichtigen gibt. Dort datierten Forscher Siedlungsspuren auf den Zeitraum zwischen 80000 bis 40000 v.Chr. Der Schwäbische-Alb-Radweg durchläuft Gammertingen, Trochtelfingen und Gomadingen, die allesamt historische Bauwerke präsentieren, und erreicht einen Bergsattel, von dem aus eine rauschende Abfahrt hinunter nach **Bad Urach** folgt.

Das Schloss Sigmaringen blickt von einem markanten Felssporn auf die gleichnamige Stadt und die Donau.

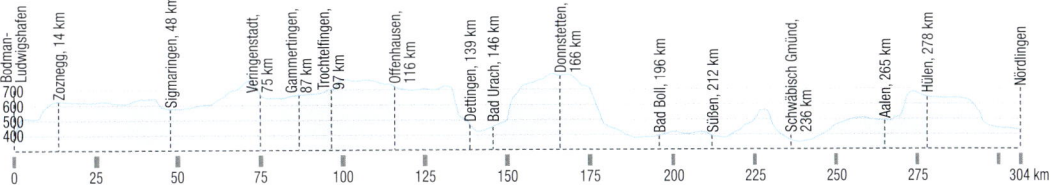

Von Bad Urach nach Nördlingen – 158 km Thermalmineralwasser hat Bad Urach als reizvollen Kurort berühmt gemacht. Das durch eine Temperaturanomalie im Untergrund auf rund 60 Grad Celsius aufgeheizte Wasser fördert man aus einer Tiefe von knapp 800 Metern zutage. Die heißeste Thermalquelle Baden-Württembergs speist somit die sechs Becken der AlbThermen mit Temperaturen zwischen 32 und 38 Grad Celsius. Fachwerkhäuser dominieren den gepflasterten Marktplatz des alten württembergischen Residenzstädtchens. Das ab 1440 errichtete Rathaus ist darunter nur eines von vielen Schmuckstücken. Der Radweg windet sich in engen Kurven die Mittlere Kuppenalb hinauf, an deren Rückseite wir Bad Boll passieren.

Von dort führt uns eine weitere aussichtsreiche Höhenpassage nach **Schwäbisch Gmünd**. Die Grundmauern des Kastellbades Schirenhof zeugen von einer zentralen Bedeutung der Region während der Römerzeit. Damals durchschnitt der 550 Kilometer lange Obergermanisch-Raetische Limes vom Rhein herkommend das Tal des Flusses Rems und durchlief Süddeutschland bis zur Donau. Im Mittelalter erlangte Schwä-

Der Schwäbische-Alb-Radweg bietet herrliche Panoramen, wie hier auf die Kapfenburg.

bisch Gmünd den Status einer Freien Reichsstadt und wurde durch einen Mauerring mitsamt 23 Türmen geschützt, von denen heute noch sechs stehen. Im gut erhaltenen historischen Stadtkern reiht sich um das berühmte Heilig-Kreuz-Münster (1315–1521) eine farbenprächtige Barockfassade an die andere.

Der Schwäbische-Alb-Radweg verläuft nun aussichtsreich nach Osten und hangelt sich hoch über dem Talgrund durch Wiesen, Felder und Dörfer. Aalen ist der nächste Stopp. Um das Jahr 150 n. Chr. festigte der Kaiser Antoninus Pius seine Macht und erbaute an diesem strategischen Punkt das größte Reiterkastell nördlich der Alpen. Massive Mauern aus Juragestein sicherten die sechs Hektar große Anlage. Darin fanden 1000 Reitersoldaten Schutz. Heute erinnern das Limesmuseum und der Open Air Park mit den Überresten des Hauptquartiers an die Epoche der römischen Feldzüge. Vorbei am historischen Rathaus, vor dem der Marktbrunnen plätschert, geht es aus der Freien Reichsstadt **Aalen** hinaus.

Wir legen ein letztes Mal den kleinsten Gang ein, schnaufen nochmals auf eine Höhe von über 700 Metern. Der Wald weicht zurück und es öffnet sich weithin das wellenförmige Land, das gen Norden hin allmählich abfällt. Der Reiseweg senkt sich mit sanften Schleifen über Bopfingen ins Nördlinger Ries. Entstanden ist diese nahezu kreisrunde Kessellandschaft vor rund 14,6 Millionen Jahren durch den Aufprall eines etwa einen Kilometer großen Meteoriten, der einen rund 25 Kilometer großen Einschlagkrater formte. Inmitten dieser für den Ackerbau erträglichen Landschaft liegt unser Reiseziel **Nördlingen**. Die bayerische Stadt ist von einer begehbaren Ringmauer umgeben, aus der 15 Türme und zwei Bastionen herausragen. Beachtung verdienen das Rieskratermuseum und die spätgotische St. Georgskirche mit dem 90 Meter hohen Kirchturm »Daniel«, in dessen Schatten wir die spannende Radreise beenden. Hier wohnt einer der letzten Türmer Europas und ruft von 22 bis 24 Uhr halbstündlich vom Turm den Spruch »So, G'sell, so!«.

Rechte Seite: Vom 90 Meter hohen Kirchturm »Daniel« fällt der Blick auf die Dächer von Nördlingen.

35 Oberschwaben-Allgäu-Weg

Radtour durch das Himmelreich des Barock

schwer · 357 km

CHARAKTER

Die hügelige Landschaft Oberschwabens verlangt streckenweise einiges ab. Der Weg zeichnet sich durch eine sehr ruhige Streckenführung und meist vorbildlich ausgebaute Asphaltwege aus.

AUSGANGSORT

Ulm Bhf.

ENDPUNKT

Ulm Bhf.

WEGMARKIERUNG

Magenta-weiße Radwegschilder mit Pfeilsymbol, Radfahrer und der Aufschrift »Oberschwaben-Allgäu-Weg«.

E-BIKE

Oberschwaben-Tourismus (s. u.) hat eine Radbroschüre mit Radservice-Stationen und Verleihstätten herausgegeben.

INFORMATION

Oberschwaben-Tourismus GmbH, Neues Kloster 1, 88427 Bad Schussenried, Tel. 07583/92 63 80, www.oberschwaben-tourismus.de; Tourismus Marketing GmbH Baden-Württemberg, Esslinger Str. 8, 70182 Stuttgart, Tel. 0711/23 85 80, www.tourismus-bw.de, www.radroutenplaner-bw.de

Oberschwaben reicht von der Donau bis zu den Allgäuer Alpen und ist das Land der weiten Horizonte. Die ruhige Runde verbindet die Höhepunkte dieses malerischen Landstrichs. Radler machen in den Altstädten von Ulm, Bad Wurzach, Wangen und Bad Saulgau Station, in denen es viel zu sehen gibt.

Von Ulm nach Isny – 120 km   Ulm, reizvoll am Ufer der Oberen Donau gelegen, markiert als ehemalige Reichsstadt den Anfang des spannenden Rundkurses. Nachdem wir das Ulmer Münster und das Rathaus mit seinen üppig bemalten Fassaden bestaunt haben, schwingen wir uns auf die Räder. Wie die Kaufleute des Mittelalters ziehen wir zunächst entlang der Iller in Richtung Süden. Die Fahrradroute gewinnt an Höhe, und ein paar Kilometer weiter blickt man auf **Laupheim**. Keimzelle der Stadt war das Schloss Großlaupheim, in dem heute ein Museum zur Geschichte von Christen und Juden untergebracht ist. Der Radweg klettert anschließend gemächlich das Tal der Rottum hinauf. Zu beiden Seiten drängt der dunkelgrüne Wald an die Flussniederung heran. Dazwischen liegen Streuobstwiesen und ruhig gelegene Dörfer wie Mietingen, Schönebürg oder Reinstetten. Bald kündet das erste Kloster der Reise das Etappenziel Ochsenhausen an. Die ehemalige Benediktiner-Reichsabtei wurde zwischen 1615 und 1647 nach jesuitischem Vorbild erbaut und Anfang des 18. Jahrhunderts mit einem üppigen Barockdekor ausstaffiert.

Bei der Weiterfahrt schweift unser Blick von schmalen Landstraßen über versprengte Dörfer und Grünstreifen. Darüber bauen sich gen Süden die Allgäuer Alpen auf. Wir lassen die Räder rollen und brausen hinunter in die Senke des Wurzacher Rieds, ein Erbe der gewaltigen Eisströme, die einst das nördliche Alpenvorland bedeckten. Mehrmals, zuletzt in der Würmeiszeit, begruben Gletscher das Terrain unter ihren Eis- und Geröllmassen, modellierten die Hügel und hobelten Täler und Seebecken aus. Die nahe Kurstadt ist eine wichtige Station an der Oberschwäbischen Barockstraße. In **Bad Wurzach** wird einem schnell bewusst, warum man die Region auch »Himmelreich des Barocks« nennt: hier das dreiflügelige Schloss mitsamt dem opulent ausgeschmückten Treppenhaus, da das Kloster Maria Rosengarten und dort die Stadtpfarrkirche St. Verena. Auch die Innenstadt von Leutkirch kann sich sehen lassen: Gepflasterte Gassen führen zu ansehnlichen Fachwerk- und Bürgerhäusern. Südlich von Leut-

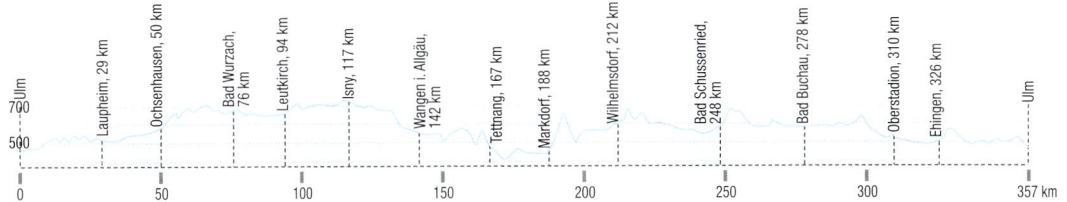

kirch radeln wir genüsslich durch das idyllische Allgäu, wie man es von vielen Fotos her kennt, mit den durch saftig grüne Wiesen plätschernden kristallklaren Bächen. Die nächste Station **Isny** schmiegt sich an die Nordausläufer der Allgäuer Alpen. Der heutige heilklimatische Luftkurort blickt auf eine fast tausendjährige Geschichte zurück, die sich im Altstadtbild mit den hohen Mauern, Türmen und Toren widerspiegelt.

Von Isny nach Altshausen – 113 km

Der 25-Kilometer-Abschnitt bis **Wangen im Allgäu** bedeutet Radelgenuss pur: Es geht immer entlang des Zackenbands der Alpen. In der Stadt reihen sich steinerne Zeitzeugen aus über fünf Jahrhunderten aneinander. Der Fluss Argen begleitet uns hinaus in das bäuerliche Hügelland. Ab Oberrussenried verändert sich die Landschaft. Die dunklen Waldstreifen lockern auf und machen Platz für den Obstanbau. Zwischen den Dörfern werden in erster Linie Äpfel geerntet, die vom milden Seeklima und der sonnenverwöhnten Südlage profitieren. Daneben reifen Birnen, Zwetschgen und Süßkirschen, aber auch Hopfen. An diesem romantischen Flecken Erde breitet sich **Tettnang** aus, in der uns der tiefblaue

Hinter dem Stadtbrunnen erhebt sich das Schloss Bad Wurzach.

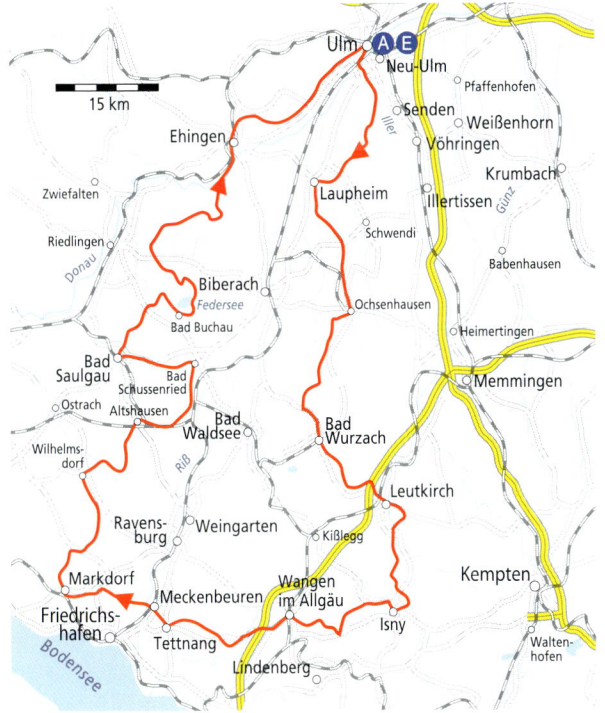

Bodensee entgegenschimmert. Eindrucksvoll wirkt die Silhouette des zwischen 1712 und 1720 errichteten Neuen Schlosses. Hinter den alten Mauern unterstreichen der Bacchussaal, das imposante Treppenhaus und die Schlosskapelle die glänzende Hofhaltung der Grafen Montfort-Tettnang. Die »Hopfenstadt« empfängt ihre Gäste mit prächtigen Bürgerhäusern aus dem 17. und 18. Jahrhundert.

In aussichtsreicher Fahrt geht es nun über Meckenbeuren nach Markdorf, das sich am Fuße des bewaldeten, 754 Meter hohen Gehrenbergs ausbreitet. Besondere Anziehungskraft haben die Kirche St. Nikolaus, das Bischofsschloss und die historischen Mauertürme. Die Radroute entfernt sich vom Bodensee, es geht dabei ordentlich bergan. Auf einer von Feldern geprägten Hochfläche kippt die ruhige Nebenstraße, und die Räder brausen ins Rotachtal hinunter. Wir folgen den Schleifen des Fließgewässers auf einem breiten Forstweg und erobern Höhenmeter für Höhenmeter zurück. Auch hier zeigt sich Oberschwaben lieblich mit kleinen Seen, lichten Wäldern und Dörfern. In dieser romantischen Riedlandschaft ließen sich vor rund 1000 Jahren die Grafen von Altshausen eine Burg errichten. Im 13. Jahrhundert fiel die Festung an den Deutschen Orden und wurde im 18. Jahrhundert unter Aufsicht des Baumeisters Johann Kaspar von Bagnato zur Residenz umgebaut.

Die Routenschilder leiten uns zielsicher durch das Tal der Schussen. Am ehemaligen Prämonstratenserkloster in **Bad Schussenried** legen wir den nächsten Zwischenstopp ein. Das 1183 gegründete Kloster war jahrhundertelang das spirituelle Zentrum der Region und weithin als Bildungsstätte bekannt. Die prunkvolle Ausstattung

der Kirche und allen voran des üppigen Bibliothekssaals entspricht dem Geist des Barockzeitalters.

Von Altshausen nach Ulm – 124 km Während sich der Weg im Zickzack durch Felder und Baumgruppen schlängelt, genießen wir den weiten Blick über das wellige Land. Kurz vor **Bad Buchau** rollt man auf einem Holzbohlenweg ins Naturschutzgebiet Federsee hinein, das mittels Naturerlebnispfaden, Stegen und Aussichtsplattformen erschlossen ist. Die 2350 Hektar große Schutzzone stellt mit ihren dichten Schilfröhrichten und Streuwiesen ein ideales Brut- und Rückzugsrevier für 265 Vogelarten und einen Lebensraum für 70 Schmetterlingsarten dar.

Nachdem sich die Alpengletscher zurückgezogen hatten, drangen Rentierjäger in die Region um den **Federsee** vor. In den Moorböden haben sich die Spuren uralter Jagdlager, mehrerer Moorsiedlungen und Pfahlbauten gut erhalten. Die archäologischen Funde bilden die Grundlage des Federsee-Museums. Wie hier das Leben in früheren Zeiten ausgesehen haben mag, veranschaulicht das Freigelände mit Häusern und Hütten. Die UNESCO hat die Pfahlbauten am Federsee zusammen mit weiteren Fundstellen in Europa zum grenzüberschreitenden Weltkulturerbe ernannt. Nachdem wir den 767 Meter hohen Berg Bussen passiert haben, senkt sich das Terrain. Die Räder sausen hinunter zur Donau und schon taucht vor uns das Ulmer Münster auf. Nach rund 360 erlebnisreichen Kilometern endet hier in Ulm unsere Radtour auf dem Oberschwaben-Allgäu-Weg.

Links: Im Naturschutzgebiet Federsee radelt man über Holzbohlenwege.

Rechts: Fahrt durch die Altstadt von Wangen

36 Bodenseeradweg

Einmal um die große Badewanne

leicht   261 km

CHARAKTER
Hinter dem Ort Wallhausen gibt es
eine längere Steigung, sonst ist es
flach. Dank vieler Bahnhaltestellen
kann man Teilstücke mit dem Zug
überbrücken.

AUSGANGSORT
Konstanz Bhf.

ENDPUNKT
Konstanz Bhf.

WEGMARKIERUNG
In Deutschland: Schild mit Radler
und blauem Rad. In der Schweiz:
rote Schilder der Rhein-Route Nr. 2.
In Österreich: lokale Radschilder.

E-BIKE
Verleih- und Ladestationen für
E-Bikes über www.bodensee.de.

INFORMATION
Tourismus Marketing GmbH Baden-
Württemberg, Esslinger Str. 8,
70182 Stuttgart, Tel. 0711/
23 85 80, www.tourismus-bw.de;
Bodensee.de Tourismus Marketing,
Pfannenstiel 21, 88214 Ravens-
burg, Tel. 07531/361 41 80,
www.bodensee.eu; Ostschweiz-
Tourismus, Fürstenlandstr. 53,
CH-9000 St. Gallen, Tel. +41/800
10 02 00 30, www.ostschweiz.ch

Der Bodensee lockt Tourenradler mit gepflegten Radwegen zu einer Runde um das »Schwäbische Meer« an. Für Abwechslung am Wegesrand ist stets gesorgt: egal, ob am deutschen Seeufer mit ausgedehnten Obstplantagen, dem schmalen Uferstreifen um die österreichische Festspielstadt Bregenz oder dem beschaulichen, zum Schweizer Kanton Thurgau gehörenden Südufer.

Von Konstanz zur Insel Mainau – 80 km   Rechts oder links herum den Bodensee umradeln? Diese Frage stellen sich viele vor der Reise. Die meisten Radler fahren im Uhrzeigersinn. Bei dieser Variante radelt man auf der Seeseite der Straße. So hat man meist eine freie Sicht auf die große Wasserfläche. Wer andersherum fährt, hat den Verkehr zwischen sich und dem See. **Konstanz**, die größte und bedeutendste Stadt am Bodensee, liegt an der Schnittstelle vom Überlinger See zum Untersee. Durch die Nähe zu den Eidgenossen haben die »Hochhäuser« des Mittelalters den Zweiten Weltkrieg überlebt. So kann man heute quasi durch ein Geschichtsbuch marschieren und über die Schönheit der herrschaftlichen Gebäude staunen. Westlich von Konstanz überschreiten wir die Staats-

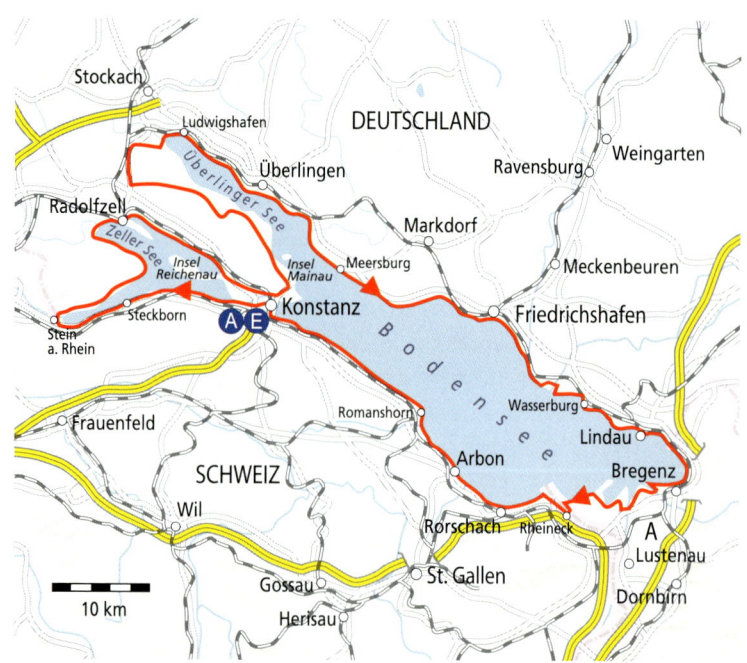

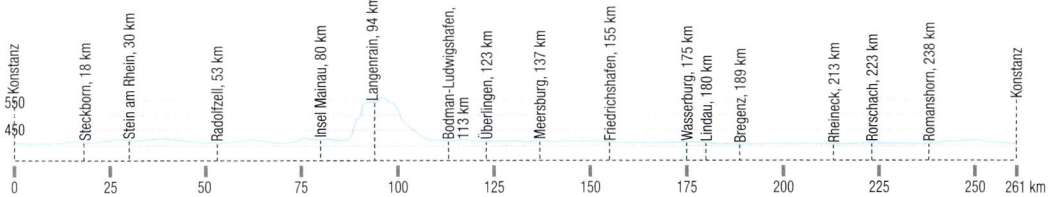

Konstanz 550 450 Steckborn, 18 km Stein am Rhein, 30 km Radolfzell, 53 km Insel Mainau, 80 km Langenrain, 94 km Bodman–Ludwigshafen, 113 km Überlingen, 123 km Meersburg, 137 km Friedrichshafen, 155 km Wasserburg, 175 km Lindau, 180 km Bregenz, 189 km Rheineck, 213 km Rorschach, 223 km Romanshorn, 238 km Konstanz

0   25   50   75   100   125   150   175   200   225   250 261 km

grenze und rollen auf der Schweizer Rhein-Route Nr. 2 längs des Seerheins zum Untersee. Hier in der Riedlandschaft ragt das Schloss Gottlieben auf, in dem 1415 der abgesetzte Papst Johannes XXIII. und der böhmische Reformator Johannes Hus gefangen waren. Weiter geht es, vorbei am Schloss Arenenberg mitsamt Napoleonmuseum in Richtung Seeauslauf. Kurz darauf grüßt aus der Ferne die Stadtsilhouette von Stein am Rhein mit ihren prächtigen Fachwerkhäusern. Staunend schieben wir unsere Fahrräder zwischen den bunt bemalten Bürgerhäusern hindurch, die mit ihren stattlichen Erkern imponieren.

Die Route macht nun eine 180-Grad-Drehung, verläuft aussichtsreich am Nordufer des sich allmählich weitenden Untersees nach Osten und erreicht Baden-Württemberg. Nach ein paar kurzen Anstiegen treffen wir auf **Radolfzell** am Bodensee, dessen Name auf Radolt von Verona zurückgeht, der hier 826 ein Kloster gründete – »Radolfs-Zelle«. Eine der bedeutendsten Abteien auf deutschem Boden befand sich auf der nahe gelegenen **Insel Reichenau**. Radler rollen über den von Pappeln gesäumten Damm auf das größte Eiland des Bodensees. Die »Richen Ow« wurde im Jahre 2000 mit ihren Kirchen St. Peter und Paul, dem Münster St. Maria und Markus und St. Georg zum UNESCO-Welterbe gekürt. Kurz darauf erblicken wir rechter

Abendstimmung im Hafen von Rorschach

Hand die Blumeninsel Mainau. Ähnlich wie ihr großer Bruder profitiert sie von dem milden Bodenseeklima. So ist es nicht verwunderlich, dass sich hier Palmen, Riesenmammutbäume und Zedern neben Tulpenbäumen wohlfühlen. Herzstück der 45 Hektar großen Insel sind die farbenfrohen Blumenbeete, die rund ums Jahr wahre Besucherscharen anlocken.

Von der Insel Mainau nach Lindau – 100 km Das zweite Teilstück führt uns erst um den Überlinger See herum und zwingt uns anschließend mit einer satten 160-Höhenmeter-Steigung aus dem Sattel. Untrainierte Radler können die Kletterpassage mit dem Schiff umfahren. Wer sich der Herausforderung stellt, den erwartet die reizvolle Wald- und Wiesenlandschaft des Bodanrücks, die immer wieder schöne Fernblicke auf das Zackenband der Schweizer Alpen gewährt. Hinter **Überlingen**, in dem es prächtige Patrizierhäuser zu sehen gibt, radeln wir vorbei an niedrigen Waldhügeln nach Unteruhldingen. Hier erzählt das rekonstruierte Pfahlbaudorf von den ersten Siedlern (4300–850 v.Chr.) der Bodenseeregion. Die Holzbauten wurden zwischen 1922 und 1940 nach dem damaligen Stand der Forschung erbaut. Das Museumsareal umfasst sowohl Gebäude an Land als auch zu Wasser, in denen Alltagsgeräte der Stein- und Bronzezeit vorgestellt werden. Nach dieser spannenden Zeitreise nehmen wir Kurs auf Meersburg, das sich, von der gleichnamigen Festung behütet, an einem Weinberg ausstreckt. Stilvolle, von Fachwerk eingerahmte Plätze wechseln sich mit steil ansteigenden Gassen ab, die die Unter- und Oberstadt auf das Angenehmste verbinden. Knapp zwei Radstunden trennen uns von **Friedrichshafen**. Die moderne Messestadt wurde im Jahr 1900 mit dem Erstflug von Luftschiff Zeppelin 1 schlagartig weltberühmt. Im Laufe der Jahre verfeinerten die Ingenieure die Technik, die ab 1928 mit der LZ 127 Graf Zeppelin ihre Glanzzeit hatte. Nach herben Rückschlägen wie der Hindenburgkatastrophe kreisen die erhabenen Zeppeline seit 1997 wieder lautlos über dem Bodensee. Wer sich näher mit den technischen Errungenschaften der Luftfahrt vertraut machen möchte, findet in Friedrichshafen mit dem Zeppelin- und dem Dornier-Museum zwei sehenswerte Ausstellungen. Lange Zeit fahren wir dem gewundenen Uferverlauf nach, bis schließlich die ersten Häuser von **Lindau** zu sehen sind.

An der Hafenmole von Lindau wachen der Bayerische Löwe und der neue Leuchtturm über das »Schwäbische Meer«.

Von Lindau nach Konstanz – 81 km Die Altstadt von Lindau breitet sich auf einer kleinen Insel aus und lässt sich gut zu Fuß erkunden. Als Startpunkt wählt man am besten den alten Seehafen mit den zwei Leuchttürmen und der Löwenmole. Lindau, was so viel bedeutet wie »mit Linden bestandene Insel«, wurde 882 erstmals urkundlich belegt. Aufgrund der strategisch günstigen Lage der Marktsiedlung blühte ab dem 13. Jahrhundert der Handel mit Italien auf – es begann ein goldenes Zeitalter. Bei dem Anblick der historischen, farbenfrohen Stadthäuser mit ihren prächtigen Schaufassaden lässt es sich gut ausmalen, wie es hier vor Hunderten von Jahren ausgesehen hat. Wir verlassen die Insel über einen Damm und steuern Österreich an. Zu Füßen des steil aufragenden Bregenzer Waldes liegt im Dreiländereck die Landeshauptstadt von Vorarlberg, Bregenz. Die Bregenzer Festspiele ziehen jedes Jahr im Juli und August zahlreiche Musikliebhaber an. Auf der beeindruckenden Seebühne werden berühmte Musicals, Operetten und Opern aufgeführt. Kurz bevor wir Schweizer Terrain erreichen, radeln wir entspannt zwischen den ausgedehnten Feuchtwiesen und Auwäldern des Vorarlberger Rheindeltas hindurch, in dem seltene Fauna und Flora heimisch sind.

Die nächste Station ist **Rorschach**, das Radler mit einer repräsentativen Hafenfront empfängt. Schmuckstück ist das im 18. Jahrhundert erbaute Kornhaus. Heute beherbergt das vom Baumeister Giovanni Caspare Bagnato errichtete Speicherhaus das Heimatmuseum, das sich mit der Stadtgeschichte und den Seelandschaften befasst. Rote, weithin sichtbare Routenschilder lenken uns nach Arbon auf einer von Obstbäumen umgebenen Halbinsel. Die Reststrecke führt über **Romanshorn** und bietet die schönen Seiten des Genussradelns. In Konstanz schließt sich der Kreis um den Bodensee.

Die Bodenseeregion ist bekannt für ihren Obstanbau.

An der Uferpromenade von Bregenz kann man wunderbar abschalten.

37 Radweg Liebliches Taubertal

Alles so romantisch hier!

leicht   100 km

. . . .

CHARAKTER
Der Radweg ist komplett asphaltiert und bis auf die Ortsdurchfahrten autofrei.

AUSGANGSORT
Rothenburg ob der Tauber Bhf.

ENDPUNKT
Wertheim; zurück 3 Std. mit dem Zug.

WEGMARKIERUNG
Grün-weiße Schilder mit dem Schriftzug »Liebliches Taubertal Der Klassiker«.

E-BIKE
Das Taubertal ist eine E-Bike-Region, Infos über www.liebliches-taubertal.de.

INFORMATION
Touristikgemeinschaft »Liebliches Taubertal« e. V., Gartenstr. 1, 97941 Tauberbischofsheim, Tel. 09341/82 57 06, www.liebliches-taubertal.de; Tourismus Marketing GmbH Baden-Württemberg, Esslinger Str. 8, 70182 Stuttgart, Tel. 0711/23 85 80, www.tourismus-bw.de; BAYERN TOURISMUS Marketing GmbH, Arabellastr. 17, 81925 München, Tel. 089/212 39 70, www.bayern.by mit Tourenkarte Radfahren, www.bayerninfo.de/rad

»Liebliches Taubertal«, das klingt verlockend! Und das Beste: Die knapp 100 Kilometer Route hält, was sie verspricht. Fachwerkbauten wechseln sich mit Weinbergen und Kulturperlen ab. In zwei entspannten Etappen rollen Radfahrer dem Main entgegen – und machen Station in reizvollen Kleinstädten.

Von Rothenburg ob der Tauber nach Bad Mergentheim – 51 km

Rothenburg ob der Tauber steht weltweit für idyllische Gassen, Türme und Fachwerkzauber. In keiner anderen Kleinstadt Süddeutschlands blieb das historische Bild so gut erhalten. In keiner anderen spazieren so viele Japaner, Amerikaner, Chinesen und Europäer umher. Denn 11 000 Einwohnern stehen bis zu 500 000 Übernachtungsgäste gegenüber. Jahr für Jahr schafft es Rothenburg damit in die Top 10 der beliebtesten Reiseziele Deutschlands. Als das Heilige Römische Reich die maximale Aus-

Rothenburg ob der Tauber präsentiert stolz seine mittelalterliche Altstadt.

dehnung erreichte, lag Rothenburg im Herzen des Territoriums. Der Handel erblühte, man errichtete Mauern und Wehrtürme. Die Rothenburger behüten in der St.-Jakobs-Kirche einen wahren Schatz – den Heiligblutaltar. Er ist eine Schöpfung des Bildschnitzers Tilman Riemenschneider, der zwischen 1499 und 1505 an der Darstellung des Abendmahls arbeitete. Bereits zum Tourauftakt wird einem klar, warum das Taubertal den Beinamen »lieblich« trägt. Wie ein grüner Teppich hat sich der Laubwald über die Talhänge gelegt. Er reicht fast bis an den plätschernden Wasserlauf heran, lässt wenig Platz für die schmalen Uferwiesen. Der 130 Kilometer lange Fluss entspringt am westlichen Fuß der bis zu 554 Meter aufragenden Frankenhöhe. Wir kommen durch den gleichnamigen Naturpark; das Klima meint es gut

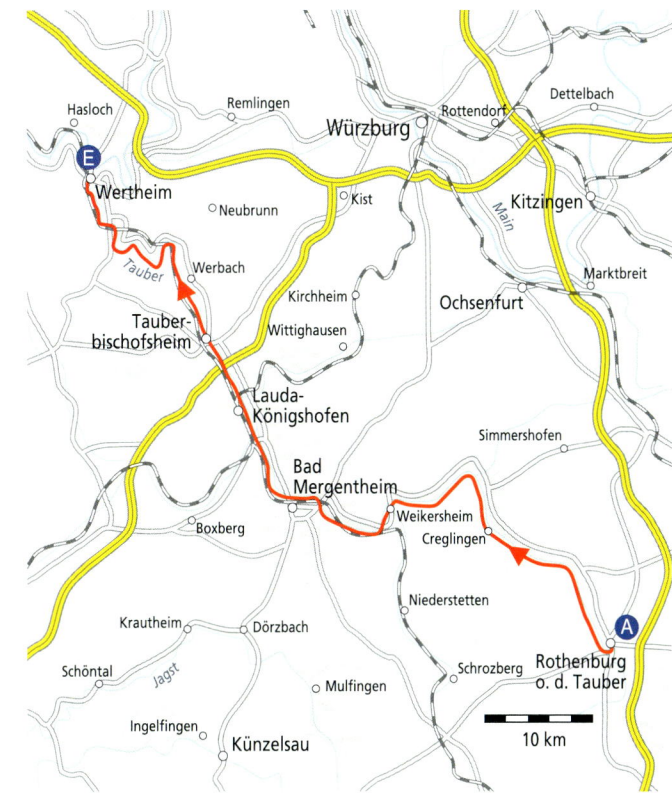

mit der Region. An den sonnigen Südhängen wachsen Orchideen, Adonisröschen, Küchenschellen. Wir ziehen entlang der Tauber in nord-westlicher Richtung durch Bayern und Baden-Württemberg.

Creglingen ist der erste Halt und bietet eine Parade entzückender Fachwerkhäuser. Drei Türme und eine teils erhaltene Mauer erinnern an eine bewegte Geschichte. In der Herrgottskirche kann man das Hauptwerk Tilman Riemenschneiders bestaunen – den detailreichen Marienaltar. Der Künstler schnitzte ihn Anfang des 16. Jahrhunderts aus Föhrenholz; für die Skulpturen aber nutzte er weiches Lindenholz. Zehn abwärts verlaufende Kilometer trennen einen von Röttingen. Der Winzerort ist bekannt für seine Sonnenuhren. Seit 1984 stellte man dort 33 Zeitmesser auf. Der Tourismusverein verband sie zu einem Zwei-Kilometer-Rundweg, der vor dem barocken Rathaus beginnt. Hinter der Tauberrettersheimer Brücke bietet das Schloss Weikersheim die nächste Gelegenheit, vom Fahrrad abzusteigen. Die Perle liegt eingebettet in einen gepflegten Garten. In ihm stehen Götterfiguren, zwischen denen man zur Orangerie flaniert.

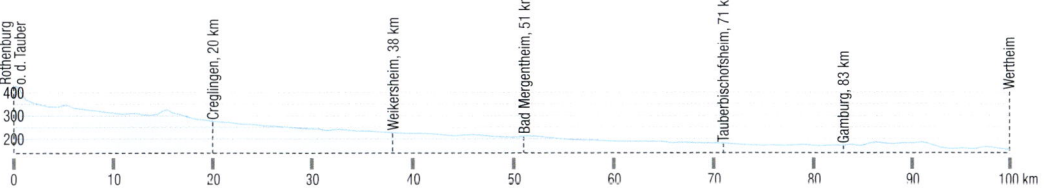

Auch der folgende Abschnitt ist Genuss pur: Er verläuft meist in Sichtweite des Flusses und führt uns mitten ins Weinland Taubertal. Den Weinanbau unterteilte man in die drei Gebiete Franken, Württemberg und Baden. Die Weinstöcke profitieren vom milden, niederschlagsarmen Klima im Regenschatten des Odenwaldes. Primär steht das Weinland Taubertal bei den Weißweinen für hervorragende Müller-Thurgau- und Silvanerreben. Bei den Rotgewächsen sind der Schwarzriesling und der blaue Spätburgunder zu nennen. Ihnen folgen Dornfelder, Portugieser und Neuzüchtungen wie die Acolonrebe. Eine Besonderheit ist der Tauberschwarz. Es handelt sich um eine historische Lokalsorte, die Winzer ausschließlich an den Hängen der Tauber anbauen.

Die Tauberrettersheimer Brücke besitzt sechs Bögen.

Von Bad Mergentheim nach Wertheim – 49 km   »Hier ist Freude, hier ist Lust, wie sie nie empfunden«, schrieb der schwäbische Poet Eduard Mörike begeistert über **Bad Mergentheim**. Der Kurort verwöhnt Gäste mit einem der gemütlichsten Kurparks in Deutschland und der sprudelnden Kraft aus vier Heilquellen. Das 1058 erstmals urkundlich erwähnte Deutschordensschloss ist eines der Prunkstücke der Stadt. Es hält mit einem 3000 Quadratmeter großen Museum die Erinnerung des einflussreichen Ritterordens aufrecht, der vor allem im Baltikum Spuren und Bauwerke hinterließ. Barocke Madonnen, Bildstöcke und Heiligenfiguren begleiten uns auf dem Weg durch die reizende Kulturlandschaft. Nach einer Stunde im Sattel taucht die Bischofsstadt **Tauberbischofsheim** auf. Ihre Entstehung verdankt die Hochburg des Fechtsports dem heiligen Bonifatius. Der Missionar gründete hier ein Frauenkloster und setzte seine Verwandte Lioba als Äbtissin ein. Aus den ansehnlichen Fachwerkbauten der Altstadt ragen das Kurmainzische Schloss, das Rathaus (1865) und der Türmersturm hervor.

Anschließend folgt der vom ADFC mit der Bestnote von fünf Sternen zertifizierte Radweg der Tauber in ein tiefes Mäandertal, eingebettet in roten Buntsandstein. Den Prüfern gefielen die ruhige Streckenführung, die vorbildliche Wegweisung und die gute Tourismusinfrastruktur. Radler schätzen das große Angebot an Bett & Bike-Unterkünften. Dazu gibt es mehr als 60 Ladestationen für E-Bikes. Die flotten Fahrer sind nicht nur im Tal unterwegs, sondern sprinten ebenfalls über die Variante, den Radweg »Liebliches Taubertal – Der Sportive«. Beliebte Ziele für Ausflüge sind die Ferienlandschaften »Liebliches Taubertal«, »Romantisches Franken« und »Altmühltal«. Was lag da näher, als beide Täler miteinander zu verbinden? So entstand der rund 350 Kilometer lange Tauber-Altmühlradweg, auf dem man vom Main bis an die Donau bei Kelheim gelangt. Interessant ist zudem der Main-Tauber-Fränkische Rad-Achter. Der Doppelrundkurs bringt es auf 550 Kilometer. Neben den zwei Flüssen lernt man hier außerdem den Odenwald kennen.

Hinter Tauberbischofsheim übernimmt der Wald die Regie. Vorbei an der Gamburg geht es zum Kloster Bronnbach. Die ehemalige Zisterzienserabtei trat im 12. Jahrhundert ins Licht der Geschichte. Nach der Überlieferung sprach der heilige Bernhard von Clairvaux bei einem Besuch in der Region: »Auch dort wird ein Kloster meines Ordens gegründet werden« – eine Weissagung, die zu Lebzeiten des berühmten Abtes in Erfüllung ging. Die Zeitspanne bis in die Gegenwart hat ein reiches Erbe hinterlassen: etwa die romanische Kirche mit ihren barocken Altären, das Chorgestühl und der gotische Kreuzgang. Fünf Flussschleifen und zehn Kilometer entfernt stoppen die Räder in **Wertheim** – **u**nser Reiseziel und zugleich die nördlichste Stadt Baden-Württembergs. Der Blick wandert auf die Ausläufer der Mittelgebirge Spessart und Odenwald und über die Dächer der Altstadt. Darüber ragt die teils zerstörte Burg Wertheim auf. Sie ist das ehrwürdige Symbol der 800-jährigen Ortshistorie an der Mündung der Tauber in den Main. Man bummelt über den historischen Marktplatz und bewundert ein Stadtbild, das die Herrschaft der Grafen von Wertheim prägte. Da sind der Spitzer Turm, das Maintor und der Neuplatz – allesamt reizende Fotomotive. Hier stellt sich die Frage, ob man nun dem Mainradweg nachfährt – lohnend wäre es allemal.

Frühlingserwachen im unteren Taubertal

Weikersheim liegt im fränkisch geprägten Nordosten Baden-Württembergs.

Südosten

Die 2384 Meter hohe Westliche Karwendelspitze rahmt die Mittenwalder Buckelwiesen ein (o.l.). Ulmer Rathaus und Ulmer Münster (o.r.). Der Mozart-Radweg nimmt uns mit nach Österreich mit dem Höhepunkt Salzburg (u.r.). Der Bodensee-Königssee-Radweg führt am Schloss Neuschwanstein vorbei (u.l.).

Mainradweg

Bier, Wein, Ebbelwoi

leicht · Roter Main: 564 km
Weißer Main: 553 km

CHARAKTER
Die meist verkehrsberuhigte Strecke punktet durch vorzüglich ausgebaute Asphaltwege. Nach einer schönen Abfahrt zu Beginn gibt es nur sehr wenige Kurzanstiege.

AUSGANGSORT
Bischofsgrün oder Creußen, der nächste Bhf. am Weißen Main ist in Trebgast.

ENDPUNKT
Mainz; zurück mindestens 5 Std. mit dem Zug.

WEGMARKIERUNG
Schilder mit dem Logo »main Radweg« und einem blauen und grünen Quadrat. Er ist Teil der D-Route-5 – Saar – Mosel – Main.

E-BIKE
Infos zu E-Bikes über www.mainradweg.com.

INFORMATION
Tourismusverband Franken e. V., Pretzfelder Straße 15, 90461 Nürnberg, Tel. 0911/94 15 10, www.frankentourismus.de; kostenlose Mainradweg-App über www.mainradweg.com

Der Mainverlauf sieht aus wie eine EKG-Kurve. Umfasst von Feldern und Wäldern schlängelt sich der malerische Fluss durch die Mitte Deutschlands und ebnet das Terrain für radelnde Genießer. Abgerundet wird die Mehrtagesreise von wehrhaften Burgen, Schlössern und romantischen Orten mit Fachwerkhäusern.

Von Creußen nach Bamberg – 141 km   Reiseradler, die den **Mainradweg** befahren wollen, stehen zu Beginn der Reise vor der Qual der Wahl. Sowohl der Weiße Main, der im Fichtelgebirge entspringt, als auch der aus der Fränkischen Schweiz herkommende Rote Main haben ihren eigenen Reiz. Also – welchem Flusslauf sollen wir nachradeln? Die wasserreiche Quelle des Weißen Mains liegt auf einer Höhe von 887 Metern und verspricht eine schöne Abfahrt, wählen wir ihn! Bischofsgrün ist die erste Siedlung an der Strecke, die sich malerisch in einer Senke zwischen den Bergen Ochsenkopf (1024 Meter) und Schneeberg (1051 Meter) ausbreitet. Die nächsten Kilometer durchläuft der Mittelgebirgsfluss ein tief eingeschnittenes Längstal, das sich langsam öffnet und in eine offene Felderlandschaft übergeht. Im oberfränkischen **Kulmbach** haben wir knapp 50 Kilometer zurückgelegt und auch die meisten Höhenmeter aufgebraucht. Die alte Markgrafenstadt, die sich selbst den Titel »heimliche Hauptstadt des Bieres« verliehen hat, ist nicht nur für Bierfreunde ein lohnendes Ziel. Weithin sichtbares Wahrzeichen ist die wehrhafte Plassenburg, hoch über

Der Mainradweg ist familienfreundlich ausgebaut.

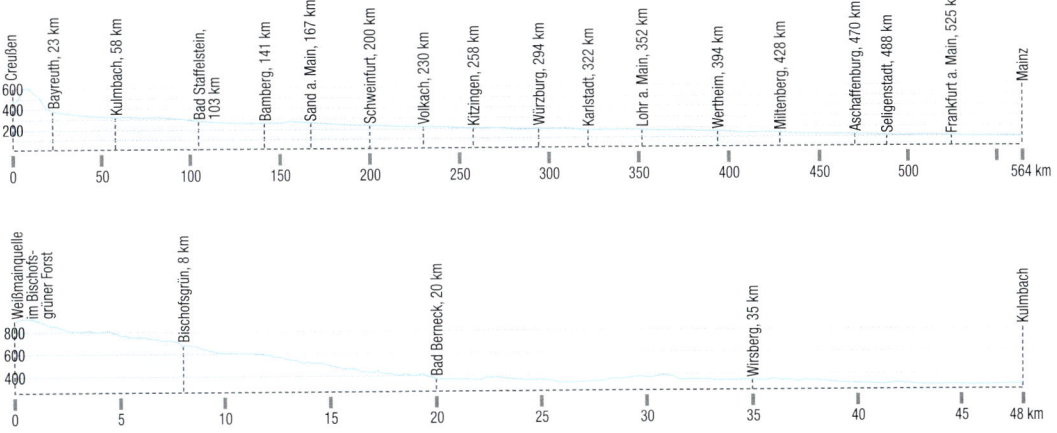

dem Talbecken. Die ehemalige Hohenzollernresidenz wurde 1135 erstmals urkundlich erwähnt und im Laufe der Jahrhunderte zu einer prachtvollen Renaissancefestung ausgebaut. Hinter den hohen Mauern kann man vier Museen besichtigen: das Landschaftsmuseum Obermain, das Deutsche Zinnfigurenmuseum, das Museum Hohenzollern in Franken und das Armeemuseum Friedrich der Große.

Wer dem unwesentlich längeren Roten Main folgen möchte, startet in der Fränkischen Schweiz. Höhepunkt dieser Streckenvariante ist die Festspielstadt **Bayreuth**. Die Stadt verdankt ihren exzellenten Ruf dem Markgräflichen Opernhaus. Im Jahr 2012 erhob die UNESCO den Prachtbau zum Welterbe. Die Markgräfin Wilhelmine beauftragte den berühmten Theaterarchitekt Giuseppe Galli Bibiena Mitte des 18. Jahrhunderts mit der Gestaltung des Innenraums. In ihrem Auftrag errichtete man auch das Neue Schloss und baute 1735 die Eremitage um. Jüngeren Datums (1872–1876) ist das Bayreuther Festspielhaus auf dem Grünen Hügel, eigens zur Aufführung der Werke von Richard Wagner erbaut. Touristen sitzen in den Cafés und

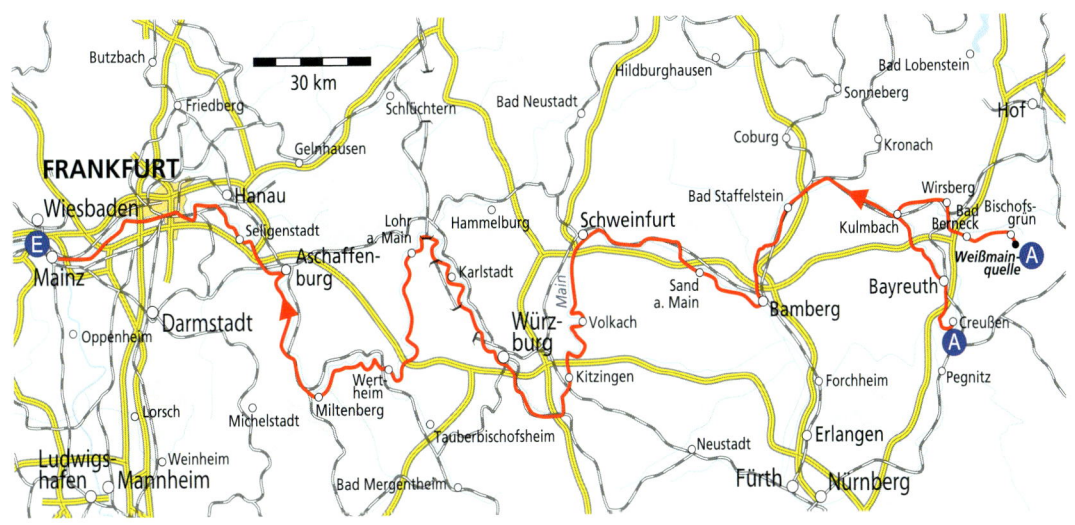

Die Würzburger Residenz

Der barocke Prachtbau wurde im Jahr 1981 als eines der ersten deutschen Denkmäler in die Liste des Weltkulturerbes aufgenommen. Die UNESCO adelte die Residenz als »das einheitlichste und außergewöhnlichste aller Barockschlösser«. Diese Anerkennung verdankt die im 18. Jahrhundert erbaute Schlossanlage vor allem dem imposanten Treppenhaus von Bauherr Balthasar Neumann und dem gigantischen Freskogemälde von Giovanni Battista Tiepolo. Auf dem mit über 600 Quadratmeter größten Deckengemälde der Welt stellt der Maler die damals vier bekannten Erdteile Europa, Afrika, Asien und Amerika dar.

Restaurants oder flanieren zwischen den Prachtbauten auf und ab. Westlich von Kulmbach vereinen sich die beiden Flussläufe. Der Main vollzieht einen Bogen, streift dabei die Städte Lichtenfels und Bad Staffelstein und hält auf **Bamberg** zu.

Von Bamberg nach Würzburg – 153 km
Weithin sichtbar erhebt sich die mittelalterliche Stadtsilhouette mit dem Bamberger Dom und der Altenburg aus dem Maintal. Bamberg besticht vor allem durch seinen komplett erhaltenen Altstadtkern, den die UNESCO 1993 in die Liste des Welterbes aufnahm. Die alte Kaiser- und Bischofsstadt wurde im Jahr 902 im Zusammenhang mit dem Castrum Babenberch erstmals erwähnt. Nach den Wirren des Dreißigjährigen Krieges, der Bamberg schwer zusetzte, kam es unter den Fürstbischöfen Lothar Franz und Friedrich Carl von Schönborn zu einer kulturellen Blüte: Bamberg erhielt sein heutiges Barockbild, das als Gesamtkunstwerk Besucher aus der ganzen Welt bezaubert. Das herausragende Baudenkmal ist der auf einem von sieben Stadthügeln errichtete, viertürmige Kaiserdom St. Peter und Georg. Im Inneren des Bauwerks befindet sich das von Tilman Riemenschneider geschaffene Hochgrab des heiliggesprochenen Kaiserpaars Heinrichs II. und Kunigunde und das einzige Papstgrab (Clemens II.) nördlich der Alpen. Zu den bedeutendsten der 2300 Einzelbaudenkmäler Bambergs zählen außerdem das auf eine Regnitzbrücke gesetzte Alte Rathaus, die Neue Residenz und das Kloster Michelsberg. Der Tourismusverband hat mit der »Bierschmecker®Tour« mitsamt Bierverkostung einen feuchtfröhlichen Spaziergang ausgedacht, bei dem man die Vielfalt des Biers kennenlernt.

Auf dem nächsten Teilstück schlängelt sich der Radweg südlich des Naturparks Haßberge entlang und streift dabei die sehenswerten Städte Haßfurt und **Schweinfurt**. Wir überschreiten die imaginäre Grenze zwischen Bier- und Weinfranken und freuen uns auf den vielleicht malerischsten Abschnitt des Radfernwegs. Die Räder rollen das Maindreieck hinunter; uns bleibt genügend Zeit, den Blick über die steil aufragenden Weinberge wandern zu lassen. Noch schöner wird es in der sogenannten Mainschleife, wo sich verschlafene Winzerorte am Flussufer entlangziehen, in denen gemütliche Weinstuben leckere Frankenweine anbieten. Die nächste Stadt ist **Kitzingen**, die sich als historische Weinhandelsstadt einen Namen gemacht hat. Reisenden auf dem Mainradweg fallen zuerst die zahlreichen Türme auf, die hier in den Himmel ragen. Bei Marktbreit knickt der Fluss ab und führt uns an bekannten Weinlagen vorüber, die sich vom schmalen Uferstreifen aus die umliegenden Sonnenhänge hinaufschwingen. Bald darauf kündet die hoch über dem Tal thronende Festung Marienberg mit **Würzburg** den nächsten Reisehöhepunkt an.

Von Würzburg nach Aschaffenburg – 176 km Das auf einer Bergzunge errichtete Bollwerk ist ein Paradeexemplar für eine hochmittelalterliche Befestigungsanlage. Der vierflügelige Komplex, der immer wieder ausgebaut wurde, war zwischen 1253 und 1719 die Residenz der Würzburger Fürstbischöfe. Heute befinden sich in der Festung das Mainfränkische Museum Würzburg sowie das Fürstenbaumuseum. Überschreitet man die Alte Mainbrücke mit ihren zwölf barocken Sandsteinfiguren, die Heilige und Herrscher darstellen, gelangt man ins Stadtzentrum, in dem die meisten Sehenswürdigkeiten anzutreffen sind. Wenn wir der Straße nach Osten folgen, kommen wir zur hoch

aufragenden Doppelturmfassade des St. Kilians-Doms zu Würzburg, der zu den größten romanischen Kirchengebäuden Deutschlands zählt. Unumstrittener Glanzpunkt eines Würzburgbesuchs ist die Besichtigung der Fürstbischöflichen Residenz. Wenig später lohnt ein Abstecher zur rechten Mainseite nach Veitshöchheim, wo sich die Fürstbischöfe von Würzburg eine Sommerresidenz errichten ließen. Das schmucke Schloss ist von einem ansprechenden Rokokogarten umgeben, der zwischen 1703 und 1774 im französischen Stil gestaltet wurde. Weiter geht es nach

Die Festung Marienberg wacht über Würzburg.

Links: Mainbrücke in Kitzingen

Rechts: Miltenberg breitet sich zwischen dem Odenwald und dem Spessart aus.

Maa, Mee, Moi oder Mää?

Für den Main kursieren je nach Region die verschiedensten Aussprachen: Während die Einheimischen den Fluss am Oberlauf Maa aussprechen, gibt es stromabwärts noch Bezeichnungen wie Maa, Mee, Moi oder Mää! Kompliziert? Nein – die Namen spiegeln nur die verschiedenen Kulturräume im Herzen Deutschlands wider, die der über 520 Kilometer lange Fluss miteinander verbindet. Er ist mit einer mittleren Abflussmenge von 225 Kubikmetern pro Sekunde nach der Aare und Mosel der drittwasserreichste Nebenfluss des Rheins. Für den Schiffsverkehr bildet er zusammen mit dem Main-Donau-Kanal ein wichtiges Bindeglied zwischen der Nordsee und dem Schwarzen Meer.

Karlstadt, das uns mit einer zum Main hin ummauerten Altstadt empfängt, die mit Türmen und Toren geschützt ist. Die Weinbaulandschaft wird nun allmählich durch dichte Wälder abgelöst, die bald das Landschaftsbild dominieren. In der Dreiflüssestadt Gemünden fließen die Nebenflüsse Fränkische Saale und Sinn in den Main, man kann ihnen auf dem Radrundweg Main zur Rhön folgen.

15 genussvolle Radkilometer mainabwärts folgt ein nächster Höhepunkt: Die schmucke Fachwerkstadt **Lohr am Main**, die sich selbst als »Das Tor zum Spessart« bezeichnet. Beim Spaziergang durch die unterfränkische Altstadt, die mit ihren verwinkelten Gassen einen Hauch Romantik versprüht, fühlt man sich in vergangene Zeiten zurückversetzt. Am Ende der gepflasterten Fußgängerzone wartet das viertürmige Schloss, in dem das Spessartmuseum untergebracht ist. Die Ausstellung präsentiert unter dem Motto »Mensch und Wald« neben alten Glasobjekten Wissenswertes aus dem Märchen- und Räuberwald Spessart. Nach der Besichtigungstour radeln wir dem Mainviereck nach und erreichen **Wertheim**. Hier, in der nördlichsten Stadt Baden-Württembergs, haben wir Anschluss an den Radweg Liebliches Taubertal (siehe Tour 37), der von Rothenburg ob der Tauber bis zum Main 100 Kilometer misst. Dann wendet sich die Tour erst nach Westen, um bei Miltenberg, eingerahmt von Odenwald und Spessart, erneut gen Norden zu laufen. Die sehenswerte Kleinstadt mit ihren roten Buntsandsteingebäuden und den zahlreichen Fachwerkhäusern ist typisch für die Architektur in Unterfranken.

Die Mainschleife bei Volkach gehört zu den schönsten Abschnitten des Radwegs.

Von Aschaffenburg nach Mainz-Kastel – 94 km Das weithin sichtbare, aus Sandstein errichtete Schloss Johannisburg prägt das Gesicht **Aschaffenburgs**. Der bayerische König Ludwig I. schätzte die Stadt wegen ihres milden Klimas und kürte sie zum »bayerischen Nizza«. Er ließ oberhalb des Mains eine römische Villa nachbauen, das Pompejanum, dessen eindrucksvolle Wandmalereien und Mosaikböden man antiken Vorbildern nachempfand. Langsam nimmt die Besiedelung zu und der Main ist zu einer stattlichen Breite angewachsen. Auch **Se-**

ligenstadt, unser erstes Ziel auf hessischem Boden, glänzt mit sehenswerten Bauwerken wie der Einhard-Basilika, in der die in Rom gestohlenen Reliquien der frühchristlichen Märtyrer Marcellinus und Petrus ruhen. Drei Flusswindungen später rollen wir auf die Brüder-Grimm-Stadt Hanau zu, die sich am gegenüberliegenden Mainufer an der Mündung der Kinzig ausbreitet. Am Geburtsort der weltberühmten Sprachwissenschaftler und Märchensammler wurde 1143 die Wasserburg Hanau errichtet. Aus ihr ging das Stadtschloss hervor, das dem Zweiten Weltkrieg zum Opfer fiel. Unversehrt blieb das westlich der Stadt gelegene Schloss Philippsruhe, das mit einer prunkvollen Innenarchitektur und dem englischen Landschaftspark zu einem Ausflug einlädt.

Von nun an geht es parallel zum Hessischen Radfernweg R3 in Richtung **Frankfurt**, das uns bald mit seiner unverkennbaren Skyline begrüßt. In der Finanz- und Messemetropole befindet sich das Schmuckstück vergangener Zeit – der Römerberg. Er ist der Rathausplatz und von jeher das Zentrum der Altstadt. Im 16. Jahrhundert galt er als schönster Platz im Heiligen Römischen Reich deutscher Nation. In der Geburtsstadt Goethes findet die größte Buchmesse der Welt statt. Ihre Geschichte nahm im 15. Jahrhundert ihren Anfang. Anschließend sind es nur noch ein paar Pedaltritte bis ans Reiseziel, wo wir randvoll mit Eindrücken vom Rad steigen und am Mainzer Rheinstrand die Füße von uns strecken.

Links: Der Schlossturm des Alten Schlosses überragt den Martplatz von Bad Berneck.

Rechts: Die Alte Mainbrücke war bis 1886 Würzburgs einziger Flussübergang.

39 BahnRadweg Hessen

Mit »Volldampf« durch Deutschlands Mitte

mittel 249 km, 242 km

CHARAKTER
Die beispielhaft ausgebaute Strecke punktet durch meist asphaltierte Wege, eine ruhige Trassenführung und geringe Steigungen.

AUSGANGSORT
Bad Hersfeld Bhf.

ENDPUNKT
Hanau oder Hartmannshain; zurück von Hanau 2 Std. mit dem Zug. Wer die Tour in Hartmannshain beendet, radelt weiter bis zu den Bahnhöfen in Lauterbach oder Bad Soden-Salmünster.

WEGMARKIERUNG
Ein quadratisches Schild mit einem Radfahrer auf Schienen und dem Schriftzug »BahnRadweg Hessen«.

E-BIKE
Infos zu E-Bikes über www.bahnradweg-hessen.de.

INFORMATION
Region Vogelsberg Touristik GmbH, Am Vulkaneum 1, 63679 Schotten, Tel. 06044/96 69 30, www.vogelsberg-touristik.de; www.bahnradweg-hessen.de; HA Hessen Agentur GmbH, Tourismus- und Kongressmarketing, Konradinerallee 9, 65189 Wiesbaden, Tel. 0611/950 17 81 91, www.hessen-tourismus.de und www.radroutenplaner.hessen.de

Ohne große Anstrengung durch die Mittelgebirge Rhön und Vogelsberg radeln – wie soll das gehen? Auf ehemaligen Zugtrassen! Der BahnRadweg Hessen nutzt gleich sechs dieser Strecken. Man legte sie vor rund hundert Jahren mit einer sanften Steigung in die Landschaft. Wo einst Züge über Brücken ratterten, ziehen heute Radfahrer ihre Bahnen.

Von Bad Hersfeld nach Fulda – 100 km Bad Hersfeld verdankt seine Entstehung dem im Jahre 769 gegründeten Benediktinerkloster Hersfeld, aus dem die größte romanische Basilika nördlich der Alpen hervorging. Gegen Ende des Siebenjährigen Krieges fackelte die französische Armee beim Rückzug 1761 ihre in der Stiftskirche gestapelten Vorräte ab, der Bau brannte aus. Heute dient die Ruine als stilvolle Bühne für die alljährlich aufgeführten Bad Hersfelder Festspiele. Erhalten geblieben ist der einzeln stehende Katharinenturm, in dem die älteste Glocke Deutschlands aus dem Jahr 1038 hängt. Der Bahnhof von Bad Hersfeld markiert den Anfang des BahnRadweg Hessen. Der Wegweiser Nr. 1 zeigt neben dem Kilometerstand die aktuelle Höhe von 202 Metern an. Wir nutzen die gemächlich bergan steigende Trasse der ehemaligen Hersfelder Kreisbahn, die zwischen 1912 und 1993 in Betrieb war. Im August 1999 baute man die

Der BahnRadweg Hessen führt durch ruhige Mittelgebirgslandschaften.

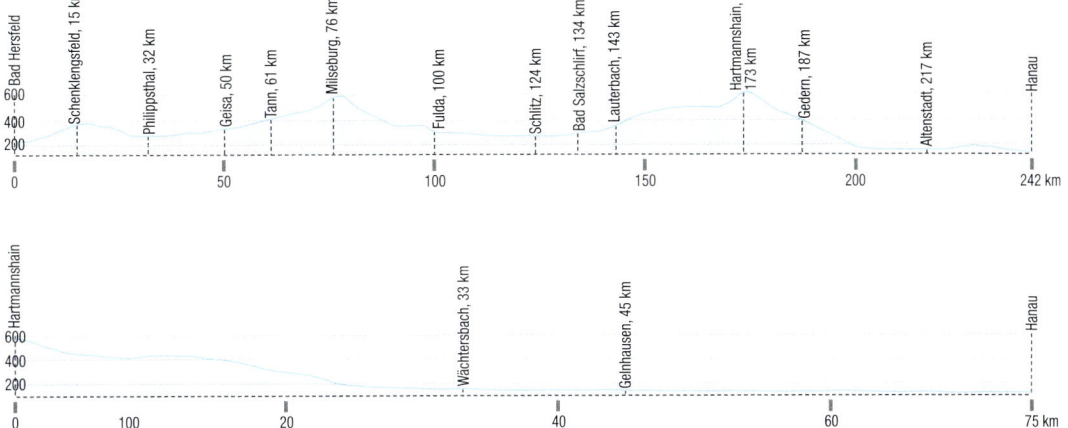

Gleisanlagen ab, der Weg war frei für die Einrichtung des Solztalradwegs. Die Räder rollen leicht und nahezu widerstandslos über die glatte Asphaltbahn. So folgen wir einem von hellgrünen Waldkuppen eingerahmten Längstal, das uns geradewegs ins UNESCO-Biosphärenreservat Rhön hineinführt. Passagen durch Streuobstwiesen wechseln sich mit verschlafenen Dörfern ab. Dort erinnern schwarz-weiße Namensschilder an die einstigen Bahnhaltestellen. Auf 360 Metern kippt der Radweg und beschert uns eine rasante Schussfahrt hinunter ins Werratal. Weithin sichtbar erheben

sich weiße Berge aus der Flussniederung, unter denen der Monte Kali mit seinen 200 Metern über dem Talboden am höchsten aufragt. Die Abraumhalden ähneln kleinen Vulkankegeln. Sie sind die Hinterlassenschaften des umstrittenen Kalibergbaus, der für die Versalzung der Werra verantwortlich ist.

Wir schwenken auf Kurs Süd und vertrauen uns dem Ulstertalradweg an, der den einstigen Gleisdamm der Ulstertalbahn nutzt. Die in drei Abschnitten eröffnete Bahnstrecke verlief zwischen Hessen und Thüringen und wurde während des Kalten Krieges blockiert. Wo Anfang des 20. Jahrhunderts schwere Stahlrösser bergan zuckelten, fahren heute Radfahrer gemächlich vorwärts – den Blick auf die Basaltkuppen der Rhön gerichtet. Unsere nächste Station ist **Geisa**, bekannt durch die Gedenkstätte Point Alpha. Auch drei

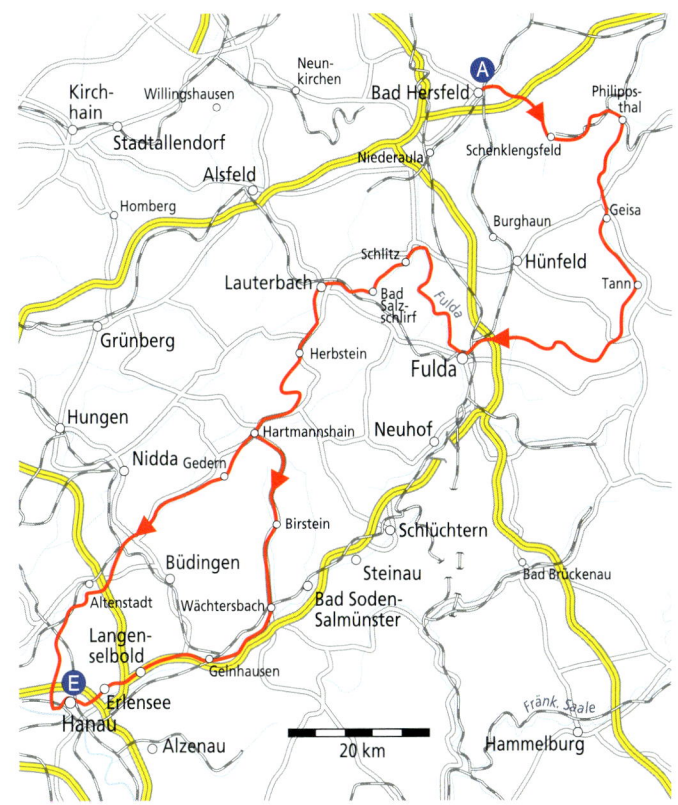

Links: Das Schloss Philippsruhe in Hanau wurde nach französischem Vorbild erbaut.

Rechts: Die Parkanlagen im Herzen von Fulda laden zum Bummeln ein.

Jahrzehnte nach dem Fall der Mauer kann sich niemand dem Ambiente der Umzäunungen der amerikanischen Beobachtungsstation Point Alpha und der verbliebenen Grenzbefestigungen der Deutschen Demokratischen Republik entziehen. Der strategische Posten diente zur Überwachung der »Fuldaer Lücke«, durch die die NATO einen Panzerangriff des Warschauer Pakts erwartete. Ein paar Pedalumdrehungen auf der stillgelegten Bahntrasse und die Gedanken wandern wieder zur Natur. Der Reiseweg gewinnt weiter an Höhe und geleitet uns in den Fachwerkort Tann. Wer den staatlich anerkannten Luftkurort durch das prächtige Stadttor erreicht, befindet sich wenig später vor einem dreiflügeligen Baukomplex. Er ist in das Rote, das Blaue und das Gelbe Schloss unterteilt, die im Stil der Renaissance und des Barocks errichtet wurden. Bei der Weiterfahrt verläuft der Bahndamm mit gut zu radelnden Schleifen einen Wiesenhang hinauf. Vor Steinbach halten wir an und genießen das herrliche Panorama nach Osten über das liebliche Scheppenbachtal, hinter dem sich die bewaldeten Kuppen der Rhön aufstaffeln. Schließlich taucht der Radweg in den beleuchteten Milseburg-Radtunnel ein, der eine Länge von 1,2 Kilometern hat und zur Sicherheit videoüberwacht ist. Im Inneren herrschen konstante Temperaturen zwischen 8 und 10 Grad Celsius, sodass Fledermäuse im Winter einen geschützten Ruheraum vorfinden. Am Scheitelpunkt der Bergstrecke beginnen die Fahrräder zu rollen – erst gemächlich, dann immer schneller. Auf der Westseite des Hügelzugs kommen wir auf der umgebauten Strecke der Biebertalbahn mit weit geschwungenen Kurven hinunter nach Fulda.

Von Fulda nach Hartmannshain – 73 km Fulda ging aus einem im Jahre 744 gegründeten Benediktinerkloster hervor, an dessen Stelle heute der Dom zu Fulda den trapezförmigen Domplatz beherrscht. Das Wahrzeichen der Bischofsstadt besitzt durch das Bonifatiusgrab eine große religiöse Bedeutung und ist Ziel von Wallfahrten. Spaziert man durch das historische Zentrum Fuldas, entdeckt man weitere

BahnRadweg Hessen

Im April 2010 hat man die beliebten Routen Vulkanradweg, Vogelsberger Südbahnradweg, Fuldaradweg, Milseburgradweg, Ulstertalradweg und Solztalradweg miteinander zu Deutschlands Vorzeigebahnradweg zusammengefügt. Gut 240 Kilometer misst die vielseitige Strecke. Dabei beschert der Reiseweg uns abwechslungsreiche Landschaften um die Mittelgebirge von Rhön und Vogelsberg. Nach zwei Dritteln des Bahn-Radwegs Hessens steht man vor der Wahl: durch den fruchtbaren Landstrich der Wetterau in Richtung der Brüder-Grimm-Stadt Hanau steuern oder die nicht minder reizvolle Streckenvariante entlang des Naturparks Spessart erkunden?

Schätze der Architekturgeschichte: so das 1721 vollendete Stadtschloss, die 1200 Jahre alte Michaelskirche und Teile der mittelalterlichen Stadtbefestigung. Die 24 Kilometer lange Strecke nach Schlitz ist ein Teilstück des Fuldaradwegs, der hier den Flussschleifen folgt. Wo die Hänge der Mittelgebirgszüge des Vogelsbergs, der Rhön und des bis zu 635 Meter hohen Knülls dicht aneinanderrücken, fügt sich das charmante Städtchen in das enge Tal des gleichnamigen Flusses. Wir lassen uns durch die schmalen Gassen treiben, bestaunen die vier Burgen und stellen die Fahrräder am Hinterturm ab, um per Fahrstuhl in eine Höhe von 36 Metern zu schweben. Der Turm diente früher als Gefängnis und wird in der Adventszeit zur Kerze umfunktioniert. Weiter geht es auf dem 93 Kilometer langen Vulkanradweg auf der Trasse der ehemaligen Oberwaldbahn. Mit ihm steuern wir über das größte geschlossene Basaltmassiv Europas – den Vogelsberg. Dort, wo vor Millionen Jahren gleich mehrere Feuerberge wüteten, breitet sich heute eine reizvolle Wald- und Wiesenlandschaft aus, die als Naturpark Hoher Vogelsberg geschützt ist. Der idyllische Streckenverlauf durchs ländliche Hessen geleitet uns am Promenadengarten von Bad Salzschlirf vorüber zum Fachwerkensemble von **Lauterbach**.

Anschließend erklimmt der Radweg in Serpentinen einen Aussichtshügel. Die Steigung pendelt sich bei angenehmen drei Prozent ein und wir fahren in einen schattigen Laubmischwald. Hier und da kommt das Felsgestein zum Vorschein und führt uns die Schwierigkeiten der damaligen Bautrupps vor Augen, die einen Weg für die Bahn ebneten. Plötzlich treten die schlanken Rotbuchen und knorrigen Ahornbäume zurück und geben den Blick frei auf das Schloss Eisenbach, das einer Märchenburg gleich über dem Tal thront. Die massiven Befestigungsmauern stammen überwiegend aus dem 16. Jahrhundert. Auch sonst gibt sich der Herrensitz mit dem fünfeckigen Bergfried, dem Wohnturm sowie der Schlosskirche recht mittelalterlich. Das Schmuckstück verschwindet im Rücken und der Reiseweg führt sachte, aber immerzu stetig bergwärts. Nach ein paar Kilometern geht das Terrain in eine Wiesenhoch-

fläche über, die mit frei stehenden Baumgruppen überzogen ist. Ein Stück weit voraus sitzt das traditionsreiche Heilbad Herbstein auf einer Anhöhe, hinter der sich mächtig der dunkelbewaldete Vogelsberg erhebt. Auf einer Höhe von 575 Metern erreichen wir mit dem ehemaligen Bahnhof von **Hartmannshain** die Routenverzweigung.

Von Hartmannshain nach Hanau/Variante über Altenstadt – 69 km Nun muss man sich für eine der zwei Wegoptionen entscheiden. Die nördliche Route folgt weiter dem Vulkanradweg, der sich mit einem gemächlichen Gefälle von drei Prozent nach Gedern hinunterwindet. Das Kulturhistorische Museum bildet zusammen mit dem ab dem 14. Jahrhundert erbauten Schloss eine besondere Attraktion für Radler, da es Wissenswertes über die Entstehung des Vulkanradweges vermittelt. Wir rollen hinter dem Luftkurort durch ein schmales Waldtal, passieren Ortenberg und fahren Glauburg entgegen. Dort unterbrechen wir die Rollpassage und statten der Keltenwelt auf dem Glauberg einen Besuch ab. Funde belegen, dass die am Ostrand des Tieflandes gelegene Erhebung von der Jungsteinzeit bis ins Mittelalter eine große

Bedeutung besaß. Durch den Sensationsfund eines keltischen Fürstengrabes im Jahre 1994 erlangte der Höhenrücken Berühmtheit.

Die Route führt entlang der Nidder durch ausgedehnte Ackerflächen hinunter nach **Hanau**, das sich durch die Kuranlage Wilhelmsbad ankündigt. Am Mainufer angelangt, erwartet uns das nach französischem Vorbild erbaute Schloss Philippsruhe. Im Inneren befindet sich das Historische Museum Hanau mit den Abteilungen »Geschichte«, »Kunst und das Kunsthandwerk«, »Die Brüder Grimm« und das Papiertheatermuseum. Wir nähern uns dem Zentrum der Stadt, in der die Gebrüder Grimm lebten. Wir treffen sie in Form einer Bronzestatue am Marktplatz vor dem Neustädter Rathaus an.

Von Hartmannshain nach Hanau/Variante über Gelnhausen – 75 km Wer sich für die zweite Streckenvariante entschieden hat, biegt in Hartmannshain links ab und nutzt ab Birstein den Südbahnradweg. Seit knapp fünf Jahrhunderten beherrscht das Schloss Birstein den gleichnamigen Ort. Nachdem im 19. Jahrhundert die mittelalterlichen Festungsanlagen der Kernburg entfernt wurden, legten die Fürsten von Isenburg-Birstein einen reizvollen Schlosspark an. Eine genussvolle Abfahrt führt uns ins Tal der Kinzig. Im Süden rückt das Waldmeer des Spessarts ins Bild. Das von Hügelkuppen geprägte Mittelgebirge wird von den Flüssen Main, Sinn und Kinzig eingerahmt und bedeutet so viel wie »Spechtswald«. Deutschlands größtes zusammenhängendes Mischlaubwaldgebiet erklärte man in den Jahren 1961/1962 zum bundeslandübergreifenden Naturpark Spessart.

Wir erreichen die gemütliche Barbarossastadt **Gelnhausen** mit alten Fachwerkhäusern. In der Mitte sticht die Marienkirche (1170–1250) hervor. 1170 gründete Kaiser Friedrich I., genannt Barbarossa, die Reichsstadt an der Via Regia, der wichtigen Handelsstraße von Frankfurt nach Leipzig. Der einstige Herrschersitz, die Kaiserpfalz, ist zu einem stummen Zeugen verfallen, gilt jedoch als eine der besterhaltenen Pfalzruinen der Stauferzeit. Auf den finalen Kilometern bis Hanau nehmen wir Abschied vom vorbildlich ausgebauten BahnRadweg Hessen, der in den letzten Tagen für regelrechtes Eisenbahnfeeling gesorgt hat.

Die neun hessischen Nummernradwege

Neben den klassischen Flussradwegen, die mit dem jeweiligen Gewässernamen versehen sind, ist das Radwegenetz Hessens zusätzlich in neun Routen unterteilt.

Hessischer Radfernweg R1 – Fuldaradweg = 255 Kilometer
Hessischer Radfernweg R2 – Die Vier-Flüsse-Tour = 220 Kilometer
Hessischer Radfernweg R3 – Rhein – Main – Kinzig = 255 Kilometer
Hessischer Radfernweg R4 – Märchen- und Sagenroute = 405 Kilometer
Hessischer Radfernweg R5 – Eder – Fulda – Werra = 235 Kilometer
Hessischer Radfernweg R6 – Vom Waldecker Land ins Rheintal = 405 Kilometer
Hessischer Radfernweg R7 – Von der Lahn zur Werra = 240 Kilometer
Hessischer Radfernweg R8 – Westerwald – Taunus – Bergstraße = 295 Kilometer
Hessischer Radfernweg R9 – Vom Rhein zum Main = 82 Kilometer

40 Fuldaradweg

Von der Rhön ins Märchenland

leicht   208 km

CHARAKTER

Die Strecke hat kaum Steigungen. Beim Start an der Fuldaquelle muss man den 9 km langen und 400-Höhenmeter-Anstieg hinauf zur Wasserkuppe schaffen. Unterwegs fährt man über gute Radwege und verkehrsarme Landstraßen. Passagen mit Schotter- oder Naturbelag sind selten.

AUSGANGSORT

Wasserkuppe bzw. im 10 km entfernten Gersfeld Bhf.

ENDPUNKT

Hann. Münden; zurück mindestens 5 Std. mit dem Zug.

WEGMARKIERUNG

Grüner Schriftzug »R1« auf weißem Grund und das Wappen Hessens.

E-BIKE

Radler, die in Gersfeld starten, können die Tour ohne E-Bike fahren. Infos zu E-Bikes über www.nordhessen.de.

INFORMATION

www.fuldaradweg.de; www.rhoen.de; www.mittleres-fuldatal.nordhessen.de; www.nordhessen.de; www.hessen-tourismus.de; www.radroutenplaner.hessen.de

Die 208 Kilometer lange Genussreise durch Deutschlands Mitte ist geprägt von grünen Flusslandschaften, romantischen Fachwerkstädten und gut ausgebauten Radwegen. Erleben Sie die Barockstadt Fulda, tauchen Sie ins Kulturgeschehen von Kassel ein und erfahren Sie, dass der Fuldaradweg beginnt, wie er endet: mit einem Gedicht.

Von der Wasserkuppe nach Bad Hersfeld – 87 km Die **Wasserkuppe** ist mit 950 Metern der höchste Punkt der Rhön. »Wiege des Segelflugs« nennen die Einheimischen das beliebte Ausflugsziel. Wie der Name des Berges verrät, entspringen hier mehrere Wasserläufe. An der Flanke des Plateaus weckt eine Metallplatte die Neugierde des Betrachters. »Hier halte Rast! Dich labt die Quelle der Fulda, die mit klarer Welle den Berggruss rauschend trägt einher, sie wächst zur Werra hingezogen, zum deutschen Strom und senkt die Wogen als Weser schiffsbelebt ins Meer.« Diese Zeilen schicken Radfahrer auf den 200 Kilometer langen Weg durch Hessen. Der Blick schweift über sanfte, mit Wiesen überzogene Hügelketten, verliert sich am Horizont in tief eingeschnittenen Tälern. Die Tour startet mit einer Abfahrt hinunter nach **Gersfeld**. In der »heimlichen Hauptstadt der Rhön« kann man in die Barockkirche gehen, das Barockschloss anschauen und durch den Wildpark im Ehrengrund spazieren. Im Dreiländereck von Bayern, Hessen und Thüringen liegt das »Land der offenen Fernen«. Basaltkuppen, Hochmoorflächen und Borstgraswiesen prägen das Mittelgebirge Rhön. Die Räder surren durch ein bewaldetes Längstal.

Eine Stunde später führt ein Abstecher zum Schloss Fasanerie. Der im 18. Jahrhundert unter der Leitung des Baumeisters Andreas Gallasini errichtete Prachtbau gilt als Hessens schönstes Barockschloss. Auf der Erkundungstour durch die altehrwürdigen Mauern gibt es kostbare Schätze zu entdecken: so die Porzellan- und Antikensammlungen und hochwertiges Kunsthandwerk. Hinter der ehemaligen Propstei Johannesberg weitet sich das Tal zu einem Becken, das die Bischofsstadt **Fulda** komplett einnimmt. Von Weitem erblicken wir die 65 Meter aufragenden Doppeltürme des Doms St. Salvator. Die Grabeskirche des heiligen Bonifatius, des Apostels der Deutschen, wurde im August 1712 geweiht und ist ein beliebtes Ziel für Pilger. Ebenfalls sehenswert sind das Dommuseum, die romanische Michaelskirche (818–822 erbaut), die Orangerie sowie das Stadtschloss. Die folgenden 22 Kilometer laufen zusammen mit dem BahnRadweg Hessen durch eine von sanft ansteigenden Wäldern gesäumte Senke. Wir kommen nach **Bad Hersfeld**.

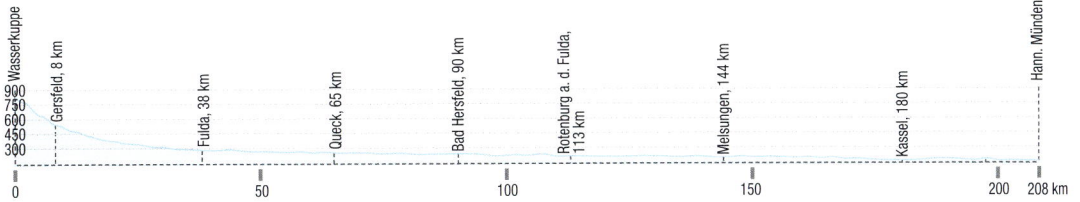

Von Bad Hersfeld nach Melsungen – 51 km   Bad Hersfeld verdankt seine Entstehung dem im Jahre 769 gegründeten Benediktinerkloster Hersfeld. Aus ihm ging die größte romanische Basilika nördlich der Alpen hervor. 1761 fiel die Stiftskirche einer Feuersbrunst zum Opfer. Die Ruine dient heute als Bühne für die Bad Hersfelder Festspiele. Erhalten geblieben ist der einzeln stehende Katharinenturm, in dem die älteste Glocke Deutschlands aus dem Jahre 1038 hängt. 200 Meter entfernt schlendert

Die Stiftskirche von Bad Hersfeld ist seit 1761 eine Ruine, in der heutzutage Festspiele ausgetragen werden.

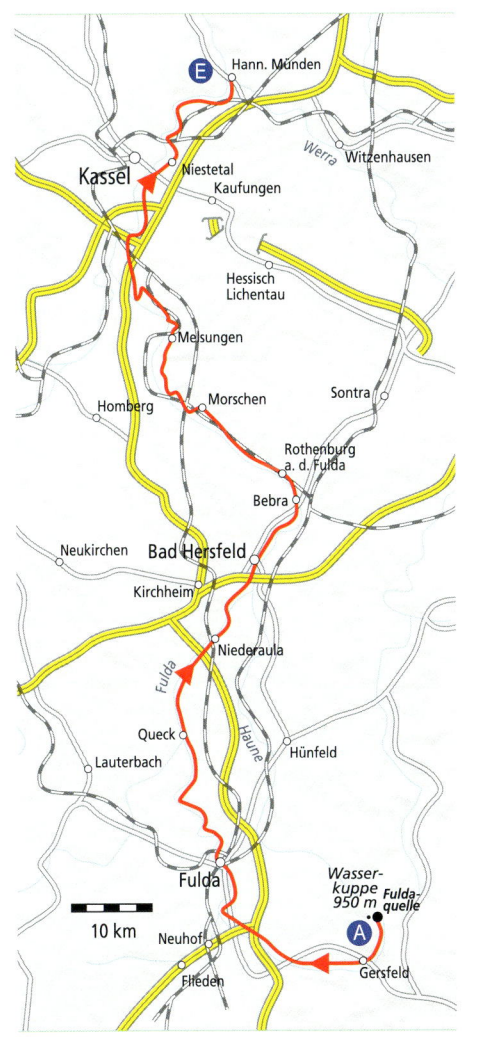

man durch den »Park der Jahreszeiten«. Ringsum gruppieren sich die Stadthalle, das Kurhaus und die Kurbad Therme. Wir folgen wieder dem Wasserlauf und erspähen unser nächstes Ziel: **Rothenburg an der Fulda**. Vom Radweg aus kann man eine prächtige Fachwerkzeile bewundern. Der Fluss und die dicht bewaldeten Höhenzüge des Hessischen Berglandes rahmen sie malerisch ein. Elf lebensgroße Bronzefiguren schmücken die Altstadt aus. Die Skulpturen stellen Alltagssituationen aus dem bürgerlichen Leben dar.

Links: Mit der Fahrradseilbahn kann man seit 2009 zwischen Malsfeld und Morschen über die Fulda schweben.

Mitte: In Hann. Münden vereinigen sich die Flüsse Fulda und Werra zur Weser.

Kurz hinter dem Dorf Binsförth stehen wir vor der originellsten Attraktion des Fuldaradwegs: der ersten Fahrradseilbahn Deutschlands. Die Anlage ist seit Mai 2009 in Betrieb. In dem Metallkorb finden zwei beladene Reisefahrräder Platz. Als Antrieb dient eine Handkurbel. Nach der heiteren »Überfahrt« ruhen die Arme. Die Beine müssen wieder ran, haben nur noch wenige Kurbelumdrehungen bis **Melsungen** vor sich. Hier lohnt es, zu Fuß durch das Fachwerkensemble zu bummeln. Ein Schmuckstück ist das 1562/68 nach einem Großbrand errichtete Rathaus. Es überrascht mit einer rot-weißen Fachwerkfassade, vier Ecktürmen und einer großen Bartenwetzerfigur. Im Mittleren Fuldatal bezeichnete man früher die Holzfäller als Bartenwetzer. Bevor die Männer zum Holzschlagen in den Wald zogen, trafen sie sich jeden Morgen auf der Bartenwetzerbrücke (1595–96). An dem Bau, der sich mit sechs Rundbögen über die Flussniederung spannt, wetzten sie im Sandstein ihre Barten.

Von Melsungen nach Hann. Münden – 70 km   36 Kilometer entfernt ist mit **Kassel** die Hauptstadt der Märchenstraße erreicht. Die Gebrüder Grimm verbrachten hier 30 Jahre ihres Lebens. In der Stadt trugen sie die weltberühmte Märchensammlung zusammen und begannen mit den Arbeiten am Deutschen Wörterbuch. Kassel hält die Erinnerung an die Sprachwissenschaftler und Volkskundler wach: Da ist das seit

2008 inszenierte Brüder Grimm Festival. Da ist das Grimm-Denkmal vor dem ehemaligen Wohnhaus. Und da ist die im September 2015 auf dem Weinberg errichtete GRIMMWELT. Der Bau sieht aus wie eine Treppe für Riesen. Große und kleine Kinder lassen sich von 25 Begriffen aus dem Deutschen Wörterbuch durch die Ausstellung leiten. Der kostbarste Schatz ist das Grimmsche Handexemplar der Kinder- und Hausmärchen von 1812/1815. 2005 ernannte es die UNESCO zum Weltdokumentenerbe. Im Vorwort der Erstausgabe steht: »Alles ist mit wenigen Aus-

nahmen fast nur in Hessen und den Main- und Kinziggegenden in der Grafschaft Hanau, wo wir her sind, nach mündlicher Ueberlieferung gesammelt.« Wer in Kassel der Wilhelmshöher Allee bis zu ihrem Ende folgt, trifft mit dem Bergpark Wilhelmshöhe auf das zweite Welterbe. Das Wahrzeichen der Stadt, der Herkules, wacht über den größten Bergpark Europas. Die barocke Anlage mit dem Schloss Wilhelmshöhe, der künstlichen Ruine Löwenburg und den faszinierenden Wasserspielen entstand zu Beginn des 18. Jahrhunderts. Bis 1866 diente es den Landgrafen, Kurfürsten, Königen und Kaisern als Sommerresidenz.

Im Finale folgen wir entspannt den Flussschleifen. Rechts und links ziehen Fachwerkdörfer vorbei. Doch das herrlichste Juwel liegt noch vor uns: **Hann. Münden**, das Reiseziel. Im Herzen des Gassengewirrs zieht das im Stil der Weserrenaissance errichtete Rathaus die Blicke magisch an. Die Dreiflüssestadt, im Weserbergland gelegen, ist einer der zentralsten Radwegknotenpunkte des Landes. Fulda- und Werratalradler lassen hier in Hann. Münden ihre Erlebnisse Revue passieren. Reisende, die den Weserradweg oder den Weser-Harz-Heide-Radfernweg unter die Räder nehmen wollen, fahren zum Weserstein. Dort steht der berühmte Vers geschrieben: »Wo Werra sich und Fulda küssen/Sie ihre Namen büßen müssen/Und hier entsteht durch diesen Kuss/Deutsch bis zum Meer der Weser Fluss. – Hann. Münden, d. 31. Juli 1899.«

Der Dom St. Salvator in Fulda hat eine Länge von 99 Metern und eine Kuppelhöhe von 39 Metern.

41

Radrundweg Main zur Rhön

Ach, wie schön!

mittel   266 km

CHARAKTER
Entlang der Flüsse Fränkische Saale und Sinn radelt man genussvoll voran. Im mittleren Abschnitt verlangt die bergige Rhön einiges ab.

AUSGANGSORT
Gemünden am Main Bhf.

ENDPUNKT
Gemünden am Main Bhf. sowie viele Haltestellen an der Strecke.

WEGMARKIERUNG
Grün-weiße Radwegschilder mitsamt Ortsangaben in beiden Richtungen.

E-BIKE
Im Mittelteil der Strecke muss man eine lange Steigung bewältigen. Dort hilft eine Trittunterstützung; Infos über www.vom-main-zur-rhoen.de.

INFORMATION
Rhön GmbH – Gesellschaft für Tourismus und Markenmanagement, Rhönstraße 97, 97772 Wildflecken-Oberbach, Tel. 09749/930 08 00, www.rhoen.de, www.vom-main-zur-rhoen.de; Bayern Tourismus Marketing GmbH, Arabellastr. 17, 81925 München, Tel. 089/212 39 70, www.bayern.by und www.bayerninfo.de/rad

Die Ruhe ist im Spessart und der Rhön allgegenwärtig. Beide Mittelgebirge stehen für sanft gewellte Kuppen, Wiesen und Wälder – ideal für eine Mehrtagestour mit dem Fahrrad. Reisende machen in adretten Kurorten Station, freuen sich auf Burgen und Schlösser. Ein Rundkurs durch das ländliche Unterfranken.

Von Gemünden am Main nach Bad Neustadt – 86 km   Bevor man in den Sattel klettert, lohnt ein Spaziergang durch die Dreiflüssestadt **Gemünden am Main**. Besucher werfen einen Blick in die Pfarrkirche St. Peter und Paul, inspizieren das Huttenschloss und erklimmen den Hügel hinauf zur Ruine Scherenburg. Die Mauerreste der im 13. Jahrhundert erbauten Be-

Der Erholungsort Fladungen ist die nördlichste Stadt in Unterfranken und liegt in einer Höhe von 414 Metern.

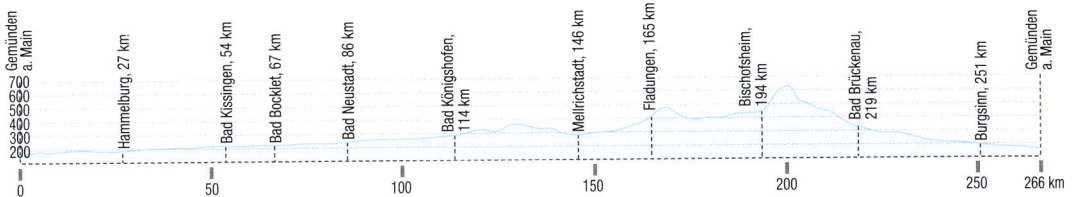

festigung dienen heute als stilvolle Kulisse für die Scherenburgfestspiele. Wir schwenken den Lenker gen Osten, in Richtung Rhön. Leicht ansteigend folgt der vorbildlich ausgebaute Radweg den Talschleifen der Fränkischen Saale. Zu beiden Seiten drängt der dunkelgrüne Wald an den Fluss heran. Dazwischen liegen Streuobstwiesen. Wolfsmünster, Gräfendorf und Diebach sind die Stationen auf dem Weg nach **Hammelburg**. Im Januar 777 schenkte Karl der Große dem Kloster Fulda das Königsgut Hammelburg. In der Schenkungsurkunde findet man Hinweise auf die ersten Weinberge im Fränkischen. Somit nennt sich Hammelburg die »älteste Weinstadt Frankens«. Deutlich jünger ist das über dem Tal thronende Schloss Saaleck, in dem neben dem Weingut ein Hotel residiert. Die Route biegt in die Altstadt ab und überquert den kleinen Marktplatz mit dem historischen Rathaus.

Felder, Dörfer, dazu von Burgen gekrönte Hügel bilden den Rahmen für die Fahrt ins Zentrum von **Bad Kissingen**. Seit dem Jahr 823 sprudeln hier sieben Heilquellen. Da ist es wenig verwunderlich, dass sich im ausgehenden Mittelalter der Ruf der Stadt als erstklassiger Kur- und Heilort festigte. Im 19. Jahrhundert ließ Ludwig I. von Bayern Kissingen gezielt zu einem mondänen Badeort ausbauen, den man heute unter dem Titel »Bayerisches Staatsbad« umwirbt. Nicht nur europäische Monarchen wie der Zar von Russland Alexander II., Elisabeth von Österreich, ihr Gemahl Franz Joseph I., der Kaiser von Österreich, oder Ludwig II. von Bayern entspannten am Südrand der Rhön. Auch Persönlichkeiten wie Leo Tolstoi, Theodor Fontane und Otto von Bismarck schätzten das Flair des »Weltbads«.

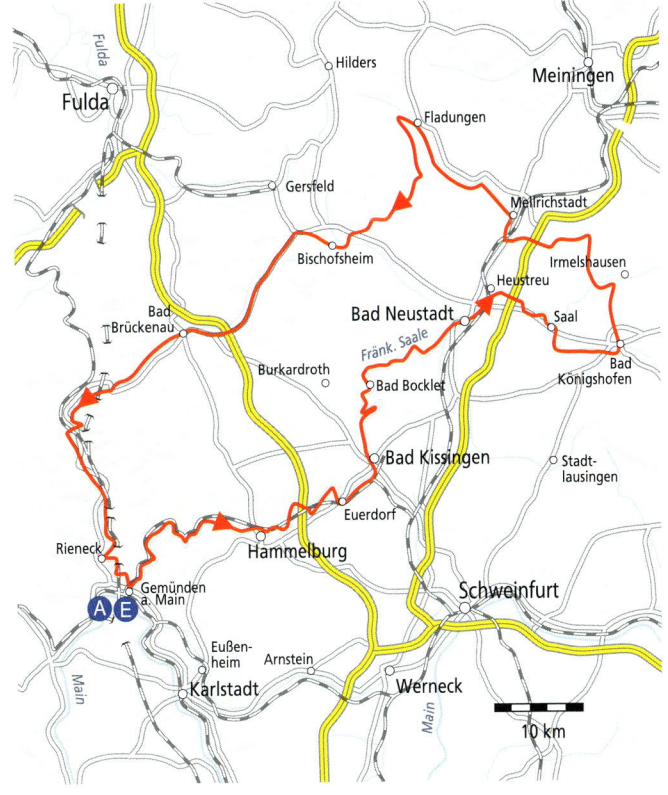

Von Bad Neustadt nach Fladungen –
79 km Fasziniert durchradeln wir den Kurpark und passieren die Wandel- und Brunnenhalle. Flussaufwärts geht es über Aschach mit seinem idyllisch gelegenen Schloss und den drei darin untergebrachten Mu-

seen nach Bad Bocklet hinein. Die Balthasar-Neumann-Quelle ist der Garant für den Kurbetrieb. Wegen des hohen Eisengehalts nennt man sie Stahlquelle. Keine 20 Kilometer entfernt erreichen wir **Bad Neustadt** – die dritte Erholungsoase im Bunde. Auf einem Höhenrücken bewacht die Burg Salzburg seit über 800 Jahren den Salzgau um Neustadt. Die etwa einen Hektar große mittelalterliche Burganlage ist eindrucksvoll: Ringsum ragt ein 450 Meter langer Mauerring auf. Es gibt einen quadratischen Tor-Bergfried, dazu viele Wohnbauten. Der Wald weicht zurück, macht Platz für Felder und Wiesen. Bad Königshofen kann bei Gästen mit dem ersten Heilwassersee Deutschlands punkten. Das naturbelassene, 30 Grad Celsius warme Quellwasser der Heilquellen Urbani und Regius gilt als außerordentlich gesund und ist ein Publikumsmagnet.

Die Route wird welliger und führt nach einem kurzen Ausflug durch Thüringen ins 50 Kilometer entfernte Fladungen. Wer die nördlichste Stadt Bayerns erreicht, erkennt sofort, warum man die Rhön »Land der offenen Fernen« nennt. Rings um das Obere Streutal erstrecken sich blumenübersäte Matten und Weiden. Sie konkurrieren mit den sanft gerundeten Bergen und Kuppen um das schönste Fotomotiv. Das Freilandmuseum **Fladungen** vermittelt anschaulich, wie es in Franken zu früheren Zeiten aussah. Die Sammlung ist in die Landstriche Spessart-Rhön und Grabfeld-Haßberge unterteilt. Es beherbergt komplett erhaltene Hofstellen, Mühlen, eine Dorfschule, ein Brauhaus, eine Schäferei – ja sogar eine kleine Kirche. Neben dem 12 Hektar großen Museumsgelände liegt der Bahnhof des Rhön-Zügles. Jetzt stellt sich die Frage. Mit dem nostalgischen Dampfzug nach Mellrichstadt tuckern? Oder den Besuch im Museumswirtshaus Zum Schwarzen Adler ausklingen lassen?

Von Fladungen nach Gemünden – 101 km Auch die Weiterfahrt lohnt. Der Weg steigt deutlich an, eine fantastische Fernsicht entschädigt uns für die Mühen. Haben Sie ein Stündchen Zeit? Dann nichts wie nach Oberelsbach in die Verwaltungsstelle

des UNESCO-Biosphärenreservats Rhön. Wussten Sie, dass die Schutzfläche seit 2014 ein Sternenpark ist? Das dünn besiedelte Mittelgebirge erstreckt sich über die Länder Hessen, Thüringen und Bayern. Nicht eine Großstadt stört die natürliche Nachtlandschaft. Ein ermüdendes Auf und Ab führt uns ins Zentrum von **Bischofsheim**. Der von einer gut erhaltenen Stadtmauer eingefasste Ort ist gesegnet mit einer idyllischen Lage am Fuß des 938 Meter hohen Kreuzbergs. Die in der Form des sogenannten fränkischen Rundlings angelegte Stadt wurde im 13. Jahrhundert erstmals urkundlich erwähnt. Aus jenen Tagen stammt das Wahrzeichen von Bischofsheim, der 26 Meter aufragende Zentturm. Anschließend klettert der Weg stetig bergan, überwindet auf sieben Kilometern 250 Höhenmeter.

Nachdem bei 650 Metern der höchste Punkt der Reise bezwungen ist, brausen die Räder nach Bad Brückenau hinunter. In dem geschichtsreichen Staatsbad wandelt man auf den Spuren des Bayernkönigs Ludwig I. Zwischen 1818 und 1862 verweilte er 26 Mal am Ufer des Flusses Sinn. Die historischen Gebäude und die ansehnliche Parkanlage laden noch heute zum Flanieren ein. Im Jugendstilgebäude der Villa Füglein ist das deutsche Fahrradmuseum untergebracht. Die umfassende Ausstellung erzählt anhand von 230 Exemplaren die Geschichte des Gefährts von den Anfängen um 1817 bis in die Gegenwart. Das Gefälle flacht langsam ab. Dennoch geht es flott durch das Sinntal, an dessen Flanken der dichte Mischwald des Spessarts emporklettert. Orte kommen und gehen. Sie tragen Namen wie Obersinn, Mittelsinn, Burgsinn. Eine halbe Stunde entfernt rückt über dem Talgrund eine Ritterburg ins Bild. **Rieneck** ist erreicht. Das in Fachwerkbauweise errichtete Rathaus bildet zusammen mit der Kirche St. Johannes den Kern der Altstadt. Anschließend genießt man die finalen Kilometer, bis sich der spannende Rundkurs in Gemünden schließt. Im Kopf nehmen wir die Eindrücke der Reise mit nach Hause: Wälder, Wiesen, Burgen, Kurorte und zu allem die wohltuende Stille zwischen Main und Rhön.

Mitte: Das Fränkische Freilandmuseum Fladungen erinnert an vergangene Zeiten.

Rechts: Die Kirchenburg Ostheim ist eine der größten und besterhaltenen Kirchenburgen in Deutschland.

42 Werratalradweg

Vom Rennsteig bis zum Weser-Kuss

mittel 305 km

CHARAKTER
Der Werratalradweg ist eine ruhige Tour, anfangs mit einigen Steigungen, später flach. Die Route verläuft meist auf nicht immer asphaltierten Radwegen.

AUSGANGSORT
Neuhaus am Rennweg Bhf.

ENDPUNKT
Hann. Münden; zurück mindestens 6 Std. mit dem Zug.

WEGMARKIERUNG
Das Werratal-Logo mit Fahrrad sowie Richtungspfeil.

E-BIKE
Infos zu E-Bikes über www.werratal.de und www.fahrradverleih-in-thueringen.de.

INFORMATION
Werratal Touristik e. V., Kirchplatz 2, 36433 Bad Salzungen, Tel. 03695/ 86 14 59, www.werratal.de; Thüringer Tourismus GmbH, Willy-Brandt-Platz 1, 99084 Erfurt, Tel. 0361/374 20, www.thueringen-tourismus.de und www.radroutenplaner.thueringen.de; HA Hessen Agentur GmbH, Tourismus- und Kongressmarketing, Konradinerallee 9, 65189 Wiesbaden, Tel. 0611/950 17 81 91, www.hessen-tourismus.de und www.radroutenplaner.hessen.de

Der Werratalradweg ist eine stille Erlebnisfahrt. Sie führt vom Rennsteig durch eine der beschaulichsten Flusstäler Deutschlands. Die 300 Kilometer lange Reise ist gespickt mit Burgen und Fachwerkstädten. Unterwegs erfährt man, was Nazigold mit Kunstwerken von Rembrandt, Dürer und der Büste von Nofretete verbindet.

Von Neuhaus am Rennweg nach Meiningen – 86 km Zwei Quellen speisen die Werra. Beide bieten sich als Startpunkt an. Einer der Bäche sprudelt bei Fehrenbach aus dem Untergrund. Knapp sieben Kilometer südöstlich stößt man in der Nähe von Siegmundsburg auf die andere Quelle. Die bequemste Variante beginnt am Bahnhof von **Neuhaus am Rennweg** auf einer Höhe von 830 Metern. Das Ortsbild wird von der schieferverkleideten Holzkirche beherrscht, die im Jahr 1892 geweiht

Paddler kommen auf der Werra voll auf ihre Kosten.

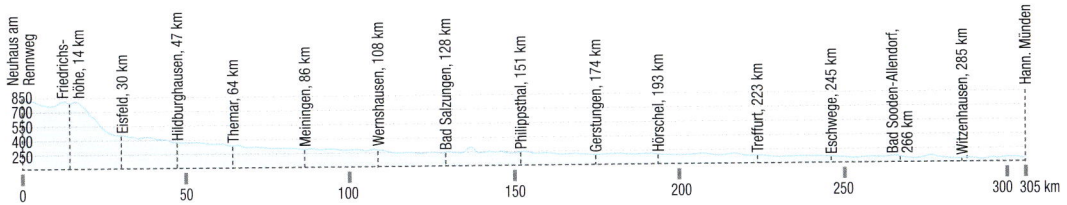

wurde. Die 7000-Einwohner-Kleinstadt liegt im Osten des Naturparks Thüringer Wald. Dieses »grüne Herz Deutschlands« umfasst eine Fläche von 208 200 Hektar. Bis zu 982 Meter ragen die Höhenzüge des Kammgebirges auf. Bei Sachsenhausen verschmelzen die zwei Bächlein zur Werra und rauschen mit vereinter Kraft Eisfeld entgegen. Im Geburtsort des Schriftstellers Otto Ludwig lohnt es, einen Blick in das gleichnamige Museum zu werfen. Die Ausstellung ist im Schloss Eisfeld untergebracht. Auf dem Weg Richtung **Hildburghausen** unterbrechen kurze Gegenanstiege die Talabfahrt. Es geht durch verschlafene Siedlungen und Streuobstwiesen. Die einstige Ackerbürgerstadt erblühte unter den Herzögen von Sachsen-Hildburghausen, die hier von 1680 bis 1826 residierten. Heute ist der Ort vor allem durch Joseph Meyer bekannt, den Vater des Meyers Konversations-Lexikons.

An der Mündung des Flusses Schleuse stoßen wir auf das Kloster Veßra. 1939 brannte die Klosterkirche St. Marien aus und ist seither eine Ruine. Ringsum drängen sich Fachwerkbauten aneinander, die zu einem 1975 eröffneten Freilichtmuseum

gehören. Auf dem Gelände geben eine Wassermühle aus dem 17. Jahrhundert, ein Dorfbrauhaus und mehrere Scheunen Einblick in die Lebensweise vergangener Tage. Die Werra nimmt uns mit in die über tausendjährige Residenzstadt **Meiningen**. Sie strahlt eine bauliche Einheit aus: Breite Alleen führen in Gassen, zu Fachwerkhäusern und in Parks hinein. Ein Schmuckstück ist das ab 1682 erbaute Schloss Elisabethenburg. Der ehemalige Sitz der Herzöge von Sachsen-Meiningen behütet eine der bedeutendsten Kunstsammlungen Thüringens. Fällt das Wort Meiningen, denkt man an die Schauspielerei. Alles begann im Jahr 1776 im Riesensaal des Schlosses. Das heutige Meininger Theater entstand zwischen 1908 und 1909. Es gehört zu den traditionsreichsten Häusern Deutschlands und begründete die Theaterreform der »Meininger«.

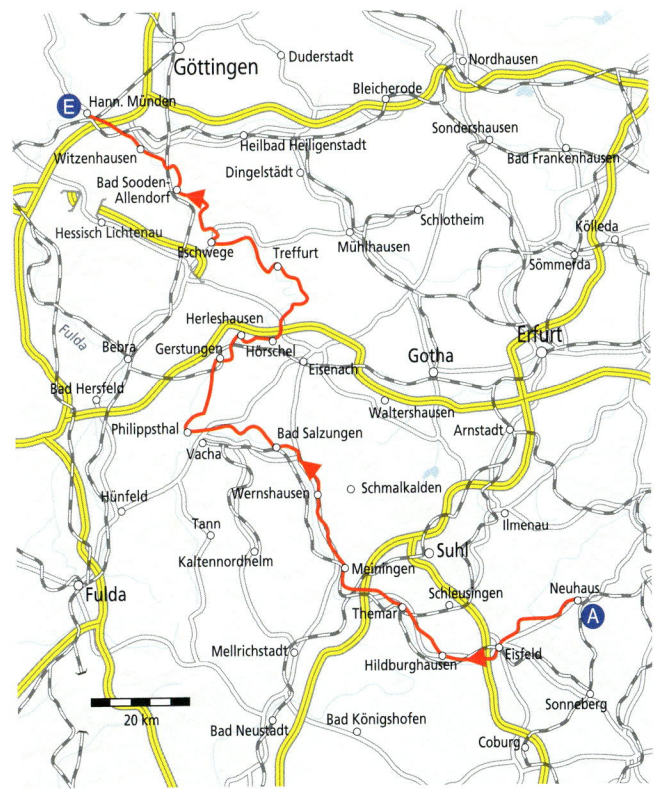

Fahrradkunst am Werratalradweg bei Wanfried.

Von Meiningen nach Hörschel – 107 km   Das nächste Ziel, die Karnevalsstadt Wasungen, ist bekannt für ihr »fränkisch-hennebergisches Fachwerk«, das zu einem stimmungsvollen Altstadtspaziergang einlädt. Seit Neuhaus haben wir 130 Kilometer zurückgelegt. Die Kurzanstiege stecken noch in den Beinen. Nach dem sportlichen Einsatz verlangen die Muskeln eine Pause. Gut, dass **Bad Salzungen** vor uns liegt. Seinen Namen verdankt Salzungen den ergiebigen Solevorkommen von bis zu 27 Prozent. Das Soleheilbad blickt auf eine über 200 Jahre alte Kurtradition zurück. Schmuckstück der historisch gewachsenen Kreisstadt ist das im Jugendstil gebaute Gradierwerk, das zusammen mit den Wandelgängen einen Innenhof mitsamt Pavillon umschließt. Im Südwesten ragen die Kuppen der Rhön auf, die man mit dem 180 Kilometer langen Rhönradweg erkunden kann.

Bad Salzungen ist gerade erst im Rücken verschwunden, da ergibt sich sogleich die Gelegenheit, das Fahrrad in die Ecke zu stellen. Dieses Mal zieht uns das Erlebnisbergwerk Merkers in die Tiefe. 1925 nahm es als weltgrößte Kalifabrik den Betrieb auf. Seit 1993 können Besucher in das stillgelegte Bergwerk einfahren. Bei der Führung taucht man in ein Labyrinth von Abbaukammern und bestaunt 500 Meter unter der Erde den für seine Akustik geschätzten Konzertsaal. Am Ende des Zweiten Weltkrieges verwandelte sich das Bergwerk in eine Schatzkammer. Die Nazis schafften aus Berlin die Gold- und Devisenbestände der Deutschen Reichsbank dorthin. Auch die Büste der Nofretete und Gemälde berühmter Meister wie Rembrandt, Dürer und Riemenschneider fanden hier einen bombensicheren Platz. In 800 Metern Tiefe steht mit der 1981 entdeckten Kristallgrotte ein weiterer Höhepunkt auf dem Programm. Interessant sind zudem die geführten Mountainbiketouren, bei denen man auf einem 15-Kilometer-Parcours die Salzstollen erkundet. In der Ferne tauchen zwei weiße Berge aus der Werraniederung auf. Bei Heringen und Philippsthal sieht man, dass die vulkanartigen Gebilde Abraumhalden des Kalibergbaus sind, der für die Versalzung der Werra verantwortlich ist. Der Monte Kali bringt es auf eine Höhe von 200 Metern über dem Talboden.

Von Hörschel nach Hann. Münden – 112 km   Am Ufer der Werra geht es durch Treffurt, Wanfried und nach **Bad Sooden-Allendorf** hinein. Der Kurort wurde vor Jahrhunderten geprägt durch den florierenden Salzhandel. Das imposante Gradierwerk und die prächtigen mittelalterlichen Fachwerkzeilen sind Zeugen dieser Zeit. Im Osten der Stadt erinnert die Gedenkstätte Schifflersgrund an die Teilung Deutschlands. Relikte aus dem Kalten Krieg bilden die Außenanlagen des Grenzmuseums. Entlang des Kolonnenwegs blieben ein 1000 Meter langer Grenzzaun, ein Kontroll-

streifen K6 und ein Beobachtungsturm BT-9 erhalten. Im Museumsbau geben Infotafeln und Exponate aus jener Epoche zusätzliche Details des Schreckens preis. Auf hessischem Boden wird der Fluss breiter, führt durch die Naturparks Meißner-Kaufunger-Wald und Münden. Beide Schutzgebiete laden mit ihren Wiesen und Forsten zu ausgedehnten Wanderungen und Radtouren ein. Es gibt einiges zu entdecken: die Grube Gustav, den Bergwildpark Meißner oder das Schloss Berlepsch.

Von hier aus radeln wir in einer Stunde ins Zentrum von **Hann. Münden**. Nordwestlich des Altstadtkerns vereint sich die Werra mit der Fulda zur Weser. Hier scheint in der Tat die Zeit stehen geblieben zu sein: 700 Fachwerkhäuser umrahmen das schmuckvolle Rathaus. Viele Gebäude tragen Verzierungen und Inschriften. Am Werra-Ufer zieht das 1570 im Stil der Weserrenaissance erbaute Schloss der Welfen die Blicke an. Hinter dem Gemäuer kann man Produkte der Mündener Fayence-Manufaktur, Wandmalereien und Funde aus dem Römerlager Hedemünden bestaunen. Die Reise auf dem Werratalradweg hat sich gelohnt. Wer möchte da nicht gleich auf dem Weser-Radweg weiterfahren?

Im Oktober zeigt sich das Werratal von seiner schönsten Seite.

Laubwälder rahmen das Werratal auf allen Seiten ein.

43 Romantische Straße

Zauberhafte Städtepracht

mittel 437 km

CHARAKTER
Der Radweg hat asphaltierte und ge-
schotterte Abschnitte und mehrere
Anstiege.

AUSGANGSORT
Füssen Bhf.

ENDPUNKT
Würzburg; zurück 4:30 Std. mit
dem Zug.

WEGMARKIERUNG
Das grün-weiße Logo des Radwegs
D 9 hat die Aufschrift »Romantische
Straße«.

E-BIKE
Eine Tour mit E-Bike macht Sinn;
Infos über www.allgaeu.de.

INFORMATION
Romantische Straße Touristik
Arbeitsgemeinschaft GbR,
Segringer Str. 19, 91550 Dinkelsbühl, Tel. 09851/55 13 87,
www.romantischestrasse.de; Bayern
Tourismus Marketing GmbH, Arabellastr. 17, 81925 München, Tel.
089/212 39 70, www.bayern.by
und www.bayerninfo.de/rad; Allgäu
GmbH, Allgäuer Straße 1, 87435
Kempten, Tel. 0831/575 37 30,
www.allgaeu.de; Tourismusverband
Bayerisch-Schwaben e. V., Schieß-
grabenstr. 14, 86150 Augsburg,
Tel. 0821/450 40 10,
www.bayerisch-schwaben.de;
Tourismusverband Franken e. V.,
Pretzfelder Straße 15, 90461 Nürnberg, Tel. 0911/94 15 10,
www.frankentourismus.de

Auf der Romantischen Straße sind Geschichte und Kultur allgegenwärtig. Entlang Deutschlands ältester Ferienstraße reihen sich zwischen den Alpen und dem Main historische Städte wie Perlen aneinander. Eine Zeitreise von Füssen nach Würzburg – über Landsberg, Augsburg, Donauwörth, Dinkelsbühl und Rothenburg.

Von Füssen nach Augsburg – 143 km Radler, die der Romantischen Straße folgen, müssen sich vorab über die Reiserichtung Gedanken machen: auf die Berge zusteuern und auf dem letzten Abschnitt das Panorama auskosten? Oder zum Main hinunterradeln? Letzteres spart immerhin 610 Höhenmeter. Wir hängen daher vor der Kulisse der Allgäuer Alpen und den Königsschlössern die Packtaschen ans Fahrrad und drehen den Lenker gen Norden. Zu Beginn setzt der Bannwaldsee mit seinen Schilfröhrichten reizvolle Akzente. Wenig später führt der Radweg ansprechend zwischen hügeligen Weiden und Waldstreifen hindurch. Die Geschichte der Wallfahrtskirche zum Gegeißelten Heiland auf der Wies nahm im Jahr 1738 ihren Lauf, als die Bäuerin Maria Lori während eines Abendgebetes Tränen in den Augen des gegeißelten Jesus sah. Die Nachricht über das Wunder verbreitete sich wie ein Lauffeuer und so kamen nach und nach immer mehr Gläubige in diesen abgelegenen Landstrich, um die Figur anzubeten. Wegen des Pilgerstroms entstand unter der Leitung der Wessobrunner Gebrüder Johann Baptist und Dominikus Zimmermann von 1745 bis 1754 ein prächtiges Rokokojuwel. Das von der UNESCO zum Kulturerbe ernannte Gotteshaus beeindruckt mit einer Langhausdecke mit den Maßen von 28 mal 18 Metern.

Von **Schongau** aus radeln wir lechabwärts. Ausgedehnte Waldstücke, Wiesen und Äcker wechseln sich auf dem Weg nach Landsberg mit idyllischen Lechstauseen ab. Die günstige Lage an einem Lechübergang und die florierende Textilfertigung ließen **Landsberg am Lech** im Lauf der Jahrhunderte zu einem begehrten Stützpunkt an der Schnittstelle zwischen Schwaben und Oberbayern werden. Die Stadt, in der einstmals schwerbeladene Fuhrwerke stoppten, ist heute eine der wichtigsten Stationen der Romantischen Straße. Sie versteht es, sich mit dem Bayertor, dem alten Rathaus und gleich mehreren Kirchen in Szene zu setzen. Gen Norden wird die Landschaft weiter, die Radroute entführt uns ins Herz von **Augsburg**. Als sich Rom anschickte, Gebiete der Alten Welt zu erobern, baute man 15 v. Chr. unter Kaiser Augustus eine Römerstraße über die Alpen. Sie verband das Mutterland mit der Hauptstadt der Provinz

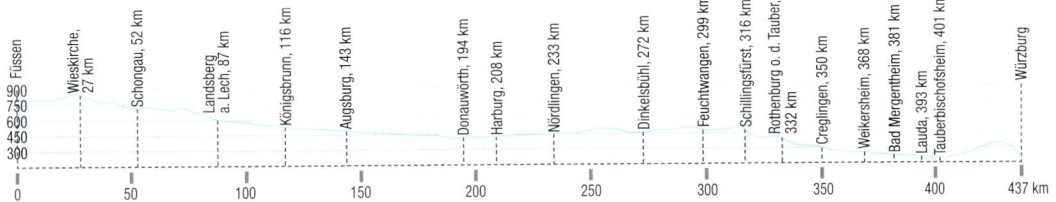

Rätien – Augusta Vindelica. Die Stadt stieg ab dem 15. Jahrhundert durch die Bank- und Metallgeschäfte der Fugger und Welser zu einer Weltstadt auf, die Reichstage abhielt. Kaiser, Könige und Päpste fanden sich ein. Damals entstanden bedeutende Renaissancebauwerke, wie das Rathaus (1615–1620) mit dem benachbarten Perlachturm. Aus der Blütezeit des Mittelalters stammt die erste Sozialsiedlung der Welt – die Fuggerei. Das Fuggereimuseum gibt Einblick in die Wohnsiedlung. Es zeigt Exponate, Text- und Bildtafeln und einen Museumsfilm.

Das Märchenschloss Neuschwanstein verzaubert Besucher aus der ganzen Welt.

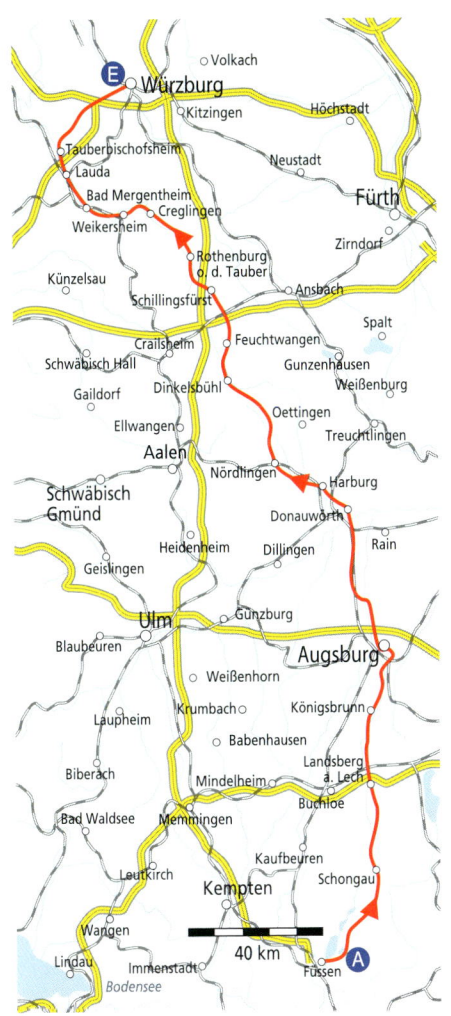

Von Augsburg nach Dinkelsbühl – 129 km Nördlich von Augsburg radeln wir durch den Naturpark Augsburg – Westliche Wälder, den mehrere Wasserläufe durchziehen. Anschließend geht es über die Donau und in die Altstadt von **Donauwörth** hinein. Vom Liebfrauenmünster durch die breite Reichsstraße bis zum Rieder Tor reiht sich ein prächtiges Giebelhaus an das andere. Auf dem nächsten Abschnitt folgt der Radweg den Windungen der Wörnitz stromaufwärts. Bei Heroldingen knickt die Tour nach Westen ab und hält auf **Nördlingen** zu. Die kreisrunde, von einer 2,6 Kilometer langen Wehrmauer umschlossene Stadt wirkt am eindrucksvollsten vom 90 Meter hohen Turm der St.-Georgs-Kirche, »Daniel« genannt. Von ihm schweift der Blick in luftiger Höhe über die roten Dächer der nordschwäbischen Kleinstadt und verliert sich am Horizont. Wer sich für Erdgeschichte interessiert, sollte das RiesKraterMuseum besuchen, das in einem mittelalterlichen Scheunengebäude aus dem Jahre 1503 untergebracht ist. Von hier aus sind es 40 Kilometer bis **Dinkelsbühl**. Die komplett ummauerte und mit vier Toren gesicherte Altstadt begeistert durch ihre prächtigen Baudenkmäler – darunter das himmelstrebende Münster St. Georg (1448–1499). Gegenüber zieren fünf Giebelhäuser die Westseite des Weinmarktes. Den ersten Platz nimmt das sogenannte »Deutsche Haus« mit seiner figurenreichen Fassade aus der Spätrenaissance ein, das zu den schönsten Fachwerkbauten Frankens gehört.

Von Dinkelsbühl nach Würzburg – 165 km Durch den Rothenburger Torturm mitsamt dem verzierten Treppengiebel verlassen wir Dinkelsbühl und strampeln wieder in Richtung Norden. Feuchtwangen, Dombühl und Schillingsfürst sind die nächsten Stopps, doch das wahre Schmuckstück der Romantischen Straße lautet … **Rothenburg ob der Tauber**. Hier schickt uns die Radwegbeschilderung unter den Bögen der massiven Spitalbastei hindurch. Ein paar Pedalumdrehungen weiter scheint die Zeit stehen geblieben zu sein: Enge Gassen mit altem Kopfsteinpflaster, historische Giebelhäuser, begehbare Wehrtürme und stilvolle Kirchen fügen sich zu einem bezaubernden Stadtbild zusammen. Die Krönung der Historienkulisse ist allerdings das in mehreren Bauphasen errichtete Rathaus mit seinem 60 Meter hohen Turm, der einen Rundumblick über die fränkische Reichsstadt und das Taubertal bietet. Der Marien-Flügelaltar in Creglingen, die Tauberrettersheimer Brücke und das Schloss Weikersheim bilden die nächsten Höhepunkte.

Im »Weinland Taubertal« rollen die Räder auf dem guten Radweg leicht voran. Auch in **Bad Mergentheim** und Tauberbischofsheim lohnt es sich, vom Rad zu steigen: hier das Deutschordensschloss, da das Kurmainzische Schloss. Die Ferienstraße verlässt in Werbach das Taubertal und führt sanft ansteigend hinauf auf die Fränkische Platte. Wir steuern durch ruhige Felder und Wiesen. Mittlerweile hat man rund 430 Kilometer durch Bayern und Baden-Württemberg in den Beinen. Doch ein letzter Höhepunkt der Reise wartet noch: **Würzburg**. Die charmante Universitätsstadt fasziniert vor allem mit ihren kunsthistorischen Highlights. Die Residenz, Balthasar Neumanns Prachtbau, lockt die Besucher unter anderem mit dem wahrscheinlich schönsten Treppenhaus und einem einzigartigen Ambiente. Von der Festung Marienberg, die das Mainfränkische Museum mit der größten Riemenschneider-Sammlung der Welt beherbergt, hat man einen herrlichen Blick auf die Stadt. Das Panorama umfasst das Ensemble von Marienkapelle, Dom St. Kilian, Neumünster, Grafeneckart und Alter Mainbrücke. Die Reise entlang der Romantischen Straße hat sich gelohnt.

Die Würzburger Residenz ist ein UNESCO-Welterbe.

44 Fünf-Flüsse-Radweg

Hier wird was geboten!

mittel   306 km

CHARAKTER
Die Strecke führt über Kies und asphaltierte Radwege und teils über Nebenstraßen. Die Topografie fordert Radler nur auf wenigen Abschnitten.

AUSGANGSORT
Nürnberg Bhf.

ENDPUNKT
Nürnberg Bhf.

WEGMARKIERUNG
Die Tour ist mit dem Schriftzug »Fünf-Flüsse-Radweg« und fünf blauen Wellensymbolen markiert.

E-BIKE
Auf der Webseite www.fuenf-fluesse-radweg.info und www.stromtreter.de sind die offiziellen Ladestationen für E-Bikes gelistet.

INFORMATION
Landkreis Amberg-Sulzbach, Schlossgraben 3, 92224 Amberg, Tel. 09621/395 94, www.fuenf-fluesse-radweg.info; Tourismusverband Ostbayern e.V., Im Gewerbepark D 02/D 04, 93059 Regensburg, Tel. 0941/58 53 90, www.ostbayern-tourismus.de; Bayern Tourismus Marketing GmbH, Arabellastr. 17, 81925 München, Tel. 089/212 39 70, www.bayern.by und www.bayerninfo.de/rad

Ordnet man Deutschlands Radregionen in einer Rangliste, so ist Bayern ganz vorne dabei. Als eine der spannendsten Mehrtagesreisen erschließt der Fünf-Flüsse-Radweg die Mitte des Bundeslandes. Die Wasserlandschaften stets im Blick, radelt man einmal im Kreis und kostet Tag für Tag die herzhafte Küche der Region.

Von Nürnberg nach Regensburg – 138 km   Nürnberg – bei diesem Namen mag der eine an Bratwürstel, Lebkuchen und den Christkindlesmarkt denken. Anderen kommt die historische Altstadt in den Sinn, die von dicken Stadtmauern mit insgesamt 80 Türmen umgeben ist. Die lebendige Geschichte der Meistersingerstadt reicht bis ins Jahr 1050 zurück. Ihr spürt man am besten auf der prächtigen Kaiserburg nach. Stolz und mächtig wacht sie über die Stadt. Das Bollwerk wurde mehrfach belagert, niedergebrannt und aus den Trümmern neu errichtet. Hier schlug das Herz Nürn-

Die Altstadt von Regensburg gehört seit 2006 zum UNESCO-Welterbe.

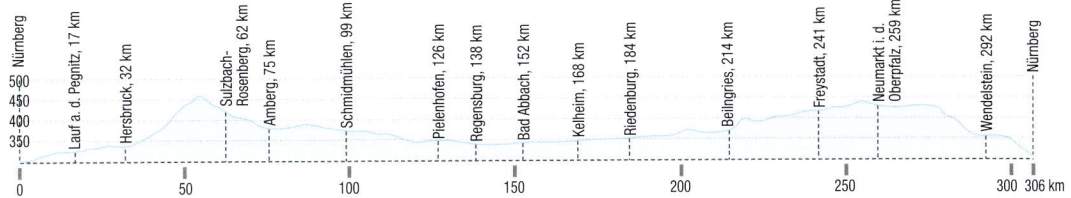

bergs. Hier lag eines der Machtzentren des Heiligen Römischen Reichs Deutscher Nation. Und hier versammelten sich zeitweise Kurfürsten, Könige und Kaiser zum Reichstag. An jene Epoche erinnert man im Germanischen Nationalmuseum. Die Sammlung umfasst über 1,3 Millionen Objekte. Die Exponate entführen den Besucher von der Vor- und Frühgeschichte bis zur Kunst und Kultur der Gegenwart.

Der Fünf-Flüsse-Radweg verlässt die Frankenmetropole entlang des Wöhrder Sees gen Osten und folgt der Pegnitz. In **Lauf an der Pegnitz** ragt mitten im Fluss das Wenzelschloss auf, eine ehemalige Kaiserresidenz. Im mittelalterlichen Stadtkern umfängt uns der Charme fränkischer Architektur. Es gibt viel zu entdecken: etwa das Alte Rathaus, die Stadtkirche und die Reste der Stadtbefestigung. Im Industriemuseum Lauf kann man den Betrieb einer Mahlmühle und eines Elektrizitätswerks bestaunen. Die historische Anlage umfasst 14 denkmalgeschützte Gebäude. Das Wasser der Pegnitz treibt bis heute die Mühle an. Mit jedem Kilometer in Richtung Fränkische Alb wird es ruhiger. Die Orte Ottensoos, **Hersbruck** und Pommelsbrunn liegen weit auseinander. Wir erklimmen einen bewaldeten Hügel und sausen hinunter ins Zentrum von **Sulzbach-Rosenberg**. Das Städtchen sitzt auf einem Felsplateau. Sehenswert sind das blütenweiße Schloss und das gotische Rathaus mit seinem verzierten Stufengiebel. Staunend rollen wir an der 2002 stillgelegten Maxhütte vorbei und strampeln über welliges Terrain nach **Amberg**. Der Fluss Vils trennt die Altstadt in zwei Hälften. Am Marktplatz präsentiert sich neben der 92 Meter hohen Hallenkirche St. Martin das mit Arkaden geschmückte Rathaus (1348). Wahrzeichen der Stadt ist jedoch der im Volksmund »Stadtbrille« genannte doppelbogige Wassertorbau, der mit einer Länge von 46 Metern die Vils überspannt.

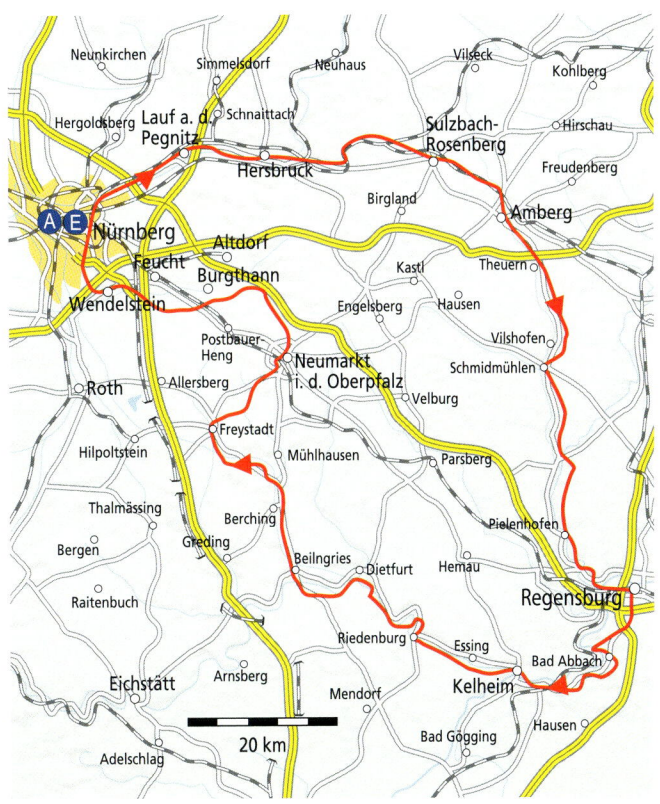

Auf dem nächsten Abschnitt nutzen wir den Vilstalradweg, der uns entspannt zum Zusammenfluss mit der Naab nach Kallmünz führt. Die »Perle des Naabtals« war Anfang des 20. Jahrhunderts eine Künstlerkolonie. Hier wirkten Wassily Kandinsky, Gabriele Münter und Josef Georg Miller. Am dritten Fluss der Reise geht die gemächliche Abfahrt durch eine liebliche Wald- und Wiesenlandschaft weiter. Unterwegs erblicken wir am Ufer das Kloster Pielenhofen, das Zisterzienserinnen 1240 gründeten. Heute wohnen hier Schwestern des Ordens der Salesianerinnen. Sie übernehmen seit 1981 die Betreuung und Erziehung der jüngsten Regensburger Domspatzen, deren Chorgeschichte über ein Jahrtausend zurückreicht. Zwölf Kilometer entfernt kommt die Stadtsilhouette von **Regensburg** mit den Türmen und Donaubrücken in Sicht.

Von Regensburg nach Beilngries – 76 km Die Hauptstadt des Regierungsbezirks Oberpfalz bewahrt sich mit den teils erhaltenen Mauerresten der Porta Praetoria ein Stück der römischen Stadtepoche. Eine Inschrift verbrieft den Bau der Festung im Jahre 179 n.Chr. unter Kaiser Marc Aurel. Rund 1000 Jahre später baute man die Steinerne Brücke, damals die einzige Donaubrücke zwischen Ulm und Wien, und dadurch Garant für den Aufstieg Regensburgs. Sie galt als Weltwunder. Wer zum Südufer der Donau hinüberspaziert, steht vor dem Dom St. Peter. Er ist das bedeutendste gotische Bauwerk Süddeutschlands und berühmt für seine kostbaren Glasfenster. Aus jener Blütezeit Regensburgs stammen die Patrizierburgen und -türme. Dazwischen führen verwinkelte Gassen zu Hinterhöfen, münden in ansprechende Plätze. Das historische Stadtbild gefiel auch der UNESCO; sie verlieh Regensburg 2006 den Titel Welterbe.

Ab Regensburg folgt die Tour ein kurzes Stück dem Donauradweg. Bei **Kelheim** schwenken wir auf die landschaftlich reizvolle Strecke des Altmühltalradwegs, den wir bis ins 46 Kilometer entfernte **Beilngries** nutzen. Dahinter begleitet der Main-Donau-Kanal die Fahrt. Die Idee, eine Verbindung von der Nordsee bis ans Schwarze Meer herzustellen, geht auf Karl den Großen zurück. Er wünschte bereits anno 793

einen Durchstich zur Altmühl und scheiterte an den Möglichkeiten jener Tage. Am heutigen 171 Kilometer langen Main-Donau-Kanal baute man 32 Jahre, bis er 1992 feierlich eingeweiht wurde. 16 Kanalstufen überwinden einen Höhenunterschied von mehr als 240 Metern. Die Erwartungen an das Frachtaufkommen erfüllte die Wasserstraße nicht. Sie zieht vor allem Personenschiffe, Radfahrer und Wanderer an. Wir folgen ihnen in das 1100 Jahre alte **Berching**. Die 9000-Einwohner-Stadt ist seit dem Mittelalter von einer Wehrmauer mit 13 Türmen und vier Toren umgeben. Sie rahmen charmante Straßenzüge ein. An den schönsten Flecken laden Cafés zu einer Verschnaufpause ein.

Von Beilngries nach Nürnberg – 92 km Der Fünf-Flüsse-Radweg verlässt den Kanal und läuft Freystadt entgegen. Reisende stoppen vor der Wallfahrtskirche Maria Hilf. Der hochbarocke Kuppelbau entstand zwischen 1700 und 1710 nach den Plänen von Giovanni Antonio Viscardi. Die Fresken im Inneren schuf Hans Georg Asam. Der Staufer Berg (512 Meter) zwingt die Radroute in die Höhe. Während der Fahrt entschädigt uns das Panorama mit Feldern und Wäldern – die Fränkische Alb ist erreicht. Die nächstgrößere Stadt am Wegesrand ist **Neumarkt in der Oberpfalz**, die uns mit einer prächtigen Altstadt wieder aus dem Sattel lockt. Das Thema Bier und Braukunst spielt in Neumarkt in der Oberpfalz eine wichtige Rolle: Hier gibt es drei Privatbrauereien. Die Geschichte des Bierbrauens erleben Gäste im Rahmen der Neumarkter »Stadt-ver-führungen«.

Wir radeln weiter. Nun führt uns der schmale, teils zugewucherte Ludwig-Donau-Main-Kanal Richtung Nordwesten. Arbeiter stellten den »Alten Kanal«, wie man hier sagt, 1846 nach einer Bauzeit von zehn Jahren fertig. Er ist der Vorgängerbau des Main-Donau-Kanals. Voraus liegt der 25000 Hektar große Nürnberger Reichswald, in dem Nadelhölzer wie Kiefer und Fichte das Bild bestimmen. Das heutige Natura-2000-Gebiet war einst ein königlicher Bannforst und überdauerte die Landgier der Siedlungen. Zurück in der Dürerstadt zeigt der Fahrradtacho mehr als 300 Kilometer an. Jeder ein Erlebnis für sich.

45 Altmühltalradweg

Reise in die Jurazeit

Der Altmühltalradweg ist eine Erlebnisfahrt in die Welt
der Fossilien und führt durch eine der sehenswertesten
Flusslandschaften Deutschlands. Die knapp 250 Kilometer lange Reise ist zudem gespickt mit Burgen und
alten Reichsstädten.

Von Rothenburg nach Gunzenhausen – 83 km   Rothenburg ob der
Tauber liegt keine 20 Kilometer vom Altmühlursprung entfernt. Besucher
der fränkischen Reichsstadt werden augenblicklich zum Zeitreisenden:
Sie flanieren über gepflasterte Gassen, über die Fachwerk- und Bürgerhäuser aus drei Jahrhunderten aufragen. Besonders stolz sind die 11 000
Einwohner auf den komplett erhaltenen Stadtkern mit dem zwischen
1572 und 1578 erbauten Rathaus und der Stadtpfarrkirche St. Jakob. Es ist
also nicht verwunderlich, dass sich hier mehrere Radfernwege kreuzen.
Wer sich die Tour an der Seite der Altmühl vorgenommen hat, schlüpft
durch die mit zahlreichen Türmen bewehrte Stadtmauer und steuert gen
Osten. Wir folgen der als Altmühlweg ausgeschilderten Route und überqueren einen mit Wiesen und Wäldern überzogenen Hügelrücken. Unterwegs passiert man den Hornauer Weiher – das Quellgebiet der Altmühl.

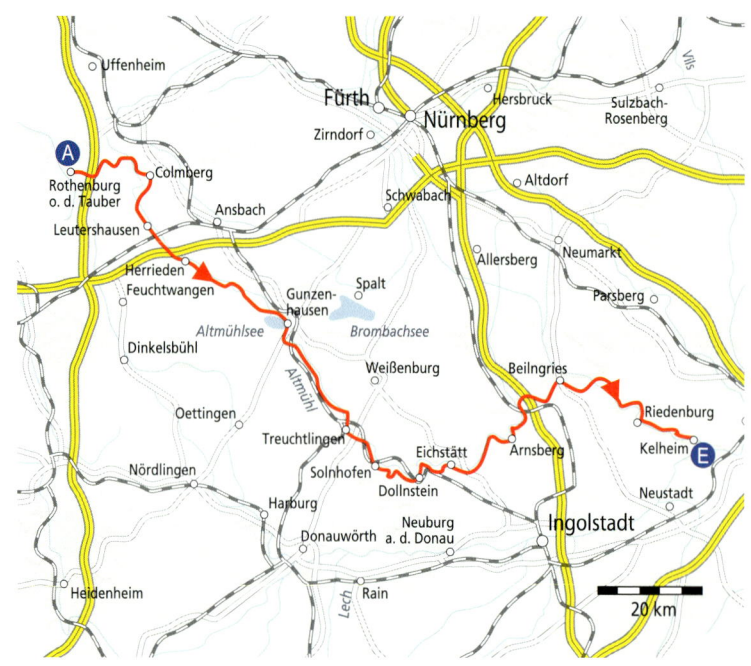

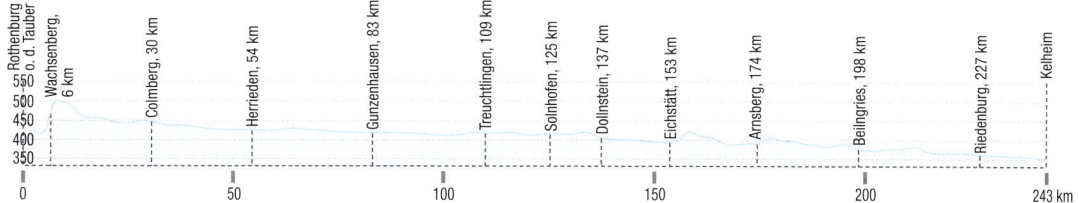

Rothenburg o. d. Tauber | Wachsenberg, 6 km | Colmberg, 30 km | Herrieden, 54 km | Gunzenhausen, 83 km | Treuchtlingen, 109 km | Solnhofen, 125 km | Dollnstein, 137 km | Eichstätt, 153 km | Arnsberg, 174 km | Beilngries, 198 km | Riedenburg, 227 km | Kelheim

Entspannte Flusskilometer führen uns nun durch den **Naturpark Frankenhöhe**. Es geht über Colmberg und Leutershausen nach **Herrieden**. Das Städtchen mutet mit dem Storchenturm und der steinernen Altmühlbrücke bereits bei der Anfahrt mittelalterlich an. Interessante Bauten sind das ehemalige Schloss und die Stiftskirche St. Vitus und Deocar. Gabriel de Gabrieli schmückte das Gotteshaus Mitte des 18. Jahrhunderts im Barockstil aus. Die beschauliche Landpartie führt den Radler durch eine offene Landschaft mit verstreut liegenden Dörfern, unter denen Ornbau mit einem ansehnlichen Ortsbild überrascht. Der vorzüglich ausgebaute Dammkronenradweg des Altmühlzuleiters geleitet uns zum 4,5 Quadratkilometer großen Altmühlsee. Er dient als Hochwasserschutz und Zwischenspeicher. Während der westliche Teil mit seinen vom Radweg gut einzusehenden Inseln als Naturschutzgebiet ausgewiesen ist, bildet die restliche Wasserlandschaft ein Naherholungsgebiet der Stadt **Gunzenhausen**.

Von Gunzenhausen nach Eichstätt – 70 km   Vor rund 1900 Jahren trennte der Obergermanisch-Raetische Limes das Römische Reich von Magna Germania – dem »freien« Germanien. Das seit dem Juli 2005 zum UNESCO-Welterbe zählende Boden-

Rothenburg ob der Tauber hat sich sein historisches Bild bewahrt.

Links: Direkt hinter Essing ragt eine steile Felswand auf.

Mitte: Die Befreiungshalle wurde im Auftrag von König Ludwig I. von Bayern erbaut.

denkmal verlief durch Gunzenhausen und war in diesem Abschnitt mit einem Kastell gesichert. Der Radweg erreicht die Grenze des Naturparks Altmühltal. Hier erinnert der Karlsgraben an eines der kühnsten Bauvorhaben des frühen Mittelalters. Kaiser Karl der Große wollte im Jahre 793 die Flusssysteme von Donau und Rhein durch einen Verbindungskanal zwischen Rezat und Altmühl dauerhaft zusammenführen. Noch heute spielt in Treuchtlingen Wasser eine große Rolle: Das 28 Grad warme Thermalwasser bringt Schwung für Geist und Körper.

Der Abschnitt bis Eichstätt ist die eindrucksvollste Passage auf unserer Reise. Hier grub sich die Altmühl durch das kalkhaltige Gestein des fränkischen Juras und ließ bizarre Felsformationen entstehen. Vor 140 Millionen Jahren herrschte in dieser Gegend subtropisches Klima, und wo sich heute der Naturpark Altmühltal ausbreitet, gab es urzeitliche Meereslagunen. Das Erbe jener Zeit kann man in **Solnhofen** bestaunen. Dort bilden zwei Originale des Urvogels Archaeopteryx die Glanzpunkte des Bürgermeister-Müller-Museums. Funde aus aller Welt stellt das Fossilien- und Steindruck-Museum in Gunzenhausen aus, und auch im Jura-Museum **Eichstätt** auf der Willibaldsburg gibt es Versteinerungen und farbenprächtige Korallen zu sehen. Dazu »lebende Fossilien« zu einem Original des Archaeopteryx und dem Fossilienstar des Naturparks, dem Raubsaurier Juravenator starki. Im Harthof, mitten im Steinbruchgebiet über Eichstätt, präsentiert das Museum Bergér weitere fossile Schätze: Versteinerungen von einer winzigen Libelle über lange, schlanke Raubfische bis zum wagenradgroßen Ammoniten.

Von Eichstätt nach Kelheim – 90 km Seit über 650 Jahren thront die Willibaldsburg – einst Sitz der Eichstätter Bischöfe – über dem Altmühltal. Die geistlichen Würdenträger sind auch für das barocke Stadtbild verantwortlich. Sie ließen Eichstätt nach dem Dreißigjährigen Krieg mit prachtvollen Bauten wie der Fürstbischöf-

lichen Residenz neu errichten. Zu den historischen Schmuckstücken zählt der drei-schiffige Dom zu Eichstätt. Sein Vorgängerbau geht auf den heiligen Willibald zurück. Die stattliche Hallenkirche birgt im Inneren den elf Meter hohen Pappen-heimer Altar. Er wurde 1489 vom Chorherrn Kaspar Marschall von Pappenheim aus Dankbarkeit für seine glückliche Rückkehr einer Pilgerfahrt nach Palästina ge-stiftet. Flussabwärts verschwindet die Altmühl hinter einem urwüchsigen Au-wald, dessen Äste sich weit über das geruhsam fließende Wasser beugen. Entspannt steuern wir den Schleifen nach, bestaunen die vorbeiziehenden Steilhänge und Wacholderheiden. Auf einem dieser Felsbalkone sitzt die Ruine von Schloss Arns-berg. Radler, die sich von dem Anstieg mit 100 Höhenmetern nicht abschrecken las-sen, werden für ihre Mühe mit einem atemberaubenden Ausblick auf den Altmühl-bogen belohnt. Auch auf den nächsten 25 Kilometern zeigt sich das Durchbruchstal von seiner romantischen Seite.

Einen Stopp sollte man in **Beilngries** einlegen. Bereits beim Näherkommen lenkt das hoch über der Stadt gelegene Schloss Hirschberg die Blicke auf sich. Gebäude mit stufenförmigen Giebelfassaden und Fachwerkhäuser prägen den historischen Orts-kern. Bei Dietfurt nimmt der Main-Donau-Kanal das Wasser der Altmühl auf und hält auf **Riedenburg** zu, das sich auf beiden Seiten der Bundeswasserstraße in die Länge zieht. Oberhalb des Ortskerns sticht Schloss Rosenburg ins Auge. Der einstige Sitz der Burggrafen von Riedenburg ist bekannt für seine fesselnden Greifvogelvor-führungen, bei denen Falken, Adler und Geier ihre Flugkünste präsentieren. Auf der Reststrecke bis **Kelheim** verzaubert uns der Anblick von Schloss Prunn. Dann ist es geschafft – wir stehen am Ufer der Donau. Wer noch voller Tatendrang steckt, der kann ein Stück auf dem Donauradweg nach Westen radeln und die Reise im Biergar-ten der ältesten Klosterbrauerei der Welt – im **Kloster Weltenburg** – mit einer kühlen Radlermaß ausklingen lassen.

Beilngries liegt im oberbayerischen Land-kreis Eichstätt.

46

Donauradweg

Pflichttour für Flussliebhaber

leicht · 587 km

CHARAKTER
Der familienfreundliche Donauradweg führt stetig bergab und weist
nur wenige Kurzanstiege auf. Die
Fernroute verläuft meist auf eigenständigen, asphaltierten Radwegen.

AUSGANGSORT
Donaueschingen Bhf.

ENDPUNKT
Passau; zurück 6 Std. mit dem Zug.

WEGMARKIERUNG
Schilder mit dem Schriftzug »Deutsche Donau« über »Donau-Radwan-
derweg«.

E-BIKE
Auf www.deutsche-donau.de und
www.stromtreter.de sind neben Rad-
verleihen auch E-Bike-Ladestellen
verzeichnet.

INFORMATION
ARGE Deutsche Donau, Neue Straße
45, 89073 Ulm, Tel. 0731/161
2814, www.deutsche-donau.de;
Tourismus Marketing GmbH Baden-Württemberg, Esslinger Str. 8,
70182 Stuttgart, Tel. 0711/23 85
80, www.tourismus-bw.de;
Bayern Tourismus Marketing GmbH,
Arabellastr. 17, 81925 München,
Tel. 089/212 39 70, www.bayern.by
und www.bayerninfo.de/rad

Der Donauradweg zählt zu Recht zu den bekanntesten und beliebtesten Radwanderwegen Europas. Erleben Sie auf den ersten knapp 600 Kilometern, wie die junge Donau zum blauen Strom anwächst und traditionsreiche Kulturlandschaften und geschichtsträchtige Städte durchfließt. Als besonderes Schmankerl gibt es schattige Biergärten und kulinarische Spezialitäten dazu.

Von Donaueschingen nach Riedlingen – 125 km Kann ein Fluss, der soeben noch munter vor sich hingezogen ist, plötzlich verschwinden? Ja, Europas zweitlängster Strom kann das! Die Stelle, an der das Wasser verschwindet, nennt man Donauversickerung. Sie liegt bei Flusskilometer 2755, die zweite Sonderbarkeit des Weges. Denn man zählt bei ihr vom Schwarzen Meer rückwärts. Radler erleben so einen Countdown. Die Donau ist anfangs ein Fließgewässer wie viele andere in Deutschland: Sie entspringt in einem Mittelgebirge und passiert auf ihrem Lauf sehenswerte Städte, die von Etappe zu Etappe größer werden. Der Fluss entsteht offiziell durch die Vereinigung von Brigach und Breg. Im Donaueschinger Schlosspark blicken zwei Marmorstatuen auf die Donauquelle. Aufmerksame Beobachter sehen, wie die »Mutter Baar« dem jungen Fluss den Weg weist. Gen Osten senkt sich die Hochfläche der Baar ab und gibt die Reiserichtung vor. Die anfangs freudig dahinströmende Donau scheint sich nicht ganz sicher zu sein, welchem Meer sie zufließen möchte, und verliert bei Immendingen plötzlich an Fahrt. Das Wasser versickert in durchlässigen Schichten

Der Innenhof des Neuburger Schlosses macht Lust auf eine Besichtigungstour.

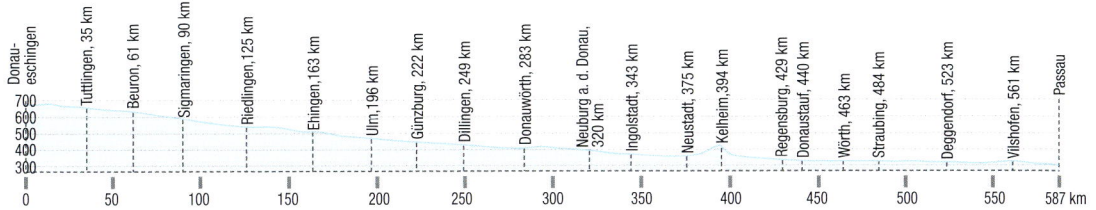

und fließt ungefähr sechs Monate lang unterirdisch zum zwölf Kilometer entfernten Aachtopf – der stärksten Quelle Deutschlands, die ihr Wasser dem Bodensee zuträgt. Sanft geschwungene Hügel, mit einem üppigen Mischwald überzogen, prägen das idyllische Landschaftsbild der ersten Stunden vorbei an **Tuttlingen** ins reizende Mühlheim. Die Geschichte des mittelalterlichen Fachwerkstädtchens, das sich auf einem Bergsporn ausbreitet, reicht bis in die Römerzeit zurück. Eindrucksvoll sind die Kirchenruine Maria Hilf auf dem Welschenberg und das Schloss der Herren von Enzberg. Wir rollen durch das letzte von einstmals vier Stadttoren. Dahinter geht es staunend ins Herz des wildromantischen Naturparks Obere Donau hinein. Hier grub sich der urzeitliche Fluss durch die Schichtstufenlandschaft der Schwäbischen Alb. Zu beiden Seiten erheben sich steile Jurafelsen über 150 Meter aus dem Talboden. Hoch oben nehmen, wie von einem Maler in Szene gesetzt, altehrwürdige Herrschersitze die Logenplätze ein. Der Radweg passiert das Kloster Beuron und erreicht **Sigmaringen**. Bereits beim Näherkommen zieht das über der Stadt errichtete Schloss Sigmaringen die Blicke auf sich. Die Prunkanlage befindet sich seit 1535 in Familienbesitz. Im Inneren lebt die Geschichte von Hohenzollern-Sigmaringen auf. Es beherbergt neben Kunstschätzen aus neun Jahrhunderten eine der größten privaten Waffensammlungen Europas.

Von Riedlingen nach Donauwörth – 158 km Das beschauliche Riedlingen erstreckt sich am nördlichen Ufer der Donau und verwöhnt seine Besucher mit einer historischen Häuserzeile aus dem 17. und 18. Jahrhundert, die sich um den Marktplatz gruppiert. Der familienfreundliche Radweg folgt den Flussschleifen durch eine lieb-

EuroVelo 6 – Fluss-Route

Als eine der ersten EuroVelo-Routen hat man die Nummer sechs beschildert. Die Tour vom Atlantik zum Schwarzen Meer bringt es auf eine Länge von 3650 Kilometern. In Frankreich folgt man folgenden Flüssen: Loire, Saône und Doubs. Im Mittelteil geht die Fahrt von Basel aus rheinaufwärts zum Bodensee. Dort schwenkt man den Lenker gen Norden und steuert die Donau an. Auf der Reise durch Baden-Württemberg und Bayern bahnt sie sich einen Weg durch Felsenlandschaften und nimmt zahlreiche Wasserläufe auf. So faszinierend die Natur hier ist, bezaubern vor allem die schmucken Städte wie Ulm, Regensburg und Passau.

liche Landschaft aus Auwiesen und Feldern. Kurz hinter Munderkingen mit seinen drei Renaissancebrunnen und mehreren Profanbauwerken zieht es uns nach Ehingen. Ihre Blütezeit erlebte die türme- und giebelreiche Stadt, als sie zwischen 1346 und 1805 zu Vorderösterreich gehörte. In jenen Tagen entstanden viele der prächtigen Bauwerke, unter denen das Ständehaus am Marktplatz hervorsticht. In den nächsten Stunden fallen die Hügel ab. Sie machen Platz für die Stadt **Ulm**. Die Donau-Doppelstadt liegt auf der Ländergrenze zwischen Baden-Württemberg und Bayern. Das Ulmer Münster war noch nicht erdacht, da durchzogen mit der Donau-Nord-Straße und der Albstraße zwei mittelalterliche Handelswege die heutige Universitätsstadt. Ende des 19. Jahrhunderts vollendete man das spätgotische Bauwerk mit seinem 161 Meter hohen Kirchturm. Turmbesteiger, die sich von den 768 Stufen nicht abschrecken lassen, genießen einen weiten Panoramablick auf das Umland. Zwei Straßen südlich wartet ein weiteres Juwel auf radelnde Gäste: das Rathaus. Berühmt ist die am Ostgiebel befestigte astronomische Uhr.

Das blaue Band taucht am Stadtrand in die verwunschenen Donau-Auen ein, die uns über **Günzburg** bis zu den Toren von Dillingen begleiten. Ein Bummel durch die ehemalige Fürstbischöfliche Residenz- und Universitätsstadt ist abwechslungsreich. In den kopfsteingepflasterten Gassen können Sie sich ins Mittelalter zurückversetzt

Vom Ufer der Donau aus genießt man schöne Ausblicke auf Regensburg.

fühlen, als hier noch Handwerker ihrem Gewerbe nachgingen. Abseits des Flusses radeln wir mitten in das Ferienland Donau-Ries. **Donauwörth** ist einer der charmanten Etappenorte. Besonders malerisch ist die Reichsstraße. Sie verband einst die Reichsstädte Nürnberg und Augsburg. Die Gebäude auf beiden Seiten sind bunt bemalt: von backsteinrot über maisgelb und mintgrün bis hin zu lavendelblau.

Von Donauwörth nach Regensburg – 146 km Die »bayerisch-schwäbische Donauperle an der Romantischen Straße« bleibt zurück. Wir machen uns auf, wie immer in Richtung Osten, und wechseln bei Neuburg über die Donau. Dort steht das von Arkaden gesäumte Neuburger Schloss seit fünf Jahrhunderten anmutig im Wasser Kopf. Der Pfalzgraf Ottheinrich ließ den mächtigen Renaissancebau als Residenz des Fürstentums Pfalz-Neuburg errichten. Es ging 1505 aus den Erbstreitigkeiten zwischen den pfälzischen und bayerischen Wittelsbachern hervor. Hinter den dicken Mauern residiert die Staatsgalerie Flämische Barockmalerei. Kunstfreunde können sich auf rund 150 Werke der bedeutendsten flämischen Meister wie Peter Paul Rubens, van Dyck, Teniers und Brueghel freuen. Wenig später schlagen die Bäume des größten Auwaldgebiets Mitteleuropas über uns zusammen. Unter den Reifen knirscht der Kies. Im Hintergrund erklingt ein vielstimmiges Vogelkonzert. Abseits des Weges breiten sich Altwässer, Stauseen und Reste von Niedermooren aus. Eisvögel lauern auf Beute, Flussregenpfeifer hüpfen über die Kiesbänke, Uferschwalben

Links: Das romantische Fischer- und Gerberviertel in Ulm

Rechts: Der 68 Meter hohe Stadtturm von Straubing ragt in der Mitte des Stadtplatzes auf.

graben ihre Bruthöhlen in die Lehmschichten. 25 Kilometer weiter und dort, wo das Grün zurückweicht, liegt die 135000-Einwohner-Stadt **Ingolstadt**, die Wiege des Bayerischen Reinheitsgebots von 1516. Mehr als 500 Baudenkmäler prägen das Bild der Altstadt. Besucher haben die Qual der Wahl: das romantische Kreuztor fotografieren? Zum Liebfrauenmünster laufen? Das Neue Schloss besichtigen oder die Festungsanlage Reduit Tilly inspizieren? Lohnend sind sie alle.

Der nächste landschaftliche Höhepunkt ist das Naturschutzgebiet Weltenburger Enge. An der Stelle, wo die Donau einen Bogen vollzieht und sich zwischen senkrechten Felswänden hindurchzwängt, schmiegt sich das Kloster Weltenburg malerisch an einen bewaldeten Hang. Die Benediktinerabtei ist die älteste klösterliche Niederlassung Bayerns (um 600) und besitzt mit der Asamkirche eine barocke Schöpfung europäischen Rangs. Der Höhenzug des Fränkischen Juras weicht langsam zurück und wir erblicken nahe der Einmündung der Altmühl die Befreiungshalle (1842–1863). Der 45 Meter hohe Rundbau wurde im Auftrag König Ludwigs I. von Bayern gebaut und erinnert mit seinen 34 Siegesgöttinnen aus weißem Marmor an die Befreiungskriege gegen den Feldherrn Napoleon. Mit vereinter Kraft fließt die Donau durch das reizvolle Tal nun Regensburg entgegen. Die Stadt ist alles in einem. UNESCO-Weltkulturerbe, Bischofssitz, Fürstensitz, Geschichtsbuch, Gassenlabyrinth. **Regensburg** ist zudem elegant, traditionell, charmant.

Von Regensburg nach Passau – 158 km Als römische Gründung tritt die am nördlichsten Punkt der Donau gelegene Stadt in das Licht der Geschichte. Die Steinerne Brücke schwingt sich mit 16 Segmentbögen hinüber zum mittelalterlichen Zentrum. Dort ist jeder Stein historisch, ob an den Patriziertürmen oder am Dom St. Peter. Touristen kommen ins Schwärmen: Sie bummeln durch die engen Gassen, biegen in die kleinen Läden ab und bevölkern die lauschigen Plätze und Cafés. Stromabwärts bauen sich linker Hand die Ausläufer des Bayerischen Waldes auf. Auf einem der bewaldeten Hügel thront mit der griechischen Säulenhalle der Walhalla eine weitere Kunstschöpfung des

Links: Die ruhige Fahrt durch den Naturpark Obere Donau ist einer der schönsten Abschnitte.

Mitte: Im Naturschutzgebiet Weltenburger Enge lohnt eine Fahrt mit dem Ausflugsschiff.

Rechts: Passau liegt am Zusammenfluss von Donau, Inn und Ilz.

bayerischen Königs Ludwig I. Die Donau durchzieht den Gäuboden – die weitläufige »Kornkammer Bayerns« – und nimmt uns mit nach **Straubing**. Vom Theresienplatz über die breite Marktstraße mit ihrem 68 Meter hohen Stadtturm bis zum Passauer Tor reiht sich eine farbenprächtige Hausfassade an die andere. Bedeutend ist das Gäubodenmuseum. Es präsentiert neben dem weltberühmten Straubinger Römerschatz Schmuck- und Waffenstücke der Bajuwaren.

Hinter Straubing setzt die Etappenfahrt zum Finale an. Das Terrain ist nun vollkommen eben. Es rollt. Man wird eins mit der Umgebung, den Feldern, dem Wald, der Donau. Dann taucht am Horizont das Ziel auf – **Passau**. Noch einmal entfaltet sich städtebaulicher Glanz. Barocke Elemente schmeicheln dem Auge, Kirchen und Festungen ragen in den Himmel. Ob ein Besuch im St.-Stephans-Dom mit der größten Domorgel der Welt, im Domschatz- und Diözesanmuseum in der neuen Bischöflichen Residenz oder ein Spaziergang zur Burganlage Veste Oberhaus – die Liste der Sehenswürdigkeiten lässt sich beliebig erweitern. In den verstrichenen Tagen haben Radler das deutsche Teilstück des Donauradwegs schätzen gelernt. Die Tour endet dort, wo sie am prächtigsten ist. Hier in Passau beginnt ein neuer Abschnitt, eine neue Reise. Ein andermal heißt es wieder Taschen ans Fahrrad klemmen, Lenker in Richtung Osten wenden. Weiter die Donau entlang nach Wien und Budapest bis zum Schwarzen Meer!

Passau – Wien

Leicht dahinrollen, abends ein Gläschen Wein oder zwei und natürlich die herzhafte Küche Österreichs – wenn es ums Genießen geht, ist die Tour von Passau nach Wien für viele die erste Wahl. In Oberösterreich besichtigt man eines der Klöster, spaziert hinauf zum Aussichtspunkt Schlögener Schlinge und bummelt durch die Gassen der Landeshauptstadt Linz. Es ist anschließend eine Wonne, durch die Wachau zu reisen: Weinreben hier, Kultur dort und dazwischen die Donau. Sie nimmt uns mit nach Wien. Ach, Wien! An kaum einem anderen Ort in Mitteleuropa prallt die Geschichte alter Adelshäuser so wuchtig auf die Moderne. Und jetzt mit einem Flusskreuzfahrtschiff zurück nach Passau schippern!

47

Isarradweg

Unterm weiß-blauen Himmel

leicht   290 km

CHARAKTER
Der Isarradweg führt auf langen Asphaltbahnen oder festen Schotterwegen meist bergab und hat nur kurze Gegenanstiege.

AUSGANGSORT
Hallerangeralm (Österreich/Tirol); die nächsten Bahnhöfe in Scharnitz und Mittenwald.

ENDPUNKT
Deggendorf; von der Isarmündung radelt man zurück nach Plattling Bhf. und in 4:30 Std. nach Mittenwald mit dem Zug, oder weiter bis Deggendorf.

WEGMARKIERUNG
Schilder mit dem grünen Schriftzug »Isarradweg«.

E-BIKE
Infos zu E-Bikes über www.alpenwelt-karwendel.de.

INFORMATION
Arbeitskreis Isarradweg, c/o Alpin Consult, Siedlerstr. 10, 83714 Miesbach, Tel. 08025/924 49 52, www.isarradweg.de; Tourismus Oberbayern München e. V., Prinzregentenstr. 89, 81675 München, Tel. 089/638 95 87 90, www.oberbayern.de; Bayern Tourismus Marketing GmbH, Arabellastr. 17, 81925 München, Tel. 089/212 39 70, www.bayern.by und www.bayerninfo.de/rad

Der Isarradweg steht bei Radlern hoch im Kurs und bezaubert durch seine Vielfalt: Hohe Felswände, Schotterbänke und Auwälder prägen den 290 Kilometer langen Reiseweg vom Karwendelgebirge zur Donau. Dazwischen laden sehenswerte Städte wie Bad Tölz, München, Freising und Landshut zu Entdeckungstouren ein.

Von der Hallerangeralm nach München – 135 km Die Isar entspringt im **Karwendelgebirge**. Ihr Wasser jagt durch das flache Bett, zerrt am Grasufer, springt über Steininseln hinweg, die in der Sonne wie Schnee leuchten. An der Seite des Baches rumpeln wir über eine für den öffentlichen Verkehr gesperrte Schotterpiste, drehen den Kopf mal hier-, mal dorthin. Ein dichter Nadelwald hat seine Wurzeln in die Flanken der Berge gekrallt. In diese Kulisse fügt sich 20 Kilometer entfernt der Ort **Mittenwald** idyllisch ein. Der Marktflecken ist bekannt als Wiege des bayeri-

Die Kirche St. Lukas begrüßt Radwanderer bei der Einfahrt nach München.

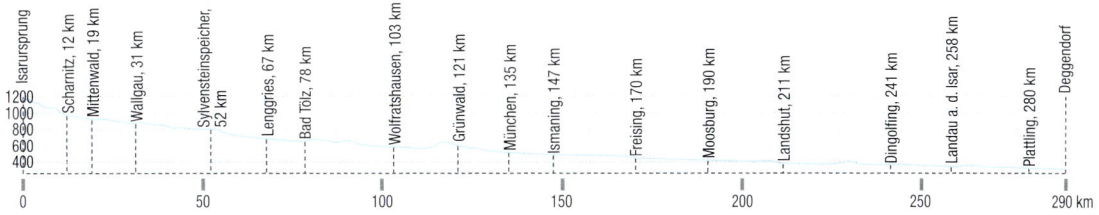

Isarursprung | Scharnitz, 12 km | Mittenwald, 19 km | Wallgau, 31 km | Sylvensteinspeicher, 52 km | Lenggries, 67 km | Bad Tölz, 78 km | Wolfratshausen, 103 km | Grünwald, 121 km | München, 135 km | Ismaning, 147 km | Freising, 170 km | Moosburg, 190 km | Landshut, 211 km | Dingolfing, 241 km | Landau a. d. Isar, 258 km | Plattling, 280 km | Deggendorf

1200 1000 800 600 400

0   50   100   150   200   250   290 km

schen Geigenbaus. Dem Erwerbszweig hat man nahe der Pfarrkirche St. Peter und Paul ein Museum gewidmet. Treppauf, treppab bewundert man rund 200 der Geigen, die man seit 1685 in Mittenwald fertigte. Die Ausstellung setzt sie mit Hör- und Riechproben und historischen Filmen in Szene. Mit dem neu gewonnenen Wissen schnaufen wir den steilen Anstieg auf die Mittenwalder Buckelwiesen hinauf. Oben angekommen, beruhigt sich der Puls zwar schnell, dafür wirbeln jetzt die Sinne wild durcheinander. Umweht von einem süßlichen Blumenduft drehen wir den Kopf von einer Seite zur anderen. Voraus stehen sie aufgereiht: rechts das schroffe Karwendel, vor uns das Estergebirge und zur Linken die markante, 2628 Meter hohe Alpspitze. Gut 50 Kilometer entfernt erwartet uns **Bad Tölz**.

Auf der Tour hinunter in den heilklimatischen Kurort reiht sich Höhepunkt an Höhepunkt: Den Anfang macht der von Bergen umrahmte Ferienort Wallgau. Dann folgen der enge Taleinschnitt der Oberen Isar und der fjordartige Sylvensteinspeichersee, schließlich eine herrliche Schussfahrt

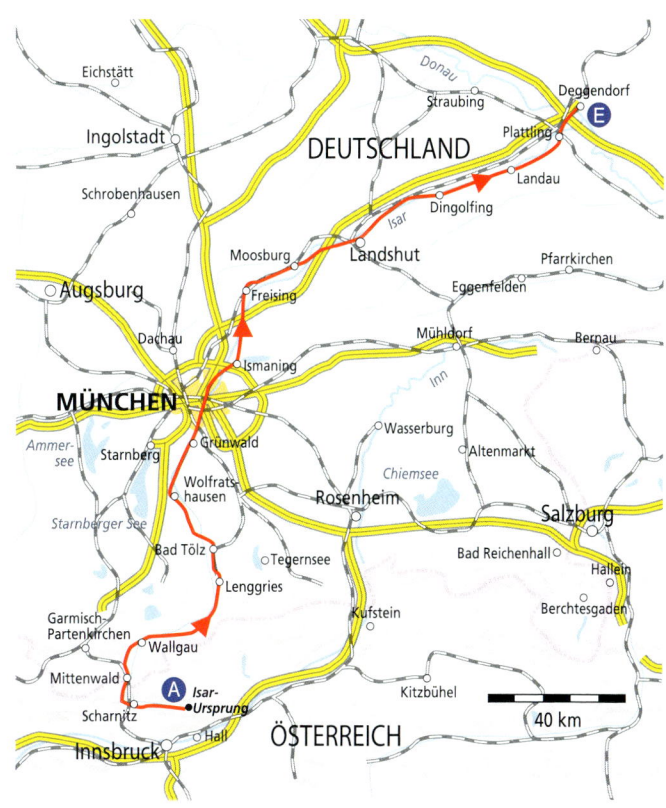

runter nach Lenggries. Anschließend schieben wir unsere Fahrräder die steile Marktstraße von Bad Tölz hinauf. Sie gehört mit ihren bilderbuchreifen Bürgerhäusern zweifelsfrei zu den schönsten Straßenzügen Bayerns. Der Reichtum geht auf die Zeit als blühende Handelsstadt zurück. Strategisch günstig am Schnittpunkt von zwei Handelsrouten gelegen, profitierte der Marktplatz lange vom Warenstrom. Zum einen verlief der Salzhandelsweg durch Tölz. Der zweite Handelsweg nutzte die Isar. Die zeitweise immense Nachfrage nach Bauholz ließ im Isarwinkel das Flößergewerbe florieren. Neben dem Rohstofftransport bereicherte sich die Stadt am großen Durst der Münchner. Da sich die Landeshauptstadt auf einer Schotterebene ohne natürliche Kühlmöglichkeiten ausbreitet, sorgten die 22 Tölzer Brauereien für steten Nachschub. Auch Radler bleiben auf der Reise entlang der Isar nie durstig, folgt unterwegs doch Biergarten auf Biergarten. Das Zackenband der Berge wird im Rücken immer kleiner. Nun lotst uns die grün-weiße Beschilderung durch die Hügelzüge des Alpenvorlands. Vorbei an Wolfratshausen geht es durch das Naherholungsgebiet Pupplinger Au. Hier darf sich die Isar noch frei entfalten. Immerzu verlagert sie ihr Bett, bildet neue Kanäle, Wasserrinnen, Schotterbänke und kleine Inseln. Ein feinkörniger Kiesweg führt uns nach **München** hinein.

Von München nach Landshut – 78 km   Der Viktualienmarkt, die Residenz, die Pinakotheken, das Oktoberfest, der Nymphenburger Schlosspark und die Allianz Arena – das alles zusammen macht den Zauber der Metropole mit ihren 1,5 Millionen Einwohnern aus. Umschlungen von zwei Isararmen erreichen wir die Museumsinsel. Dort spazieren Besucher zum Deutschen Museum, das bedeutendste und größte seiner Art. Es präsentiert rund 28000 Objekte aus rund 50 Bereichen der Naturwissenschaften und der Technik. Die Landeshauptstadt zeigt sich am Marienplatz von ihrer Schokoladenseite. Hier bildet das neugotische Rathaus mit den markanten Doppeltürmen der Frauenkirche ein harmonisches Bild, das jeder Tourist in der Kamera gespeichert mit nach Hause trägt. Uns zieht es in den Englischen Garten, in dem der Central Park von New York bequem Platz hätte. Wir stoppen am Chinesischen Turm, um den sich Dutzende Bierbänke gruppieren. Unter den Kastanienbäumen schmecken Bier und Brezen besonders gut.

Nördlich von München radelt man **Freising** entgegen. Besucher spazieren vom Domberg zum Weihenstephaner Berg. Dort residiert die Bayerische Staatsbrauerei, die älteste noch bestehende Braustätte der Welt. Nach einem Schwenk in Richtung Osten sehen wir zu, wie die Isar den Fluss Amper aufnimmt. Zu beiden Seiten drängen sich uralte Bäume dicht ans Ufer heran und neigen sich tief über das Wasser. Wir durchqueren das Naturschutzgebiet Vogelfreistätte Mittlere Isarstauseen und halten nun stromabwärts auf **Landshut** zu.

In Niederbayern führt der Isarradweg durch grüne Auenlandschaften.

Von Landshut nach Deggendorf – 77 km Im Jahr 1475 wurden die Prinzessin Hedwig von Polen und der Herzog Georg der Reiche von Bayern in Landshut vermählt. Sechs Tage trank und speiste man bei der glanzvollsten Hochzeitsfeier des Hochmittelalters, was die Lager und Keller hergaben. Sogar Kaiser Friedrich III. war anwesend. Die Stadt feiert immer noch alle vier Jahre diese Hochzeit: Ende Juni 2021 ist es wieder so weit, dann wirft sich Landshut in Schale und macht einen Zeitsprung ins Mittelalter. Von der Altstadt aus radeln wir weiter durch die Auwälder der Isar. Die Wege an ihrer Seite sind so verschlungen wie eine Breze. Nun beginnt die Ackerlandschaft des Gäubodens mit **Plattling** in der Mitte. Berühmtheit erlangte der Ort durch die »Plattlinger Walze«, einer Isar-Welle, an der man die Freestyle-Kanuweltmeisterschaft 2011 ausgetragen hat. Von hier aus sind es nur wenige Pedalumdrehungen bis zur Donau. Eine finale Überraschung wartet noch auf uns – das Naturschutzgebiet Isarmündung. Über den Köpfen schlagen die Kronen der Bäume zusammen. Unsere nächste Station ist das Infohaus. Es vermittelt auf 250 Quadratmetern Ausstellungsfläche Wissenswertes über den verwunschenen Auenwald. So erfahren wir, dass in den Feuchtwiesen, Teichen und großflächigen Röhrichten 100 gefährdete Pflanzen heimisch sind. Anschließend geht alles viel zu schnell: Wir sehen zu, wie die Isar geruhsam an zwei Inseln vorbeizieht und von der Donau lautlos geschluckt wird. Jede Etappe war spannend. Herrliche Stadtkerne, viel Geschichte, dazu der allgegenwärtige Auwald. Wie hat die Reise nochmals begonnen? Mit dem Rinnsal im Karwendel, der guten Bergluft und den bayerischen Schmankerln. Fehlt nur noch ein Biergarten.

Links: Der Biergarten am Chinesischen Turm in München ist ein beliebter Treffpunkt.

Rechts: Abseits der Städte garantiert die genussvolle Radwandertour unverbaute Blicke auf die Isar.

48 Mozart-Radweg

Da ist Musik drin!

mittel   377 km

CHARAKTER
Das Streckenprofil hat zahlreiche Steigungen und punktet durch verkehrsarme, befestigte Wege.

AUSGANGSORT
Salzburg, Rosenheim und Wasserburg Bhf.

ENDPUNKT
Salzburg Bhf.

WEGMARKIERUNG
Schilder mit Mozartkopf und dem Schriftzug »Mozart Radweg«.

E-BIKE
Ein E-Bike ist nützlich, Infos über www.salzburgerland.com und www.oberbayern.de.

INFORMATION
SalzburgerLand, Tourismus Ges.m.b.H., Wiener Bundesstraße 23, A-5300 Hallwang bei Salzburg, Tel. +43/662/668 80, www.salzburgerland.com; Berchtesgadener Land Tourismus GmbH, Maximilianstraße 9, 83471 Berchtesgaden, Tel. 08652/656 50 50, www.berchtesgadener-land.com; Chiemgau Tourismus e.V., Haslacher Str. 30, 83278 Traunstein, Tel. 0861/909 59 00, www.chiemgau-tourismus.de; www.mozartradweg.com; Bayern Tourismus Marketing GmbH, Arabellastr. 17, 81925 München, Tel. 089/212 39 70, www.bayern.by und www.bayerninfo.de/rad

Im deutsch-österreichischen Grenzland schlängelt er sich durch Hügel und Berge: der 380 Kilometer lange Mozart-Radweg. Wer hier mit dem Fahrrad unterwegs ist, erlebt abwechslungsreiche Tage. Ein Rundkurs, der das ein oder andere Geheimnis lüftet. Wer weiß schon, wo das Wunderkind das erste Mal auf einer Kirchenorgel spielte?

Von Salzburg nach Chieming – 130 km   »Das Salzburger Land ist das Herz vom Herzen Europas. Das mittlere Europa hat keinen schöneren Raum – und gerade hier musste Mozart geboren werden.« Trefflicher hätte Hugo von Hofmannsthal 1919 den Nordwesten Österreichs im Gründungsmanifest der Salzburger Festspiele nicht umschreiben können. Seine Worte machen neugierig auf den Mozart-Radweg. Die Strecke gewährt langsam Reisenden Einblicke in die Welt des kreativen, gefeierten und beklatschten Künstlers. Aber zuerst schaut man sich **Salzburg** an. Die Liste der zehn Topattraktionen ist verlockend: Da ist die Festung Hohensalzburg, darunter der Dom mit dem DomQuartier. Hier spazieren Besucher ins Haus der Natur, dort ins Museum der Moderne Mönchsberg. Für Musikfans ist all dies nur Beiwerk, schließlich sind wir in einer

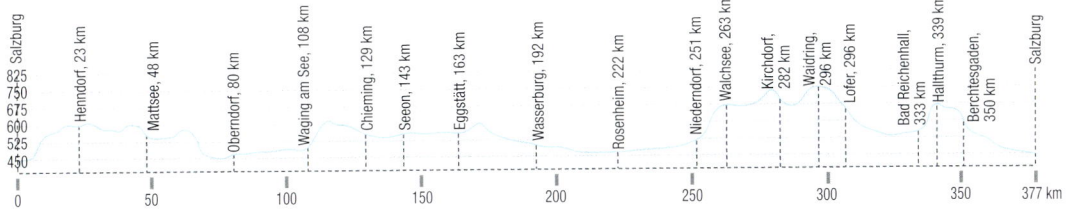

Salzburg | Henndorf, 23 km | Mattsee, 48 km | Oberndorf, 80 km | Waging am See, 108 km | Chieming, 129 km | Seeon, 143 km | Eggstätt, 163 km | Wasserburg, 192 km | Rosenheim, 222 km | Niederndorf, 251 km | Walchsee, 263 km | Kirchdorf, 282 km | Waidring, 296 km | Lofer, 296 km | Bad Reichenhall, 333 km | Hallthurm, 339 km | Berchtesgaden, 350 km | Salzburg

825 750 675 600 525 450

0   50   100   150   200   250   300   350   377 km

Mozartstadt. Touristen spüren dem Musikphänomen in den verschiedensten Arten nach: Sie besichtigen Mozarts Geburtshaus und erleben auf drei Stockwerken, mit welchen Instrumenten die Familie komponierte. Sie lassen sich die Mozartkugeln im Mund zergehen. Und sie lauschen im Mozarteum den Konzertklängen des Meisters. Auch ein Spaziergang zum Mozart-Wohnhaus am Makartplatz lohnt. 1773 bezog die Familie die großzügige Acht-Zimmer-Wohnung im ersten Stock. Hier fällt der Blick auf Gemälde, dort verzaubert das Original-Hammerklavier. Ein Raum weiter läuft ein Filmporträt in Endlosschleife.

Mit klassischen Klängen im Ohr schwingen wir uns in die Sättel, denn nach so vielen Eindrücken bietet die Passage durch das Salzkammergut eine willkommene Gelegenheit, Landluft zu schnuppern.

Auf dem Makartsteg fahren wir ans Ostufer der Salzach. Hier genießt man die schönste Aussicht auf die Stadt. 1996 nahm sie die UNESCO in die Liste des Welterbes auf. Die Festung Hohensalzburg dominiert die Silhouette. Darunter die Bürgerhäuser, der Festspielbezirk, Museen und Restaurants. Jetzt aber wartet das Salzkammergut. Dies muss man sich anfangs erkämpfen, denn der erste Anstieg steht an. An der Rückseite rücken vier Gewässer ins Bild: der Walensee, der Mattsee, der Gra-

In Salzburg kann man stundenlang durch die Altstadt ziehen.

bensee und der Obertrumer See. Die Route läuft hier teils parallel mit dem Westteil des Salzkammergut Radwegs. Im Zickzack radeln wir hügelauf, hügelab durch einen der beschaulichsten Landstriche Österreichs. Anschließend wendet sich die Tour nach Westen, die Räder rollen hinunter zur Salzach. Dort greifen wir in **Oberndorf bei Salzburg** zu den Bremsen. Hier ereignete sich am Heiligabend 1818 Sonderbares. Als die Orgel der Pfarrkirche St. Nikolaus versagte, erinnerte sich der Priester Joseph Mohr an ein Gedicht, das er zwei Jahre zuvor zu Papier gebracht hatte. Er eilte zum Dorforganisten Franz Xaver Gruber, der zu den Versen im Laufe des Tages eine Melodie komponierte. Pünktlich zur Christmette war das Lied einstudiert. Was die Gemeinde an diesem Abend zu hören bekam, wanderte in den folgenden Jahren unter dem Titel »Stille Nacht, heilige Nacht« um den Globus.

Über die gusseiserne Brücke rollen wir ins bayerische Laufen hinüber und haben mit dem Chiemgau die zweite Großlandschaft der Reise auf Mozarts Spuren erreicht. Der 25-Kilometer-Abschnitt bis Waging am See ist Radelgenuss pur: Wir steuern auf ruhigen Nebenwegen am Abtsdorfer See vorbei, stoppen im mystischen Schönramer Filz und strecken am einladenden Waginger See, über den sich im Süden eindrucksvoll die Alpen erheben, die Füße von uns. Im Bajuwarenmuseum **Waging am See** fühlt man sich in die Zeit vor 1500 Jahren zurückversetzt. Die Ausstellung präsentiert anhand von vierzehn Stationen das Leben und die Arbeitsweise des Volksstammes der Bajuwaren, die sich gegen Ende der Völkerwanderung in Altbayern, Österreich und Südtirol niederließen. Wiesen und grün bewaldete Anhöhen begleiten uns nach Chieming. Dort treffen wir das erste Mal auf den Chiemsee. Das »Bayerische Meer« ist ein Relikt der Würmeiszeit, die vor 10 000 Jahren endete. Die riesigen Gletscher begruben das nördliche Alpenvorland unter ihren Eis- und Geröllmassen. Sie

Links: Pause am Mattsee

Rechts: Flüsse, Seen und hohe Berge bestimmen das Bild im Salzburger Land.

Die Alte Saline in Bad Reichenhall kann man bei einer Führung besichtigen.

modellierten die Hügel, hobelten Täler und Seebecken aus und schufen so eine der reizvollsten Ferienlandschaften Deutschlands.

Von Chieming bis zu den Chiemgauer Alpen – 122 km Entspannt fahren wir in Ufernähe nach Norden und verlassen bei Seebruck mit seinem Römermuseum den Chiemsee. Vier Kilometer entfernt liegen die Seeoner Seen. Mittendrin sitzt das gleichnamige Kloster auf einer Halbinsel. Zu den berühmtesten Gästen zählten Joseph Haydn und Wolfgang Amadeus Mozart. Der junge Mozart hatte bei seinem ersten Besuch im Jahr 1767 erkannt, dass er hier ungestört komponieren konnte. Geblieben sind die Offertorien »Scande coeli limina« und »Internatos Mulierum«, dazu die sogenannte Mozarteiche, unter der der Musiker gerne speiste. In **Gstadt am Chiemsee** schaut man auf die lang gestreckte Kette der Chiemgauer Alpen. Der Anblick der Berge zog zu Beginn des 20. Jahrhunderts Maler wie Willibald Demmel, Hermann Gröber und Albert Stagura an, die die Stimmungen des »Bayerischen Meeres« auf der Leinwand verewigten. Von hier aus schippern Boote zur Herreninsel. An diesem malerischen Flecken setzte sich der bayerische König Ludwig II. mit dem neuen Schloss Herrenchiemsee ein Denkmal. Ludwig II. wollte auf Herrenchiemsee ein Abbild des Schlosses Versailles errichten. Die Handwerker begannen ihre Arbeiten im Mai 1878. Acht Jahre später kam König Lud-

Auf den Spuren eines Musikgenies

Der Musiker und Komponist Mozart lebte nur 35 Jahre lang, aber diese 35 Jahre reichten ihm zum Weltruhm. Wolfgang Amadeus Mozart erblickte am 27. Januar 1756 in Salzburg in der Getreidegasse Nr. 9 als siebtes Kind seiner Mutter Anna Maria das Licht der Welt. Das Musizieren war dem Wunderkind mit in die Wiege gelegt worden. Bereits im Kindesalter zogen das Wolferl und seine Schwester Nannerl zusammen mit dem Vater Leopold auf Konzertreisen durch die deutschen Lande und Westeuropa. Wolfgang Amadeus Mozart schuf unter anderem 22 Opern, 60 Symphonien und zahlreiche Klavier- und Violinkonzerte. Er starb am 5. Dezember 1791 in Wien.

wig II. auf mysteriöse Weise im Starnberger See um. Anschließend stellte man die Arbeiten ein. Der Rundgang führt in die 98 Meter lange Spiegelgalerie; sie übertrifft ihr Vorbild in Versailles sogar. Ebenfalls fertig wurden das Prunktreppenhaus, mehrere reich dekorierte Säle und das Bad.

Vom nördlichen Ufer des Chiemsees sind es 33 Kilometer bis zum Inn. Unterwegs führen ruhige Sträßchen durch grün wogende Hügelzüge. Zu beiden Seiten bilden kleine Forste zusammen mit Weiden und idyllischen Seen ein Landschaftsgemälde. **Wasserburg** markiert die nächste Station. Am Flussufer erinnern herrschaftliche Gebäude an jene Zeit, als die Innschifffahrt erblühte. Die Wände der Steinfassaden gleichen einer Festung. Wir schauen auf eine Farbsymphonie: Die Häuser leuchten in Perlmuttweiß, erstrahlen in Ockergelb, glänzen in Terrakottarot. Aus den ineinanderverschachtelten Dächern ragt der massive Viereckturm der Pfarrkirche St. Jakob heraus. Im Innern erklärte anno 1763 ein Vater seinem siebenjährigen Sohn das Orgelspiel. Das Kind rückte den Schemel weg, stand auf und trat in das Pedal, als hätte es monatelang geübt. Ehrfürchtig lauschte der Vater dem Schauspiel. Der Knabe, der hier das erste Mal auf einer Orgel spielte, wurde auf den Namen Joannes Chrysostomus Wolfgangus Theophilus Mozart getauft. Jahre später machte der Künstler auf seinen Konzertreisen im Gasthof Goldener Stern Station. Er ließ sich durch das Brucktor chauffieren, überquerte den Fluss auf der Holzbrücke und zog über die Lande in Richtung Salzburg.

Auf dem welligen Inn-Radweg geht es **Rosenheim** entgegen, wo wir die Fahrräder durch das Mittertor schieben. Reizvoll an der Einmündung der Mangfall am Inn gelegen, breitet sich Rosenheim im Angesicht des Alpenpanoramas in der Flussniederung aus. Wie andere Orte längs des Inns profitierte die heute drittgrößte Stadt Oberbayerns vom Italienhandel und erfuhr mit dem Bau einer Saline aus Bad Reichenhall im Jahr 1810 weiteren Aufschwung. Der prächtige Max-Josefs-Platz bildet den Mittelpunkt der Rosenheimer Altstadt und wird komplett von Bürgerhäusern im Inn-Salzach-Stil umrahmt. Prägend für die Bauart sind Arkaden und Laubengänge. Die Stadt bietet eine Fülle an kulturellen Einrichtungen, darunter den Lokschuppen mit wechselnden Ausstellungen zu verschiedensten Themen. Auf der Weiterfahrt folgen wir dem Dammkronenradweg entlang des Inns. Rechts der Fluss und die Bayerischen Voralpen, gegenüber die Chiemgauer Alpen.

Von den Chiemgauer Alpen nach Salzburg – 125 km

Vor den ersten Bergen drehen wir nach Osten ab und strampeln dem nächsten Anstieg hinauf. Der Kaiserwinkl und das Tiroler Strubtal bündeln in den kommenden Stunden alle Zutaten für einen gelungenen Radurlaub: hier der Walchsee, die Loferer Steinberge und das erhabene Kaisergebirge,

dort die beschaulichen Ferienorte Schwendt, Kirchdorf und Lofer. Anschließend senkt sich die Route, führt an der Seite des Saalbachs nach **Bad Reichenhall** hinein. Man bummelt über den Florianiplatz und schwebt mit der Predigtstuhlbahn in eine Höhe von 1583 Metern. Oder möchten Sie lieber in die Unterwelt eintauchen? Dann nichts wie in die Alte Saline. Für die anstehende Bergetappe können wir im prachtvollen Kurpark Kraft schöpfen. Sei es beim Wandeln durch das Gradierhaus oder in einem der vielen Liegestühle, die sich um den Solebrunnen gruppieren. Kraft braucht man auf der nächsten Etappe, denn der Mozart-Radweg steigt erneut an. Der Horizont schrumpft, die Berge schließen uns ein. Dahinter liegt das nächste Ziel – **Berchtesgaden**. Die 8000-Einwohner-Gemeinde punktet durch eine herrliche Panoramalage im äußersten Südosten Bayerns. Vor uns ragt der Watzmann in den Himmel. 2713 Meter Fels, mächtig, einschüchternd. Während die Elitebergsteiger dem Ruf des Königs Watzmann folgen, fahren Entdecker ins Erlebnisbergwerk ein. Geschichtsinteressierte besuchen die Dokumentation Obersalzberg, Romantiker schippern auf dem Königssee zur Halbinsel St. Bartholomä. Schließlich sind es noch gut 20 Kilometer, bis sich der Kreis auf den Spuren Mozarts schließt und wir in Salzburg aus dem Sattel steigen. Der Radweg ist eine runde Sache, genauso wie eine Mozartkugel. Wie dem Meister die Tour wohl gefallen hätte?

Festung Hohensalzburg

Wie ein uneinnehmbares Bollwerk sitzt die Festung Hohensalzburg auf einem bewaldeten Hügel über den Dächern der Stadt. Besucher erklimmen den steilen Serpentinenweg, lösen die FestungsCARD und öffnen hinter den mit Zinnen flankierten Mauern ein Zeitfenster. Dort verbergen sich auf insgesamt 33 000 Quadratmeter Grundfläche rund 50 Gebäude und Basteien, Türme, Tore und eine Kirche. Der Hohe Stock ist das Herzstück. Darin residiert das 2001 mit dem Österreichischen Museumspreis prämierte Festungsmuseum. Treppauf, treppab schreitet man von römischen Münzen zu alten Keramiken, von der Burgküche zur Folterkammer.

49 Innradweg

Auf leichten Wegen durch die Berge

leicht   308 km

CHARAKTER
Der Innradweg ist eine lohnende Familientour und verläuft meist über eigenständige Radwege mit teils langen Kiespassagen.

AUSGANGSORT
Innsbruck Bhf.

ENDPUNKT
Passau; zurück mindestens 4:30 Std. mit dem Zug.

WEGMARKIERUNG
Grün-weiße Routenschilder.

E-BIKE
Der Abschnitt zwischen Griesstätt und Mühldorf ist wellig. Dort sind E-Bikes sinnvoll; Infos dazu über www.innregionen.com.

INFORMATION
Marketinggruppe Innradweg, Bahnhofplatz 2, A-9020 Klagenfurt am Wörthersee, www.innregionen.com; Chiemsee-Alpenland Tourismus GmbH & Co. KG, Felden 10, 83233 Bernau a. Chiemsee, Tel. 08051/96 55 50, www.chiemsee-alpenland.de; Tirol Werbung GmbH, Maria-Theresien-Str. 55, A-6020 Innsbruck, Tel. +43/(0)512/727 20, www.tirol.at; Bayern Tourismus Marketing GmbH, Arabellastr. 17, 81925 München, Tel. 089/212 39 70, www.bayern.by und www.bayerninfo.de/rad

Sie lieben die Alpen? Haben aber keine Lust auf kraxeln? Wie wäre es mit einer Fahrt auf dem Innradweg? Wer ihn befährt, ist begeistert! Wieso? Weil er überwiegend bergab führt. Und weil ständig eine andere Stadt darauf wartet, entdeckt zu werden: Innsbruck, Rosenheim, Schärding und Passau.

Von Innsbruck nach Rosenheim – 120 km Bevor man in Passau den Bahnhof ansteuert, blickt man dem Inn wehmütig nach. Warum hat einen die Reise an seiner Seite so sehr bewegt? So sehr, dass man jeden Tag Abstecher unternommen hat, um möglichst viele Eindrücke zu sammeln. Aus Radlersicht steht der Inn im Schatten der Donau. Doch weshalb eigentlich? Auf seinen 517 Kilometern verändert der Fluss ständig das Aussehen. Er ist mal unbändig, dann wieder lieblich wie in einem Heimatfilm. Mit einem Einzugsgebiet von 26 000 Quadratkilometern, etwa so

In Stans lädt die Wolfsklamm zu einer beeindruckenden Wanderung ein.

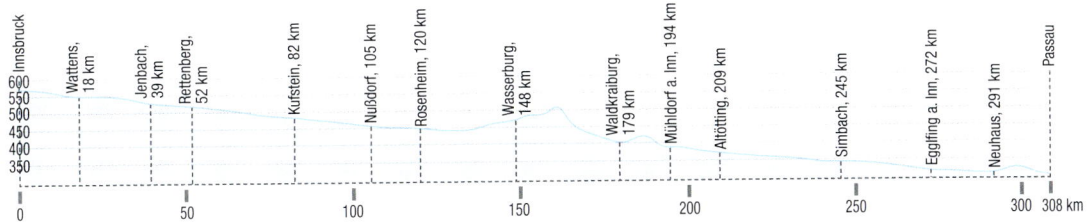

groß wie der Balkanstaat Mazedonien, gehört er zu den mächtigsten Alpenflüssen. Schon immer bildete der Inn für die Anrainer eine Lebensader: Wer seinem Ufer folgt, öffnet ein Fenster in die Vergangenheit, denn jeder Abschnitt hält spannende Geschichten bereit, ruft packende Eindrücke hervor. Der Inn startet den Lauf am Schweizer Lunghinsee auf einer Höhe von 2484 Metern. Das Wasser stürzt hinab Richtung Österreich, verlangsamt dort das Tempo. Voraus liegen die Städte Pfunds, Prutz, Landeck und Imst. Radler bestaunen unterwegs die Architektur-Filetstücke des Tiroler Oberlands: die Pfarrkirche Mariä Himmelfahrt in Fließ, das Schloss Landeck, das Stift Stams.

Innsbruck liegt eingebettet zwischen den Nördlichen Kalk- und den Zentralalpen. Hier kreuzen sich bedeutende Verkehrsachsen zwischen Nord und Süd, Ost und West. Vor allem der Habsburgerkaiser Maximilian I. (1459–1519) formte das Bild **Innsbrucks** und machte die heutige Landeshauptstadt Tirols zum Zentrum des Heiligen Römischen Reichs. Unter seiner Regentschaft entstand das Goldene Dachl. Es trägt 2657 feuervergoldete Kupferschindeln; seit Jahrhunderten ein vielfach gemaltes und fotografiertes Wahrzeichen. Wer darunter eintritt, erlebt eine Zeitreise: Die Ausstellung erzählt von der politischen, wirtschaftlichen und kulturellen Stellung Maximilians für Europa an der Wende vom Mittelalter zur Neuzeit. Auch die Hofkirche bewahrt das Erbe des Renaissancefürsten. Im Inneren steht das prachtvolle Kenotaph. Das Grabmal ist leer, wird aber von überlebensgroßen Bronzefiguren, den Schwarzen Mandern bewacht. Maximilian ruht jedoch in der St. Georgs-Kapelle der Burg in Wiener Neustadt. Reisende schauen in Innsbruck gerne das Tirol-Panorama mitsamt dem Kaiserjägermuseum an. Sie bestaunen die Bergisel-Skisprungschanze und das Schloss Ambras,

schweben in der Hungerburgbahn hinauf zum Alpenzoo und schlemmen in den Restaurants der 130 000-Einwohner-Stadt.

Innsbruck verschwindet im Rücken. Flankiert von den jäh abfallenden Kalkwänden des Karwendels führt uns der leicht abschüssige Radweg vorbei an **Hall in Tirol** zum Schloss Tratzberg. Der einstündige Ausflug darin ist als lebendiges Hörspiel konzipiert, gleicht einer Reise in die Vergangenheit. Eindrucksvolle Attraktionen der Schlossführung sind die gotische Fuggerstube, das Königinzimmer samt der reichen Renaissancearbeiten aus edelsten Hölzern, die Rüstkammer und die Hauskapelle. Herzstück des Schlosses bildet der Habsburgersaal mit dem einzigartigen Wandgemälde des Dynastienstammbaumes. Auf dem nächsten Teilstück radelt man angenehm das flache Tal entlang. Das Wasser des Inns begleitet uns via Jenbach und Wörgel ins Zentrum von **Kufstein**. Die Festung liegt strategisch günstig am Ausgang des alpinen Inntals, dazu nimmt sie den Logenplatz auf einem Felsrücken über der Stadt ein. Die Rundtour durch die dicken Befestigungsanlagen führt an 21 Stationen vorüber: Man sieht u. a. Kanonengeschütze, den rund 60 Meter tiefen Brunnen und am Ende die Exponate des Festungsmuseums. Krönender Abschluss der Besichtigungstour ist die Heldenorgel Kufstein, mit 4948 Pfeifen die größte Freiorgel der Welt. Ihre Klänge begleiten Radler aus der Alpenrepublik hinüber in Richtung Deutschland. Unsere Räder rollen zügig über den feinkörnigen Dammweg. Wo die Bayerischen Voralpen auf die Chiemgauer Alpen treffen, weitet sich gen Norden der Him-

Links: Im südlichen Oberbayern führt der Radweg meist in Sichtweite des Inns entlang.

Mitte: Im Museum Tiroler Bauernhöfe bewahrt man das Leben vergangener Tage.

mel. An diesem malerischen Flecken blickt das charmante Dorf Neubeuern von einer Anhöhe auf den Inn hinab. Wir betreten durch das Salzburger Tor den denkmalgeschützten Marktplatz, der mit seinen ansehnlichen Gebäuden ein harmonisches Bild abgibt. Wer die Szene betrachtet, dem fallen Details aus der Ortsgeschichte auf. Zum Beispiel am Gasthof Zum Stangenreiter die Fassade, die einen Schiffszug darstellt. Der Wohlstand der Stadt, der sich in den Bauwerken widerspiegelt, geht vornehmlich auf die Innschifffahrt zurück. Zehn Kilometer sind es anschließend bis **Rosenheim**.

Von Rosenheim nach Neuötting – 89 km Das wirtschaftliche Zentrum Südostbayerns bietet eine Fülle an kulturellen Einrichtungen. Darunter der im Auftrag König Maximilians II. von Bayern errichtete Lokschuppen, in dem man heute wechselnde Ausstellungen präsentiert. Pro Saison lösen bis zu 280 000 Besucher ein Ticket. Sie bestaunten 2009 die Sammlung Dinosaurier Argentiniens, tauchten 2012 in die TIEF-SEE ab und erlebten 2017 die Welt des PHARAO. Zwei Stunden entfernt kommt **Wasserburg** in Sicht. Am Ufer erinnern herrschaftliche Gebäude an jene Zeit, als die Innschifffahrt erblühte. Die Wand der Steinfassaden gleicht einer Festung. Aus den ineinanderverschachtelten Dächern ragt der massive Viereckturm der Pfarrkirche St. Jakob auf. Die strategisch günstige Lage auf einer Halbinsel bewog den Hallgrafen Engelbert III. im Jahr 1137, seinen Stammsitz in die Wasserburg zu verlegen. Unter den Wittelsbachern und durch den Handelsweg auf dem Inn erlebte die Stadt in der Mitte des 13. Jahrhunderts ihre Blüte. Das historische Zentrum bildet noch heute eine geschlossene Einheit mit pittoresken Bauwerken wie dem Kernhaus, dem Ganserhaus und dem Rathaus.

Von der »Schönen Aussicht« verabschieden wir uns mit einem fantastischen Ausblick auf die vom Inn umschlungene Perle. Anschließend biegt der Inn vor den Hügelzügen des Alpenvorlands kapitulierend gen Osten ab. Mit eindrucksvollen Schleifen sucht sich das Wasser einen Weg durch das von eiszeitlichen Gletschern modellierte Terrain. Die Höhenrücken zwingen bis **Mühldorf am Inn** mehrmals aus

Passau zieht sich malerisch am Innufer entlang.

dem Sattel. Das Auf und Ab zieht in den Beinen, beschert uns aber eine beschauliche Landpartie mit Weiden, Waldstreifen und stattlichen Bauernhöfen. 50 Kilometer später ist die Bergetappe gemeistert. Die Landschaft stiehlt sich in alle Richtungen davon. Wir schalten wieder in den Genussmodus. Beiderseits des Flusses prägen die im Inn-Salzach-Stil errichteten Gebäude die Altstädte, so auch in Mühldorf. Typisch für die Bauweise sind die nach oben gezogenen Vorschussmauern mit den kunstvoll verzierten Häuserfronten und den Grabendächern. Im 16. und 17. Jahrhundert führte

Silber, Münzen, Schlösserpracht

Das Museum der Münze Hall fasziniert Besucher. Höhepunkt ist der Nachbau der ersten Münzprägemaschine. Sie galt im Mittelalter als technische Sensation und prägte täglich rund 4000 Münzen. Das in Hall verarbeitete Edelmetall stammte aus dem Silberbergwerk in Schwaz. Dort lohnt es sich, den Radhelm mit dem Grubenhelm zu tauschen und bei einer 90-minütigen Führung in den Berg einzufahren. Um 1500 kamen 85 Prozent des in der Alten Welt produzierten Silbers aus Schwaz. Neben dem begehrten Edelmetall förderten die Bergleute die siebzigfache Menge an Kupfer – ein Reichtum, den die vielen Burgen und Herrensitze des Inntals widerspiegeln.

man diese Architektur ein, um Brände einzudämmen. So sollten die hohen Mauern ihr Übergreifen auf das Nachbardach verhindern. Die schattigen Laubengänge runden zusammen mit den einladenden Plätzen das mediterrane Stadtbild ab.

Von Neuötting nach Passau – 99 km Unsere nächste Station markiert der Kapellplatz in **Altötting**, um den sich gepflegte Rasenflächen gruppieren. Seit über 1250 Jahren ist die Stadt geistliches Zentrum Bayerns und annähernd 500 Jahre lang der bedeutendste Marienwallfahrtsort Deutschlands. Ziel der jährlich mehr als eine Million Pilger ist die Schwarze Muttergottes im Oktogon der Gnadenkapelle. Im Inneren birgt er neben dem Gnadenbild die silbernen Herzurnen bayerischer Könige und Kurfürsten, dazu wertvolle Weihegaben. Eine Radstunde später stoppen wir in Marktl am ehemaligen Mauthaus, das auf das Jahr 1701 zurückgeht. In dem weiß-gelben Gebäude kam im April 1927 Josef Alois Ratzinger zu Welt. Er wurde 2005 zum Papst gewählt und nahm den Namen Benedikt XVI an. Wir steuern durch das Europareservat Unterer Inn und nähern uns einem weiteren Schmuckstück. Flussabwärts stehen die dicht gedrängten Häuser von Schärding im Wasser des Inns Kopf. Beherrscht wird das Bild von der Stadtpfarrkirche St. Georg, die den barocken Ortskern überragt. Vor der Silberzeile erstreckt sich der Obere Stadtplatz. Die Bürgerhäuser errichtete man im Inn-Salzach-Baustil.

Vom Innufer aus genießt man einen schönen Blick auf Wasserburg.

Sie sind so bunt, als hätte man den Malkasten eines Kindes geplündert, und leuchten in Adriablau, Aprikose, Mintgrün, Flamingorot.

Hier setzt der Radweg zum Finale an. Auf den letzten 16 Kilometern fließt der zu einer stattlichen Größe angewachsene Inn durch ein breites, mit schroffen Felsen durchsetztes Waldtal. Wo die Bäume zurückweichen, liegt Passau – unser Reiseziel. Dort zieht der Fluss gemächlich zwischen den prächtigen Bauten und Kirchen hindurch. Die einzigartige Lage an Donau, Inn und Ilz macht **Passau** zu einem echten Radlerparadies. In der Dreiflüssestadt kreuzen sich gleich sieben Radfernwege. Besonders der berühmte Donauradweg lockt Reisende aus Nah und Fern an. Beschaulicher geht es auf dem Moldauradweg, Römerradweg, Tauernradweg, Tour de Baroque und Via Danubia zu, die abwechslungsreiche Reisetage versprechen. Wir klettern hier nicht in den Sattel – wir steigen ab. Und staunen: Ein Juwel ist der Dom St. Stephan. Die Bauarbeiten der Bischofskirche begannen um das Jahr 720. Prägend für das dreischiffige Langhaus sind kostbare Stuckarbeiten, die den Blick himmelwärts zu den herrlichen Fresken lenken. In dem barocken Kircheninnenraum kann man weitere Schätze bestaunen, darunter die mit 17974 Pfeifen und 233 Registern größte Domorgel der Welt. Dann geht alles ganz schnell. Das Tal weitet sich, von links strömt ein anderes Gewässer herbei, die Donau. Interessant ist, dass der milchig-grüne Inn zur Zeit der Schneeschmelze bedeutend mehr Wasser mitführt als die blaue Donau. Jedoch ist sie es, die ihren Namen bis zum Schwarzen Meer behält. Name hin oder her, der Innradweg ist auf jeden Fall eine Reise wert.

Lachmöwen, Seeadler und Biber

Nachdem ab 1939 am Unteren Inn fünf Stauwehre zur Stromgewinnung errichtet wurden, entstand eine ansprechende Landschaft. Sie ist heute als Europareservat Unterer Inn geschützt. Das Geflecht aus Flachwasserzonen, Schlickbänken, Seebecken und Inseln umfasst 5500 Hektar. Hier zählten Ornithologen mehr als 300 Vogelarten. Besonders faszinierend ist der Vogeldurchzug im Frühjahr und im Herbst. Wer Glück hat, erspäht Seeadler, Schwarzmilane, Rohrweihe oder Fischadler. Unter ihren wachen Augen baut der Europäische Biber seine Burgen.

50 Bodensee-Königssee-Radweg

Wer ist der Schönste im ganzen Land?

schwer 430 km

CHARAKTER
Der erste Teil der anspruchsvollen Bergtour entlang der Alpen ist komplett asphaltiert. In der zweiten Reisehälfte sind mehrere Schotterabschnitte dabei.

AUSGANGSORT
Lindau Bhf.

ENDPUNKT
Königssee; zurück mindestens 5:30 Std. mit dem Zug.

WEGMARKIERUNG
Schilder mit blauem Schriftzug »Bodensee-Königssee-Radweg« auf weißem Grund.

E-BIKE
Da der Radfernweg einer der schwersten Deutschlands ist, ist ein E-Bike nützlich; Infos dazu über www.allgaeu.de und www.oberbayern.de.

INFORMATION
Bayerische Fernwege e. V., Sparte Bodensee-Königssee Radweg, c/o Alpin Consult, Siedlerstraße 10, 83714 Miesbach, Tel. 08025/924 49 52, www.bodensee-koenigssee-radweg.de; Allgäu GmbH, Allgäuer Straße 1, 87435 Kempten, Tel. 0831/ 575 37 30, www.allgaeu.de; Tourismus Oberbayern München e. V., Prinzregentenstr. 89, 81675 München, Tel. 089/638 95 87 90, www.oberbayern.de

Der Bodensee-Königssee-Radweg führt immer an den Alpen entlang und ist gespickt mit Anstiegen. Zum Glück gibt es unterwegs urgemütliche Gasthäuser und schattige Biergärten, die dem Radler mit bayerischer Küche und einer Maß Bier zu neuer Stärke verhelfen.

Von Lindau nach Füssen – 129 km Startpunkt der erlebnisreichen Fahrradreise ist die malerisch auf einer Bodenseeinsel gelegene Altstadt von **Lindau**. Am Hafen, wo der steinerne Bayerische Löwe und der neue Leuchtturm über das Schwäbische Meer wachen, genießen wir den Panoramablick hinüber zu den Schweizer Bergen. Wissbegierig schwenken wir den Lenker stadteinwärts und holpern über das ausgetretene Kopfsteinpflaster. Lindau, was so viel bedeutet wie »mit Linden bestandene Insel«, wurde 882 erstmals urkundlich belegt. Aufgrund der strategisch günstigen Lage der Marktsiedlung blühte ab dem 13. Jahrhundert der Italienhandel auf. Wir verlassen das Eiland auf der Landtorbrücke. Der Bodensee-Königssee-Radweg geht gleich zur Sache und steigt vom Ufer ohne Einrollpassage hinauf ins Allgäu. Das schmale Sträßchen windet sich durch das Tal der leise plätschernden Leiblach bergan. In der von eiszeitlichen Gletschern modellierten sanften Hügellandschaft tauchen urige Bauernhöfe auf. Eine Schussfahrt führt in das Tal der Oberen Argen hinunter. Unten angelangt, fahren wir in das zu

Bei Hallthurm genießt man schöne Blicke auf den 2713 Meter hohen Watzmann.

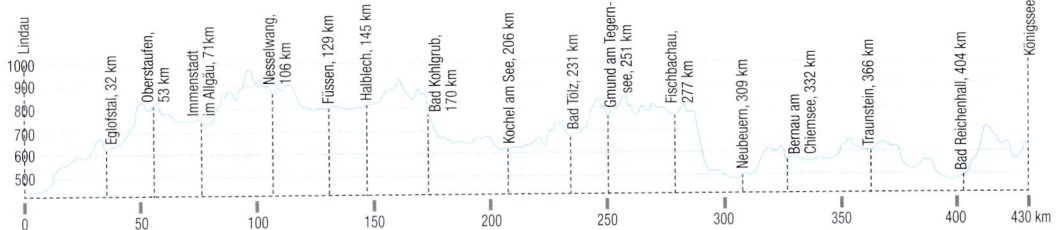

Baden-Württemberg gehörende Eglofstal. Der Reiseweg klettert höher und höher; dann endlich die Kuppe – die Räder rollen wieder. Das Panorama weitet sich und gibt den Blick auf die markante Nagelfluhkette frei. Darunter schmiegt sich das Schroth-Heilbad **Oberstaufen** an die bewaldeten Bergausläufer. Stunden später taucht rechter Hand der große Alpsee auf, an dessen Südufer die Berghänge steil emporwachsen.

Immenstadt ist die nächste Station. Der strategisch günstig an einer Salzstraße gelegene Marktort weist eine umfangreiche Bausubstanz aus dem Mittelalter auf, die sich zu Fuß bestens erkunden lässt. Im Anschluss durchfahren wir eine topfebene Moorlandschaft, über der mächtig die Allgäuer Alpen aufragen. Doch schon bald ist Schluss mit der Gemütlichkeit. Die Straße schlängelt sich durch offenes Grasland in die Höhe, bis hinter dem Weiler Haag auf knapp 1000 Metern der höchste Punkt des Bodensee-Königssee-Radwegs bezwungen ist. Für die Mühen entschädigt uns ein fantastischer Panoramablick über das tief eingeschnittene Wertachtal. Nach der Abfahrt stehen noch zwei Steigungen an, bevor wir auf das idyllisch gelegene Nesselwang inmitten einer beeindruckenden Bergkulisse blicken. Anschließend steigt der Weg wieder heftig bergan und vermittelt einen weitreichenden Bergblick, der von dem markanten Horn des 2047 Meter hohen Säuling beherrscht wird. Er ist der Hausberg von Füssen. Gemütlich lassen wir die letzten Kilometer ausklingen, genießen die Fahrt entlang des Hopfensees und erreichen **Füssen**. Die Stadt liegt in traumhafter Lage im sogenannten Königswinkel. Im Norden breitet sich der Forggensee aus, im Süden erhebt sich das Ammergebirge.

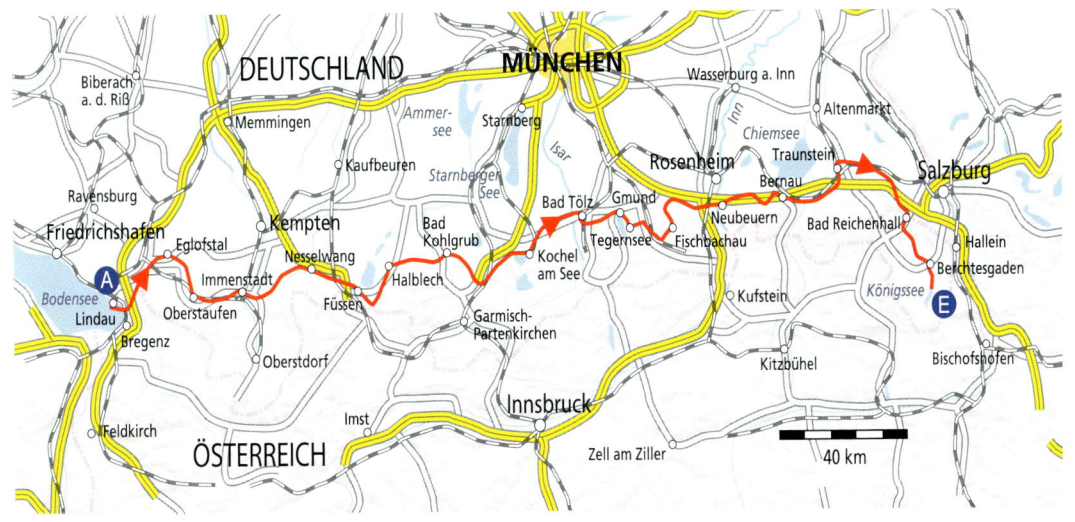

Von Füssen nach Bad Tölz – 102 km Vorbei am ehemaligen Barockkloster St. Mang geht es aus dem mittelalterlichen Stadtkern hinaus. Vom türkisblauen Lech aus fällt der Blick auf das prunkvolle Schloss Neuschwanstein, am Bergfuß des Säuling. Wir folgen den Schildern »Königsschlösser«. Hinter dem imponierenden Schloss Hohenschwangau zweigt ein steiler Bergweg in Richtung Märchenschloss ab. Tief über dem Lenker gebeugt keuchen wir hinauf. Atemlos reihen wir uns in das bunte Völkergemisch der Wartenden ein – vor uns der Prachtbau mit seiner schneeweißen Fassade, den wehrhaften Türmen und spitzen Zinnen. Japanische, englische, spanische wie auch italienische Wortfetzen hallen über den Schlossvorhof. Der Platz ist gut gewählt: Unter uns peitscht der Pöllatfall durch die gleichnamige Schlucht. Zur Linken bettet sich der malerische Alpsee in ein verwunschenes Bergtal und im Norden grüßt Füssen das leicht wellige Voralpenland mit dem großen Forggensee. Neugierig folgt man dem Schlossführer in die mit prunkvollem Inventar ausstaffierten Säle und Gemächer. Ludwig II. ließ im Schloss Neuschwanstein eine Märchenwelt schaffen, die er mit niemandem teilen wollte.

Hinter Schwangau versiegt der Touristenstrom abrupt. Der Radweg zieht sich durch saftige Wiesen, hält auf die dicht bewaldeten Ammergauer Alpen zu. Dort führt die Route erneut bergauf. Hinter der Kleinsiedlung Schober gibt es eine Alternativroute, die am UNESCO-Weltkulturerbe Wieskirche (siehe Tour 43) vorbeiführt. Bald darauf ist Deutschlands höchstgelegenes Moorbad erreicht – **Bad Kohlgrub**. Auf dem nächsten Teilstück fahren wir das Murnauer Moos entlang. Die vielfältigen Landschaftsformen mit ihren Streuobstwiesen, Wassergräben und Mooren sind Lebensraum für Hunderte von Pflanzenarten und ein Refugium für seltene Vögel und Reptilien. Hier erspähen wir in der Ferne das 2962 Meter hohe Zugspitzmassiv. Nach Kochel am See

Links: Herbststimmung am Alpsee oberhalb von Füssen

Rechts: Der Bodensee-Königssee-Radweg weckt auch das Interesse der Vierbeiner.

führt uns der Weg durch die Mondschein-filze und im Nu ist das Kloster Bene-diktbeuern erreicht. Die Benediktinerabtei wurde im Jahre 739 gegründet und gehört hierzulande zu den ältesten Klöstern. Die prächtige Pfarrkirche St. Benedikt, der Klosterinnenhof, der bunte Kräutergarten und das Trachtenmuseum laden zu einem Besuch ein. In dem schattigen Biergarten des Klosterbräustüberls kann man neue Kraft tanken für die nächsten 15 Kilometer bis **Bad Tölz**.

Von Bad Tölz nach Bernau am Chiemsee – 100 km Den Reiz der Kurstadt Bad Tölz macht der Mix aus Kultur und Natur aus, den man bereits am Isarufer erkennt. Wie in den anderen beschaulichen oberbayeri-schen Orten fallen auch hier beim Flanieren durch die historische Marktstraße die farbenprächtigen Lüftlmalereien an den Häuserfassaden ins Auge. Wir verlassen die Flößerstadt in Richtung Osten und radeln durch ruhige Wälder und Filzgebiete nach **Gmund am Tegernsee**. Eingebettet in eine wellige Wiesenlandschaft erstreckt sich das knapp neun Quadratkilometer große Gewässer. Im Süden wachsen die Waldberge des Mangfallgebirges in die Höhe. Hinter Gmund geht es auf aussichts-reicher Radstrecke über Hausham und Neuhaus nach Fischbachau. Anschließend sausen wir eine berauschende Abfahrt nach Bad Feilnbach hinunter und passieren dabei kleine Siedlungen mit ihren blumengeschmückten Bauernhöfen. Kurz vor dem Kulturdorf Neubeuern überqueren wir den Inn auf 460 Meter Höhe. Der Al-penstrom bildet den tiefsten Punkt des Radfernwegs. Dem Fluss kann man auf dem Innradweg von seinem Ursprung im Schweizer Engadin bis zu seiner Mündung in die Donau folgen. Wir erreichen **Bernau am Chiemsee**. Dort lohnt sich ein Abstecher zum »Bayerischen Meer« mit Bootsfahrten zu den Inseln Frauenchiemsee und Her-renchiemsee.

Von Bernau am Chiemsee zum Königssee – 99 km Hinter Bernau am Chiemsee radeln wir an den topfebenen Kendlmühlfilzen entlang. Nach Rottau läuft unsere Radroute zusammen mit dem Salinen-Radweg nach Osten, wo sogleich das erste Re-likt der Soleleitung Reichenhall–Rosenheim zu einem Stopp einlädt – das Brunnhaus Klaushäusle. Die Route bleibt sehenswert: Von Grassau aus geht es zum königlichen Eisenhüttenwerk in Bergen und weiter nach Siegsdorf. Dort lohnt ein Besuch des Naturkunde- und Mammut-Museums. Wir verlassen den Ort und folgen dem Lauf der Traun ins sieben Kilometer entfernte **Traunstein**. Die reizvolle Kreisstadt erreich-te mit dem Betrieb der Saline (1619–1912) ihre größte Blüte, die am Stadtplatz stilvol-le Bürgerhäuser hervorbrachte. Unser Blick gleitet nochmals hinüber zur Pfarrkirche St. Oswald, dann geht es durch den Torbogen des Jacklturms in Richtung Ettendorf.

Freilichtmuseum Glentleiten

Das in schönster Lage über dem Alpenvorland ge-legene Bauernhausmuseum stellt auf einer Fläche von 40 Hektar rund 60 Häuser, Mühlen, Werkstätten und Almgebäude aus. In den original erhaltenen Bauwer-ken finden täglich Handwerksvorführungen statt, die uns den beschwerlichen Alltag vor 50, 100 und 200 Jah-ren vor Augen führen. Man hat die Gebäude aus den verschiedensten Teilen Oberbayerns zusammengetra-gen und nach Glentleiten transportiert. Zum Beispiel einen Hof aus Rottach-Egern und ein Kleinanwesen aus Grünwald. Der Landkreis Rosenheim ist mit einem Bienenhaus aus Orthofen vertreten, das Backhaus aus Brand hat der Landkreis Traunstein beigesteuert.

Minuten später halten wir an der Kirche St. Vitus und Anna, die alljährlich am Ostermontag Ziel des traditionsreichen Traunsteiner Georgiritts ist. Vor uns sitzt das Städtchen gemütlich auf einer Anhöhe über dem Alpenfluss. Dahinter, zum Greifen nahe, die dunklen Felswände der Chiemgauer Alpen.

Die Straße erklimmt grüne Hügel, passiert versprengt gelegene Bauernhöfe, die mit ihren ausladenden Balkonen untereinander um die schönste Blumenpracht wetteifern. Dann kippt das Terrain ab. Die Räder sausen in das nächste Tal hinunter. Teisendorf, Höglwörther See, Anger und Piding heißen die Stationen. Zeitig rückt **Bad Reichenhall** ins Blickfeld. Wie der Namenszusatz »Hall« verrät, ist der Wohlstand auch dieser Stadt auf die ergiebigen Salzvorkommen zurückzuführen. Ausgehend von den Salinen durchzogen Salzstraßen das Land. Sie sorgten für Boomzeiten und füllten die Staatssäckel. Der romantischste Platz des Urlaubsorts ist der mit alten Bäumen bestandene Kurpark. Radler spazieren zum Gradierhaus, setzen sich auf einen der Liegestühle vor dem Solebrunnen. Nebenan sprudelt leise das kühle Nass. Die Luft ist erfüllt von einem wohltuenden Salzgeruch.

Am nächsten Morgen leitet einen die Beschilderung durch den beliebten Luftkurort. Vorbei an der alten Saline geht es dem Königssee entgegen. Mehrmals zwingt das Terrain den Radweg in die Höhe. Nachdem die Schlüsselstelle passiert ist, öffnet sich ein schmaler Talboden, über dem das schroffe, 2713 Meter hohe Watzmannmassiv emporragt. Ebenfalls einen schönen Blick auf den Giganten hat man in **Berchtesgaden**, das auf einem Balkon über der wild tosenden Ache sitzt. Die von Bergen eingerahmte Stadt besticht durch ihren Bauwerkmix aus verschiedenen Epochen. Das Erlebnisbergwerk lockt jährlich rund 400 000 Besucher an. Südlich von Berchtesgaden führt die Route in einen lichten Bergwald und läuft entlang der wild aufschäumenden Königssee-Ache auf das Reiseziel zu. Dort stoppen die Räder abrupt: Vor uns

Ausflüge am Königssee

Wer den spektakulärsten See Deutschlands aus der Vogelperspektive bewundern möchte, der kann mit der Jennerbahn auf 1800 Meter Höhe entschweben. Den krönenden Abschluss einer Reise auf dem Bodensee-Königssee-Radweg bildet die anschließende Fahrt mit einem Elektroboot auf dem 6,3 Kilometer langen, fjordartigen Bergsee. Lauschen Sie dem Trompetensolo an der berühmten Echowand und lassen Sie langsam die 1800 Meter hohe Watzmannostwand an sich vorbeigleiten. Zu guter Letzt sollten Sie einen Blick in das Kloster St. Bartholomä werfen, das im Jahre 1134 gegründet wurde und heute ein beliebter Wallfahrtsort ist.

leuchtet die blaugrüne Wasserfläche des Königssees. Zufrieden beobachten wir das emsige Treiben an der Seepromenade am gegenüberliegenden Ufer, an dem die Ausflugsboote in Richtung Kloster St. Bartholomä auslaufen. Wir steuern den nächstbesten Biergarten an und heben die Gläser auf den Bodensee-Königssee-Radweg. Schöner kann die Radtour nicht enden! Bayern mit dem Fahrrad zu erleben ist so erhaben wie der Watzmann, so geheimnisvoll wie König Ludwig II. und so berauschend wie eine Maß Bier.

Herbstwälder am Schwansee oberhalb von Füssen

Tourenliste

Entspanntes Radfahren entlang des Inns (l.o.). Die Fahrt entlang des Flusses Vechte zeichnet sich durch ihre flache Wegführung aus (r.o.). Auf Rügen genießt man weite Ausblicke auf die Ostsee (r.u.). Das weitläufige Naturschutzgebiet Anklamer Stadtbruch kann man im Nordosten Deutschlands bestaunen (l.u.).

260 weitere Radfernwege im Überblick

Die folgende Liste präsentiert alle weiteren Radfernwege und Rundkurse in Deutschland mit einer Länge von mehr als 100 Kilometern. Einige Strecken bieten Anschluss an die Nachbarländer. Die Routen sind zudem mit einem Kürzel für Bundesländer und Staaten gekennzeichnet.

Bundesländerkürzel

Brandenburg BB

Berlin BE

Baden-Württemberg BW

Bayern BY

Bremen HB

Hessen HE

Hamburg HH

Mecklenburg-Vorpommern MV

Niedersachsen NI

Nordrhein-Westfalen NW

Rheinland-Pfalz RP

Schleswig-Holstein SH

Saarland SL

Sachsen SN

Sachsen-Anhalt ST

Thüringen TH

Länderkürzel

Österreich (AT)

Belgien (BE)

Dänemark (DK)

Frankreich (FR)

Luxemburg (LU)

Niederlande (NL)

Schweiz (CH)

Tschechien (CZ)

Name	Kilometer	Bundesland	Startort	Zielort
Zwei-Länder-Route	275	NW, (NL)	Aachen	Nijmegen
Drei-Länder-Radweg	225	BW, BY, HE	Erbach	Erbach
Drei-Seen-Route	220	NI	Bad Zwischenahn	Bad Zwischenahn
Sieben-Schwaben-Tour	194	BY	Augsburg	Augsburg
Aa-Vechte-Tour	130	NW	Bad Bentheim	Wettringen
Agri-Cultura-Route	307	NW, (NL)	Aalten	Winterswijk
Aischtalradweg	122	BY	Rothenburg o. d. Tauber	Bamberg
Alb-Neckar-Weg	270	BW	Ulm	Eberbach
Albtäler-Radtour	185	BW	Amstetten	Amstetten
Aller-Harz-Radweg	106	ST	Eggenstedt	Bad Suderode
Allgäu-Radweg	166	BY	Isny	Halblech
Alte Salzstraße	105	NI, SH	Lüneburg	Lübeck
Altmarkrundkurs	500	ST	Salzwedel	Salzwedel
Ammer-Amper-Radweg	203	BY	Oberammergau	Moosburg an der Isar
Ammerland-Route	165	NI	Bad Zwischenahn	Bad Zwischenahn
Amper-Altmühl-Radweg	122	BY	Allershausen	Dollnstein
Argentalweg Untere Argen	103	BY, BW	Kempten	Langenargen
Artland-Rad-Tour	150	NI	Quakenbrück	Quakenbrück
auerbergland@venture-route	125	BY	Rieden	Rieden
Auf den Spuren der Leuchtenberger	345	BY	Weiden i. d. OPf.	Weiden i. d. OPf.
Auf den Spuren des Spätlesereiters	328	HE	Tann	Eltville
Bäderradweg	250	BW, BY	Überlingen	Bad Wörishofen
BahnRadRoute Hellweg-Weser	270	NW, NI	Soest	Hameln
BahnRadRoute Teuto-Senne	160	NI, NW	Osnabrück	Paderborn
BahnRadRoute Weser-Lippe	350	HB, NI, NW	Bremen	Paderborn
Bajuwaren-Radweg	180	BY, (AT)	Nußdorf	Nußdorf
Baumberger Sandsteinroute	168	NW	Coesfeld	Coesfeld
Benediktweg	248	BY	Altötting	Altötting
Berliner Mauerweg	165	BE	Berlin	Berlin
Bischofstour	103	ST	Havelberg	Wittstock
Boxenstopp-Route	292	NI	Cloppenburg	Cloppenburg
Brauereien- und Bierkellertour	202	BY	Bamberg	Bamberg
Brohmer Berge & Randowtal Rundweg	211	MV, BB	Pasewalk	Pasewalk
Brückenradweg Osnabrück – Bremen	165	NI, HB	Osnabrück	Bremen

Name	Kilometer	Bundesland	Startort	Zielort
Burg- und Schloss-Tour	136	NW	Olfen	Olfen
Casanovas Ausritt	184	BY	Bayreuth	Bayreuth
Cloppenburger Radtour	187	NI	Cloppenburg	Cloppenburg
Dahme-Radweg	122	BE, BB	Berlin-Köpenick	Dahme/Mark
Deutsche Fährstraße	250	SH, NI	Kiel	Bremervörde
Deutsche Fehnroute	170	NI	Leer	Leer
Deutsche Fußballroute	800	NW	Aachen	Bielefeld
Deutsche Sielroute	181	NI	Lemwerder	Lemwerder
Diemelradweg	110	HE, NW	Willingen-Usseln	Bad Karlshafen
DiVa-Tour	115	NI	Bramsche	Bramsche
Donau-Bodensee-Radweg	150	BW	Ulm	Kressbronn
DonauTÄLER-Radweg	300	BY, BW	Ulm	Ulm
Donau-Wald-Weg	150	BY, (CZ)	Zwiesel	Obernzell
Drei-Täler-Radweg	204	BW, (FR)	Villingen-Schwenningen	Strasbourg
Dreiflüsse-Tour	103	BY	Bad Birnbach	Bad Birnbach
Dreiland-Radweg	174	BW, (CH), (FR)	Lörrach	Lörrach
D-Route 11 – Ostsee – Oberbayern	1700	NV, BB, BE, ST, TH, BY	Rostock	Bad Reichenhall
D-Route 4 – Mittelland-Route	1030	NW, HE, TH, SN	Aachen	Zittau
D-Route 5 – Saar – Mosel – Main	1020	(FR), SL, RP, HE, BY	Sarreguemines (FR)	Schirnding
D-Route 9 – Weser – Romantische Straße	1150	NI, HB, HE, BY	Bremerhaven	Füssen
Ederradweg	191	NW, HE	Lützel	Guxhagen
Eider-Treene-Sorge-Radweg	240	SH	Friedrichstadt	Friedrichstadt
Eifel-Höhen-Route	230	NW	Heimbach	Heimbach
Eiszeitroute	420	MV, BB	Feldberg	Feldberg
Elbe-Müritz-Rundweg	414	BB, MV	Wittenberge	Rühstädt
Elbe-Ostsee-Radweg	134	MV	Dömitz	Wismar
Elbetal-Schaalsee-Rundweg	380	MV	Ludwigslust	Ludwigslust
Eldetal-Rundweg	315	MV, BB	Parchim	Parchim
Elster-Radweg	248	(CZ), SN, TH, ST	As (CZ)	Halle
Emscher-Park-Radweg	230	NW	Duisburg	Mülheim a. d. Ruhr
Emscher-Weg	100	NW	Holzwickede	Dinslaken
Ems-Heide-Weide-Tour	106	NW	Rheine	Rheine
Emsland-Route	300	NI, NW	Rheine	Rheine
Energie-NaTour	227	NI	Bruchhausen-Vilsen	Bruchhausen-Vilsen
Enztalradweg	100	BW	Enzklösterle	Walheim
Erftradweg	110	NW	Blankenheim	Neuss
Erlebnisweg Rheinschiene	357	NW	Bad Honnef	Bad Honnef
Erzgebirge-Kammtour	182	SN, (CZ)	Schöneck	Altenberg
Fernradweg Bremen – Bad Oynhausen	150	HB, NI, NW	Bremen	Bad Oeynhausen
Fietsallee am Nordkanal	100	NW, (NL)	Neuss am Rhein	Nederweert
Fischland-Darß-Zingst-Rundweg	205	MV	Ribnitz-Damgarten	Ribnitz-Damgarten
Flusslandschaft Achterhoek	184, 131, 161, 260	NW, (NL)	Verschiedene Optionen	Verschiedene Optionen
Fränkischer Karpfenradweg	210	BY	Dinkelsbühl	Erlangen
Friedensroute	170	NI, NW	Osnabrück	Münster
Friesenroute Rad up Pad	290	NI	Norden	Norden
Friesischer Heerweg	400	NI	Oldenburg	Esens
Froschradweg	260	SN	Hoyerswerda	Hoyerswerda
Fürstbischöfliche Tour	204	BY	Bamberg	Bamberg
Fürstenroute Lippe	150	NW	Detmold	Detmold

Name	Kilometer	Bundesland	Startort	Zielort
GartenTraum-Tour	165	NI	Bramsche	Bramsche
Geestradweg	177	NI, HB	Meppen	Bremen
Glan-Blies-Radweg	126	RP, SL, (FR)	Staudernheim	Sarreguemines (FR)
Grafentour	313	NI	Diepholz	Diepholz
Grafschafter Fietsentour	220	NI	Bad Bentheim	Bad Bentheim
Grenzgängerroute Teuto-Ems	152	NI, NW	Bad Iburg	Bad Iburg
Grenzroute	130	SH, (DK)	Flensburg	Højer (DK)
Große Weserland-Radtour	205	NI, NW	Rehburg-Loccum	Rehburg-Loccum
Grüne Straße	200	BW, (FR)	Titisee-Neustadt	Titisee-Neustadt
Grüner Ring Bremen	800	HB, NI	Bremen	Bremen
Grünroute	360	NW, (BE)	Düren	Beringen (BE)
Gurkenradweg	250	BB	Lübbenau	Lübbenau
Gutshaus Rundweg	103	MV	Bad Doberan	Bad Doberan
Hanse-Radweg	316	NI, HB, HH	Bad Iburg	Hamburg
Harzrundweg	318	NI, TH, ST	Goslar	Goslar
Harz-Weser-Radweg	136	NI, ST	Holzminden	Ilsenburg
Hase-Ems-Tour	330	NI, NW	Melle	Rheine
Hasetal-Entdecker-Tour	137	NI	Herzlake	Herzlake
Havelland-Radweg	100	BE, BB	Berlin	Grütz
Havelradweg	386	MV, BB, BE, ST	Kratzeburg	Gnevsdorf
Heidelberg-Schwarzwald-Boden-see-Radweg	303	BW	Heidelberg	Radolfzell
Heideradweg	175	ST, NI	Salzwedel	Verden
Herkules-Wartburg-Radweg	112	HE, TH	Kassel	Eisenach
Herrenhaus-Rundweg	180	MV	Güstrow	Güstrow
Hiwwel-Route	165	RP	Bingen	Worms
Hohenlohe-Ostalb-Weg	175	BY, BW	Rothenburg ob der Tauber	Ulm
Hohenloher Residenzenweg	181	BW, BY	Bad Mergentheim	Bad Mergentheim
Hohenloher Wälder-Tour	115	BW, BY	Schwäbisch Hall	Schwäbisch Hall
Hohenzollern-Radweg	213	BW, BY	Schwäbisch Hall	Schwäbisch Hall
Hohenzollern-Weg	192	BW	Esslingen	Ludwigshafen am Bodensee
Holland-Heide-Radweg	318	(NL), NI, HB	Groningen (NL)	Lauenburg
Holsteinische-Schweiz-Radtour	200	SH	Eutin	Eutin
Große Hopfentour	170	BY	Pfaffenhofen a. d. Ilm	Pfaffenhofen a. d. Ilm
Hunteradweg	137	NI	Elsfleth	Heiligenloh
Illerradweg	146	BY	Oberstdorf	Ulm
Ilmenauradweg	100	NI	Bad Bodenteich	Stöckte
Ilmtal-Radweg	120	TH	Allzunah am Rennsteig	Kaatschen-Weichau
Internationale Dollard-Route	204	NI, (NL)	Emden	Emden
Irschenberg-Tour	107	BY	Oberhaching	Aying
Klostertour in der Südheide	246	NI	Uelzen	Uelzen
Kocher-Jagst-Radweg	341	BW	Aalen	Aalen
Kohle- Wind- & Wasser-Tour	270	BB, SN	Herzberg	Herzberg
Königsbrücker Heidebogen-Rundweg	128	SN, BB	Königsbrück	Königsbrück
Kraichgau-Hohenlohe-Weg	160	BW, BY	Bad Schönborn	Rothenburg ob der Tauber
Kranichtour	200	BB, SN	Luckau	Luckau
Kraut-und-Rüben-Radweg	140	RP	Bockenheim	Schweigen-Rechten-bach
Kultur-Parcours	326	NW	Warendorf	Warendorf
Kulturroute	820	NI	Hannover	Hannover
Kunstwegen-Vechtetalroute	233	NW, (NL)	Darfeld	Zwolle (NL)

Name	Kilometer	Bundesland	Startort	Zielort
Kylltalradweg	128	NW	Quelle am Losheimer-graben	Trier
LandesGartenSchau-Route	140	NW	Lünen	Paderborn
Lenneroute	140	NW	Winterberg	Wetter
Lüneburger-Heide-Radweg	588	NI	Lüneburg	Lüneburg
Main-Coburg-Tour	230	BY, TH	Bamberg	Bamberg
Main-Tauber-Fränkischer Rad-Achter	372	BW, BY	Wertheim	Wertheim
Main-Werra-Radweg	140	BY, TH	Würzburg	Meiningen
Märkische Schlössertour	180	BB	Beeskow	Beeskow
Mecklenburgischer Seen-Rundweg	185	MV	Crivitz	Crivitz
Meer-Radweg	281	NI, MW	Neustadt a. R.	Wilhelmshaven
Mönchsweg	340	SH	Glückstadt	Puttgarden (Fehmarn)
Moor & Mehr	167	NI	Sulingen	Sulingen
München – Venezia	567	BY, (AT, IT)	München	Venedig
Müritz-Radrundweg	112	MV	Waren	Waren
Musikantenradweg	115	SN	Bad Elster	Bad Elster
Naabtal-Radweg	182, 172, 169	BY	Mehrere Quellflüsse	Regensburg
Nahe-Hunsrück-Mosel-Radroute	207	RP	Bingen	Trier
Naheradweg	128	RP	Selbach	Bingen am Rhein
Nationalpark-Radweg	108	BY	Zelezna Ruda (CZ)	Haidmühle
Naturpark Hohe Mark Route	276	NW	Borken	Borken
Niederlausitzer Bergbautour	510	BB, SN	Cottbus	Cottbus
NiederRheinroute	1.215	NW	Krefeld	Krefeld
Niedersächsische Mühlen-Tour	405	NI, NW	Bramsche	Bramsche
Niersradwanderweg	117	NW	Willich	Viersen
Nordharzer Kultour	133	NI, ST	Schladen	Wernigerode
Nordhessenroute Eder – Fulda – Werra	235	HE	Willingen	Wanfried
Nord-Ostsee-Kanal-Route	325	SH	Brunsbüttel	Kiel
Obermain-Frankenwald-Tour	224	BY	Bayreuth	Bayreuth
Ochsenweg	240	SH	Flensburg	Wedel
Odenwald-Madonnen-Weg	180	BW, HE, RP	Tauberbischofsheim	Speyer
Oderbruchbahn-Radweg	163	BB	Fürstenwalde	Bienenwerder
Oder-Spree-Tour	237	BB	Fürstenwalde	Fürstenwalde
Oranier Route	400	RP, NW, HE	Nassau	Bad Arolsen
Osteradweg	145	NI	Tostedt	Neuhaus
Östlicher-Backstein-Rundweg	300	MV	Zingst	Zingst
Paartaltour	116	BY	St. Ottilien	Großmehring
Paderborner-Land-Route	252	NW	Paderborn	Paderborn
Paneuropa-Radweg	653	BW, HE, BY	Kehl am Rhein	Eslarn
Peenetal-Rundweg	180	MV	Anklam	Anklam
Pegnitztal-Radweg	128	BY	Bayreuth	Fürth
Rad- und Skateweg Flaeming-Skate	225	BB	Luckenwalde	Luckenwalde
Radelring Stuttgart	107	BW	Stuttgart	Stuttgart
Radfernweg Bayern – Böhmen	525	BY, (CZ)	Bischofsgrün	Fichtelberg
Radfernweg Bayern – Thüringen – Sachsen – Böhmen	525	BY, TH, SN, (CZ)	Marktredwitz	Marktredwitz
Radfernweg Hamburg – Bremen	150	HB, NI, HH	Hamburg	Bremen
Radfernweg Rhön – Sinntal	118	BY	Mellrichstadt	Gemünden am Main
Radfernweg Thüringer Städtekette	225	TH	Eisenach	Altenburg
RadlRing München	135	BY	Grünwald	Grünwald
Rad-Route Dortmund-Ems-Kanal	340	NW, NI	Dortmund	Norderney
Radrunde Allgäu	444	BY, (AT)	Bad Wörishofen	Bad Wörishofen
Radroute der Megalithkultur	380	NI	Osnabrück	Oldenburg

Tourenliste

Name	Kilometer	Bundesland	Startort	Zielort
Radtour Westmünsterland-Route	290	NW, (NL)	Borken	Borken
Radwanderroute Westmünsterland	246	NW	Vreden	Vreden
Radwanderweg Fränkische Saale	124	BY	Alsleben	Gemünden am Main
Radweg Berlin – Hameln	380	BE, BB, ST, NI	Berlin	Hameln
Radweg Berlin – Leipzig	230	BE, BB, ST, SN	Berlin	Leipzig
Radweg Deutsche Einheit	1.100	NW, NI, RP, HE, TH, SN, BB, BE	Bonn	Berlin
Radweg Deutsche Weinstraße	130	RP	Schweigen-Rechten-bach	Bockenheim
Radweg Grünes Dach	360	TH, BY	Blankenstein	Zwiesel
Radweg Historische Stadtkerne	300	NW	Warendorf	Warendorf
Radweg Idyllische Straße	146	BW	Gaildorf	Gaildorf
Radweg Regensburg – Prag	295	BY, (CZ)	Regensburg	Prag (CZ)
Radweg Saar – Hunsrück	110	SL, RP	Merzig	Fischbach
Recknitztal-Rundweg	208	MV	Güstrow	Güstrow
Regental-Radweg	167	BY	Bayerisch Eisenstein	Regensburg
Residenzstädte-Rundweg	282	MV	Ludwigslust	Ludwigslust
Rhönradweg	176	TH, HE, BY	Bad Salzungen	Hammelburg
Röderradroute	102	SN, BB	Röderbrunn	Elsterwerda
Römer-Lippe-Route	297	BY, (AT)	Passau	Enns (AT)
Römerroute	315	NW	Detmold	Xanten
Rottal-Radweg	113	BY	Velden	Neuhaus am Inn
Route der Industriekultur	700	NW	Hamm	Hamm
Rügen-Rundweg	242	MV	Altefähr	Altefähr
Rund um die Hallertau	227	BY	Rottenburg an der Laaber	Rottenburg an der Laaber
Rundkurs Ruhrgebiet	330	NW	Duisburg	Mülheim a.d.R.
RurUfer-Radweg	172	(BE), NW, (NL)	Botrange (BE)	Roermond (NL)
Saarradweg	110	SL	Sarreguemines (FR)	Konz
Sächsische Städteroute	120	SN	Dresden	Görlitz
Sagenroute	207	NW, NI	Ibbenbüren	Ibbenbüren
Salinenradweg	127	BY	Rosenheim	Marktschellenberg
Salzhandelsweg	122	BY	Hallein	Stammham am Inn
Salzstraße	132	ST	Horburg-Maßlau	Uftrungen
SandAchse-Radweg	180	BY	Hallstadt	Weißenburg
Schlossparkradrunde im Allgäu	220	BY	Füssen	Füssen
Schlösser-Radtour	140	MV	Teterow	Teterow
Schlösser-Tour	125	NI	Melle	Melle
Schubart-Tour	291	BW	Ludwigsburg	Ludwigsburg
Schwäbischer Bäderradweg	290	BW, BY	Überlingen	Füssen
Schwalmradweg	100	HE	Helpershain	Felsberg
Schwarze-Elster-Radweg	203	SN, BB, ST	Kindisch	Elster
Schwarzwald-Panorama-Radweg	290	BW	Pforzheim	Waldshut-Tiengen
Sechsämterradweg	105	BY	Wunsiedel	Wunsiedel
Seen- und Kultur-Radweg	215	BB	Oranienburg	Oranienburg
Siebensterntour	155	BY	Schwarzenbach	Schwarzenbach
Siegtal-Radweg	140	NW, RP	Netphen	Niederkassel
Solling-Vogler-Rundtour	160	NI	Bodenfelde	Bodenfelde
Spessart-Nord-Ost-Passage	100	BY, HE	Lohr am Main	Lohr am Main
Steinreich-Tour	203	BY	Hof	Hof
Stettiner-Haff-Rundweg	310	MV	Ueckermünde	Ueckermünde
Stromberg-Murrtal-Neckar-Radweg	152	BW	Karlsruhe	Gaildorf
Stuttgart-Alpin-Grande	118	BW	Stuttgart	Stuttgart
Tauber-Altmühl-Radweg	350	BW, BY	Wertheim	Kehlheim

Name	Kilometer	Bundesland	Startort	Zielort
Tauernradweg	295	(AT), BY	Wald im Pinzgau (AT)	Passau
Teufelsmoor-Rundweg	105	NI	Osterholz-Scharmbeck	Osterholz-Scharmbeck
Thermentour	125	BY	Bad Rodach	Bayreuth
Tollensetal-Rundweg	173	MV	Neubrandenburg	Neubrandenburg
Töddenland-Radweg	122	NW	Ibbenbüren	Ibbenbüren
Tour Brandenburg	1111	BB	Brandenburg a. d. Havel	Brandenburg a. d. Havel
Tour de Baroque	305	BY	Neumarkt in der Oberpfalz	Passau
Tour de Culture	179	BY	Landshut	Landshut
Tour de Fries	288	NI	Westerstede-Linswege	Westerstede-Linswege
Trebeltal-Rundweg	156	MV	Demmin	Demmin
Uckermärker Radrundweg	260	BB, MV	Templin	Templin
Umgebindehaus-Radweg	100	SN	Neukirch	Zittau
United Countries Tour	600	NI, (NL)	Haren	Haren
Unstrutradweg	190	TH, ST	Kefferhausen	Naumburg
Usedom-Rundweg	156	MV	Wolgast	Wolgast
VeloRoute SaarLorLux	473	SL, (FR), (LU)	Saarbrücken	Saarbrücken
Via Bavarica Tyrolensis	220	BY, (AT)	München	München
Via Claudia Augusta	720	BY, (AT), (CH), (IT)	Donauwörth	Venedig
Via Danubia	220	BY	Bad Gögging	Passau
Via Julia	280	BY, (AT)	Günzburg	Salzburg (AT)
Via Raetica	170	BY	Donauwörth	Regensburg
Via Romana	260	NW, (NL)	Xanten	Nijmegen (NL)
Vier-Flüsse-Tour	202	HE	Biedenkopf	Sinntal
Vilstalradweg	113	BY	Taufkirchen	Vilshofen
Vennbahn	125	NW, (LU)	Aachen	Troisvierges (LU)
Vom Spreewald ins Revier	170	BB, SN	Burg Spreewald	Burg Spreewald
Vom Teufelsmoor zum Wattenmeer	450	HB, NI	Bremen	Bremen
Vom Waldecker Land ins Rheintal	405	HE	Diemelstadt	Lampertheim
Von der Lahn zur Werra	240	HE	Limburg an der Lahn	Philippstal
Von Krater zu Krater	185	BY	Nördlingen	Nördlingen
Warnowtal-Rundweg	220	MV	Rostock	Rostock
Wasserburgenroute	365	NW	Bonn	Bonn
WasserRadlWege Oberbayern	260, 360, 320	BY	München	München
Wein-Radreise	230	BY	Dörzbach	Miltenberg
Werseradweg	104	NW	Rheda-Wiedenbrück	Münster
Weser-Elbe-Radweg	260	NW, NI	Barntrup	Hitzacker
Westerwald –Taunus – Bergstraße	295	HE	Frankenberg	Darmstadt
Westlicher-Backstein-Rundweg	380	MV	Schwerin	Schwerin
West-Ost-Radweg	444	NW, NI, ST	Gronau	Groß Bartensleben
Wikinger-Friesen-Weg	180	SH	St. Peter-Ording	Maasholm
Wörnitzradweg	107	BY	Schillingsfürst	Donauwörth
Wümme-Radweg	260	NI, HB	Schneverdingen	Schneverdingen
Zschopautal-Radweg	137	SN	Fichtelbergbaude	Technitz
Zusamradweg	135	BY	Kaufbeuren	Monheim

An der Hafenmole von Lindau

Register

A

100-Schlösser-Route 37, 46 f.

Aachen 34 f., 276, 277, 281

Aalen 171 f., 194, 278

Altmühltalradweg 240, 242 f.

Altötting 266, 276

Amberg 238 f.

Ansbach 189

Aue 149

Augsburg 234 f., 249, 276

B

Bad Brückenau 229

Bad Ems 164, 167, 169

Bad Hersfeld 216, 222

Bad Karlshafen 28, 76, 277

Bad Kissingen 227

Bad Liebenwerda 136

Bad Mergentheim 204 f., 237, 278

Bad Muskau 115 f., 134, 136

Bad Neustadt 224 f.

Bad Oeynhausen 30

Bad Reichenhall 259, 272, 277

Bad Säckingen 155, 178, 180

Bad Schandau 100 f.

Bad Schussenried 198

Bad Tölz 252 f., 270 f.

Bad Urach 192 f.

BahnRadweg Hessen 216 f., 221 f.

Bamberg 190, 210, 212, 276 f., 279

Basel 154, 178, 180, 248

Bautzen 126, 128

Bayreuth 186, 190 f., 211, 277, 279, 281

Berchtesgaden 256, 260, 272

Berlin 64 f., 88 ff., 97, 110 ff., 116, 123 f., 126, 130 f., 232, 276

Bernburg 63, 143

Bernkastel-Kues 174, 176

Bielefeld 277

Blieskastel 161

Bodensee-Königssee-Radweg 268ff.

Bonn 39, 66 ff., 157 f., 280 f.

Braunschweig 54, 59

Breisach 154, 156

Bremen 22, 28 ff., 34 ff., 276

Bremerhaven 18, 21 ff., 31f., 277

Burgenstraßen-Radweg 186 ff.

C

Clausthal-Zellerfeld 54

Coburg 187, 190 f., 279

Cochem 175, 177,

Coesfeld 48, 276

Cottbus 116, 128 f., 132 ff., 279

D

Deggendorf 252, 255

Dessau-Roßlau 63, 148

Dessau-Wörlitz 102, 151

Detmold 50, 60 f., 173, 277, 280

Deutscher Limes-Radweg 168 f.

Dinkelsbühl 234, 236 f., 277

Donau-Bodensee-Radweg 277

Donauwörth 173, 234 ff. 247 ff., 281

Dresden 100 f., 148, 280

Duderstadt 52, 124

Duisburg 37 f., 72 ff., 159, 277 ff.

E

Eichstätt 243 f.

Einbeck 40 f., 62

Elberadweg 60, 95, 97, 100 ff., 122, 143, 151

Emden 18, 20 ff.

Emsradweg 24 ff., 50

Europa-Radweg Eiserner Vorhang 120 ff.

Europa-Radweg R1 60 f.

EuroVelo EV3 – Pilgerweg-Route 34 ff.

F

Flensburg 34, 82, 278, 279

Frankfurt/ Main 79, 215, 221

Frankfurt/Oder 114, 116 f., 119

Freiberg 150

Freiburg 178, 181

Freising 252, 254

Friedrichshafen 202

Fritzlar 76 f.

Fulda 216 f., 220 f., 222, 225

Fuldaradweg 219 ff.

Fünf-Flüsse-Radweg 238 ff.

Fürstenberg 90

Fürstenwalde 129 f., 279

Fürst-Pückler-Weg 116, 129, 132 ff.

Füssen 234, 260, 268 f., 273, 277, 280

G

Geisa 217

Gelnhausen 221

Gemünden am Main 214, 226 ff., 278, 280

Gersfeld 222

Gießen 166

Gifhorn 54 f., 58

Görlitz 114 f., 280

Goslar 52, 54, 62, 278

Göttingen 40, 52

Greifswald 87

Gunzenhausen 173, 242 f.

Güstrow 91, 94, 96 f., 278, 280

H

Halle 140, 142 f., 277

Hamburg 18, 21ff., 34 f., 40 ff., 82 f., 94 ff., 100 ff., 276, 278, 279

Hameln 28 ff., 276, 280

Hanau 32, 76, 215, 218 ff., 225

Hann. Münden 28, 33, 52, 222 ff., 230 ff.

Hannover 40 ff., 123, 278

Hattingen 75

Heidelberg 116, 184, 186, 188, 278

Heilbronn 184 f., 187

Hessischer Radfernweg R4 76 ff., 221

Hinterzarten 178, 181

Hof 120, 124, 139, 280

Höxter 28, 32, 62

I/J

Immenstadt 269

Ingolstadt 250

Innradweg 260

Innsbruck 262 f.

Isarradweg 254

Jena 89, 138, 140 f.

K

Karlsruhe 154 ff., 280

Kassel 222 ff., 278

Kiel 83, 277, 279

Koblenz 158, 161, 176

Köln 39, 50, 66, 69, 159

Konstanz 154 f., 200 ff.

Kopenhagen 82 ff., 97

Kulmbach 210 ff.

L

Lahntalradweg 164 f., 169

Landsberg 234

Landshut 252 f., 281

Lauenburg 95, 100, 102 f., 122, 278

Leer 18, 24, 27, 277

Leine-Heide-Radweg 40 ff., 52

Lindau 202, 268,

Ludwigslust 107, 277, 280

Lüneburg 32, 44, 52, 54 f., 59, 106, 276, 279

Lutherstadt Wittenberg 63 f., 100, 102, 277

M

Magdeburg 56 ff., 100 ff., 138, 143, 148

Main zur Rhön 214, 226 ff.

Mainradweg 79, 171, 210 ff.

Mainz 154, 157 f., 210, 214

Mainz-Kastel 214

Mannheim 182 f., 185, 186 f.

Marburg 164 f.

Mecklenburgischer Seen-Radweg 97, 106 ff.

Meiningen 230 f., 279

Meißen 101 f., 150

Melsungen 223 f.

Merseburg 140 f.

Miltenberg 170 f., 213 f., 281

Minden 31

Mittenwald 252 f.

Moselradweg 174 f.

Mozart-Radweg 256 f.

Muldental-Radwanderweg 102, 150

München 41, 116, 252 ff., 279, 281

Münster 25, 37, 46 f., 49, 51, 60 f., 277, 281

Müritz-Nationalpark 91, 108

N

Naumburg 76, 141, 143, 281

Neckartal-Radweg 182 ff.

Neubrandenburg 108 f., 281

Neuhaus am Rennweg 146, 230

Neumarkt in der Oberpfalz 241, 281

Neustrelitz 108

Nienburg 30 f.

Nördlingen 192, 194, 236, 281

Nordseeküstenradweg 18 f., 34

Nürnberg 189 f., 234, 238, 241, 249

O

Oberhof 144 f.

Oberstaufen 269

Oder-Neiße-Radweg 61, 97, 113, 114 ff., 134

Offenbach 79

Oranienburg 90, 280

Osnabrück 25, 35 f., 276, 277, 279

Ostseeküstenradweg 85

P

Paderborn 24, 276, 279

Papenburg 24, 27

Passau 246, 248, 250 f., 262, 265 f., 280, 281

Pilgerweg-Route 34 f.

Potsdam 64 f., 110, 126, 131, 132

Prenzlau 110 f.

R

Radwanderweg Donau – Bodensee 277

Radweg Berlin – Kopenhagen 88 f., 91

Radweg Berlin – Usedom 110 ff.

Radweg Hamburg – Rügen 94 ff.

Radweg Liebliches Taubertal 204 f., 214

Ratzeburg 96, 99

Regensburg 175, 240, 249

Rennsteigradweg 144 ff.

Rheine 24, 26, 47, 277, 278

Rheinradweg 15, 36, 38, 68, 154 f., 177, 180

Romantische Straße 61, 234 f., 277

Rorschach 201, 203

Rosenheim 256, 260, 262, 264 f., 271, 280

Rostock 82, 85, 90, 92, 94, 106, 110, 277, 281

Rothenburg ob der Tauber 186, 189, 204, 214,
    237, 242, 278

Rottweil 183

Rügen 86, 94 f., 280

Ruhrtalradweg 72 ff.

S

Saaleradweg 138 ff.

Saalfeld 138, 140 f.

Saarbrücken 160, 162, 174, 281

Saarlandradweg 160 ff.

Salzburg 173, 228, 256 f., 281

Schleswig 34

Schlitz 219

Schneverdingen 43 f., 281

Schwäbisch Gmünd 172, 194

Schwäbisch Hall 188, 278

Schwäbische-Alb-Radweg 192 ff.

Schweinfurt 212

Schwerin 94 ff., 107, 281

Schwerte 74

Seligenstadt 171, 214

Sigmaringen 192 f., 247

Soltau 42 f.

Speyer 154 f., 279

Spreeradweg 89, 126 ff., 134

St. Peter-Ording 18, 23, 281

Stade 22, 105

Stein am Rhein 201

Stralsund 84 f., 94, 97 f.

Straßburg 156 f.

Straubing 251

Stuttgart 184, 279, 280

Südschwarzwaldradweg 155, 178 ff.

T

Tauberbischofsheim 206, 237, 279

Traunstein 271 f.

Travemünde 84, 120

Trier 175, 279

Tübingen 183 f.

U

Ulm 196, 199, 248, 276, 277, 278

Usedom 87, 97, 109 ff., 119, 281

W

Walldürn 171

Wangen im Allgäu 197

Waren / Müritz 99, 107 f.

Warendorf 25, 49, 61, 278, 280

Warnemünde 85

Wasserburg am Inn 260, 265

Weilburg 165 f.

Weißenburg 173, 280

Werratalradweg 147, 230 f.

Werseradweg 281

Wertheim 206 f., 214, 279, 280

Weser-Harz-Heide-Radfernweg 52 ff., 225

Weserradweg 28 ff., 225, 233

Wilhelmshaven 18, 21, 279

Wismar 83 f., 277

Wittenberge 103, 277

Wolfenbüttel 54

Worms 41, 156 f., 278

Würzburg 212 f., 234 f., 279

X/Z

Xanten 50, 159, 174, 280, 281

Zehdenick 90

Zittau 114, 277, 281

Zwickau 148 f.

In gleicher Reihe erschienen ...

ISBN 978-3-7343-1858-0

Das eigene Land mit dem Fahrrad
entdecken: 15.000 Radwegkilome-
ter in einem Buch – mit allen wichtigen Infos, Karten, Höhenprofilen
sowie GPS-Tracks.

ISBN 978-3-7343-0667-9

Das Credo Ihrer Fahrradreise: Viel
Wadenmuskulatur, wenig Gepäck!
Unbedingt mit müssen die Anregungen aus diesem Fahrradführer für
ganz Europa.

Impressum

Verantwortlich: Johannes Abdullahi
Redaktion: Dr. Gotlind Blechschmidt
Layout: BUCHFLINK Rüdiger Wagner
Repro: Cromika
Kartografie: Bruckmann Verlag GmbH, Heidi Schmalfuß
Herstellung: Bettina Schippel, Stephanie Schlemmer
Printed in Slovenia by Florjancic

Sind Sie mit diesem Titel zufrieden? Dann würden wir uns über Ihre Weiterempfehlung freuen. Erzählen Sie es im Freundeskreis, berichten Sie Ihrem Buchhändler, oder bewerten Sie beim Online-kauf. Und wenn Sie Kritik, Korrekturen, Aktualisierungen haben, freuen wir uns über Ihre Nachricht an Bruckmann Verlag, Postfach 40 02 09, D-80702 München oder per E-Mail an lektorat@verlagshaus.de.

Unser komplettes Programm finden Sie unter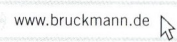

Alle Angaben dieses Werkes wurden vom Autor sorgfältig recherchiert und auf den neuesten Stand gebracht sowie vom Verlag geprüft. Für die Richtigkeit der Angaben kann jedoch keine Haftung übernommen werden, weshalb die Nutzung auf eigene Gefahr erfolgt. Insbesondere bei GPS-Daten können Abweichungen nicht ausgeschlossen werden.
Sollte dieses Werk Links auf Webseiten Dritter enthalten, so machen wir uns die Inhalte nicht zu eigen und übernehmen für die Inhalte keine Haftung.

In diesem Buch wird aus Gründen der besseren Lesbarkeit das generische Maskulinum verwendet. Weibliche und anderweitige Geschlechteridentitäten werden dabei ausdrücklich mitgemeint, soweit es für die Aussage erforderlich ist.

Empfehlung der Redaktion
Sie sind auf der Suche nach weiterführender Literatur? Dann empfehlen wir Ihnen den Titel »Das Münsterland erfahren« von Linda O'Bryan und Hans Zaglitsch. Oder Sie werfen einen Blick in die Zeitschrift BERGSTEIGER. Hier werden Sie bestimmt fündig.

Bildnachweis: Alle Bilder im Innenteil und auf dem Umschlag stammen vom Autor.
Umschlagvorderseite: Der Mainradweg ist eine der am besten ausgebauten Routen Deutschlands (Tour 38).
Umschlagrückseite: Radler erreichen den Donaudurchbruch bei Weltenburg (Tour 44).

Die Deutsche Nationalbibliothek verzeichnet diese Publikation in der Deutschen Nationalbibliografie; detaillierte bibliografische Daten sind im Internet über http://dnb.d-nb.de abrufbar.

6. Auflage 2021
© 2021, 2020, 2019, 2014, 2013, 2011 Bruckmann Verlag GmbH, Infanteriestraße 11a, 80797 München

ISBN 978-3-7654-5046-4